"「목적이 이끄는 교회」는 철저하게 성경적이고, 성령이 깨닫게 해주셨으며, 실제적인 경험으로부터 나온 경건한 지혜로 가득 찬 보기드문 보화다. 여기에 쓰여진 원리들을 따른다면 어떤 교회라도 혁명적으로 변화되고 힘을 공급받게 되어 자기의 잠재력을 최대한으로 발휘할 수 있게 될 것이다. 모든 목회자는 반드시 이 책을 읽어야 한다! 이 책은 반드시 고전이 될 것이다."

빌 브라이트(Bill Bright), 국제 CCC 창설자

"나는 교회에 관한 수백 권의 책과 논문을 가지고 있다. 만일 그 중 하나를 골라야 한다면 나는 릭 워렌의 이 책을 고르겠다. 할 수만 있다면 나는 이 책을 모든 신학생들의 필독 도서로 만들고 싶다!"

짐 헨리(Jim Henry), 남침례회 총회장

"「목적이 이끄는 교회」는 성공적인 초대형 교회의 목사가 쓴 또 하나의 방법론이 아니다. 이 책은 '교회성장'과 '구도자 중심의 접근 방법'에 관한 많은 비평가들이 얼마나 문제의 핵심에서 벗어났는가를 보여 준다. 이 책을 주의 깊게 공부하라. 릭 워렌은 주님께서 어떻게 교회를 세우시는지를 알고 있다."

조지 브루샤버(George Brushaber), 베델 대학교/ 신학대학원 총장

"교회는 이 책을 오랫동안 기다려 왔다. 하지만 이 책은 우리가 기다리는 데 소요한 모든 시간을 충분히 보상하고도 남는다. 이 책은 교회의 건강에 관한 새로운 패러다임을 다룬 책들 중 고전적 작품이 될 것이다."

레오나드 스위트(Leonard Sweet), 드루 신학대학원 학장

"균형있고!… 실제적이고!… 강력한 책! 당신은 이 책을 읽고 사용하고 싶어질 것이다."

켄 헴필(Ken Hemphill), 서남침례 신학대학원 총장

"릭 워렌은 21세기가 요구하는 교회 건축가다. 그리고 이 책은 그 청사진이다."

브루스 라슨(Bruce Larson), 정무 장관

"이 책은 지금껏 내가 읽은 책 중 '오늘날 어떻게 교회를 세워 가야 하는가'를 가장 뛰어나게 다룬 책이다."

라일 샬러(Lyle E. Schaller), 교구 자문위원

"릭 워렌은 교회에 대한 가장 핵심적인 질문 – 어떻게 신실하고 동시에 효과적일 수 있는가? – 을 다룬다."

마샬 쉘리(Marshall Shelley), 「리더십」 편집장

"이 책은 내가 교회성장에 관해 읽은 것 중 가장 뛰어난 책이다. 목회자들뿐만 아니라 남녀 평신도들도 이 책을 읽어야 한다. 이 책은 당신의 교회가 쇠퇴하고, 갈라지고, 죽어 가는 것을 막아 줄 것이다. 나는 모든 남침례교 개척 교회들의 핵심 지도층이 이 책을 읽기를 바란다."

찰스 체이니(Charles Chaney), 남침례교 국내선교부 개척교회 담당 부총재

"모든 시대에 하나님은 당신의 백성들을 이끌고 새로운 가능성을 찾아 나설 지도자들을 일으키신다. 하나님은 릭 워렌에게 비전과 분별력의 은사를 주셨고, 우리는 그 결과를 새들백교회와 그의 가르침을 적용한 세계 각 곳에 있는 수천 개의 다른 교회들에서 보고 있다. 나는 우리가 릭 워렌으로부터 얼마나 많은 것을 배워야 하는지를 우리 감리교인들(그리고 다른 주요 교단들)이 깨달을 수 있기를 바라고 또 바란다!"

에스라 얼 존스(Ezra Earl Jones), 연합감리교 제자훈련부 사무총장

이 책은 건강한 교회성장에 관해 지금껏 내가 읽은 것 중 가장 성경적이고 실제적으로 균형잡힌 책이다. 이 책은 강력하고 마음을 찌르며 설득력이 있다."

헨리 슈미트(Henry J. Schmidt), 메노나이트 형제 성경 신학대학원 총장

"「목적이 이끄는 교회」는 21세기의 참 교회를 위한 청사진이다. 아마도 이 책은 미국에서 볼 수 있는 진정한 교회성장 원리에 대한 가장 뛰어난 실제적 적용일 것이다. 이 책은 K-교회 사업에 참여하고 있는 모든 나사렛교단 목사들의 필독 도서가 될 것이다."

빌 설리반(Bill Sullivan), 국제 나사렛교단 교회성장 책임자

"「목적이 이끄는 교회」는 지역 교회의 경험을 바탕으로 쓰여진 책이 보여 줄 수 있는 범위 안에서, 교회성장을 위한 가장 많은 증명된 지혜를 담고 있다."

조지 G. 헌터 III(George G. Hunter III), 에스버리 신학교 선교대학원 학장

"교회가 당면한 절박한 이슈는 교회의 성장이 아니라 교회의 건강이라고 지적한 워렌 박사의 통찰은 혁명적이다! 이 책은 너무나 실제적이고 분명한 아이디어들로 꽉 차 있어서 이 책을 읽고도 교회에 대한 시각을 교정하지 못하는 목회자는 아마도 목회를 그만두는 편이 좋을 것이다."

아치발드 하트(Archibald Hart), 풀러 신학대학원 심리학부 학장

"「목적이 이끄는 교회」는 내가 지금껏 읽은 교회성장에 관한 책 중 가장 뛰어난 책이다. 이 책은 성경적이고 실제적이며 비전을 담고 있다. 또한 그리스도 중심이며 교회의 건강에 초점을 맞추고 있고 교회성장에 관한 잘못된 견해들의 정체를 벗겨 낸다. 이 책은 구체적인 도움을 주며 사역에 대한 진정한 성경적 모델을 제시한다. 모든 목회자와 교회 지도자는 반드시 이 책을 읽어야 한다. 내가 이런 평가를 내리는 책은 정말 얼마 되지 않는다."

루이스 드러몬드(Lewis Drummond), 비손 신학교/ 샘포드 대학 전도학 교수

"나는 「목적이 이끄는 교회」야말로 성장하고 번영하기를 원하는 21세기의 교회들을 위해 가장 적합한 책이 될 것이다. 나는 이 책을 내가 가르치는 모든 학생들에게 읽기 과제로 준다. 당신의 필독 도서 목록의 제일 윗쪽에 이 책을 놓으라."

게리 매킨토시(Gary McIntosh), 탈봇 신학대학원 교수

"나는 오랫동안 이 책을 기다려 왔다. 이 책은 릭 워렌의 가장 뛰어난 점들 – 그의 비전, 명료성, 에너지, 그리고 개념을 효과적으로 정리하는 점 등 – 을 보여 준다."

조 엘리스(Joe Ellis), 신시내티 신학대학원 교회성장학 교수

"백 년 후에 젊은 신학생들의 책꽂이에는 성경과 스펄전의 「나의 학생들에게 주는 강의」, 그리고 이 책이 꽂혀 있을 것이다. 이 책이 가르치는 원리들은 시대를 초월한

것이므로 이 책 또한 여러 세대에 걸쳐 존속하게 될 것이다."

밥 로버트(Bob Roberts), 텍사스 노스리칠랜드 힐스에 위치한 노스우드 교회 목사

"틀림없이 고전이 될 이 책의 가장 뛰어난 장점은 열정과 균형이다. 빌리 그래함 선교-전도 학교의 모든 학생들은 이 책을 독서 과제로 읽게 될 것이다."

탐 레이너(Thom S. Rainer), 남침례 신학대학원 빌리 그래함 학교

"모든 신학교 졸업생들은 졸업장과 함께 이 책을 받아야 한다! 나는 골든 게이트 신학대학원의 모든 졸업생들이 이 책을 꼭 받도록 할 것이다. 이 원리들을 적용함으로써 교회들은 더욱 건강해지고, 더 행복해지며, 열매가 더 풍성하게 될 것이다. 나는 '내가 처음 목회를 시작했던 40년 전에 릭이 이 책을 썼더라면…' 하고 아쉬워하고 있다."

윌리엄 크루스(William Crews), 골든 게이트 침례신학대학원 총장

"릭 워렌은 성경의 기본적 가르침 – 낡은 방법이 아니라 성경에서 발견되는 영원한 목적 – 으로 되돌아감으로써 미국의 가장 위대한 교회들 중 하나를 세우고 있다. 모든 목사들은 이 일이 어떻게 이루어지는지를 알기 위해 이 책을 세심하게 읽어야 한다."

엘머 타운스(Elmer Towns), 리버티 대학교 신학대학 학장

"「목적이 이끄는 교회」는 위대한 교회를 세우는 지침에 대해 내가 읽은 것 중 가장 분명하고, 종합적이고, 용기있는 책이다."

월트 칼레스타드(Walt Kallestad), 애리조나 피닉스에 위치한 조이 커뮤니티 교회 목사

"좀 지나친 느낌이 든다는 위험을 감수하더라도 나는 주저 없이 교회 생활에 관해 내가 갖고 있는 모든 책을 이 한 권의 책과 바꿀 것이다. 누구도 건강한 교회를 세우는 일에 릭 워렌보다 뛰어날 수 없다. 그는 이 일의 뛰어난 교사요 실행가이다."

짐 리브스(Jim Reeves), 캘리포니아 웨스트코비나에 위치한 페이스 커뮤니티 교회 목사

이 책은 아마도 교회성장에 관한 책들 중 왕관의 보석에 해당할 것이다. 교회를 사랑하는 모든 목회자와 평신도는 이 위대한 작품을 읽음으로써 큰 유익을 얻게

될 것이다."

랜디 포우프(Randy Pope), 조지아 둘루스에 위치한 페리미터 교회 목사

"만일 당신이 위대한 꿈을 꾸고, 건강한 교회를 키우고, 당신 세대를 향한 하나님의 목적을 이루기 원한다면 이 책은 바로 당신을 위한 것이다. 새들백교회의 놀라운 이야기는 마치 사도행전을 새롭게 읽는 것 같다."

잭 그래함(Jack Graham), 텍사스 달라스에 위치한 프레스톤우드 침례교회 목사

"새들백교회의 성장은 금세기의 기적이다. 나는 이 책을 위대한 신약 교회를 세우기 원하는 모든 목회자에게 강력하게 추천한다."

제리 화렐(Jerry Falwell), 리버티 대학교 총장

"나는 모든 목회자들이 이 책을 읽고, 그것을 믿고, 그 내용을 통해 교정되고, 그 건전하고 성경적인 지혜에 맞는 사람으로 변화되길 기도드린다. 릭 워렌의 말은 우리 모두가 들어야 할 내용이다."

로버트 슐러(Robert H. Schuller), 캘리포니아 가든 그로브에 위치한 수정 교회 목사

"릭 워렌은 교회성장에 관한 내 생각을 놀라운 방법으로 도전해 왔다. 이 책은 모든 목회자의 필독 도서다."

애드리안 로저스(Adrian Rogers), 테네시 멤피스에 위치한 벨레뷰 침례교회 목사

"하나님은 릭 워렌을 효과적인 도구로 사용하셨는데, 이 책은 그 이유를 대변해 준다. 그는 영원한 가치에 터를 잡고 궁극적 진리의 포도나무이신 그리스도께 뿌리를 내렸다."

잭 헤이포드(Jack Hayford), 캘리포니아 벤 나이스에 위치한 도상(道上) 교회 목사

"릭 워렌의 통찰력을 보면서 나는 목회를 처음부터 다시 시작하고 싶다는 생각이 들었다. 이 책은 성경적이고 짜임새 있으며 잘 표현되었다. 나는 모든 그리스도인이 이 책을 이해하기를 원한다. 나는 모든 연합감리교인들이 이 책을 읽기를 희망한다."

리처드 윌키(Richard B. wilke), 연합감리교 감독

"이 책은 최근에 나온 어떤 책보다도 기독교의 미래에 더 의미있는 영향력을 행사할 것이다. 미국의 모든 교회 지도자들이 이 책을 읽어야 한다."

로니 플로이드(Ronnie W. Floyed), 알칸소 주의 스프링데일에 위치한 제일 침례교회 목사

"미국의 어떤 목회자도 릭 워렌보다 회심과 영적 성숙을 위한 사역에 더 효과적일 수 없을 것이다. 이 책은 소비자가 만족하지 않을 경우 세 배의 배상금을 돌려주는 조건을 내세워도 좋으리 만큼 자신있는 작품이다. 나는 우리 교회의 모든 지도자들에게 이 책을 읽게 하고 있다."

데이빗 밀러(David W. Miller), 캘리포니아 챗워스에 위치한 산봉우리 교회 목사

"드디어… 출간되었구나… 새들백의 진정한 비결이! 가장 마음에 드는 점은 이 책에는 복음을 타협함 없이 현대에 적용할 수 있는 실제적인 원리들이 가득 들어있다는 것이다."

O. S. 호킨스(O.S. Hawkins), 텍사스 달라스에 위치한 제일 침례교회 목사

"이 책은 사역에 관해 쓰여진 가장 훌륭한 책들 중 하나다. 이 책은 단순한 이론이 아닌 '고깃덩어리' 다. 미국에 있는 어떤 교회도 이 책의 지혜로부터 도움을 받지 않을 교회가 없을 것이다. 나는 이 책의 파도를 타 보는 것을 지체하기가 힘들 지경이다."

래리 오스본(Larry Osborne), 캘리포니아 비스타에 위치한 노스코스트 교회 목사

"이 책은 종합적인 그림을 우리에게 보여 준다. 그것은 성경적 사고와 신학적 정직성, 영적 인지력, 복음적 열정, 목회적 관심, 그리고 신선한 상식을 드러내고 있다."

에디 깁스(Eddie Gibbs), 캘리포니아 비버리 힐스에 위치한 올 세인츠 교회 부목사

"교회성장을 실행이 아닌 이론으로만 말하던 사람들이 말하던 수많은 교회 성장 이론 후에 마침내 이 책은 우리에게 신선한 숨을 들이마시게 해 주었다. 성경적 원리와 경험에서 우러나오는 목소리를 대항해서 논쟁을 벌이기는 어려운 일이다. 이 책을 읽고 이 책이 말하는 대로 행하라!"

제리 서튼(Jerry Sutton), 테네시 내쉬빌에 위치한 투 리버스 침례교회 목사

" '구도자에게 민감한 예배를 고안하기' 라는 장만 읽더라도 이 책의 본전은 건진 셈이다. 내가 신학교에 다닐 때 이것들을 배웠더라면 얼마나 좋았겠는가!"

제임스 메릿(James Merritt), 남침례회 목회자 대회의 1995년도 회장

"당신이 성숙하고 경험있는 사람이 말하는 건강한 교회와 그렇지 않은 교회를 구분하는 법을 배우기 원한다면 이 책을 읽으라."

폴 로빈스(Paul D. Robbins), 크리스채너티 투데이의 행정담당 부사장

"나는 릭 워렌을 오늘날 교회가 보유하고 있는 가장 뛰어난 두뇌 중 한 사람이라고 생각한다. 이 책에서 그는 어떻게 열정과 기술과 하나님의 인도가 세계를 바꿔 놓는 교회를 만들어 낼 수 있는지를 보여 준다. 이 책은 반드시 고전이 될 것이다!"

드와잇 레이가드(Dwight "Ike" Reighard), 조지아 파옛빌에 위치한 뉴 호프 침례교회 목사

"「목적이 이끄는 교회」의 철학은 나의 삶과 우리 교회의 삶을 바꿔 놓았다. 릭 워렌은 복잡한 진리를 이해하기 쉬운 개념으로 바꿔 놓는 능력을 가진 천재다."

에드 영 주니어(Ed Young, Jr), 텍사스 어빙에 위치한 라스 콜리나스 교회 목사

"이 책은 우리 모두가 일 년에 한 번씩 다시 읽어야 할 책이다. 이 책의 통찰력은 오는 세대에도 계속 적용될 수 있을 것이다. 각 장을 읽을 때마다 당신은 잠시 멈추고 기도하게 될 것이다."

덕 머렌(Doug Murren), 워싱턴 커크랜드에 위치한 이스트사이드 호스퀘어 교회 목사

THE PURPOSE DRIVEN CHURCH

릭 워렌(RICK WARREN)

목적이 이끄는 교회

새들백교회 이야기

THE PURPOSE DRIVEN CHURCH

Originally published in the U.S.A. under the title:
THE PURPOSE-DRIVEN CHURCH

Copyright ⓒ 1995 by Rick Warren
Zondervan Publishing House
Grand Rapids, Michigan
All Rights Reserved

Korean Translation Copyright ⓒ 1995 Timothy Publishing House INC.
6F Paidion Bldg., 1164-21 Gaepo-dong,
Gangnam-gu, Seoul, Korea 135-240

이 책의 한국어판 저작권은 Zondervan Publishing House와의
독점판권 계약에 의해 (주) 도서출판 디모데에 있습니다.
저작권법에 의하여 한국 내에서 보호를 받는 저작물이므로 무단 전재와 무단 복제를 금합니다.

| 헌사 |

나는 이 책을 세계 곳곳에서 다른 직업을 가지고 사역에 임하고 있는 목회자님들께 바칩니다. 이 분들은 섬기는 교회가 작기 때문에 전임 사역자의 대우를 해 드릴 수 없음에도 불구하고 신실하게 사랑의 마음으로 섬기는 목자들입니다. 나는 여러분을 믿음의 진정한 영웅들이라고 생각합니다. 이 책이 여러분에게 격려가 되기를 바랍니다.

나는 또한 이 책을 신학대학원과 기독교 대학에서 가르치시는 교수님들께 바칩니다. 이 분들은 다음 세대의 목회자들을 준비시키는 일에 부름받은 교육자들입니다. 여러분은 얼마나 놀랍고 거룩한 책임을 맡으셨는지요! 하나님께서 여러분의 사역을 축복하시고 귀하게 보시기를 바랍니다.

마지막으로, 나는 이 책을 새들백교회에서 나와 함께 섬겨 온 목회자들과 직원들께 바칩니다. 우리는 함께 위대한 모험의 길을 걸어 왔습니다. 나는 여러분을 마음 깊이 사랑합니다.

차 례
contents

헌사 _ 11
추천의 글 I _ 15
추천의 글 II _ 18
영적 파도타기 _ 21

제1부 | 큰 그림 보기
    1장 새들백 이야기 _ 35
    2장 성장하는 교회에 대한 신화들 _ 60

제2부 | 목적이 이끄는 교회로 정립하기
    3장 무엇이 당신의 교회를 움직이는가? _ 91
    4장 건강한 교회의 기초 _ 101
    5장 당신의 목적을 규정하기 _ 111
    6장 당신의 목적을 전달하기 _ 128
    7장 당신의 목적을 중심으로 조직하기 _ 138
    8장 당신의 목적을 적용하기 _ 156

THE PURPOSE DRIVEN CHURCH

제3부 | 지역 사회를 전도하기

9장 당신의 전도 대상은 누구인가? _ 177
10장 당신이 가장 잘 전도할 수 있는 대상을 알기 _ 197
11장 당신의 전략을 개발하기 _ 210

제4부 | 군중을 끌어들이기

12장 예수께서 군중을 모으신 방법 _ 235
13장 예배를 통한 전도 _ 270
14장 구도자에게 민감한 예배를 고안하기 _ 281
15장 음악을 선정하기 _ 311
16장 비교인에게 설교하기 _ 327

제5부 | 교회를 세우기

17장 예배 출석자들을 교인으로 만들기 _ 347
18장 성숙한 교인으로 키우기 _ 370
19장 교인을 사역자로 세우기 _ 405
20장 당신의 교회를 향한 하나님의 목적 _ 438

| 추천의 글 I |

    일 년 전 '평신도를 깨운다 제자훈련 지도자 세미나' 인도 차 미국에 머물고 있을 때 릭 워렌 목사가 쓴 본서를 접하게 되었다. 몇장을 넘기면서 대단한 역작이라는 인상을 받았고 계속 읽으면서 내 마음이 흥분되는 것을 억누를 수가 없었다.
    일부러 시간을 내어 새들백교회 주일 예배에 참석을 해 보았다. 책을 읽으면서 받았던 도전과 생동감을 현장에서 확인하고 싶었기 때문이다. 그 곳에서는 책으로 알 수 없었던 또 다른 세계가 기다리고 있었다. 요즈음 유행하는 말대로 표현하자면 목회현장의 '파괴'를 보는 것 같았다. 다시 말하면 우리가 오랫동안 당연하게 여기며 익숙해 왔던 것들, 예를 들어 예배자의 의상, 찬송의 멜로디와 악기, 설교의 구성과 전달, 지역사회에 던지는 교회의 이미지, 파격적인 전도열매 등 모두가 새 옷을 갈아 입고 있었다. 이것은 예배를 드리는 청중 가운데서 정장을 하고 있는 내 자신이 이방인처럼 느껴졌던 것과 흡사한 인상을 주는 분위기였다. 그럼에도 불구하고 강단의 메시지 내용은 청중과 타협을 하지 않은 성경적인 권위를 풍기고 있었다.
    릭 워렌 목사는 흔히 보듯이 책을 내기위해 글을 쓴 사람이 아니다. 그는 꾸준히 연구하는 목회자이다. 그는 자신이 먼저 실험한 다음 그 결과를 가지고 이야기를 하고 있다. 그러므로 표현이 간결하며 명료하다. 독자를 설득시키기 위해 군더더기를 붙이지 않는다. 그러나 독자로 하여금 '바로 이것이구나' 하고 고개를 끄덕이게 하고 무릎을 치게 하는 힘을 가지고 있다. 흔히들 목회자로서 알고 있는 것 같으나 모르고 있고 설명할 수 있을 것 같으나 구체적으로 꼬집어서 표현하기가 어려웠던 것들을 양파껍질을 벗기듯 시원하게 보여주는 명료함을 가지고 있다. 20년 가까운 세월 동안 연구하고 실험하고 확인하고 그러면서 아직도 눈물로 씨를 뿌리는 수고의 고삐를 늦추지 않고 있는 저자의 성실한 모습이 우리의 심금을 울리고 있는 것이다.

목회를 하면서 우리들 대부분은 당연히 묻고 또 물어야 할 본질적인 질문을 너무 등한히 하는 습성에 배어 있다고 생각한다. 교회가 무엇인가? 나의 목회를 이끄는 철학은 무엇인가? 변화를 바라는 시대적 요청에 나의 목회는 어떻게 대처해야 하는가? 나의 목회는 건강한가?

우리가 목회자로서 이와 같은 본질적인 질문을 등한히 하는 데서 목회를 오진하기 쉽고 더 나아가서는 잘못된 처방을 내리는 과오를 거듭하게 된다. 우리는 교회를 성장시킬 수 있는 방법에 관심을 가진다. 릭 워렌 목사는 교회의 성장을 방해하는 요인이 무엇인가를 주목한다. 그래서 21세기의 교회 이슈는 성장이 아니라 건강이라고 주장한다. 얼마나 큰 시각의 차이인가?

우리는 목회의 균형에 대해 별로 신경을 쓰지 않는 버릇이 있다. 자리만 있으면 사람이건 짐이건 많이 싣고 보자는 선장과 흡사할 때가 많다. 그래서 종종 배가 한쪽으로 기울어진다. 한쪽으로 기우는 목회, 이상하게도 우리 주변에서 많이 볼 수 있는 현상이다. 그러나 릭 워렌 목사는 건강한 목회를 하려면 균형을 바로잡아야 한다는 메시지를 던지고 있다. 제자훈련만으로 교회가 교회다울 수 없다고 본다. 예배와 봉사와 교제와 전도가 조화롭게 균형을 이룰 때 교회다울 수 있다고 한다. 주일 예배자만 벌떼처럼 모였다가 흩어지는 교회는 건강할 수 없다고 한다. 훈련받고 헌신된 평신도 지도자들의 수가 그 교회의 질을 결정한다고 본다. 우리와 시각의 차이가 얼마나 큰가?

무엇보다 돋보이는 것은 지역사회에 대한 그의 목회비전이라고 할 수 있다. 지역사회를 교회의 울타리 안으로 끌어 들이기 위한 매력적인 아이디어들을 개발하여 성공하고 있다. 교회가 현대인들에게 중세기의 성당처럼 보여서는 안된다는 것이다. 교회는 그들의 관심을 끌 수 있는 매력을 가져야 하고 그들이 걸려들 수 있는 낚시와 미끼를 개발해야 한다고 역설한다. 목회는 은혜로 하는 것이지만 동시에 아이디어와 기술도 있어야 한다고 말한다. 그의 지론이 얼마나 옳은가는 불과 15년 남짓한 동안 10명 미만의 작은 교회를 만명 단위로 끌어 올린 것을 보면 알 수 있다. 그가 사역하는 교회는 우리나라 도시처럼 고층 아파트가 밀집되어 있는 곳에 자리잡고 있지 않다. 문 열어 놓고 기다리는 목회를 할 수 없는 지역이다.

저자는 우리에게 목회는 연구요 실험이요 도전이라는 메시지를 시종일관 던지고 있는 것 같은 인상을 받는다. 원리에 매이는 것과 전통에 매이는 것이 어떻게 다른가를 증거하고 있다. 교회의 생명과 적응성은 진리에 일치하는 데 있지 전통에 매달리는 데 있지 않다는 경고를 하고 있다. 21세기의 목회는 19세기의 목회일 수 없는 이유가 어디에 있는가를 살아 있는 목회현장을 가지고 실증해 보이고 있다.

나는 릭 워렌 목사의 저서가 한국 교회에 주님의 음성으로 들려지기를 바란다. 우리가 꼭 들어야 할 메시지라고 확신하기 때문이다. 나는 한국 교계에 이 책만큼 목회자에게 새로운 도전과 각성을 주고 실제적인 문제에 도움을 줄 수 있는 책이 언제 소개된 일이 있었는지 기억하지 못하고 있다. 나는 조만간 다시 한번 읽으려고 한다. 그리고 앞으로 수년 동안 일 년에 한 번 정도는 이 책을 펴 놓고 나의 목회가 무엇을 위해 어디로 가고 있는지를 점검하려고 한다. 동시에 나의 목회가 정말 건강한가를 진단하려고 한다.

사랑의 교회 원로 목사 _ 옥한흠

| 추천의 글 II |

릭 워렌은 하나님이 나에게 주신 가장 사랑스럽고 효과적인 "사역의 아들"이다. 나는 릭을 1974년에 처음 만났는데 그 때 그는 단지 청년에 불과했다. 그는 샌프란시스코에서 열린 캘리포니아 침례교 대회에 참가하기 위해 560km을 달려온 엉뚱한 대학생이었다. 그 대회에서 선포된 메시지를 통해 하나님은 릭을 부르셔서 그의 삶을 목사와 교사로 살도록 헌신케 하셨다. 나는 그의 "사역의 아버지"로 불리는 것을 말로 다할 수 없는 영예로 여긴다.

1980년에 릭은 텍사스의 포트워스에 있는 남침례 신학교를 졸업하고 그의 아내와 함께 남가주로 옮겨와 자신의 집에서 새들백교회를 시작했다. 그는 그 교회를 한 가정과 더불어 시작했는데 15년이 지난 지금 새들백 밸리 커뮤니티 교회는 미국 역사상 가장 빨리 성장하는 침례교회로 인정받고 있다. 매주 평균 만 명이 넘는 사람들이 72만 4천8백 평이나 되는 아름답고 광활한 캠퍼스에서 예배를 드리고 있다. 이 사실만으로도 릭이 자신이 말하고 있는 것을 잘 알고 있다는 충분한 증거가 된다. 1995년에 새들백교회는 남침례교단의 국내선교부로부터 "그 해의 핵심 교회"로 선정됐다.

「목적이 이끄는 교회」는 새들백의 흥미진진한 이야기다. 이 책은 북미 대륙에서 가장 효과적인 교회들 중 하나로 꼽히는 한 교회를 세우는 일에 하나님께서 강력하게 사용하신 확신과 원리들, 그리고 실천 사항들을 설명하고 있다.

릭 워렌의 목회는 정확무오한 하나님의 말씀, 성령충만한 섬김의 지도력, 그리고 사람들을 향한 진정한 사랑의 마음에 기초를 두고 있다. 어떤 사람들은 새들백을 "초대형 교회"라고 부른다. 하지만 이 교회는 결코 신약에 나오는 교회의 '사명이나 교리에 있어서 타협함이 없이' 성장해 왔다. 하나님께서 새들백에서 이루신 일들은 놀랍기만 하다.

지난 이삼십 년 동안 많은 교회들이 대체로 출생이나 수평 이동으로 인한 성장에 의존해 왔다. 그러나 새들백의 경우는 예외다. 이 교회는 21세기의 활동력 있는 교회는 회심에 의한 성장에 온전히 헌신해야 한다는 생각을 철저히 고수한다. 릭 워렌은 이 세상의 비교인들의 의식구조를 이해하고 있다. 날마다 더 신앙으로부터 멀어져 가는 이 사회를 복음화하는 일에 교회들이 성공하려면 먼저 불신자들처럼 생각하는 법을 배워야 한다.

릭은 다른 교회들이 새들백을 그대로 본뜨려고 하는 것을 만류한다. 오히려 그는 복음의 진리를 타협함 없이 현대적이고 적절한 방법으로, 삶을 변화시키는 그리스도의 메시지를 가지고, 이 물질주의적이고 인본주의적인 사회를 파고들도록 다른 지역 교회들을 격려한다. 바로 이것이 이 책이 말하고자 하는 바다.

「목적이 이끄는 교회」는 신약 교회의 사명을 되찾는 일에 규모에 관계없이 모든 지역 교회를 도울 것이다. 나는 수천 명의 목사, 간사, 주일학교 교사, 그리고 영적 지도자들이 이 책을 읽게 해 달라고 하나님께 기도한다. 어떤 사람이 "마음은 낙하산과 같아서 열려질 때 가장 잘 작용한다"고 말한 것을 들은 적이 있다. 바로 그러한 태도로 이 책을 읽기 바란다!

하나님께서 당신이 어떠한 사역을 맡고 있든지 그 일에 당신을 축복해 주시기를 기원한다. 주님께서 다시 오실 때까지 주님과 그의 교회에 충성하라.

텍사스 달라스의 제일 침례교회 원로 목사 _ W. A. 크리스웰

영적 파도타기

나는 네 하나님 여호와라. 바다를 저어서 그 물결로 흉용케 하는 자니
내 이름은 만군의 여호와니라. (이사야 51:15)

남가주는 해변가로 잘 알려져 있다. 이 지역은 비치 보이즈(Beach Boys)의 음악, 해변가에서 열리는 파티를 담은 영화들, 그리고 파도타기(surfing: 길쭉한 널판지를 이용해서 밀려오는 파도 위에 올라가 파도의 흐름을 타는 스포츠, 역주)로 유명하다. 비록 파도타기가 대부분의 미국 어린이들이 즐기는 스케이트보딩(파도가 필요 없는)으로 발전했지만, 남가주에서는 여전히 본래의 스포츠가 인기를 끌고 있다. 많은 학교들이 파도타기를 체육 과목에 포함시킨다.

만일 당신이 파도타기를 배우는 과목을 택한다면 당신은 파도타기에 관한 모든 것을 배우게 될 것이다. 어떤 장비를 구입해야 하며, 그 장비들의 올바른 사용법은 무엇이며, 파도타기를 할 수 있는 파도의 종류를 식별하는 법이며, 파도 위에 올라서서 가능한 한 오래 탈 수 있는 기술과 무엇보다도 중요한 기술인 나가자빠지지 않고 파도에서 내려오는 법 등을 배울 것이다. 하지만 당신은 결코 '파도를 일으키는 법'을 가르쳐 주는 과목을 찾을 수는 없을 것이다.

파도타기는 하나님이 일으키시는 파도를 타는 기술이다. 하나님은 파도를 만드신다. 우리는 단지 그 파도를 타는 것이다. 어떤 파도타기 선수도 파도를

만들려고 시도하지 않는다. 만약 파도가 일어나지 않는다면 그 날은 파도타기를 하지 못한다! 반면에 파도타기 선수가 좋은 파도를 보게 되면 비록 폭풍우 속에서라도 그 파도를 최대한으로 활용할 것이다.

교회성장에 관한 많은 책들과 세미나들이 '파도를 일으키는 법'을 가르치려는 범주에 속한다. 그들은 잔재주나 프로그램, 또는 마케팅 기술 등을 이용해서 성장을 꾀하고자 성령의 파도를 만들어 내려고 시도한다. 그러나 성장은 결코 인간이 만들어 내는 것이 아니다! 오직 하나님만이 교회를 자라게 하신다. 오직 하나님만이 마른 뼈들의 골짜기에 새로운 생명을 불어넣으실 수 있다. 오직 하나님만이 파도-부흥의 파도, 성장의 파도, 영적으로 수용적인 태도를 갖게 하는 파도 등-를 만들어 내실 수 있다.

바울이 고린도 교회에 대해서도 지적한 바와 같이, 오직 하나님만이 이 일에 주권자가 되신다. "나는 심고, 아볼로는 물을 주었으되, 오직 하나님은 자라나게 하셨나니"(고전 3:6). 동역의 관계를 눈여겨 보라. 바울과 아볼로는 그들의 역할을 했고, 하나님은 자라나게 하셨다. 하나님의 주권이야말로 요즘 유행하는 대부분의 교회성장에 관한 책들에서 간과하고 있는 요소이다.

교회의 지도자로서 우리들이 해야 할 일은 마치 능숙한 파도타기 선수처럼, 성령의 파도를 식별하여 그것을 타는 것이다. 우리의 책임은 파도를 만들어 내는 것이 아니라, 하나님이 이 세계에서 어떻게 일하고 계신가를 살펴보고 그 역사에 동참하는 것이다.

해변가에서 파도타기 선수를 보고 있으면 파도를 타는 일이 무척 쉽게 보인다. 그러나 사실은 파도타기란 매우 어렵고 뛰어난 기술과 균형을 요하는 것이다. 성장을 위한 영적 파도를 타는 일도 쉽지 않다. 그 일을 위해서는 열정이나 심지어는 헌신 이상의 것이 필요하다. 영적 통찰력, 인내, 믿음, 기술, 그리고 무엇보다도 균형이 필요하다. 성장하는 교회를 목회하는 일은 파도타기와 마찬가지로 문외한에게는 쉬워 보이지만 사실은 그렇지 않다. 그 일을 감당하기 위해서는 필요한 기술들을 완전히 습득해야 하는 것이다.

오늘도 하나님은 복음에 열려 있는 사람들의 파도를 계속 만들어 내고 계신다. 이 세계의 너무 많은 문제들로 인해, 지금이야말로 금세기의 다른 어떤 시기보다도 더 많은 사람들이 그리스도의 복음에 열려 있는 것 같다. 그러나 불행하게도 교회들이 필요한 기술들을 배우지 못했기 때문에, 우리는 부흥과 교회의 건강과 폭발적인 성장을 가져다 줄 수 있는 영적 파도를 놓치고 있다.

새들백교회는 결코 파도를 만들어 내려고 하지 않는다. 그것은 하나님이 하실 일이다. 하지만 우리는 하나님이 우리에게 보내주시는 파도를 식별하기 위해 애서 왔고 또 그 파도를 타는 법을 배워 왔다. 우리는 그 파도들을 타는 데 필요한 올바른 도구를 사용하는 법을 배웠고, 또한 균형의 중요성도 배웠다. 우리는 또한 하나님이 우리에게 무엇인가 새로운 것을 하라고 명하시는 것을 느낄 때마다 스러져가는 파도에서 내려오는 법을 배웠다. 놀라운 사실은 이것이다. 우리가 성장의 파도를 타는 법에 더욱 익숙해질수록 더 많은 파도를 하나님께서 보내주신다는 것이다.

내 견해로는 우리는 교회 역사상 가장 흥미진진한 시대에 살고 있다. 비할 데 없는 기회들과 뛰어난 방법론들이 지금 우리에게 주어졌다. 더욱 중요한 것은 오늘 우리가 세계 곳곳에서 전례 없는 성령의 운동을 경험하고 있다는 것이다. 오늘날 교회 역사상 다른 어느 때보다도 많은 사람들이 그리스도께로 나아오고 있다.

나는 하나님이 당신의 백성이 파도를 탈 준비가 되어 있는 곳이면 어디든지 파도를 보내주신다고 믿는다. 기독교 역사상 가장 큰 교회들이 바로 이 시대에 존재하고 있다. 그들 대부분은 미국에 있지 않다. 이 교회들에 대한 이야기를 듣는 것은 흥미롭지만, 나는 가장 위대한 교회는 아직도 세워지지 않았다고 믿는다. 어쩌면 당신이야말로 하나님께서 그 일을 시키실 바로 그 사람인지도 모른다.

성령님은 전 세계적으로 일어나는 파도들 안에서 강력하게 역사하고 계신다. 매일 하루를 시작하면서 나는 이렇게 기도한다. "아버지, 저는 오늘도 당신이 당신의 세계에서 놀라운 일을 행하실 것을 압니다. 저에게 아버지께서 하시는 일의 한 부분에 동참할 수 있는 특권을 주십시오." 다른 말로 하면, 교회의 지도자들은 "제가 하고 있는 일을 축복해 주십시오"라고 기도하기를 그치고, "하나님이 축복하시는 일을 하게 해 주십시오"라고 기도하기를 시작해야 한다는 것이다.

나는 이 책에서 하나님이 이 세대를 그리스도께로 인도하시는 일에 사용하시는 원리들과 과정들이 무엇인지를 밝히고자 한다. 나는 당신에게 감히 성령의 파도를 만들어 내는 법을 가르치려고 하지 않는다. 그것은 우리의 힘으로 되는 것이 아니다. 하지만 나는 당신에게 하나님이 하시는 일을 식별하는 법, 하나님이 하시는 일에 동참하는 법, 하나님이 축복해 주시는 파도를 타는 일에 더욱 능숙해지는 법 등을 가르쳐 줄 수 있다.

잘못된 질문:
"무엇이 우리 교회를 성장하게 할 수 있을까?"

우리가 물어야 할 질문:
"무엇이 우리 교회의 성장을 막고 있는가?"

많은 교회들이 안고 있는 문제는 잘못된 질문을 가지고 시작한다는 것이다. 그들은 "무엇이 우리 교회를 성장하게 할 수 있을까?"라고 묻는다. 그들은 문제의 핵심을 오해하고 있다. 그 질문은 마치 "어떻게 파도를 일으킬 수 있을까?"라는 것과 같다. 우리가 물어야 할 질문은 "무엇이 우리 교회의 성장을 막고 있는가?" 하는 것이다. 어떠한 장애물들이 하나님이 우리에게 보내주시는 파도를 막고 있는가? 어떠한 장애물과 방해물들이 성장이 일어나는 것을 방해하고 있는가?

모든 살아 있는 것들은 성장한다. 우리는 그것들이 자라게 만들지 않아도 된다. 살아 있는 생명체들이 건강하다면 자라나는 것은 당연하다. 예를 들어 나는 나의 세 자녀들에게 자라라고 명하지 않아도 된다. 그들은 자연스럽게 자라간다. 내가 부족한 영양 상태나 위험한 환경 등을 방치해 두지 않는 이상 그들의 성장은 자동적이다. 만약 나의 자녀들이 자라가지 않는다면 무엇인가 심각하게 잘못된 것이다. 자라가지 않는다는 것은 대개 건강하지 않은 어떤 상태, 즉 질병과 같은 것이 있다는 것을 보여 주는 것이다.

마찬가지로 교회도 살아 있는 생명체이기 때문에, 건강하기만 하다면 성장하는 것은 당연하다. 교회는 몸이지 사업체가 아니다. 그것은 생명체이지 조직이 아니다. 교회는 살아 있다. 교회가 성장하지 않는다면 죽어 가고 있는 것이다.

우리 몸이 균형을 잃게 될 때 우리는 그 상태를 질병(disease)이라고 부르며, 질병은 몸이 '불편함'(dis-ease)을 말한다. 마찬가지로 그리스도의 몸도 균형을 잃게 되면 질병이 생긴다. 이러한 질병들 중 많은 것들이 계시록의 일곱 교회들에서 설명되고 밝혀지고 있다. 건강은 모든 것이 다시금 균형을 잡게 될 때 회복된다.

교회 지도자들의 역할은 성장을 방해하는 질병과 장애물들을 발견하고 제거하는 일이다. 그래서 자연스럽고 정상적인 성장이 일어나게 하는 것이다. 70년 전에 롤랜드 알렌(Roland Allen)은 선교에 관한 그의 고전적 저서에서 이러한 성장을 "교회의 자발적인 확장"이라고 불렀다. 그것은 사도행전에 나오는 것과 같은 종류의 성장이다. 당신의 교회는 자발적으로 성장하고 있는가? 만약 그렇지 않다면 "왜 아닌가?"라고 물어야 한다.

21세기 교회의 핵심 이슈는
교회의 성장이 아닌 교회의 건강이다.

나는 21세기 교회의 핵심 이슈는 교회의 성장이 아닌 교회의 건강이라고 믿는다. 바로 그것이 이 책이 말하고자 하는 바이다. 성장에만 초점을 맞추는 것은 문제의 핵심을 놓치는 것이다. 교인들이 건강하다면 그들은 하나님이 의도하신 대로 자라난다. 건강한 교회는 성장하기 위해 잔재주를 부릴 필요가 없다. 그것은 자연스럽게 성장한다.

바울은 이 점을 이렇게 설명했다. "몸의 모든 부분이 돌보심을 받고 함께 세워지는 것은 주님으로부터 말미암는 것입니다. 그렇게 됨으로써 하나님이 원하시는 대로 자라나는 것입니다"(골 2:19, NCV). 하나님은 그분의 교회가 성장하기를 '원하신다'는 것에 주목하라. 당신의 교회가 진정으로 건강하다면 당신은 교회의 성장에 대해 염려할 필요가 없다.

20년간의 관찰

지난 20년 동안 나는 규모에 관계 없이 성장하는 교회들을 공부해 왔다. 성경 교사로서, 부흥사로서, 그리고 후에는 목회자들을 훈련하는 사람으로서 나는 세계 곳곳에 있는 수백 개의 교회들을 방문했다. 각 교회를 방문할 때마다 나는 왜 어떤 교회들은 건강하며 성장하고 있는 반면, 다른 교회들은 성장이 정지됐거나 아니면 죽어 가고 있는지를 관찰하고 기록했다. 나는 수천 명의 목사들과 대화를 나누었고, 수백 명의 교회 지도자들, 교수들, 교단의 지도자들과 그들이 교회에서 관찰한 것들에 대해 인터뷰를 했다. 수년 전에 나는 미국에서 가장 큰 100개의 교회들에게 편지를 써서 일 년 동안 그들의 사역을 연구했다. 나는 교회성장에 관해 시중에 나와 있는 거의 모든 책들을 섭렵했다.

나는 신약을 공부하는 데 더 많은 시간을 사용했다. 나는 신약을 읽고 또 읽었고, '교회성장의 눈'으로 공부하며 원리들, 유형들, 그리고 순서들을 살펴보았다. 신약성경은 교회성장에 관해 쓰여진 가장 위대한 책이다. 정말 중요한 문제들에 대해서 우리는 신약의 가르침을 능가할 수 없다. 그것은 교회에 대한 사용자 지침서다.

나는 또한 교회의 역사에 대한 책들을 즐겨 읽었다. 내가 재미있게 여기는 것은 "혁신적"이거나 "현대적"이라고 불리는 많은 개념들이 결코 새로운 것이 아니라는 사실이다. 우리가 역사에 대해 무지하면 모든 것이 새로워 보인다. '변화'라는 깃발 아래 횡행하는 많은 방법들은 과거에 약간 다른 형태로 이미 사용되었던 것들이다. 어떤 것들은 성공적이었으나 그렇지 못한 것들도 있었다. 우리가 과거의 교훈을 배우지 못하면 우리도 우리 선대의 사람들과 같은 실수를 저지르게 된다는 것은 자명한 진리이다.

그러나 나의 가장 큰 배움의 출처는 내 자신이 목회하는 교회에서 하나님이 행하신 일들을 관찰하는 것이었다. 나는 그것을 통해 어떤 책도, 세미나도, 교수도 내게 줄 수 없었던 가르침을 얻었다. 나는 1980년에 캘리포니아의 오렌지 카운티에서 새들백 밸리 커뮤니티 교회를 시작했고, 그 후 15년 동안 이 책에서 말하는 원리들, 과정들, 그리고 실천 사항들을 시험해 보고 적용해 보고 다듬어 왔다. 마치 연구개발센터처럼 우리는 하나님의 백성들을 전도하고, 가르치고, 훈련하고, 내보내는 일에 관한 모든 접근 방법들을 실험했다. 새들백은 이 책에 쓰여진 모든 것의 실험실 역할을 해 왔다. 결과는 매우 만족스러운 것이었고, 내가 믿기로는 하나님께 영광을 돌리는 것이었다. 나는 평범한 사람들을 비범하게 사용하시는 하나님의 능력을 보며 계속해서 겸손해지지 않을 수 없었다.

나는 이 책을 쓰기 위해 20년을 기다려 왔다. 왜냐하면 내용이 미처 무르익지 않은 채로 책을 쓰고 싶지 않았기 때문이다. 오히려 나는 이 책에서 말하는 개념들이 여과되고 개발되고 성숙되기를 기다렸다. 이 책에서 가르치는 어떤 것들도 이론이 아니다. 교회성장에 관한 또 다른 이론이야말로 우리에게 전혀 필요치 않은 것이다. 우리에게 필요한 것은 실제적인 문제들에 대해 실제 교회 상황에서 효과적으로 판명된 해답인 것이다.

이 책에서 가르치는 원리들은 단지 새들백에서 뿐 아니라 규모와 형태와 위치와 교단이 서로 다른, '목적이 이끄는' 여러 교회들에서 거듭 거듭 시험 과정을 거친 것들이다. 새들백에서 있었던 이야기들을 대부분 예화로 사용한 것은 새들백이야말로 내게 가장 친숙한 교회이기 때문이다. 나는 거의 매일 한 통씩의 편지를 받는데, 그것들은 「목적이 이끄는 교회」의 패러다임을 받아들여서 하나님이 보내주시는 성장의 파도를 타게 된 다른 교회들이 보내온 것들이다.

목사들에게 사랑을 보내며

이 책은 자신의 교회가 성장하기를 원하는 모든 사람들을 위해 쓰여졌다. 하지만 내 자신이 목사이기 때문에 글의 스타일이 자연히 한 목사의 관점에서 다른 목사들에게 말하는 투가 되었다. 나는 여러 대에 걸친 목사 집안에서 태어났다. 나의 증조부는 런던에서 찰스 스펄전의 역사적 사역을 통해 회심했고, 그 후 미국으로 건너와 순회 개척 목사가 되셨다.

나의 아버님과 장인도 목사이신데 두 분 다 최근에 목회 50주년을 맞으셨다. 나의 누이 동생도 목사와 결혼했다. 나는 아버님이 교수로 계시던 신학교의 캠퍼스에서 어린 시절 한때를 살았던 적도 있다. 따라서 나는 목사들에 대해 깊은 애정을 가지고 있다. 나는 그들과 함께 있는 것을 좋아하며 그들의 아픔을 나의 아픔으로 느낀다. 나는 그들이야말로 우리 사회에서 가장 경시되는 지도자들이라고 생각한다.

내가 가장 찬사를 보내고 싶은 사람들은 규모가 너무 작아서 전임 사역자의 대우를 해 줄 수 없는 교회를 목회하기 위해서 또 다른 직업을 가질 수밖에 없는 수천의 목사들이다. 나는 그들이야말로 믿음의 영웅들이라고 생각한다. 그들은 하늘에서 큰 상을 받을 것이다. 나는 그들에게 주어지지 않았던 훈련과 경험을 받을 수 있는 행운을 가졌다. 따라서 나는 내가 배운 것들을 이 책을 통해 그들과 나누어야 할 책임을 느낀다.

> 오늘날 사회가 직면한 문제들에 대해
> 가장 전략적인 변화를 일으킬 수 있는
> 사람들은 목사들이다.

나는 또한 목사들이야말로 오늘날 사회가 직면한 문제들에 대해 가장 전략적인 변화를 일으킬 수 있는 사람들이라고 생각한다. 많은 정치인들조차도 영적 부흥이 유일한 해답이라는 결론에 도달하고 있다. 나는 최근에, 과거 내각에 몸담고 있었던 윌리엄 베넷(William Bennett)이 〈아메리칸 엔터프라이즈(American Enterprize)〉라는 잡지에 기고한 다음과 같은 글을 읽었다. "우리 사회를 괴롭히는 가장 심각한 문제들은 명백히 도덕적, 품행적, 영적인 것들이다. 따라서 그것들은 정부의 처방책에 놀라울 만큼 거부적이다." 정치인들이 영적인 해결책이 필요하다고 말하는데 많은 기독교 지도자들은 마치 정치가 해답인 것처럼 행동하는 것은 얼마나 풍자적인 모습인가? 우리 사회의 도덕적 타락이 많은 전쟁터를 만들어 내는 것은 의심할 여지가 없지만, 그것은 또한 우리에게 굉장한 선교지를 제공하기도 한다! 우리는 그리스도께서 문화적 전쟁의 반대편에 있는 사람들을 위해서도 죽으셨다는 사실을 기억해야 한다.

지역 교회의 목사가 되는 것은 위대한 특권이며 놀라운 책임이다. 내가 만일 이 세상에서 변호를 일으킬 수 있는 가장 좋은 기회를 가진 사람이 목사라는 것을 믿지 않았다면 나는 지금쯤 다른 일을 하고 있었을 것이다. 나는 추호도 나의 삶을 낭비하고 싶은 생각이 없다. 오늘날의 목회는 한 세대 전에 비해 백배나 더 복잡해졌다고 말할 수 있다. 가장 좋은 여건하에서도 목회는 아주 어려운 일이다. 하지만 우리가 찾기만 한다면 목회를 돕는 많은 자료들을 얻을 수 있다. 비결은 결코 배우는 것을 중단하지 않는 것이다.

만일 독자인 당신이 목사라면, 나의 기도는 이 책을 통해 당신이 격려를 받는 것이다. 나는 이 책이 가르침을 주는 동시에, 또한 영감을 줄 수 있기를 바란다. 나에게 가장 도움을 주었던 책들은 사실과 열정을 함께 담고 있는 것들이었다. 내가 바라는 것은, 당신이 단지 내가 나누고자 하는 원리들만 배우는 데서 그치지 않고, 하나님이 그분의 교회를 향해 품으신 목적에 대해 내가 느끼는 열정도 함께 나누는 것이다.

　나는 예수 그리스도의 교회를 내 마음을 다해 사랑한다. 우리의 죄악된 본성으로 인한 많은 결점에도 불구하고 교회는 지금껏 창조된 개념 중 가장 훌륭한 것이다. 그것은 이천 년 동안 하나님의 택하신 축복의 도구였다. 교회는 계속되는 학대와 무시무시한 핍박, 그리고 만연된 무관심을 이겨 왔다. 선교 단체들이나 다른 기독교 모임들은 나타났다 사라지지만 교회는 영원히 존재한다. 그것은 우리의 생명을 바칠 만큼 가치 있는 것이며 우리의 최선을 요구할 권리를 갖고 있다.

나는 이것을 전에 들은 적이 있다

　당신이 이 책을 읽어 가는 동안 "나는 이것을 전에 들은 적이 있다"고 느낄 때가 있을 것이다. 나는 그러기를 바란다! 이 책은 내가 지난 15년 동안 2만 2천 명이 넘는 목사들에게 가르쳤던 "목적이 이끄는 교회 세미나"에서 다룬 많은 원리들을 담고 있다. 또한 42개의 나라와 60개의 교단에 속한 교회 지도자들이 그 세미나의 테입을 주문했다. 따라서 어떤 개념들은 이제는 아주 잘 알려져 있다.

　내 서재에는 내가 훈련시켰던 사람들 중 나보다 먼저 그 내용을 글로 쓴 사람들의 책이 열 권이 넘게 있다. 나는 이 사실에 괘념하지 않는다. 우리는 모두 같은 팀에 속했기 때문이다. 목사들이 도움을 입을 수 있다면 나는 그것으로 기쁘다. 정직하게 말한다면, 내가 이 책을 쓰기 위해 20년을 기다렸던 이유 중 하나는 이 책의 내용을 실행하기에 너무 바빴다는 것이다!

　100 편이 넘는 박사학위 논문이 새들백교회의 성장에 관해 쓰여졌다. 우리 교회는 나보다 훨씬 뛰어난 두뇌들에 의해 해부되었고, 관찰되었고, 분석되었

고, 요약되었다. 당신은 어쩌면 "이미 충분히 쓰여진 것이 아닙니까? 왜 또 다른 책이 필요합니까?"라고 묻고 싶을 것이다. 내가 이 책에서 제공하고 싶은 것은 교회성장에 대한 내부인의 관점이다. 외부 사람들이 성장하는 교회에 대해 관찰하는 것은 성장의 진정한 원인을 설명하기에 부족한 경우가 많다.

당신은 "경험으로부터 배우는 것은 현명한 일이다"라는 말을 들었을 것이다. 그러나 다른 사람의 경험으로부터 배우는 것은 더 현명한 일이다. 그것은 고통도 적다! 개인적 체험을 통해 모든 것을 배우기에는 삶이 너무 짧다. 당신은 다른 사람들이 어렵게 배운 교훈을 살펴봄으로써 많은 시간과 에너지를 절약할 수 있다. 바로 그것이 이 책의 목적이요, 또한 이것과 같은 다른 책들의 목적이다. 우리가 시행착오를 통해 원리들을 배우면서 겪은 아픔이 당신에게는 절감될 수 있다면 그것으로 나는 만족한다.

파도타기 선수는 제대로 파도를 타지 못해서 떨어지더라도 파도타기를 포기하지 않는다. 그는 다시 보드를 타고 바다로 나가서 하나님이 보내주실 다음의 큰 파도를 기다린다. 내가 성공적인 파도타기 선수로부터 배운 한 가지 교훈은 이것이다. 그들은 집요불굴하다.

당신은 어쩌면 사역에서 몇 번의 실패를 경험했을 것이다. 나는 여러 번 그런 경험을 했다. 당신은 어쩌면 몇 번 파도를 놓친 적도 있을 것이다. 그렇다고 사역을 중단해야 하는 것은 결코 아니다. 바다는 마르지 않았다. 그와 반대로, 지금 이 순간 하나님은 내가 지금껏 보아 온 파도 중 최상의 것들을 이 세상에서 일으키고 계신다. 동료 파도타기 선수로서 나는 하나님이 그분의 세계에서 일으키시는 파도를 어떻게 잘 타야 할 것인지에 대해 몇 가지 나누고 싶은 것이 있다. 함께 파도를 타러 가자.

| 제1부 |
큰 그림 보기

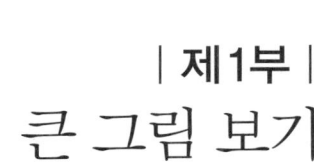

THE PURPOSE DRIVEN CHURCH

1장. 새들백 이야기

대대로 주의 행사를 크게 칭송하며 주의 능한 일을 선포하리로다. (시편 145:4)
당신의 종들이 잘하는 것을 보기 원하시는 하나님의 위대하심을 찬양하라.
(시편 35:27, NCV)

　1973년 11월에 나는 한 친구와 함께 대학 강의 시간을 빼먹고 크리스웰 (W. A. Criswell) 박사의 말씀을 듣기 위해 560km를 달려 샌프란시스코의 잭 탈 호텔로 갔다. 크리스웰 박사는 텍사스 주의 달라스 시에 위치한 세계에서 가장 큰 침례교회를 담임하는 유명한 목사님이셨다. 남침례 교단의 젊은 신자인 나에게 크리스웰 박사의 설교를 직접 들을 수 있다는 것은 천주교도가 교황의 메시지를 직접 듣는 것과 같은 것이었다. 나는 이 현존하는 신화적 인물의 설교를 꼭 직접 들어야겠다고 결심했던 것이다.
　나는 그보다 3년 전에 하나님께서 나를 하나님의 사역을 하도록 부르셨다는 것을 이미 느끼고 있었다. 그리고 고등학교에 다니면서 벌써 청소년 전도자로 설교를 하고 있었다. 비록 19세에 불과했지만 그 때까지 약 50교회를 다니며 부흥회를 인도했었다. 나는 하나님께서 나를 사역으로 부르셨다는 것은 의심하지 않았지만 목회자가 되어야 하는 것인지에 대해서는 확신할 수 없었다.
　나는 크리스웰 박사야말로 20세기 미국의 가장 위대한 목회자라고 믿는다. 그는 제일침례교회를 50년 동안 담임했으며, 53권의 책을 썼고, 가장 많은 교회들이 흉내내는 금세기의 교회 모델을 개발해 내셨다. 그는 능력 있는 설교가요 지도자일 뿐 아니라, 조직력에 있어서도 천재적인 분이다. 많은 사람들이 크리스웰 박사를 생각할 때 '전통'이란 말을 떠올리지만 그의 목회는 사실상 믿어지지 않으리 만큼 혁신적인 것이었다. 그의 목회 스타일이 전통이 된 것은 모든 사람이 그를 모방하려고 했기 때문이다.

**목회는 마라톤과 같다.
중요한 것은 어떻게 출발하는가가 아니라
어떻게 끝내는가 하는 것이다.**

우리는 종종 유명한 목회자들 가운데 몇 년 동안 그 빛을 반짝이다가 그 후 곧 꺼져 버린 경우를 본다. 멋있게 시작하는 것은 쉽다. 그러나 크리스웰 목사님은 한 교회에서 반세기 동안 목회를 하셨던 것이다. 그의 목회는 결코 잠시 반짝이다가 사라지는 불꽃이 아니었다. 그것은 세월의 시험장을 거친 것이었다. 나는 그런 목회야말로 진정 성공적인 것이라고 생각한다. 성공적인 목회는 지속적으로 사랑하고 이끌어 가며 끝을 잘 마치는 목회이다. 목회는 마라톤과 같다. 중요한 것은 어떻게 출발하는가가 아니라 어떻게 끝내는가 하는 것이다. 당신은 어떻게 끝맺음을 하고 있는가? 성경은 "사랑은 언제까지든지 떨어지지 아니하나"(고전 13:8)라고 말한다 . 당신이 사랑으로 목회를 하고 있다면 당신의 목회는 결코 실패라고 할 수 없다.

내가 이 위대한 하나님의 사람의 설교를 듣는 동안 하나님은 나에게 개인적으로 말씀하셨고, 나는 내가 목회자로 부름받았다는 것을 분명히 알게 되었다. 그 때 그 자리에서 나는 만일 하나님의 뜻이라면 한 교회에서 나의 평생 동안 목회를 하겠다고 하나님께 약속했다.

집회가 끝난 후 내 친구와 나는 크리스웰 목사님과 인사하기 위해 줄을 섰다. 그런데 내 차례가 되었을 때 전혀 기대치 못했던 일이 일어났다. 크리스웰 목사님은 나를 친절하고 사랑스러운 눈으로 보시면서 힘을 주어 다음과 같이 말씀하셨다. "젊은이, 나는 자네의 머리에 손을 얹고 자네를 위해 기도하라고 하는 하나님의 인도하심을 느끼네." 그리고 나서 그는 곧 내 머리에 손을 얹고 내가 결코 잊을 수 없는 다음과 같은 기도를 드리셨다. "아버지, 당신의 영을 이 젊은 설교자에게 갑절로 부어 주옵소서. 그가 목회하는 교회가 달라스 교회의 두 배로 성장하게 하옵소서. 오 주님, 그에게 복을 주옵소서."

나는 그 자리를 떠나면서 눈물이 글썽한 채로 친구 대니에게 물었다. "그분이 정말 내가 지금 들은 그 기도를 해 주셨단 말이지?" "물론이야"라고 대니 역시 젖은 눈으로 대답했다. 나는 하나님이 크리스웰 목사님의 기도의 내용 그대로 나를 사용하실 것이라고는 상상할 수 없었다. 그러나 그 때의 그 거룩한 경험으로 나는 하나님이 나를 지역 교회의 목회자로 부르셨다는 확신을 마음에 갖게 되었다.

방법론 뒤에 숨은 이야기

모든 신학은 어떤 상황 안에서 이루어진다. 우리가 루터의 삶과 또 하나님이 그 시대에 어떻게 주권적으로 일하셨는가를 이해하지 못한다면 우리는 루터의 신학을 이해할 수 없을 것이다. 또한 칼빈이 그의 신학을 형성했던 시대적 상황을 이해하지 못하고서는 칼빈의 신학을 충분히 이해할 수 없다.

마찬가지로, 모든 '방법론' 뒤에도 숨은 이야기가 있다. 많은 사람들은 소위 말하는 초대형 교회들을 볼 때 그 교회들이 항상 그렇게 컸을 것이라고 생각한다. 사람들은 모든 큰 교회들이 작은 교회에서부터 시작했다는 것을 잊어버린다. 사실은 어떤 교회도 많은 문제와 장애와 실패들과 씨름하지 않고는 성장할 수 없다. 예를 들면 새들백교회는 개척한 지 15년이 지나서야 처음으로 자체 건물을 지을 수 있었다. 이 한 가지 요인도 우리가 성도들을 전도하고, 보존하고, 그리스도 안에서 성장시키는 전략을 세우는 일에 많은 영향을 끼쳤다. 우리는 더욱 사람들에게 초점을 맞추었고 변화에 쉽게 적응하는 교회 체질을 만들어 냈다.

이 책에 나오는 많은 방법들을 이해하려면 당신은 그 방법들이 개발된 상황을 이해해야 한다. 그렇지 않으면 당신은 상황에 대한 이해 없이 우리의 방법들을 모방하려는 유혹을 받게 될 것이다. 제발 그렇게 하지 말라. 오히려 방법들을 뒷받침해 주는, 그 밑에 깔린 전수 가능한 원리들을 파악하라. 나는 그러한 원리들을 설명할 것이다. 그러나 그 전에 당신은 새들백교회의 역사에 대해 조금 알아 둘 필요가 있다.

> 오늘날과 같이 빠르게 변해 가는 세상에서 비전은
> 현재 일어나고 있는 변화를 정확히 파악해서
> 그것들로부터 유익을 얻어 낼 수 있는 능력이기도 하다.

새들백의 목회는 미리 계획된 것이 거의 없었다. 나는 이 교회를 시작하기 전에 장기 전략을 세우지 않았다. 단지 하나님이 신약에 나오는 다섯 가지의 목적을 따라 교회를 세우라고 나를 부르셨다는 것을 알 뿐이었다. 나에게는 시도해 보고 싶었던 아이디어가 한 보따리 정도 있었을 뿐이다. 우리가 개발한 각각의 새로운 방식은 우리가 처한 상황에 대한 반응이었다. 나는 그것들을 미리 계획하지 않았다. 대부분의 사람들은 '비전'을 장래를 볼 수 있는 능력이라고 생각한다. 그러나 오늘날과 같이 빠르게 변해 가는 세상에서 비전은 현재 일어나고 있는 변화를 정확히 파악해서 그것들로부터 유익을 얻어 낼 수 있는 능력이기도 하다. 비전은 기회에 민감한 것이다.

새들백이 개척 교회이고, 또 내 자신이 개척 목사이기 때문에 우리는 보통 교회들보다 훨씬 더 많은 아이디어들을 실험해 볼 수 있었다. 왜냐하면 부대껴야 할 전통이라는 것이 아직 생성되지 않았기 때문이다. (물론 우리에게는 오래된 교회들에게 없는 다른 문제들이 많이 있었다.) 초창기에 우리는 실패해도 별로 잃을 것이 없었기에 모든 종류의 아이디어들을 시도해 보았다. 어떤 것들은 보기 좋게 실패하고 말았다. 나도 우리가 계획한 대로 모든 것이 성공적으로 이루어졌다고 말하고 싶지만 사실은 그렇지 못했다. 나는 그렇게 똑똑한 사람은 못된다. 우리가 성공한 것은 대부분 시행착오를 거친 결과이며 어떤 것들은 아주 우연히 발견한 것들도 있다.

내가 아주 좋아하는 영화 중에 〈잃어버린 법궤를 찾아서(스티븐 스필버그 감독의 "Raiders of the Lost Ark")〉라는 것이 있다. 손에 땀을 쥐게 하는 절박한 상황에서 누군가가 주인공에게 이제 어떻게 해야 하느냐고 묻자 그는 "낸들 어떻게 알겠소. 따라가면서 생각해 내야지"라고 대답했다. 나도 새들백의 목사로서 그처럼 느낀 적이 아주 여러 번 있었다. 우리가 무엇을 생각해 내고 실행해서 성공하면 마치 처음부터 그렇게 계획해 왔던 체했을 뿐이다!

마크 트웨인(Mark Twain)은 언젠가 비꼬는 어투로 다음과 같이 말했다. '나는 고양이의 꼬리를 잡아 보고서 그렇게 해 보지 않은 사람보다 고양이에 대해 40%나 더 배우게 된 사람을 알고 있다." 우리도 새들백교회가 시작됐을 때부터 고양이의 꼬리를 붙잡고 지내 왔다. 우리에게 있는 많은 할퀸 자국들이 그 증거이다.

사실대로 말하면, 우리가 새들백에서 시도해 본 것 중 성공한 것보다는 실패한 것들이 더 많았다. 우리는 결코 실패를 두려워하지 않았다. 우리는 단지 모든 것을 "실험"이라고 부른다. 나는 우리의 실패담을 엮어 한 권의 책을 더 쓸 수 있다. 그리고 그 제목을 '교회성장을 방해하는 1,000가지 방법들!' 이라고 붙일 수 있을 것이다.

원리를 찾아서

1974년에 나는 일본에서 학생 선교사로 봉사했었다. 나는 나가사키에 있는 남침례 교단 소속의 어떤 선교사 부부의 집에서 기거했다. 하루는 선교사님의 서재를 뒤적이다가 HIS라고 하는 기독학생회(IVF)에서 발행한 기독 학생 잡지를 보게 되었다. 그 잡지를 뒤적이다가 염소 수염에 반짝이는 눈을 가진 매력적인 한 노인의 사진을 보게 되었다. 그 기사의 부제는 "왜 이 사람은 위험 인물인가?"라는 것이었다. 서재에 앉아 도날드 맥가브란(Donald McGavran)에 관한 기사를 읽고 있었을 때 나는 그 내용을 통해 내가 전에 크리스웰 목사님을 통해서 받게 된 영향만큼이나 큰 영향을 받게 되리라고는 생각지 못했다.

그 기사는 인도에서 태어난 선교사 맥가브란이 어떻게 교회성장에 관한 것들을 공부하게 되었는지에 대해 다루고 있었다. 그는 수년간의 연구 결과로 1955년에 「하나님의 교량들(The Bridges of God)」이란 책을 썼고, 그 후 십수 권에 달하는 교회성장학에 관한 현대적 고전들을 집필했다.

하나님께서 크리스웰 목사님을 통해 내 삶의 사명이 일차적으로 목회자가 되는 것임을 보여 주셨다면, 맥가브란을 통해서는 나의 비전을 이미 세워진 교회를 섬기는 것에서부터 내가 목회할 교회를 스스로 개척하는 쪽으로 교정시켜 주셨다고 말할 수 있다. 마치 바울이 로마서 15장 20절에서 "또 내가 그리스도의 이름을 부르는 곳에는 복음을 전하지 않기로 힘썼노니 이는 남의 터 위에 건축하지 아니하려 함이라"고 말한 것과 같다.

맥가브란은 교회성장에 관해 그 당시 일반적으로 알려진 지식들을 날카롭게 파헤쳤다. 성경적 근거와 단순하면서도 열정적인 논리를 바탕으로 그는 하나님이 얼마나 교회가 성장하기를 원하시는가를 보여 주었다. 하나님은 잃어버린 양을 찾고 싶어하신다!

맥가브란이 지적한 문제들은 일본에서 고통스러울 만치 성장이 더딘 교회들을 목격했던 나에게 아주 적절하게 느껴졌다. 나는 내가 해답을 찾고 있던 여덟 개의 질문들을 작성해 보았다.

- 교회들이 행하고 있는 것 중 참으로 성경적인 것은 얼마나 되는가?
- 우리가 행하고 있는 것 중 문화적인 것은 얼마나 되는가?
- 왜 어떤 교회들은 성장하는 반면, 다른 교회들은 죽어 가는가?
- 무엇이 자라는 교회들의 성장을 멈추게 하고, 현상 유지 상태로 가게 하다가 급기야는 줄어들게 하는가?
- 성장하는 교회들에는 어떤 공통점들이 있는가?
- 모든 문화권 속에서 동일하게 효과적인 어떤 원리들이 있는가?
- 성장의 저해 요인은 무엇인가?
- 성장하는 교회들에 관해서 더 이상(또는 처음부터) 사실이 아닌 '신화들'은 무엇인가?

맥가브란의 기사를 읽으면서 나는 하나님이 나의 남은 생애를 건강하게 성장하는 교회를 만들어 내는 원리들 – 성경적, 문화적, 그리고 지도력에 관한 원리들 – 을 찾는 일에 바치도록 이끄심을 느꼈다. 나의 평생에 걸친 탐구 작업이 시작된 것이다.

1979년에 나는 텍사스 포트워스에 있는 서남침례 신학대학원의 졸업반에 있으면서 내 나름대로 그 당시 미국에서 가장 큰 100개의 교회를 연구해 보기로 작정했다. 우선 나는 연구의 대상이 될 100개의 교회를 선정해야 했는데 그것은 쉬운 일이 아니었다. 그 때 나는 신학교의 전도학 교수였던 로이 피시 박사의 채점하는 일을 돕고 있었다. 내게는 스승이면서 또 친구였던 그는 내가 원하는 대상들 중 많은 곳을 찾도록 도와주었다. 나머지 교회들은 교단의 연감이나 기독교 잡지 등을 통해 내 나름대로 찾아보았다.

한 교회에서 오래 목회한 목사님들의
교회가 대체로 건강하고 크다.

그 후 나는 이 교회들에게 내가 준비한 질문들을 보냈다. 그 결과 난 많은 큰 교회들이 전략이나 구조, 또는 스타일 등에 있어 여러 다른 면들을 가지고 있는 것이 사실이지만, 또한 몇 개의 공통점을 가지고 있는 것을 발견하게 되었다. 나는 이 조사를 통해 내가 이미 크리스웰 목사님의 목회를 통해 알게 된 것들을 다시 한번 확인해 볼 수 있었다. 즉 한 교회에 오래 머물면서 목회한 목사님들의 교회들이 대체로 건강하고 크다는 사실이었다. 나는 많은 실례들을 찾아볼 수 있었다. 목회자가 한 곳에서 오래 목회한다고 교회가 성장한다는 보장은 없지만, 몇 년마다 목회자가 바뀌는 교회들이 성장하지 못한다는 것은 거의 확실했다.

당신은 이삼 년에 한 번씩 아빠가 바뀌는 집의 아이들을 상상해 볼 수 있겠는가? 그들은 거의 분명히 심각한 정서 장애를 일으킬 것이다. 마찬가지로 한 지도자가 한 곳에서 오래 머무는 것이 교회라는 가족의 건강과 성장에도 중요한 요인이 된다. 장기적인 목회는 깊이 있고, 신뢰할 수 있으며, 돌보는 관계를 형성해 준다. 그러한 관계를 형성하지 않고는 어떤 목회자도 참으로 가치 있는 사역을 이룰 수 없다.

수년마다 한 번씩 목회자가 바뀌는 교회들은 지속적으로 성장할 수 없다. 나는 이 사실이 몇몇 교단에서 교인들의 수가 감소하고 있는 이유라고 생각한다. 일부러 목회자들을 한 교회에서 오래 머물지 못하게 하는 것은 결국 그들을 절뚝발이 목회자들로 만드는 것이다. 아무도 1-2년 후에 사라져 버릴 지도자를 따르고 싶어하지 않을 것이다. 어쩌면 그 목사는 여러 가지 새로운 사업 계획을 시작해 보고 싶어할지도 모른다. 하지만 교인들은 결국 자기들이 그 모든 일들의 뒷감당을 해야 할 것을 알기 때문에 좀처럼 의욕을 보이려 하지 않게 된다.

성장하는 건강한 교회를 위해 한 곳에서의 지속적인 사역이 얼마나 중요한가를 알게 된 나는 다음과 같이 기도하게 되었다. "아버지, 저는 아버지께서 저를 보내시기 원하시는 곳이면 세계 어디든지 가겠습니다. 하지만 어느 곳이든지 제가 한 곳에서 저의 평생을 바칠 수 있는 특권을 허락해 주십시오. 저를 어디로 보내시든지 괜찮습니다. 다만 그 곳이 어디든간에 저의 일생을 그 곳에서 바치게 해 주옵소서."

세계의 어느 곳으로?

이 기도를 드린 후 나는 우리 집 응접실 벽에 세계 지도를 붙여 놓고 아내와 함께 우리가 신학교를 졸업하면 어느 곳으로 가야 할지를 위해 하나님의 인도를 구하기 시작했다. 하나님의 인도를 위해 간구하는 것은 교회를 개척하려고 하는 사람이면 누구나 내딛게 되는 첫걸음이라고 할 수 있다. 잠언 28장 26절은 "자기 자신을 신뢰하는 자는 어리석은 자다. 하지만 하나님의 지혜를 사용하는 자는 안전하다"(LB)라고 말한다. 다른 어떤 일을 하기 전에 우리는 먼저 우리의 상황을 하나님의 관점에서 볼 수 있게 해 달라고 기도해야 한다.

아내와 나는 처음에 하나님께서 우리를 해외 선교사로 부르셨다고 생각했다. 나는 이미 일본에서 학생 선교사로 봉사했던 적이 있었기 때문에 특별히 아시아 쪽의 나라들에 관심을 집중시키고 있었다. 하지만 6개월 동안 하나님의 인도를 구하며 기도한 후에 우리는 하나님께서 우리를 해외로 부르시지 않는다고 느끼게 되었다. 오히려 우리는 미국의 대도시에 교회를 개척해야 한다고 생각하게 되었다.

아내 케이와 나는 선교사가 되는 대신 선교사를 파송하는 교회를 세우는 쪽으로 하나님의 인도를 받았다. 하나님은 우리에게 미국에서 사람들을 택하고 훈련해서 해외 선교사로 파송하는 일을 맡기고자 하셨다. 그 당시에는 이 일로 인해 실망스러웠지만 나중에 돌아보니 하나님의 지혜로우신 계획이었음을 알게 되었다. 새들백교회는 내 자신이 선교사로 갔었던 것보다 우리가 파송한 많은 선교사들을 통해 이미 더 큰 영향을 끼치고 있다.

교회의 건강 상태나 힘의 평가 기준은
교회가 얼마나 많은 교인을 끌어모을 수 있는가 아니라
얼마나 많은 사람을 파송할 수 있는가이다.

나는 당신이 교회의 건강 상태나 힘을 평가할 때 교회가 얼마나 많은 교인을 끌어모을 수 있는가 하는 것보다, 얼마나 많은 사람을 파송할 수 있는가를 기준으로 측정하리라고 믿는다. 교회는 보내는 일에 전념해야 한다. 교회의 건강을 평가하기 위해 우리가 꼭 물어야 할 질문 중에 하나는 얼마나 많은 사람들이 지상명령을 수행하기 위해 동원될 수 있는가 하는 것이다.

나는 새들백교회를 개척하던 시초부터 이 확신을 가지고 있었으며, 바로 그것 때문에 이 책에서 말하고 있는 "교인을 사역자와 선교사로 변화시키는 과정"을 만들게 되었던 것이다.

미국에 초점을 맞추며

일단 해외 선교사로 나가지 않는다는 것을 확신하고 난 후 아내와 나는 미국 어디에서 새로운 교회를 시작할 것인가를 놓고 기도하기 시작했다. 나에게는 후원자가 없었기 때문에 어느 곳에서 시작해도 마찬가지였다. 다시 한번 벽에 지도를 걸어 놓고(이번에는 미국 지도였다) 남부 지역 외의 모든 주요 대도시들에 동그라미 표시를 해 놓았다.

나는 4대째 남침례 교단에서 신앙 생활을 하는 집안에서 태어났기 때문에 남부 지역에는 거의 어느 곳이나 친척들이 살고 있었다. 하지만 나는 신학교 동기들이 별로 가고 싶어하지 않는 곳으로 가자고 생각했다. 나는 디트로이트,

뉴욕, 필라델피아, 시카고, 알바쿠키, 피닉스, 그리고 덴버 등을 놓고 기도했다. 그 후 미국에서 가장 교회가 적은 지역 세 곳이 워싱턴, 오레곤, 캘리포니아 주라는 사실을 발견했다. 따라서 나는 기도 범위를 서부 해안 쪽의 네 도시, 즉 시애틀, 샌프란시스코, 샌디에고와 오렌지 카운티 등으로 좁히게 되었다. 이 네 곳은 모두 지난 70년대 후반기에 대도시로 성장한 곳으로 나의 시선을 끌 만한 곳들이었다.

1979년 여름 동안 나는 거의 도서실에서 살다시피 하며 이 네 지역에 대한 미국 정부의 인구 조사와 통계 자료들을 찾았다. 잠언 13장 16절에는 "무릇 슬기로운 자는 지식으로 행하여도"라고 말한다. 나는 이 말씀을 자신에게 적용하면서 나의 전 생애를 투자하려고 하는 지역에 대해 가능한 한 모든 것을 알아보아야겠다고 생각했다. 어떤 중대한 결정을 내리기 전에 꼭 물어야 할 중요한 질문은 "내가 가장 먼저 알아야 할 것은 무엇인가?" 하는 것이다.

잠언 18장 13절에는 "사실을 알기 전에 결정을 내리는 것은 얼마나 부끄럽고 어리석은 일인가?"(LB)라고 말한다. 많은 개척 교회들이 실패한 이유는 준비되지 않은 채 열정만을 가지고 시작했기 때문이다. 교회를 시작하는 것은 열정만으로 되는 일이 아니다. 지혜도 있어야 한다. 믿음으로 한다고 해서 당신이 선택한 지역에 관한 정보들을 무시해도 좋다고 할 수 없다.

나는 신학교 졸업을 5개월 앞둔 25살의 청년이었고, 아내는 첫아이를 임신한 지 9개월째였다. 나는 도서실에서 하루에도 몇 번씩 전화를 걸어 혹시나 아내가 진통을 시작하지나 않았는지 확인하곤 했다.

어느 날 오후, 우리는 남가주 오렌지 카운티의 새들백 밸리라는 동네가 70년대 미국 전역에서 가장 빠르게 성장한 지역이라는 것을 발견했다. 이 사실을 발견하고 나는 거의 숨이 막힐 만큼 흥분했고 심장이 터질 듯이 빨리 뛰는 것을 느꼈다. 나는 어느 곳이든지 이토록 빨리 성장하는 곳이라면 반드시 새로운 교회가 필요할 것이라고 생각했다.

나는 그 대학의 어둠침침한 지하 도서실에 앉아서 하나님이 내게 분명히 이렇게 말씀하시는 것을 들었다. "나는 네가 바로 그 곳에서 교회를 시작하기를 원한다." 나의 몸 전체는 흥분으로 떨리기 시작했고 내 눈에는 눈물이 가득 고여 왔다. 나는 하나님의 응답을 받은 것이다. 그 때 돈도 없고, 교인도 없고, 아직 장소를 보지도 못했다는 사실은 내게 전혀 문제가 될 수 없었다. 바로 그 순간부터 우리들이 가야 할 곳은 정해진 것이다. 하나님은 당신이 어디에서 파도를 일으킬 것인지를 보여 주셨고 나는 그 파도를 평생을 바쳐 타기로 결심했다.

그 다음에 내가 한 일은 캘리포니아의 오렌지 카운티를 담당하고 있는 남침례교 선교부의 책임자를 만나는 것이었다. 그 사람의 이름은 허만 우튼이었다. 나는 그에게 다음과 같이 편지를 썼다. "내 이름은 릭 워렌입니다. 나는 텍사스에 있는 신학교 학생으로 남쪽 오렌지 카운티에서 교회를 개척하려고 하는 계획을 갖고 있습니다. 나는 당신에게 돈이나 그 어떤 도움을 구하려는 것이 아닙니다. 단지 당신이 그 지역에 대해 어떻게 생각하는지를 알고 싶습니다. 그 지역에 새로운 교회가 필요하다고 생각하십니까?"

하나님의 섭리 가운데 놀라운 일이 일어났다. 비록 우리는 서로 만난 일이 없었지만 허만 우튼은 나와 나의 계획, 즉 졸업 후 개척 교회를 하려고 한다는 것에 대하여 어떤 경로를 통해서였는지는 모르지만 알고 있었다. 내가 그에게 편지를 썼던 바로 그 때에 그도 나에게 다음의 편지를 보냈던 것이다. "워렌 씨에게, 당신이 졸업 후 캘리포니아에서 교회를 시작하고 싶어한다는 것을 들었습니다. 남쪽 오렌지 카운티에 있는 새들백 밸리에 와 보실 생각은 없으신지요?" 우리의 편지는 서로 엇갈려서 동시에 상대방에게 전달되었던 것이다. 이틀 후에 편지통을 열었을 때 나는 내가 편지를 보냈던 사람이 나에게 쓴 편지를 보고 울음을 터뜨렸다. 아내와 나는 하나님이 무엇인가를 이루려 하신다는 것을 깨달았다.

두 달 후, 10월이 됐을 때 나는 처음으로 오렌지 카운티를 찾아가 보고 열흘을 머물면서 그 지역을 탐사했다. 낮에는 말을 붙일 수 있었던 모든 사람과 대화를 나누었다. 부동산 업자를 찾아갔고, 상공회의소와 은행, 카운티 개발국, 주민들, 그리고 그 지역의 다른 목사들을 만나 보았다. 그리고 발견한 모든 사항들을 꼼꼼히 기록해 두었다. 나는 "좋은 충고를 구하라. 그리하면 성공할 것이다"(TEV)라는 잠언 20장 18절 말씀의 약속을 따랐다.

이미 은퇴하신 골든 게이트 신학교의 프레드 피셔 박사는 나를 초대해 주시고 오렌지 카운티의 북쪽에 위치한 자기 집에 머물게 해 주셨는데, 나는 밤마다 거실에서 그 지역의 지도와 온갖 안내 책자들을 펴 놓고 몰두하곤 했다. 그리고 내가 수집한 자료들을 공부하면서 새들백 밸리의 주요 도로들의 이름을 모두 외워 버렸다.

일 주일 후에는 아내 케이를 그 곳으로 오게 해서 처음으로 그 지역을 보게 했다. 나는 언제나 내 삶을 인도하시는 하나님의 손길을 확실히 알기 위해 아내의 영적 분별력의 도움을 받아 왔다. 만일 아내가 조금이라도 그 곳으로 옮겨 오는 일을 주저했다면 나는 그것을 하나님이 주시는 일종의 경고 신호라고 생각했을 것이다. 다행스럽게도 아내의 반응은 적극적이었다. "저는 사실상 겁이나요. 하지만 이 일이 하나님의 뜻이라고 확신해요. 또 당신을 신뢰하고요. 행동으로 옮기도록 해요"라고 아내는 말했다. 바울이 로마서 8장 31절에서 말했듯이 "만일 하나님이 우리를 위하시면 누가 우리를 대적"하겠는가? 우리는 눈에 띄는 가장 높은 언덕에 올라가 수천 가구로 꽉 찬 새들백 밸리의 전경을 내려다보며 우리의 삶을 새들백 밸리 커뮤니티 교회를 세우는 일에 바치기로 다짐했다.

드디어 캘리포니아에 도착하다

드디어 12월에 나는 신학교를 졸업했다. 1979년의 마지막 며칠 동안 아내와 나는 우리의 얼마 안되는 짐을 이삿짐 트럭에 싣고 텍사스에서 캘리포니아로 옮겨 왔다. 우리가 가지고 있던 가구들은 어떤 신혼 부부가 다음 신혼 부부에게 대를 이어 물려준 것으로서 우리가 다섯 번째로 사용하게 된 것이었다. 보기에는 흉물스러웠지만 그것이 우리가 가진 전부였다. 우리는 짐을 꾸리면서 이렇게 가난한 부부가 미국에서 가장 부유한 동네 중 하나로 옮겨 간다는 것이 참으로 어울리지 않는 일이라고 생각했다.

어쨌든 우리는 희망에 부풀어 남가주에 도착했다. 우리에게는 새로운 시대가 펼쳐지고 있었고 새로운 목회와 4개월 된 아기와 하나님의 축복의 약속이 눈앞에 있었다. 하지만 우리에게는 돈이 없었고, 교회 건물도, 교인도, 당장 머물 집도 없었다. 우리는 새들백 밸리에 단 한 사람도 아는 사람이 없었다. 그러므로 우리는 그 때까지의 우리의 삶에서 가장 큰 믿음의 행보를 내디뎠던 것이다.

우리는 어느 금요일 오후에 오렌지 카운티에 도착했는데 마침 그 시간은 남가주의 악명 높은 교통 지옥이 이루어지는 시간이었다. 나는 이렇게 느리게 가야 하는 시간을 "러시 아워"(차가 밀리는 시간, 문자적으로는 급하게 가는 시간으로 해석할 수 있음, 역주)라고 부르는 것을 이해할 수 없었다. 우리는 달팽이처럼 느리게 고속도로를 따라 기어가듯이 움직였다. 배는 고프고 몸은 피곤하고 아기는 울어 대고…

나는 500가구가 채 안되는 작은 시골 마을에서 자라났기 때문에 이처럼 심한 교통 체증 현상에 대한 준비가 전혀 되어 있지 않았다. 수마일에 걸쳐 고속도로를 꽉 메운 채 움직이지 못하고 있는 차들을 창밖으로 내다보며 나는 속으로 이렇게 말했다. '도대체 내가 무엇을 하고 있단 말인가? 하나님, 아무래도 사람을 잘못 택하신 것 같습니다. 제가 큰 실수를 저지른 것 같습니다.'

마침내 5시가 되어서야 우리는 새들백 밸리에 도착했다. 고속도로에서 빠져나오자마자 나는 제일 먼저 눈에 띄는 부동산 사무실로 찾아갔다. 그리고 그곳에 들어서자마자 처음 보이는 사람에게 나 자신을 소개했다. 그 사람의 이름은 단 데일이었다. 나는 만면에 웃음을 가득 띤 채 말했다. "내 이름은 릭 워렌입니다. 나는 이 곳에서 교회를 시작하려고 합니다. 당장 머물 집이 필요한데 사실 돈은 없습니다." 단은 싱글거리다가 크게 웃음을 터뜨렸다. 나도 따라서 웃었다. 나는 앞으로 일이 어떻게 풀려 갈지 전혀 알지 못했다. 단은 "글쎄, 해 볼 수 있는 데까지 해 봅시다"라고 말하더니 두 시간 안에 우리가 세들어 살 연립 주택을 하나 찾아 주었다. 첫 달 월세는 무료로 해주었고 더군다나 그는 새들백교회의 첫 교인이 되겠다고 약속까지 했다. 하나님은 진정 공급하시는 하나님이시다!

우리의 새로운 거처로 가는 동안 나는 단에게 교회에 다니느냐고 물었다. 그는 다니지 않는다고 대답했다. "아주 잘 됐네요! 당신은 우리 교회의 최초의 교인입니다"라고 나는 말했다. 그리고 그대로 되었다. 나는 그 부동산업자의 가족과 우리 가족으로 새들백교회를 시작했다. 두 주일 후에 우리는 우리 집에서 7명이 참석한 가운데 성경공부를 시작했다.

믿음으로 나아갔을 때 우리는 재정적 필요가 채워지기 시작하는 것을 보며 흥분하게 되었다. 존 잭슨 목사가 시무하는 캘리포니아 애나하임이란 도시의 크레센트 침례교회는 매달 600불씩 공식적으로 우리를 후원하는 교회가 되었다. 그리고 텍사스의 러프킨 제일 침례교회와 캘리포니아의 놀웍 제일 침례교회가 이제 막 날갯짓을 하기 시작한 우리 교회에 매달 200불씩 후원하기로 했다.

어느 날 아침에는 내가 전혀 알지 못한 사람으로부터 두 달 동안 우리 집세를 내 주겠다는 전화를 받기도 했다. 그는 새로 개척한 교회에 대한 소식을 듣고 돕고 싶었다고 말했다. 또 한번은 거의 은행 잔고가 남지 않은 상태에서 아내와 함께 중고품 세일하는 곳을 찾아다니면서 첫 예배를 드릴 때 유아실에 필요한 가구를 구하러 다니게 되었다. 우리는 원하던 것을 찾았고 마지막 남은 돈을 수표로 끊어 주었다. 그리고 집에 돌아왔을 때, 전에 나의 설교를 들었던 텍사스의 어떤 부인이 내가 있던 곳을 추적해서 보내온 수표가 우편함에 있는 것을 보게 되었다. 그 수표의 액수는 우리가 방금 유아실 가구를 구입하면서 지불한 37달러 50센트 바로 그 액수였다.

**하나님은 언제나 불완전한 상황에서
불완전한 사람을 통해 그분의 뜻을 이루신다.**

내가 캘리포니아로 옮겨 오기 전에 새로 시작할 교회의 재정적 계획을 미리 세워 왔어야 했는지도 모르겠다. 하지만 일은 그렇게 진행되지 않았다. 오히려 우리는 믿음으로 움직였다. 나는 빨리 교회를 시작하고 싶었던 것이다. 나는 전도서 11장 4절의 "완벽한 조건을 갖추기를 기다린다면 아무것도 이룰 수 없다"(LB)라는 말씀을 좋아한다. 만약 당신이 모든 문제를 해결해야만 결정을 내릴 수 있다고 생각한다면 당신은 결코 믿음으로 사는 스릴을 맛볼 수 없을 것이다. 하나님은 언제나 불완전한 상황에서 불완전한 사람을 통해 그분의 뜻을 이루신다.

하나님이 인도하실 때에는 하나님이 공급하신다.

우리는 교회를 시작하려고 한 그 시절에 여러 가지 방법으로 여러 차례에 걸쳐 하나님이 우리의 결정을 확신시켜 주시는 것을 보면서 중요한 교훈을 배웠다. 하나님이 인도하실 때에는 하나님이 공급하신다. 만약 당신이 교회를 개척하려고 한다면 바로 이 말에 밑줄을 그어라. 당신이 어려울 때에 이 말은 큰 위로와 힘이 되어 줄 것이다. 하나님이 우리를 부르셔서 무엇을 시키실 때, 그분은 우리에게 능력을 주셔서 감당케 하신다. 하나님은 신실하시다. 그분은 약속을 반드시 지키신다.

우리 교회는 어떤 교회가 될까?

캘리포니아에 정착한 지 얼마 되지 않아 나는 이 곳에 이미 강력하고 성경을 믿는 교회들이 많이 있다는 것을 알게 되었다. 미국 전역에서 가장 많이 알려진 목사들 중 몇 명이 목회하는 교회들이 우리 교회에서 얼마 떨어지지 않은 곳에 있었다. 척 스윈돌, 척 스미스, 로버트 슐러, 존 맥아더, E. V. 힐, 존 윔버, 잭 헤이포드, 로이드 오걸비, 찰스 블레익, 그렉 로리, 레이 오틀런드, 존 허프만 등의 설교를 아무때나 들으러 갈 수 있다. 만일 시간을 잘 조정한다면 같은 주일에 두세 사람의 설교를 들으러 갈 수도 있을 것이다. 그뿐 아니라 이들의 설교는 대부분 라디오나 TV를 통해서 들을 수 있다.

더군다나 새들백에는 우리가 도착했을 때 이미 적어도 20여 개의 성경 중심의 교회들이 있었다. 나는 이 지역의 모든 교인들은 이미 좋은 교회에 다니고 있거나 여러 가지 선택의 여지가 많은 상태에 있을 것이라고 곧 결론을 내렸다.

나는 다른 교회에 다니는 사람들을 우리 교회로 끌어오기 위한 어떤 노력도 하지 않기로 마음먹었다. 우리는 우리 교회를 시작하기 위해 다른 교회에서 필요한 일꾼들을 빌려 오지도 않기로 했다. 나는 믿지 않는 사람들을 전도하는 일에 부르심을 받았다고 느꼈기 때문에 헌신된 소수의 핵심 멤버들을 중심으로 시작하기보다는 믿지 않는 사람들과 직접 시작하기로 결심했다. 이러한 방법은 교회 개척의 지침에 대해 다루는 어떤 책에서도 권장하지 않았지만 나는 이것이 하나님이 우리를 부르셔서 시키시는 일이라고 확신했다. 우리는 어떤 이유에서든지간에 아직 교회를 다니지 않는 사람들에게 초점을 맞추기로 했다.

우리는 결코 사람들에게 다른 교회에서 우리 교회로 옮겨 오도록 권하지 않았다. 오히려 우리는 그렇게 하지 않도록 공공연하게 만류해 왔다. 우리는 수평 이동에 의한 성장을 원하지 않았다. 교우반마다 우리는 다음과 같이 말한다. "여러분 중에 다른 교회에서 오신 분들이 있다면, 우리 교회는 당신들을 위해 세워진 교회가 아니라는 것을 처음부터 분명히 밝혀 둡니다. 우리는 어느 교회에도 다니지 않고 있는 사람들을 전도하기 원합니다. 만약 다른 교회에서 오신 분 중에 이 곳에서 섬기고 사역하기 원하는 분들은 환영합니다. 하지만 단지 주일 예배에만 참석할 생각이라면, 그런 분을 위한 자리를 믿지 않는 다른 사람들에게 우선적으로 드리고자 합니다. 그런 분들을 위해서라면 이 지역의 다른 많은 좋은 교회들을 소개해 드릴 수 있습니다."

이러한 입장은 쌀쌀맞다는 느낌을 줄지도 모른다. 하지만 우리는 그리스도의 본을 따르고 있다고 믿는다. "예수께서 들으시고 이르시되 건강한 자에게는 의원이 쓸 데 없고 병든 자에게라야 쓸 데 있느니라. 내가 의인을 부르러 온 것이 아니요 죄인을 부르러 왔노라 하시니라"(막 2:17). 새들백교회에서는 이 사실을 교인들에게 계속 상기시킨다. 그렇게 함으로써 이 교회를 개척한 처음의 목적-교회에 다니지 않는 사람들, 이 지역의 믿지 않는 사람들을 그리스도께로 인도하는 것-에 충실할 수 있기 때문이다.

남가주에 사는 비교인들(the unchurched: 교회에 소속되지 않은 사람)의 사고 방식을 이해하기 위해 나는 새들백 밸리로 옮겨 온 후 처음 12주 동안 집집마다 찾아다니며 사람들과 대화를 나누었다. 나는 이미 이 사람들에게 진정으로 가장 필요한 것은 그리스도와의 바른 관계라는 것을 알고 있었지만, 그들 자신이 무엇을 가장 필요로 한다고 생각하는지를 들어 보고 싶었다. 이것은 시장 조사의 차원에서가 아니라 예의 바른 자세를 갖추려는 마음에서였다.

나는 대부분의 사람들은 누구든지 자신들의 말을 들어 주기 전에는 그 사람의 말을 듣지 않는다는 것을 배웠다. 사람들은 우리가 자신들을 얼마나 생각해 주느냐를 알기 전에는 우리가 얼마나 아느냐에 별 관심이 없다. 내가 사용해 본 방법 중 이성적이고 관심을 가져 주는 대화보다 믿지 않는 사람들의 마음을 빨리 여는 더 좋은 방법은 없었다. 사람들이 원하는 것이나 필요로 하는 것을 공급해 주는 것이 교회가 해야 할 일은 아니다. 교회에 다니지 않는 사람들에게 연결점을 만들어 주는 가장 빠른 길은 그들에게 관심을 가져 주고 그들의 문제를 이해하고 있다는 것을 보여 주는 것이다. 실제적인 것이거나 또는 상상에 의한 것이거나 사람들이 느끼는 필요야말로 사람들에게 사랑을 표현할 수 있는 출발점이 된다.

나는 내가 이 지역을 조사한 것이 소위 시장 조사라고 불릴 수 있는 것인지는 잘 모르겠다. 나는 단지 내가 전도하려고 하는 사람들을 만나고자 했을 뿐이다. 우리가 인도하는 소그룹 성경공부에 참석한 사람들이 이 지역을 조사하는 일을 도와주었다. 기이한 것은 우리 성경공부에 나오면서 나를 도와 이 지역의 비그리스도인들을 조사한 사람들 자신들이 바로 비그리스도인들이었다는 것이다.

부활절로 날짜를 잡다

다음으로, 우리는 오렌지 카운티로 옮겨 온 지 12주째가 되는 부활절에 주일 예배를 시작하기로 결정을 내렸다. 나는 석 달 이상 가정에서 성경공부로 모이는 모임을 지속할 생각은 없었다. 나는 가능한 한 빨리 공식 예배를 시작하고 싶었다. 또한 부활절이란 좋은 기회를 놓치고 싶지도 않았다.

나는 비교인들이 일 년에 한 번 교회에 나온다면 부활절에 나올 가능성이 가장 클 것이라는 것도 생각했다. 따라서 부활절이야말로 교회에 다니지 않는 사람들을 끌어오기에 가장 이상적인 날이었다. 어쩌면 사람들이 부활절 다음 주일에는 다시 오지 않을지도 모르지만 어쨌든 첫 번째 예배는 사람들이 많이 모인 상태에서 이루어질 것이고, 또 사람들의 주소를 어느 정도 확보할 수 있을 것이라고 판단했다.

부활절을 앞둔 몇 주 동안 금요일에 모이는 가정 성경공부는 15명 정도로 자라났다. 매주 나는 성경공부를 인도했고, 멤버들과 함께 공식 예배를 위한 준비 작업을 했다. 우리는 또한 매주 행했던 지역 설문 조사의 결과를 놓고 의논했다. 8주 정도 지나서 나는 비교인들과 그들이 교회에 대해 갖고 있는 주저함에 대해 정리를 해서 목회 철학에 포함시켰다. 이 내용들은 우리 교회의 전도 전략을 위한 청사진이 되었다.

다음으로, 나는 우리의 조사 내용을 바탕으로 이 지역의 비교인들에게 보내는 공개 서한을 작성했다. 당시 나는 마케팅이나 광고 등에 대해 아는 것이 없었다. 단지 지역 사회에 공개 서한을 띄우는 것이 우리 교회에 대해 알릴 수 있는 가장 빠른 길일 것이라고 생각했다. 또 새들백 밸리의 많은 집들이 담으로 둘러싸인 단지 안에 살고 있기 때문에 내가 직접 방문하는 것이 불가능하다는 것도 염두에 두어야 했다.

나는 그 공개 서한을 열 번도 더 지우고 다시 썼다. 나는 끊임없이 다음과 같은 질문을 자신에게 던지면서 그것을 썼다. '만일 내게 이 지역에 사는 교회에 다니지 않는 사람들에게 단 한 번의 말할 기회가 주어진다면 나는 무엇을 말할 것인가? 어떻게 말해야 이 사람들이 교회에 대해 갖고 있는 편견과 부정적인 생각들을 사라지게 할 수 있을까?

그 편지의 첫 문장에는 우리의 목표와 입장을 분명히 밝혔다. "드디어 나타났습니다. 전통적인 교회 예배에 식상한 사람들을 위한 새로운 교회가!" 그 편지는 계속해서 우리가 시작하려는 교회가 어떤 성격의 것인지를 설명하고 있었다. 우리는 15,000통의 편지에 직접 손으로 주소를 쓰고 우표를 붙여서 부활절 10일 전에 발송했다. 나는 우리가 보낸 편지의 1%만 응답을 받아도 150명의 사람들이 부활절 예배에 오지 않겠는가라고 생각했다.

우리의 첫 예배

나는 우리 교회가 비교인들을 끌어모으려면 내가 자라난 교회에서와는 다른 형식의 예배를 준비해야 된다고 생각했다. 어떤 방식의 예배가 믿지 않는 사람들에게 가장 좋은 인상을 심어 줄 수 있을까? 우리는 많은 시간을 예배의 각 요소에 대해 살펴보는 데 보냈다. 심지어는 부활절 예배를 위해 정식 리허설까지 계획했을 정도였다.

나는 우리 가정 성경공부에 참석하는 15명의 사람들에게 다음과 같이 말했다. "다음 주일에는 고등학교에서 만나서 예배를 준비합시다. 우리는 찬양 연습도 하고, 나는 마치 150명이 앉아 있는 것처럼 설교도 해 보고, 예배 순서에 예상되는 모든 문제점들을 하나 하나 해결해 봅시다. 그러면 적어도 정식 예배 때 찾아온 모든 사람들에게 우리가 스스로 하고 있는 일들을 잘 알고 있다는 인상을 줄 수 있을 겁니다."

나는 종려 주일에 갖기로 한 리허설 예배에 성경공부 멤버들 15명이 참석할 것을 기대하고 있었다. 하지만 하나님의 계획은 다른 것이었다. 우리가 15,000명에게 보낸 편지 중 얼마가 생각보다 빨리 전달된 것이다. 우리는 그 편지가 부활절 며칠 전에 도착할 것으로 생각했는데 우체국의 효과적인 업무 수행 덕분에 일찍 도착해서 리허설 예배에 60명이나 나타났던 것이다. 더군다나 그 중 5명이 그 날 그리스도께 자신들의 삶을 드리기로 결심했다!

이 리허설 예배에서 나는 하나님이 우리 새들백교회를 위해 나에게 주신 비전을 나누었다. 지도자의 첫 번째 역할은 사명을 규정하는 것이다. 나는 내가 보고 있는 비전을 가장 분명하고 매력적으로 그려 보이려고 노력했다. 그 후 세월이 지나는 동안 우리는 계속해서 우리가 규정한 사명을 다시 검토해 보고 부족한 부분을 수정해 왔다. 우리의 비전은 큰 교회를 세우는 것도, 예배당을 짓는 것도 아니다. 우리의 비전은 예수 그리스도의 제자를 키워 내는 것이다.

나는 이 리허설 예배에서 우리의 비전을 나누고 난 후 얼마나 겁이 났었는지를 기억한다. 나는 실패의 두려움에 휩싸였었다. '그 비전대로 되지 않으면 어떡하지? 정말 이 비전은 하나님께로부터 온 것인가, 아니면 스물여섯 살난 젊은이의 환상에 불과한 것인가?' 하나님께서 이루어 주시기를 원하는 것을 개인적으로 꿈꾸는 것과 그 꿈을 공식적으로 발표하는 것은 전혀 별개의 것이다. 나는 이제 돌아올 수 없는 다리를 건넌 것이다. 겁은 났지만 나는 최선을 다해 달려갈 수밖에 없게 되었다. 나는 이 꿈이 하나님께 영광을 돌릴 수 있으리라고 확신하고 뒤돌아보지 않기로 결심했다.

새들백 비전
(1980년 3월 30일, 릭 워렌 목사의 첫 번째 설교에서)

우리의 꿈은 상처받은 사람들, 침체된 사람들, 좌절감을 느끼는 사람들, 혼란에 빠진 사람들이 사랑, 용납, 도움, 희망, 용서, 지도, 그리고 격려를 받을 수 있는 곳을 만드는 것입니다.

우리의 꿈은 남부 오렌지 카운티에 사는 수십만의 사람들에게 예수 그리스도의 복음을 전하는 것입니다.

우리의 꿈은 2만 명이 넘는 교인들을 서로 사랑하며, 함께 배우고, 웃고, 화목하게 살아가는 교회 가족의 교제 속으로 끌어들이는 것입니다.

우리의 꿈은 성경공부, 소그룹 모임, 세미나, 수련회, 성경학교 등을 통해 사람들을 영적 성숙으로 이끄는 것입니다.

우리의 꿈은 모든 교인을 훈련시켜서 하나님께서 그들에게 주신 은사와 재능을 발견케 하여 중요한 사역을 감당하게 하는 것입니다.

우리의 꿈은 세계 각 곳으로 수백 명의 직업 선교사와 교회 일꾼들을 파송하고, 모든 신자들을 개인적인 사명을 위해 무장시키는 것입니다. 이 꿈은 모든 대륙에 수천 명의 교인들을 단기 선교 사역을 위해 파송하는 것입니다. 이 꿈은 매년 적어도 하나 이상의 지교회를 세우겠다는 것입니다.

우리의 꿈은 남부 오렌지 카운티의 지역 교회로서 적어도 6만 평 이상의 땅에 아름답지만 단순한 교회 건물 - 수천 명을 수용할 수 있는 예배당과 상담과 기도를 위한 방, 성경공부와 평신도 훈련을 위한 교실, 그리고 오락 시설 등을 갖춘 - 을 세우는 것입니다. 이 모든 시설은 전인 사역 - 영적, 정서적, 신체적, 사회적 모든 면을 포함한 - 을 위한 것이며, 평화스럽고 영감이 넘치는 정원을 배경으로 세워질 것입니다.

저는 오늘 여러분 앞에서 이 꿈들이 현실로 이루어질 것이라는 확신을 가지고 이 말을 합니다. 왜 그렇습니까? 그것은 이 꿈들이 하나님께서 주신 것들이기 때문입니다!

새들백교회는 1980년 4월 6일 부활절에 공식적인 첫 예배를 드렸다. 205명이 출석했다. 우리는 파도를 타기 시작했던 것이다. 나는 내가 이전에 한 번도 본 적이 없는 사람들이 우리의 예배 장소인 라구나 고등학교의 강당을 향해 복도를 걸어오던 장면을 결코 잊을 수 없다. 흥분과 두려움, 경외심이 섞인 가운데 나는 아내에게 다음과 같이 말했다. "정말 일이 이루어지려나 봐!"

갓 태어난 아기를 처음으로 안게 된 엄마는 그 이상의 기쁨을 누릴 수 없다. 한 교회가 탄생하고 있었다. 나는 그 날 하나님께서 나에게 맡기신 막중한 책임을 느끼면서 겸손해지지 않을 수 없었다.

그 예배는 새 교회의 출발로서는 특별한 모임이었다. 이 특별한 첫 예배에 열 명 남짓의 믿는 자가 있었을 뿐이고, 그 대신 교회에 다니지 않던 남가주 사람들이 그 자리를 꽉 메우고 있었다.

우리는 목표의 정곡을 찌른 것이다. 이렇게 많은 불신자들과 같이 예배를 드리는 것은 매우 희극적인 일이었다. 나는 그들에게 성경을 펴라고 했는데 아무도 성경을 갖고 있지 않았다. 찬양을 드리자고 했더니 아무도 곡조를 아는 사람이 없었다. 기도하자고 했을 때는 주위를 두리번거리는 사람도 있었다. 나는 마치 키와니스(지역을 위한 자원 봉사 단체, 역주)나 로터리 클럽에 와 있는 느낌이 들었다.

그러나 놀랍게도 사람들은 주일마다 계속 찾아왔다. 매주 몇 사람은 그리스도께 자신들의 삶을 드렸다. 우리가 예배를 시작한 지 10주가 되었을 때, 부활절 예배에 참석한 사람들 중 82명이 그리스도께 자신들의 삶을 드렸다. 우리는 최선을 다해 성령의 파도를 타고 있었다. 우리의 준비는 좋은 결과를 가져왔다. 회중이 형성되기 시작했던 것이다.

최초의 새 교우반에는 20명이 참석했다. 그 중 18명이 믿지 않는 사람들이었다. 나는 그리스도인의 삶에 대한 가장 기본적인 진리부터 가르치기 시작했다. 6주의 과정이 끝났을 때 18명 전원이 그리스도를 영접하고 침례를 받고 정식 교인이 되었다.

새들백교회의 침례식은 언제나 독특한 데가 있다. 우리는 수영장이나 태평양 또는 다른 교회의 침례 시설을 이용하기도 했지만, 가장 빈번히 사용했던 것은 오렌지 카운티에 있는 많은 집들에 설치되어 있는 스파나 욕조였다. 수천 명의 사람들이 우리가 "예수님을 위한 자쿠지"(뜨거운 물을 받아서 몸을 담그는 욕조)라고 즐겨 부르는 곳에서 침례를 받았다.

우리는 침례를 받는 사람들에게 자신들의 침례식에 믿지 않는 친구들을 가능한 한 많이 초대해서 전도하도록 권면한다. 어떤 사람들은 심지어 초청장을 멋지게 만들어서 보내기도 한다. 우리가 매달 시행하는 침례식은 언제나 거대한 행사가 된다. 한 번은 367명에게 하루 아침에 침례를 주기도 했다. 소독약을 잔뜩 넣은 고등학교의 수영장에서 침례식을 끝내고 올라왔을 때 내 피부는 주름이 잡혀 쪼글쪼글해져 있었다. 나는 우리가 침례교인만 아니라면 호스로 한꺼번에 물을 뿌리면 좋겠다고 농담을 하기도 한다.

성장을 위한 고통

새들백교회는 짧은 역사지만 계속해서 성장을 위한 고통을 경험해 왔다. 계속되는 성장에 맞추기 위해 우리는 처음 15년 동안 79개의 다른 건물을 사용해야 했다. 건물의 규모보다 더 성장할 때마다 우리는 프로그램을 바꾸고 예배 장소를 다른 곳으로 옮겨야 했다. 우리는 종종 새들백교회는 출석하는 것보다 우선 어디에 있는지를 찾는 것이 문제라고 말하면서 똑똑한 사람들만 우리 교회에 올 수 있다고 농담을 하곤 했다.

우리는 네 곳의 고등학교, 수많은 국민학교, 은행 건물, 체육관, 극장, 지역 센터, 식당, 큰 가정집, 사무실, 그리고 심지어는 운동 경기장까지 두루 사용했다. 그리고 드디어는 2,300명이 들어갈 수 있는 최첨단 천막을 세우기에 이르렀다. 우리는 첫 건물을 짓기까지 이 천막에서 주말에 네 번씩 예배를 드렸다.

나는 대부분의 교회들이 너무 빨리, 그리고 너무 작게 건축하는 것이 아닌가 생각한다. 신발의 크기가 발의 성장을 결정해서는 안 된다.

나는 종종 "건물 없이 교회가 얼마나 크게 성장할 수 있는가?"라는 질문을 받는다. 내 대답은 "나도 모른다"이다. 새들백교회는 자체 건물 없이 15년 동안 10,000명의 크기로 성장했다! 따라서 나는 적어도 10,000명까지는 성장할 수 있다는 것을 안다. 건물의 유무가 결코 교회성장의 저해 요소가 되어서는 안 된다. 사람들은 건물보다 훨씬 더 중요하다.

새들백교회의 처음 15년 동안 우리의 전도를 통해 7,000명이 넘는 사람들이 자신들의 삶을 그리스도께 드렸다. 만일 당신이 영적 갓난 아기들 틈에 끼여 있다면 무엇을 할 것인가? 우리는 정신을 똑바로 차리고 살아 남기 위해서 구도자를 신자로, 소비자를 기여자로, 교인을 사역자로, 청중을 군대로 바꿀 수 있는 훈련 과정을 개발해야 했다. 내 말을 믿으라. 사람들을 자기 중심적인 소비자적 사고 방식을 버리고, 종의 도를 실천하려는 그리스도인으로 변화시키는 일은 너무나도 어려운 일이다. 이 일은 쉽게 실망하는 사역자나 자신의 성례복을 구기고 싶어하지 않는 사람이 감당할 수 있는 일이 아니다. 그러나 이 일이야말로 주님의 지상명령이 진정으로 의미하는 것이며, 새들백에서 지금까지 일어난 일들을 가능케 한 원동력이 되었던 것이다.

2장. 성장하는 교회에 대한 신화들

어떤 값을 치르더라도 사실을 알아내라.
네가 얻을 수 있는 모든 좋은 판단력을 굳게 잡으라. (잠언 23:23, LB)

미국에서 자라나는 아이들은 많은 신화를 배운다. 산타 클로스 할아버지가 사슴이 끄는 썰매를 타고 와서 선물을 준다든지, 이빨 요정이 돈을 주고 이빨을 빼 간다든지, 부활절 토끼가 사탕과 계란을 감춘다든지, 다람쥐가 제 그림자를 보게 되면 궂은 날씨가 된다든지, 달이 스위스 치즈로 만들어졌다든지 하는 따위의 신화들을 예로 들 수 있다. 이러한 신화들 중 어떤 것들은 별로 해로울 것이 없지만 개중에는 아주 큰 해를 끼치는 것들도 있다.

나는 복음서에서 예수님이 그 당시 널리 퍼져 있던 신화들이나 전통적인 가치에 도전하시는 모습을 묘사하고 있는 장들을 좋아한다. 신약에는 예수님이

> **교회 성장의 5가지 측면**
> - 교회는 교제를 통해 더 따뜻하게 자라간다.
> - 교회는 제자훈련을 통해 더 깊이 있게 자라간다.
> - 교회는 예배를 통해 더 강하게 자라간다.
> - 교회는 사역을 통해 더 넓게 자라간다.
> - 교회는 전도를 통해 더 크게 자라간다.

"…라고 너희는 들었으나 나는 너희에게 말하노니…"라고 말씀하신 것이 20번이나 나오고 있다. 나는 이 본문들을 가지고 "우리를 비참하게 만드는 신화들"이라는 제목으로 연속 설교를 하기도 했다. 우리가 하나님의 말씀의 반석 위에 우리의 삶을 건설할 때에만 우리는 우리를 자유케 하는 진리를 알게 된다.

성장하는 대형 교회들에 대한 오해가 신화처럼 목회자들과 교회의 지도자들 사이에 많이 퍼져 있다. 많은 사람들이 소위 말하는 '초대형 교회'(megachurches, 나는 이러한 표현을 별로 좋아하지 않는다)에 대해서 들어 본 적이 있겠지만, 그러한 교회들 밖에서는 실제 그 안에서 무슨 일이 일어나고 있는지를 잘 아는 사람이 별로 없다. 시기나 두려움, 무지 등에 연유한 부정확한 가정을 내리는 경우가 허다하다.

만일 당신의 교회가 성장하는 것을 진정으로 보기 원한다면 당신은 대형 교회들에 대해서 그 동안 들어왔던 많은 '신화들'에 도전할 용의가 있어야 한다.

신화 1: 대형 교회들의 유일한 관심사는 출석 인원이다

사실상, 당신이 출석 인원에만 관심을 기울이는 한 당신의 교회는 크게 성장하지 못할 것이다. 새들백의 성장 과정 전반에 걸쳐 우리가 출석에 대해 목표를 세웠던 것은 단지 두 번뿐이다. 그것도 모두 첫 해에 세운 것이다. 우리는 출석에 초점을 맞추지 않는다. 우리가 관심을 갖는 것은 하나님이 우리에게 인도해 주신 사람들을 우리와 동화시키는 것이다.

출석수를 늘리기 위한 캠페인이나 광고는 한번쯤은 사람들을 불러모을 수는 있을 것이다. 하지만 당신의 교회가 참된 내용을 주지 않는 한 한번 온 사람들은 다시 오지 않는다. 지속적인 성장을 유지하기 위해서는 사람들이 다른 곳에서는 얻을 수 없는 무엇을 당신의 교회가 제공할 수 있어야 한다.

만일 당신이 긍정적이며 삶을 변화시키는 그리스도의 복음을 전하고 있다면, 만일 당신 교회의 교인들이 하나님이 자신들의 교회를 통해 하시는 일을 보며 열광하고 있다면, 만일 당신의 교회가 교인들이 아무 염려 없이 믿지 않는 친구들을 데리고 올 수 있는 예배를 제공한다면, 그리고 만일 당신의 교회가 전도한 사람들을 양육하고 훈련해서 다시 내보낼 수 있는 계획을 갖고 있다면, 당신의 교회는 적어도 출석만큼은 결코 문제가 되지 않을 것이다. 사람들은 그러한 교회로 몰려온다. 그러한 일이 세계 도처에서 일어나고 있다.

건강하고 지속적인 교회성장은 여러 측면을 갖고 있다. 진정한 교회성장에 대한 내 나름대로의 정의는 다섯 조항으로 이루어진다. 모든 교회는 교제를 통해 '더 따뜻하게', 제자훈련을 통해 '더 깊이 있게', 예배를 통해 '더 강하게', 사역을 통해 '더 넓게', 그리고 전도를 통해 '더 크게' 자라가야 한다.

사도행전 2장 42-47절에 보면 초대 예루살렘교회에 이 다섯 가지 모습이 나타난다. 최초의 그리스도인들은 교제하고, 서로 세워 주고, 예배하고, 섬기고 (사역하고), 전도했다. 그 결과 47절에는 "주께서 구원받은 사람을 날마다 더하게 하시니라"고 기록하고 있다. 이 구절에서 두 가지 사실을 주목하라. 첫째는, 주님이 더해 주셨다는 것(주님의 역할)과 교회가 자신들의 역할을 감당했다는 것(교회가 위에 기록한 다섯 가지를 행한 것)이다. 둘째는, 성장이 날마다 이루어졌다는 것이다. 즉 이 건강한 교회에서는 아무리 적어도 1년에 365회의 회심이 있었다는 것이다. 만약 이것이 모든 교회가 신약성경에 나오는 건강한 교회가 되기 위해서 세워야 할 전도 목표라면, 얼마나 많은 교회가 이 목표에 도달할 수 있을 것이라고 생각하는가?

교회의 성장은 교회의 건강의 자연스러운 결과이다. 교회의 건강은 우리의 메시지가 '성경적'이고, 우리의 사역이 '균형 잡혔을 때'에만 유지될 수 있다. 건강한 교회가 되기 위해서는 신약에 나타난 교회의 다섯 가지 목적들이 서로 균형을 이루어야 한다. 이러한 균형은 저절로 이루어지는 것이 아니다. 사실상 우리는 끊임없이 불균형을 시정해 가야 한다. 우리의 본성은 우리가 가장 관심을 갖는 분야를 지나치게 강조하는 것이다. 각각의 목적에 동일한 비중과 관심을 두기 위해 의도적으로 교회의 전략과 구조를 맞추어 갈 때에만 비로소 진정한 의미에서의 '목적이 이끄는 교회'가 될 수 있다.

신화 2: 모든 대형 교회들의 성장은 소형 교회들의 희생을 바탕으로 이루어진다

어떤 대형 교회들은 소형 교회들의 희생을 바탕으로 성장하기도 했다. 그러나 새들백교회의 경우는 결코 그렇지 않다. 새들백교회의 통계 내용 중 내가 가장 기쁘게 생각하는 것은 80%의 교인들이 우리 교회를 통해 그리스도를 믿게 되었고 침례를 받았다는 것이다. 우리는 다른 교회의 희생을 바탕으로 성장하지 않았다. 지금 이 글을 쓰고 있는 시점에 우리는 장년 5,000명의 교인을 갖고 있는데 그 중 4,000명이 새들백교회에서 회심하고 침례를 받았다. 우리 교회의 성장은 회심에 의한 것이지 다른 교회에서 이전해 온 교인들에 의한 것이 아니다.

주님은 지상명령을 주셨을 때 한 교회에서 다른 교회로 이전하는 교인들을 염두에 두고 말씀하지 않으셨다. 하나님은 우리에게 사람을 낚는 어부가 되라고 하셨지 수족관의 고기들을 옮기라고 하지 않으셨다. 교회를 옮긴 교인들에 의해 성장한 교회는 진정한 의미에서 성장한 교회라고 할 수 없다. 그것은 카드를 다시 섞어 놓는 것과 다를 바 없다.

신화 3: 우리는 양과 질, 둘 중 하나를 택해야 한다

불행하게도 이것은 진실이 아님에도 불구하고 널리 퍼져 있는 신화이다. 문제의 일부는 아무도 질과 양에 대한 분명한 정의를 내리지 않았다는 것이다.

나는 다음과 같이 정의를 내린다.

'질' 은 교회가 배출해 내는 교인들의 '종류' (kind)를,
'양' 은 교회가 배출해 내는 교인들의 '수' (number)를 일컫는다.

'질' 은 교회가 배출해 내는 교인들의 '종류' (kind)를 일컫는다. 사람들이 진정한 그리스도의 형상으로 변화되어 가고 있는가? 믿는 자들이 말씀에 뿌리를 내리고 있는가? 그리스도 안에서 성숙해 가고 있는가? 자신들의 은사를 봉사와 사역에 쓰고 있는가? 자신들의 믿음을 다른 사람들과 정기적으로 나누고 있는가? 이것들은 교회의 질을 평가하는 몇 가지 질문이다. '양' 은 교회가 배출해 내는 교인들의 '수' (number)를 일컫는다. 얼마나 많은 사람들이 그리스도께로 인도되고, 성숙해 가도록 개발되고, 사역과 선교를 위해 활성화되고 있는가?

이렇게 정의를 내려 본다면 질과 양은 서로 대립하는 개념이 아니라는 것이 분명해진다. 이 둘은 서로 배타적인 것이 아니다. 우리는 이 둘 사이에서 하나를 선택해야 하는 것이 아니다. 모든 교회는 이 둘을 다 원한다. 질이나 양, 둘 중에 하나만을 목표로 할 경우 건강하지 못한 교회를 만들어 내게 될 것이다. 이것이냐, 저것이냐의 양자택일의 함정에 빠지지 말라.

당신이 낚시를 하러 간다면 질을 원하겠는가, 아니면 양을 원하겠는가? 나는 둘 다를 원한다. 나는 가장 큰 고기를 낚고 싶고, 또 할 수 있는 한 많은 고기를 낚고 싶다. 모든 교회는 그리스도를 위해 할 수 있는 한 많은 사람을 전도하고, 그들을 할 수 있는 한 가장 영적으로 성숙해 가도록 돕겠다는 소원을 가져야 한다.

많은 목회자들이 간과하고 싶어하는 사실은 이것이다. 질은 양을 낳는다. 진정으로 변화한 사람들로 가득 찬 교회는 다른 사람들을 끌어당긴다. 당신이 건강한 교회들을 연구해 보면 다음과 같은 사실을 발견하게 될 것이다. 하나님은 사람들을 전도하고, 양육하고, 훈련하고, 파송하는 일에 뛰어난 역량을 발휘하

는 교회에 더 많은 원자재를 보내신다. 반면에 제대로 일을 감당하지 못할 교회에 왜 하나님이 많은 사람들을 맡기시겠는가?

삶이 변화되고, 결혼의 위기가 극복되고, 사랑이 흘러넘치는 교회라면 사람들이 몰려오는 것을 막기 위해 자물쇠로 문을 잠가야 할 형편이 될 것이다. 사람들은 질적으로 뛰어난 예배, 설교, 사역, 교제가 있는 교회에 끌리게 마련이다. 질은 양을 끌어당긴다. 모든 목회자들이 물어야 할 힘든 질문은 이것이다. "만일 우리 교인들이 아무도 우리 교회에 나오라고 다른 사람들을 권하지 않는다면, 우리 교회가 제공하는 질에 대해 교인들이 어떻게 평가하고(말로든지, 행동으로든지) 있다고 생각하는가?"

교회 생활의 어떤 부분을 보면 양이 질을 창조한다는 것도 또한 사실이다. 예를 들어 당신의 교회가 커진다면 교회의 음악도 더 나아질 것이다. 당신은 11명과 함께 찬양하기를 원하는가, 아니면 1,100명과 함께 찬양하기를 원하는가? 당신은 2명이 모이는 독신자 모임에 참석하기를 원하는가, 아니면 200명이 모이는 독신자 모임에 참석하기를 원하는가?

어떤 교회들은 교회가 작을수록 더 질적으로 좋은 교회가 될 수 있다고 하면서 성장하지 못하는 것을 변명하기도 한다. 이러한 논리는 잘못된 것이다. 만일 질이 본래적으로 작음에 있는 것이라면 논리적으로 말해서 최상의 질을 갖춘 교회는 한 명으로 이루어진 교회라고 말해야 할 것이 아니겠는가? 이와는 반대로, 내가 새들백에 오기 전에 사역하던 작은 교회들에서 관찰할 수 있었던 것은 많은 교회들이 작은 규모로 머무는 까닭은 교회의 삶과 사역이 질적으로 낮은 수준에 있기 때문이라는 것이다. 교회의 크기와 질 사이에는 상관 관계가 없다.

당신의 부모가 자녀 계획을 했을 때 질과 양에 대한 이러한 신화를 적용했다면 어떻게 되었겠는가? 첫째 아이가 태어났을 때, "한 아이면 족해. 이 아이를 질적으로 뛰어난 아이로 키우는 일에 전념합시다. 양에 대해서는 신경쓸 것 없어"라고 말했다면 어떻게 되었겠는가? 만일 우리의 부모들이 그렇게 생각했다면 우리들 중 대부분은 지금 이 자리에 있지도 못했을 것이다!

결신자를 늘리는 일에 아무 관심도 보이지 않는 교회는 궁극적으로 세상을 향해 "당신들은 모두 지옥에나 가시오"라고 말하고 있는 셈이다. 만일 나의 세 아이들이 광야를 지나는 여행 중 길을 잃게 되었다면 내 아내와 나는 그들을 찾기 위해 혈안이 될 것이다. 그들을 찾는 데 비용이 아무리 많이 들어도 결코 아끼지 않을 것이다. 그리고 그 중 한 아이를 찾았을 때 이제는 찾는 일을 중단하고 그 아이를 질적으로 잘 키우는 일에 전념하자고 하겠는가? 우리는 다른 아이들을 다 찾을 때까지 찾는 일을 결코 중단하지 않을 것이다.

교회의 경우에도 세상에 잃어버려진 영혼들이 있는 한 우리는 질과 더불어 양에도 신경을 써야만 한다. 새들백에서는 사람들의 수를 센다. 왜냐하면 그들이 중요하기 때문이다. 그 숫자들은 주님이 위해서 죽으신 사람들을 표방하는 것이다. 나는 사람들이 "성공은 숫자로 잴 수 없다"고 말하는 것을 들을 때마다 "그것은 당신이 무엇을 세느냐에 따라 달린 것이다"라고 답변한다. 만일 당신이 세는 것이 결혼의 위기를 극복한 사람들이나 생활의 변화를 가져온 사람들, 상처를 치료받은 사람들이나 믿지 않았다가 그리스도를 믿고 경배하게 된 사람들, 그리고 사역과 선교를 위해 헌신된 사람들이라면 그 숫자는 너무나도 중요하다. 그 숫자들은 영원한 중요성을 갖고 있는 것이다.

신화 4: 교회의 메시지와 사명을 타협해야만 성장할 수 있다

많은 사람들이 믿고 있는 이 신화에 따르면 성장하는 교회의 지도자들은 성장을 위해 복음을 값싸게 팔아 넘기고 있다는 것이다. 이 신화는 교회가 사람들에게 매력적으로 보이기 위해선 깊이가 없고 헌신이 결여되어 있어야 한다는 가정을 담고 있다. 많은 사람이 모인다는 것은 메시지가 희석되었기 때문이라는 것이다.

물론 그릇된 신학과 얕은 헌신, 세속적인 방법으로 크게 성장한 교회들도 많이 있다. 그러나 사람이 많이 모여든다고 해서 자동적으로 그런 경우에 해당된다고 말할 수는 없다. 몇몇 교회들이 그들의 메시지와 사명을 타협해 왔다고 해서, 새들백과 같은 다른 많은 교회들을 규모가 크다는 것 때문에 도매급으로 함께 취급하는 것은 공평하지 못한 처사이다. 비슷하다고 같은 취급을 당하는 것은 불행한 일이다.

예수님의 사역에도 많은 무리들이 모여들었다. 왜 그런가? 왜냐하면 복음이 좋은 소식이기 때문이다. 복음은 제대로 전해지기만 한다면 아주 강하게 끌어당기는 힘을 갖고 있다. 예수님은 "내가 땅에서 들리면 모든 사람을 내게로 이끌겠노라"(요 12:32)고 말씀하셨다. 어른들의 무리만 예수님 주위에 머물기를 원했던 것은 아니다. 어린아이들도 마찬가지였다. 그리스도를 닮은 교회는 사람들을 끌어당기는 힘을 갖고 있다.

예수님은 많은 무리들을 끌었지만 결코 진리를 타협한 적이 없으시다. 시기심에 사로잡혀서 예수님을 비판했던 대제사장들 외에는 아무도 예수님이 그의 메시지를 타협했다고 고발하지 않았다(막 15:12). 솔직히 말해서 오늘날 많은 사람들이 모여드는 교회를 비판하는 소리는 그 때와 비슷한 시기심에서 비롯된 것이 아닌가 하는 의심이 든다.

기대의 내용을 혼동하지 말아야 한다

많은 사람들이 대형 교회들을 깊이가 없다고 보는 이유 중 하나는 이제 막 교회에 출석하기 시작한, 그러나 아직 믿지 않는 사람들에게 교회가 기대하는 것과 이미 교회의 일원이 된 사람들에게 기대하는 것을 혼동하기 때문이다. 이 둘은 아주 다른 그룹이다. 새들백에서는 군중(crowd)과 회중(congregation)을 구분하고 있다.

새들백에서는 믿지 않는 사람이 교회에 왔을 경우, 그들에게 믿는 자와 같이 행동해 줄 것을 기대하지 않는다. 우리는 아직 군중에 속하는 방문객이 회중의 일원이 된 사람처럼 처신하리라고 기대하지 않는다. 우리는 기독교의 주장을 살펴보고자 하는 구도자들에게 거의 아무것도 기대하지 않는다. 우리는 단지 예수님이 제자들을 처음 만났을 때 하셨던 것처럼 "와 보라"고 말할 뿐이다. 우리는 믿지 않는 자들에게 우리가 어떠한 사람들인가를, 교회가 진정 어떤 곳인가를 그들 자신이 직접 와서 알아보라고 초청하는 것이다.

반면에 우리는 회중의 일원이 되고자 하는 자들에게는 아주 분명한 헌신을 요구한다. 이것에 대해서는 17장에서 자세히 다룰 것이다. 교회에 등록하고자 하는 자들은 모두 "새 교우반"을 마쳐야 하며 "교인 서약"에 서명해야 한다. 교인이 되고자 하는 자들은 이 서약에 서명함으로써 몇 가지 사항, 즉 헌금에 참여할 것, 사역에 참여할 것, 전도할 것, 지도력을 따를 것, 험담을 피할 것, 경건한 생활 태도를 지닐 것 등에 동의를 표하는 것이다. 새들백은 교회의 징계 조치-요즘에는 거의 찾아볼 수 없는-를 실시하는 교회이다. 만일 어떤 사람이 이 교인 서약에 서명하지 않는다면 그는 우리 교회의 등록 명단에서 제외된다. 우리는 매년 수백 명의 이름을 삭제하고 있다.

**헌신을 요구한다고 사람들이 거부 반응을 나타내는 것은 아니다.
문제는 교회가 헌신을 요구하는 '방식'에 있다.**

새 교우들은 또한 "새 교우반"을 마친 후에는 다른 반들에 참여하겠다고 동의해야 한다. 그들은 거기서 "성숙 서약"에 서명을 하게 되며, 이 서약은 십일조, 경건의 시간, 매주 모이는 소그룹 모임에 참여할 것 등을 포함한다. 새들백 교회에 다른 교회에서 이전해 온 교인들이 많지 않은 까닭은 우리 교회가 대부분의 다른 교회들보다 월등히 많은 것을 요구하기 때문이다.

나는 사람들에게 분명한 헌신을 하도록 도전하는 것이 그들을 물러가게 하기보다는 오히려 끌어당긴다는 것을 발견했다. 우리가 더 많은 헌신을 요구할수록 더 많은 반응을 얻게 된다. 믿지 않는 자들 중 많은 사람들이 세상이 주는 것들에 싫증을 느끼고 있다. 그들은 자신들보다 더 위대한 어떤 것, 자신들의 삶을 바칠 만한 가치가 있는 것을 갈망한다.

헌신을 요구한다고 사람들이 거부 반응을 나타내는 것은 아니다. 문제는 교회가 헌신을 요구하는 '방식'에 있다. 많은 경우, 교회들은 헌신의 목적, 가치, 유익 등에 대해 제대로 설명해 주지 못하고 있다. 그리고 교인들이 헌신에 이르도록 도와줄 수 있는 단계적인 과정을 제공하지 못하고 있다.

타협함이 없이 현대적이 되어야 한다

사역에 대해 이론만 세우는 것이 아니라, 그것을 진정으로 실천하려고 하는 자들은 누구든지 브루스와 마샬 셸리(Bruce and Marshall Shelley) 부부가 "마음을 둘로 나뉘게 하는 소명"이라고 말하는 긴장감과 더불어 살 것을 각오해야 한다. 우리는 한편으로는 하나님의 변하지 않는 말씀에 끝까지 충성스러워야 하며, 다른 한편으로는 끊임없이 변하는 세상에서 사역해야 한다. 슬프게도 이 긴장감을 견디어 내려고 하지 않는 사람들은 이 둘 중에 하나의 극단으로 빠지고 만다.

어떤 교회들은 세속에 물들지 않으려고 현대의 문화로부터 격리되는 쪽으로 나아간다. 많은 교회들은 아미시(The Amish: 미국 펜실베니아 주에 자치 구역을 형성해서 세상과 분리된 삶을 살고 있는 독일 경건주의 운동의 후손들, 역주)와 같이 구시대로 아주 되돌아가지는 않는다고 해도, 1950년대를 이상적인 시대로 보면서 그 때의 분위기를 교회 안에 간직하려고 애를 쓰고 있다. 내가 아미시들에게 찬사를 보내는 것은 그들은 적어도 자신들의 입장에 대해 정직하기 때문이다. 그들은 자기들이 1800년대의 생활 방식을 지키려고 노력한다는 것을 자유롭게 말한다. 이와는 다르게 1950년대의 문화를 고수하려고 하는 교회들은 자신들의 의도를 부인하거나, 아니면 자신들의 방식이 신약 시대의 것과 같다고 주장한다.

그런가 하면 개중에는 복음이 현대 문화에의 적응력을 잃어버리게 될 것을 두려워한 나머지 어리석게도 가장 최근의 풍조와 유행을 좇기에 급급한 자들도 있다. 그들은 현대 문화와의 적절한 교류를 위해 복음의 메시지를 타협한 나머지 세상으로부터 구별되어야 한다는 의식을 모두 잃어버린 자들이다. 그러한 교회들은 종종 복음이 가져다 주는 유익만을 강조하고, 그리스도를 따라야 하는 책임과 그에 따르는 대가를 무시해 버린다.

예수님은 자신의 기준을 결코 낮추지 않으신다.
그분은 또한 언제나 사람들이 처해 있는 상태, 바로 그 자리에서 시작하신다.

이 시대에 우리가 가진 확신을 타협하지 않고 사역할 수 있는 방법은 존재하는가? 나는 그렇다고 믿으며 12장에서 이 문제를 자세히 다룰 것이다. 예수님은 자신의 기준을 결코 낮추지 않으신다. 그렇지만 그분은 또한 언제나 사람들이 처해 있는 상태, 바로 그 자리에서 시작하신다. 그분은 진리를 타협함이 없이 동시대와의 호흡을 맞추는 분이시다.

신화 5: 철저히 헌신하기만 하면 교회는 성장할 것이다

이것은 주로 목회자 세미나에서 흔히 제기되는 신화인데 강사들은 어떤 교회들이 성장하지 않는 것은 그들의 헌신이 부족하기 때문이라고 경건하게 지적한다. 그들은 "만일 당신이 교리적으로 분명하고, 하나님의 말씀을 선포하며, 기도에 힘쓰고, 헌신되어 있기만 하면 당신의 교회는 폭발적으로 성장할 것이다"라고 말한다. 이러한 충고들은 매우 단순하고 또 영적인 것처럼 들리지만 사실과는 거리가 멀다. 목회자들은 이러한 모임에서 격려를 받게 되기보다는 더 깊은 죄의식과 자신의 부족함을 느끼게 되고, 더욱 힘이 빠져서 돌아가게 된다.

나는 헌신되어 있는 수백 명의 목사들이 목회하고 있는 성장하지 못하는 교회들을 알고 있다. 그들은 하나님의 말씀에 충실하고, 열심히 지속적으로 기도하며, 알찬 메시지를 전하고, 그들의 헌신에 대해서는 의심할 나위가 없는 사람들이다. 하지만 그들의 교회는 성장하지 못하고 있다. 그들의 문제가 헌신에 있다고 말하는 것은 그들을 모독하는 것이다. 이런 판단처럼 나를 화나게 하는 것도 없다. 그들은 전심으로 하나님을 섬기는 훌륭하고, 경건한 목회자들이다.

**교회를 성장시키는 데에는 헌신 이상의 것이 필요하다.
기술도 있어야 한다.**

교회를 성장시키는 데에는 헌신 이상의 것이 필요하다. 기술(skill)도 있어야 한다. 내가 좋아하는 성경 구절 가운데 전도서 10장 10절이 있다. "무딘 철연장 날을 갈지 아니하면 힘이 더 드느니라. 오직 지혜(어떤 영역본에는 skill로 되어 있음, 역주)는 성공하기에 유익하니라." 여기에 헌신이 아닌(물론 헌신도 필요하지만) 지혜(skill)가 성공을 가져온다고 한 것에 유의하라. 내가 나무를 잘라야 한다면 나는 먼저 도끼를 갈 것이다. 비결은 더 열심히 하는 데에 있지 않고, 더 현명하게 하는 데에 있다.

사역에 필요한 기술을 습득하는 일에 시간을 투자하라. 길게 보면 그 편이 시간을 더 절약하고 훨씬 더 성공적이 될 것이다. 독서를 통해, 세미나에 참석함으로, 테입을 듣거나 실제 열매가 나타나는 모델을 공부함으로써 당신의 사역을 위한 도끼를 갈도록 하라. 도끼를 가는 데 쓰는 시간은 결코 낭비하는 것이 아니다. 기술은 성공을 가져다 준다.

우리 교회에는 주요 항공사에서 일하는 전문적인 비행사들이 있다. 그들이 내게 말하기를, 얼마나 오래된 비행사이든지 상관없이 매년 두 번씩 일 주일 코스의 재훈련을 받고 기술을 점검해야 한다는 것이다. 내가 왜 그렇게 자주 재훈련을 받아야 하느냐고 묻자 그들은 사람들의 생명이 자신들의 기술에 달려 있기 때문이라고 대답했다. 이 말은 사역에 있어서도 사실이다. 우리 역시 사역의 기술을 첨예화하는 일을 등한히해서는 안 되지 않겠는가?

새들백교회에서는 매년 한 차례씩 교회의 지도자들과 목회자들을 위해 기본 훈련 코스를 실시한다. 비록 모든 스탭들이 새들백의 비전, 전략, 조직 등에 대해 아주 익숙하게 알고 있지만 그래도 반드시 이 훈련을 받도록 하고 있다. 우리는 모두 정기적으로 우리의 비전을 새롭게 확인하고 우리의 기술을 다시 한번 가다듬는 것이 필요하다고 생각하기 때문이다.

사도 바울이 교회를 개척하고 성장시키는 일을 그토록 잘 감당했던 것은 그가 그 일에 능숙했기 때문이다. 고린도전서 3장 10절에서 그는 "내게 주신 하나님의 은혜를 따라 내가 '지혜로운'(expert) 건축자와 같이 터를 닦아 두매"라고 말한다. 바울은 교회를 세우는 일에 전문가(expert)였다. 그는 결코 초라한 작업을 하던 별 볼일 없는 일꾼이 아니었다. 그는 자신의 일에 헌신되어 있었을 뿐 아니라 그 일을 위해 바른 도구를 사용할 줄 아는 기술도 갖춘 사람이었다. 우리도 마찬가지로 교회를 세우는 데에 필요한 바른 도구를 사용하는 법을 배워야 한다. 당신이 만일 사역의 연장통에 망치 하나만 가지고 있다면 당신은 모든 일을 못을 처리하듯 처리하려고 할 것이다.

성경은 사역을 농사 짓는 일에 비유한다. 농사 또한 기술을 요하는 일이다. 농부는 기꺼이 힘든 일을 하려고 할 것이다. 하지만 그도 역시 바른 도구를 사용할 줄 아는 기술을 갖추어야 한다. 밀을 수확할 때 쓰는 도구를 가지고 옥수수를 수확하려고 한다면 실패할 수밖에 없다. 목화를 재배할 때 쓰는 연장을 가지고 토마토를 재배하려고 한다면 일을 온통 그르치게 될 것이다. 농사와 마찬가지로, 성공적인 사역도 헌신과 수고 이상의 것을 필요로 한다. 기술과 시간 관리와 바른 도구가 필요한 것이다.

교회성장을 위한 대부분의 단순한 해결책들이 영적인 느낌을 주는 표현으로 일관하고 있기 때문에, 그러한 개념들에 도전할 때 영적이지 못하다는 느낌을 배제하기가 몹시 힘든 것이 사실이다. 하지만 누군가가 담대하게 분명한 사실을 밝혀야 한다 기도만으로는 교회를 성장시킬 수 없다. 내가 아는 몇몇 위대한 기도의 사람들 중에는 죽어 가는 교회의 목회자들과 성도들도 있다.

물론 기도는 절대적으로 중요하다. 새들백의 성장의 모든 과정은 기도로 젖어 있다. 나는 즈말에 네 번 설교를 하는데 그 때마다 나를 위해 기도해 주는 기도 팀이 있다. 기도 없는 사역은 능력 없는 사역이다. 하지만 교회의 성장을 위해서는 기도 이외에 더 많은 것이 필요하다. 숙련된 행동 또한 필요하다. 한 번은 여호수아가 아이성과의 전쟁에서의 패배로 인해 엎드려 기도할 때, 하나님이 그에게 그단 일어나서 패배의 원인을 바로잡으라고 말씀하신 적이 있다 (수 7장). 기도할 때가 있고, 또 기도한 대로 책임 있게 행동해야 할 때가 있는 것이다.

우리는 사역할 때 항상 조심해서 양 극단적인 입장을 피해야 한다. 한쪽 극단은 교회성장에 대한 모든 책임을 다 자신이 지려고 하는 것이다. 또 다른 극단은 전혀 책임을 지려 하지 않는 것이다. 이 두 가지 극단의 문제를 파악하고 사역에서 책임과 성실함의 관계를 바로 이해하는 데에 있어서 나는 조 엘리스 (Joe Ellis)에게 많은 도움을 받았다. 조는 첫 번째 극단을 "실제적인 인본주의"라고 부르고, 두 번째 극단을 "경건한 무책임"이라고 불렀다. 둘 다 교회에 치명적으로 해롭다.

먼저, 우리는 교회성장을 위해서는 단지 조직과 경영, 판매 전략만 있으면 된다고 하는 사고 방식을 피해야 한다. 교회는 사업이 아니다. 나는 교회를 약간의 기도를 필요로 하는 인간들의 기업 정도로 취급하는 목회자들과 이야기해 본 적이 있다. 그들의 말을 듣고 나서 내가 떠올린 질문은 "이 모든 일에 성령님은 어디에 계신가?" 하는 것이었다.

불행하게도 많은 교회들이 표준화된 주일학교, 효율적인 조직, 그리고 균형 잡힌 예산 등에 의혜 좋은 교회로 평가되어진다. 이러한 교회들에서는 초자연적인 것은 아무것도 일어나지 않는다. 진정으로 삶이 변화되는 경우는 거의 없다.

사람의 모든 계획이나 프로그램, 진행 과정 등은 하나님의 기름 부으심이 없이는 아무런 쓸모도 없는 것이다. 시편 127편 1절은 "여호와께서 집을 세우지 아니하시면 세우는 자의 수고가 헛되며"라고 말한다. 교회는 인간의 노력만으로 세워지지 않는다. 우리는 교회가 누구의 것인지를 잊어서는 안 된다. 예수님은 "내가…나의 교회를 세우리니"(마 16:18)라고 말씀하시며 교회가 주님의 것임을 분명히 하셨다.

반면에, 우리는 또한 교회의 성장을 위해 우리가 할 수 있는 일은 아무것도 없다고 생각하는 사고 방식도 피해야 한다. 이 잘못된 개념도 오늘날에 만연되어 있다. 어떤 목회자들과 신학자들은 어떠한 계획이나 조직, 광고, 노력도 다 주제넘고 영적이 아니며 심지어는 죄라고까지 생각한다. 우리의 역할은 단지 가만히 있으면서 하나님이 하시는 일을 보는 것이라고 말한다. 당신은 부흥에 관한 많은 서적들에서 이러한 가르침을 발견할 수 있을 것이다. 부흥에 있어서의 하나님의 역사를 강조하고자 하는 진실한 소원에서 인간의 모든 노력은 부정적인 것으로 여겨진다. 그러나 이러한 사고 방식은 수동적인 그리스도인을 만들어 내고, 교회가 성장하지 못하는 것을 변명하기 위해 영적인 목소리를 사용할 뿐이다.

성경은 하나님이 당신의 뜻을 이 땅 위에서 이루기 위해 우리에게 중요한 역할을 맡기셨다고 가르친다. 교회성장은 하나님과 인간의 협력 사역이다. 교회는 인간의 숙련된 노력을 통해 나타나는 하나님의 능력에 의해 성장한다. 하나님의 능력과 인간의 숙련된 노력이 모두 필요하다. 우리는 물론 하나님 없이는 결코 이 일을 할 수 없다. 하지만 하나님도 우리 없이 이 일을 하지 않으시기로 작정하신 것이다! 하나님은 당신의 목적을 이루시는 일에 사람을 사용하신다.

바울은 하나님과 인간의 이러한 협력 사역을 다음과 같이 표현했다. "나는 심었고 아볼로는 물을 주었으되 오직 하나님은 자라나게 하셨으니…우리는 하나님의 '동역자들' 이요"(고전 3:6, 9). 하나님은 바울과 아볼로가 그들의 역할을 한 후에, 그분의 역할을 하셨다.

> 우리가 하나님이 우리를 '위해' 일해 주시기를 기다리는 동안,
> 하나님은 우리를 '통해' 일하기를 기다리신다.

신약에는 교회성장에 관해 이러한 원리를 가르치는 비유 – 하나님의 밭을 심고 가꾸는 일(고전 3:5-9), 하나님의 집을 세우는 일(고전 3:10-13), 하나님의 밭을 추수하는 일(마 9:37-38), 그리스도의 몸을 자라나게 하는 일(롬 12:4-8; 엡 4:16) 등등 – 가 많이 있다.

구약의 예를 원한다면 여호수아서에서 찾아보는 것이 좋을 것이다. 하나님은 이스라엘 백성들에게 땅을 차지하라고 말씀하셨다. 하나님이 직접 그 일을 하지 않으셨다. 하나님은 그들에게 협력 사역을 제안하셨고 그들이 해야 할 역할을 주셨다. 그러나 이스라엘 백성들은 두려움과 소극적인 태도로 인해 광야에서 죽고 말았다. 우리가 하나님이 우리를 '위해' 일해 주시기를 기다리는 동안, 하나님은 우리를 '통해' 일하기를 기다리신다.

신화 6: 교회성장에는 단 '하나'의 비결이 있다

교회성장이란 아주 복잡한 것이다. 그것이 하나의 요인에 의해 이루어지는 경우란 거의 없다. 당신이 어떤 목사가 자신의 교회의 성장을 어떤 한 가지 요인을 들어 설명하는 것을 듣게 된다면, 아마도 그가 무엇이 일어났는가를 지나치게 단순화했거나 아니면 교회성장의 진정한 요인을 제대로 파악하지 못하고 있다고 보아도 무방할 것이다.

새들백교회의 훈련 코스를 택했던 교회 지도자들과의 교류를 통해 나는 우리 스탭들이 "릭이 말하는 성장의 원리들"이라고 부르는 몇 개의 기본적 사실들을 확인할 수 있었다.

첫째, 교회를 성장시키는 데에는 하나 이상의 길이 있다는 것이다. 나는 정반대의 방법을 쓰고서도 똑같이 성장한 교회들을 보여 줄 수 있다. 어떤 교회들은 주일학교를 통해서 성장했는가 하면, 다른 교회들은 가정 성경공부를 통해서 성장했다. 어떤 교회들은 현대식 음악을 통해 성장했는가 하면, 다른 교회들은 전통적인 음악을 통해 성장했다. 어떤 교회들은 체계적인 심방 계획을 세우고 있지만 그런 것을 전혀 갖고 있지 않으면서도 성장하는 교회들도 있다.

둘째, 여러 종류의 사람들을 그리스도에게로 인도하기 위해서는 여러 종류의 교회가 필요하다는 것이다. 우리가 다 똑같지 않다는 것이 얼마나 감사한 일인가! 하나님은 다양성을 좋아하신다. 모든 교회가 다 똑같다면 우리는 이 세계의 한 부분만을 전도할 수 있을 것이다. 음악 분야 하나만 보더라도 우리가 살아가는 이 세상의 여러 다른 문화에 맞는 여러 다른 종류의 음악을 상상해 보라. 나는 가끔 우리가 모두 다 하나가 될 수 있도록 한 교단에 소속되어야 한다는 말을 듣는다. 내가 이 말처럼 동의할 수 없는 말도 없다. 나는 형식에 있어서의 다양성이야말로 약점이 아니라 강점이라고 생각한다. 하나님은 여러 다른 그룹의 사람들을 부르시기 위해 여러 가지 다른 방법들을 사용하신다.

물론 나는 성경의 진리에서 멀어져 가는 교회들을 말하고 있는 것이 아니다. 그리스도의 메시지는 결코 변하지 않는다. 유다서는 "…성도에게 단번에 주신 믿음의 도를 위하여 힘써 싸우라…"(유 3)고 가르친다. 방법과 메시지를 혼동하지 말기 바란다. 메시지는 결코 변할 수 없다. 하지만 방법은 시대에 따라 변할 수밖에 없다.

셋째, 하나님이 축복하신 것을 결코 비판해서는 안 된다는 것이다. 비록 어떤 사역의 방식이 당신을 불편하게 만든다 해도 그렇다. 내가 동의하지 않거나 이해하지 못하는 사람들을 하나님이 종종 놀랍게 축복하시는 것을 보면서 나는 놀라움을 느끼곤 한다. 그래서 나는 다음과 같은 태도를 취하게 되었다. 만약 예수 그리스도의 능력으로 사람들이 변화되고 있다면, 당신이 하는 사역의 방법을 나는 좋아할 것이다. 우리는 모두 하나님의 은혜를 받은 자들이다.

신화 7: 하나님이 우리에게 원하시는 것은 오직 충성됨이다

이 말은 반쪽 진리이다. 하나님은 우리가 충성될 뿐만 아니라 풍성한 열매를 맺기를 원하신다. 열매의 풍성함은 신약의 주된 주제이다. 다음을 생각해 보라.

- 우리는 열매를 맺도록 그리스도의 부르심을 받았다. "너희가 나를 택한 것이 아니요, 내가 너희를 택하여 세웠나니 이는 너희로 가서 과실을 맺게 하고 또 너희 과실이 항상 있어…"(요 15:16). 하나님은 우리의 사역의 열매가 항상 있기를 원하신다.
- 우리는 열매를 맺음으로 하나님께 영광을 돌린다. "너희가 과실을 많이 맺으면 내 아버지께서 영광을 받으실 것이요, 너희가 내 제자가 되리라"(요 15:8). 열매 없는 사역은 하나님께 영광을 돌리지 못한다. 그리고 열매 맺는 사역은 우리가 그리스도의 제자임을 증명한다.
- 우리는 열매를 맺음으로 하나님을 기쁘시게 한다. "주께 합당히 행하여 범사에 기쁘시게 하고 모든 선한 일에 열매를 맺게 하시며 하나님을 아는 것에 자라게 하시고"(골 1:10).
- 예수님은 열매 맺지 못하는 나무에 대해 가장 준엄한 심판을 내리셨다. "길가에서 한 무화과나무를 보시고 그리로 가사 잎사귀밖에 아무것도 얻지 못하시고 나무에게 이르시되 이제부터 영원토록 네게 열매가 맺지 못하리라 하시니 무화과나무가 곧 마른지라"(마 21:19). 예수님은 당신의 능력을 과시하시기 위해서가 아니라 교훈을 주시기 위해 이 일을 행하셨다. 그분은 우리가 열매를 풍성히 맺기를 원하신다.

- 이스라엘은 열매를 맺지 못했기에 그 특권을 잃게 되었다. "그러므로 내가 너희에게 이르노니 하나님의 나라를 너희는 빼앗기고 그 나라의 열매 맺는 백성이 받으리라"(마 21:43). 같은 원리가 개 교회에도 적용될 수 있다. 나는 과거에는 넘치도록 축복을 받았지만 지금은 자기 만족과 자기 도취에 빠져 더 이상 열매를 맺지 못하므로 하나님이 축복을 거두어 가신 교회들을 본 적이 있다.

'열매의 풍성함'이란 무엇인가? '열매' 또는 그와 관계 있는 단어가 신약에서 55회 나타나며 여러 가지 결과를 가리키는 데 쓰인다. 다음의 목록은 하나님이 열매로 여기시는 것들이다. 회개(마 3:8; 눅 13:5-9), 진리를 행함(마 7:16-21; 골 1:10), 응답받은 기도(요 15:7-8), 성도의 헌금(롬 15:28), 주님의 성품을 닮는 것, 믿지 않는 자를 그리스도께로 인도하는 것(롬 1:13) 등이다. 바울은 로마에서도 복음 전하기를 원한다고 하면서, "이는 너희 중에서도 다른 이방인 중에서와 같이 열매를 맺게 하려 함이로되"(롬 1:13)라고 말한다. 믿는 자의 열매는 결신자이다.

예수님이 교회에 주신 지상명령을 생각해 볼 때, 나는 믿지 않는 자의 회심에 의해 교회가 성장하는 것도 지역 교회가 맺어야 할 열매에 포함되어야 한다고 믿는다. 바울은 아가야에서 처음 믿은 사람들을 가리켜 "아가야의 첫 열매"(고전 16:15)라고 불렀다.

성경은 교회의 수적 성장을 분명히 열매로 간주한다. 예수님의 천국 비유 중 많은 것들이 하나님은 교회의 성장을 원하신다는 명백한 진리를 강조한다. 그뿐 아니라 바울도 교회의 성장과 열매 맺는 것을 연관지어 말한다. 골로새서 1장 6절에서 그는 "이 복음이 이미 너희에게 이르매 너희가 듣고 참으로 하나님의 은혜를 깨달은 날부터 너희 중에서와 같이 또한 온 천하에서도 열매를 맺어 자라는도다"라고 말하고 있다. 당신의 교회는 열매를 맺어 자라고 있는가? 당신은 당신의 교회에서 새로 믿는 자들이 증가되는 열매를 보고 있는가

하나님은 당신의 교회가 충성되고
열매가 풍성할 것을 '둘 다' 원하신다.

　하나님은 당신의 교회가 충성되고 또한 열매가 풍성할 것을 '둘 다' 원하신다. 하나가 없는 다른 하나는 한쪽이 없는 방정식과 같다. 수적 열매가 결코 충성되지 못함을 정당화하지 못한다. 그러나 충성됨이 효과적으로 열매를 맺지 못한 것에 대한 변명이 될 수 없음도 사실이다. 회심이 거의 일어나지 않는 교회들은 종종 자신들이 효과적이지 못한 것을 다음과 같은 말로 정당화하려고 한다. "하나님은 우리를 성공적이 되라고 부르시지 않으셨다. 단지 충성되라고 부르신 것이다." 나는 이 말을 강하게 반박하고 싶다. 왜냐하면 성경은 하나님이 우리에게 둘 다를 요구하신다고 분명히 가르치고 있기 때문이다.

　문제 해결의 근거는 '성공적'이란 말과 '충성됨'이란 말을 어떻게 정의하느냐 하는 것이다. 나는 '성공적'이란 '지상명령을 이루는 것'이라고 정의한다. 예수님은 교회가 담당해야 할 일을 주셨다. 우리는 그 일에 성공할 수도 있고 실패할 수도 있다. 이 정의에 의한다면 모든 교회는 성공적이기를 원할 것이다. 다른 입장이 있을 수 있는가? 성공의 반대는 충성됨이 아니고 실패이다. 지상명령에 순종하고 있지 않는 교회는 다른 어떤 일을 한다고 해도, 그 목적에 실패하고 있는 것이다.

　'충성됨'이란 무엇인가? 우리는 대개 이 말을 우리의 신조에 관련해서 사용한다. 우리는 정통 교리를 수호함으로써 충성하라고 하신 그리스도의 명령을 지키고 있다고 생각한다. 우리는 자신들을 "믿음의 수호자"라고 부른다. 그러나 예수님은 이 말을 정통 교리 수호라는 의미보다 훨씬 넓은 의미로 사용하셨다. 그분은 충성됨을 우리의 행동과 연관시켜서 '열매 맺기 위해 기꺼이 위험을 감수하려는 태도' (그렇게 하기 위해서는 믿음이 필요하다)로 정의하셨다.

이에 대한 분명한 예를 우리는 마태복음 25장 14-30절에 나오는 달란트의 비유에서 찾아볼 수 있다. 두 사람은 주인이 자신들에게 맡긴 것을 가지고 두 배를 남겼고, 주인으로부터 "착하고 충성된 종"이라고 칭찬을 들었다. 다시 말해서 그들은 열매를 맺기 위해 위험을 감수함으로써 자신들의 충성됨을 증명했던 것이다. 그들은 자신들에게 맡겨진 일에 성공적이 됨으로써 주인으로부터 칭찬을 들었던 것이다.

수동적이고 겁이 많던 하인은 위험을 감수하고자 하지 않았기 때문에 자신에게 주어진 것으로 주인을 위해 아무 결과도 남기지 못했다. 그는 결과를 남기고 충성된 종이라고 불린 다른 두 하인과는 달리, "악하고 게으른 종"이라고 책망을 들었다. 이 이야기의 요점은 분명하다. 하나님은 결과를 보기 원하신다. 우리의 충성됨은 우리의 열매로 증명되는 것이다.

충성됨이란 하나님이 우리에게 주신 자원과 은사를 가지고 가능한 한 많은 것을 성취하는 것이다. 그러므로 교회를 서로 비교함으로써 성공 여부를 가리려는 것은 바른 길이 아니다. 성공은 다른 교회보다 더 커지는 데 있지 않다. 오히려 그것은 자신에게 주어진 은사, 기회, 잠재력을 가지고 최선을 다해 열매를 맺는 데 있다.

그리스도는 우리가 우리의 능력보다 더 열매를 맺기를 기대하지 않으신다. 그러나 그분은 우리 안에서 역사하는 그분의 능력으로 우리가 맺을 수 있는 최대한의 열매를 맺기를 기대하신다. 그리고 그것은 우리들 대부분이 가능하다고 생각하는 것보다 훨씬 더 많은 것이다. 우리는 하나님으로부터 너무 적게 기대하고, 또 그분을 위해 너무 적게 시도한다. 만일 당신이 위험을 감수해야 하는 사역을 하고 있지 않다면, 그 사역을 위해서 믿음도 별로 필요하지 않을 것이다. 만일 당신의 사역이 믿음을 요구하지 않는 것이라면 당신은 충성되지 못한 것이다.

당신은 충성됨을 어떻게 정의하는가? 당신은 구태의연한 방법으로 그분의 말씀을 전하면서 그분의 말씀에 충성하려고 하는가? 당신은 자신에게 '편한' 방법으로만 사역을 하면서 하나님께 충성하려고 하는가? 당신은 사람들을 그리스도께로 인도하는 것보다도 사람들이 만들어 놓은 전통을 더 귀하게 여기면서 그리스도께 충성하려고 하는가? 나는 더 이상 효과적이지 않은 방법을 계속 사용하는 교회는 그리스도께 충성스럽지 못한 것이라고 주장하고 싶다.

슬프게도 오늘날, 교리에 있어서 정통적인 너무나 많은 교회들이, 잃어버린 세계를 그리스도께로 인도하기 위해 프로그램, 방법, 예배 형식, 건물 또는 위치 등을 바꾸기를 거부함으로써 그리스도께 충성스럽지 못한 교회가 되고 있다. 밴스 해브너(Vance Havner)는 "교회는 교리적으로는 총대처럼 곧지만, 영적으로는 텅 비어 있을 수 있다"고 말한 적이 있다. 우리는 우리의 주님이시며 구세주이신 예수님께 조건 없이 헌신된 마음으로 다음과 같이 말할 수 있어야 한다. "사람들을 그리스도께로 인도하기 위해서라면 어떤 대가를 치르는 일이라도 기꺼이 하겠습니다."

신화 8: 대형 교회들로부터는 배울 것이 없다

새들백의 성장에 관한 이야기는 하나님의 주권적 역사로서 흉내낸다고 될 수 있는 성질의 것이 아니다. 하지만 우리는 그 이야기로부터 전수할 수 있는 교훈과 원리들을 뽑아 낼 수는 있다. 하나님이 우리 교회에 가르쳐 주신 것들을 무시하는 것은 지혜로운 청지기의 자세가 아닐 것이다. "너희의 자녀는 알지도 못하고 보지도 못하였으나 너희가 오늘날 기억할 것은 너희 하나님 여호와의 징계와 그 위엄과 그 강한 손과 펴신 팔과"(신 11:2). 우리는 이미 발명된 것들을 다시 발명하는 우를 범하지 말아야 한다.

나는 다른 교회에서 효과적이었던 프로그램을 볼 때마다 그 안에 담긴 원리를 찾아서 우리 교회에 적용하려고 노력한다. 우리는 많은 교회들- 현대 교회들 또는 역사적인 교회들- 에 대한 연구를 통해서 많은 유익을 얻었다. 나는 우리를 도와준 많은 모델들로 인해 매우 감사하고 있다. 오래 전에 나는 효과적인 어떤 것을 얻기 위해서 내 자신이 그것을 직접 개발해야만 하는 것은 아님을 배웠다. 하나님은 우리를 모든 것의 개발자가 되도록 부르신 것이 아니라 효과적이 되라고 부르신 것이다.

그러나 다른 교회들이 우리로부터 잘못된 것을 배우는 위험을 줄이기 위해서, 나는 새들백교회를 보기로 들어서 전수할 수 있는 것과 그렇지 않은 것들을 구별해서 보여 주고자 한다.

전수할 수 없는 것

첫째, 당신은 우리가 처한 환경을 전수할 수 없다. 모든 교회는 각각의 고유한 문화적 상황 안에서 움직인다. 새들백은 분주한 남가주의 교외에 위치해 있고, 교육을 많이 받은 젊은층이 주류를 이루고 있다. 이러한 상황은 일리노이 주의 퍼리아 시나 텍사스 주의 뮬슈 시, 그리고 심지어는 같은 남가주의 로스앤젤레스 시와도 같지 않다. 모든 지역 사회는 다 독특하다. 새들백의 복사판을 인위적으로 다른 환경에서 재현하려고 하는 것은 실패를 위한 공식과 같다. 나의 이러한 분명한 경고에도 불구하고 어떤 사람들은 바로 이런 식으로 시도해 보고 왜 일이 제대로 되지 않는지를 의아해 한다.

둘째, 당신은 우리의 사역자들을 옮겨 놓을 수 없다. 하나님은 사람을 사용하셔서 그분의 일을 하신다. 어떤 프로그램이든지 그 프로그램을 이끄는 지도자가 프로그램 자체보다 더 중요하다. 나는 지난 15년 동안 사역자 팀을 키워 왔는데, 우리는 각자가 따로 일하는 것보다 함께 일할 때 더 효과적으로 일할 수 있는 팀이 되었다. 개인적으로는 우리 사역자들은 평범한 사람들이다. 하지만 우리가 함께 일하게 되면, 우리의 은사, 개성, 배경 등이 묘한 조화를 이루어 전문 경영자도 놀랄 만큼 폭발적인 팀웍을 만들어 내고, 많은 놀라운 일들을 성취할 수 있게 되었다.

셋째, 당신은 릭 워렌이 될 수 없다. (제 정신을 가진 사람이라면 아무도 나의 약점들을 원하지 않을 것이다.) 오직 나만이 내가 될 수 있고 당신만이 당신이 될 수 있다. 바로 그것이 하나님이 의도하신 바이다. 당신이 하늘 나라에 갔을 때 하나님은 "왜 너는 좀더 릭 워렌(또는 제리 화렐이나 빌 하이벨스, 존 맥아더 등) 같이 되지 못했는가?"라고 묻지 않으실 것이다. 오히려 그분은 "왜 너는 좀더 네 자신이 되지 못했는가?"라고 물으실 것이다.

하나님은 당신을 당신 자신이 되도록 만드셨다. 그분은 당신의 은사, 당신의 열정, 당신의 타고난 재능, 당신의 개성과 경험 등을 사용하셔서 당신이 이 세계에서 맡은 부분을 감당하기를 원하신다. 우리는 모두 원본으로 시작하지만 불행하게도 많은 사람들이 복사판으로 끝나고 만다. 당신은 자신이 아닌 다른 누군가가 됨으로써 교회를 성장시킬 수는 없다.

전수할 수 있는 것

첫째, 당신은 원리들을 배울 수 있다. 옛말에도 있듯이 "방법은 많지만 원리는 적고, 방법은 변하지만 원리는 변하지 않는다." 어떤 원리가 성경적이라면 그것은 초문화적이라고 나는 믿는다. 그 원리는 어디에서도 적용될 수 있다. 지혜로운 사람은 하나님이 어떻게 이 세계에서 일하고 계신가를 지켜봄으로써 원리를 배우고 적용한다. 당신은 다른 사람이 됨으로써 교회를 성장시킬 수는 없지만, 다른 사람이 발견한 원리를 자신의 개성과 상황에 맞추어 사용함으로써 당신의 교회를 성장시킬 수 있다.

나는 새들백의 복사판을 만들어 내는 일에 관심을 가져 본 일이 결코 없다.

바로 그 이유 때문에, 나는 우리 교회의 이름을 다른 곳에서도 사용할 수 있는 일반적인 것으로 하지 않고 우리 동네의 이름을 따서 지었다. 당신이 우리 동네에서 살지 않는 한 새들백이란 이름을 당신 교회에 붙일 수는 없을 것이다. 우리가 개척한 25개의 지교회 중 어느 것도 새들백과 똑같은 방법으로 사역을 하는 교회는 없다. 나는 그들에게 우리에게서 배운 원리를 자신들의 개성과 상황에 맞게 가려서 사용하라고 권장한다.

당신은 다른 모델들의 복사판이 되지 않으면서도
그것들로부터 배울 수 있다.

하나님은 모든 교회에 나름대로의 독특한 사역을 주셨다. 당신의 교회는 하나님이 주신 고유한 특징을 가지고 있다. 그러나 당신은 다른 모델들의 복사판이 되지 않으면서도 그것들로부터 배울 수 있다. 우리는 모델들을 관찰함으로써 가장 빠르게, 가장 잘 배울 수 있다. 사실은 우리가 삶에서 배우는 모든 것들은 다른 이들이 하는 것을 보고 배우는 것이다. 모델을 사용하는 것을 부끄럽게 생각지 말라. 오히려 그것은 현명하다는 증거다. 잠언 18장 15절은 "현명한 사람은 언제나 새로운 아이디어에 대해 열려 있다. 그는 그것들을 찾아다닌다"(LB)고 말한다.

바울은 교회를 개척할 때 모델을 사용하기를 주저하지 않았다. 그는 데살로니가에 있는 교회를 향해 "또 너희는 많은 환난 가운데서 성령의 기쁨으로 도를 받아 우리와 주를 본받는 자가 되었으니 그러므로 너희가 마게도냐와 아가야 모든 믿는 자의 본이 되었느니라"(살전 1:6-7)고 썼다. 나는 당신의 교회를 위해 이렇게 기도한다. 당신이 새들백이란 모델로부터 잘 배워서 또 다른 교회들에게 모델이 될 수 있게 해 달라고.

새들백교회는 결코 완전한 교회가 아니다. 하지만 건강한 교회다(마치 우리 아이들이 완전하지는 않아도 건강한 것처럼). 완전한 교회가 되어야 모델이 될 수 있는 것은 아니다. 모델이 되는 조건이 완전함에 있다면 우리는 어떤 교회로부터도 배우기를 포기해야 할 것이다. 완전한 교회란 없기 때문이다.

당신에게 미리 경고한다. 만일 당신이 이 책에서 말하는 전략과 아이디어들을 활용한다면 반드시 누군가 이렇게 말할 것이다. "당신은 그것들을 새들백에서 배웠군요." 그럴 때는 이렇게 대답하라. "그래서 잘못된 것이 있습니까? 그들도 수백 개의 다른 교회들로부터 배운 건데요." 우리는 같은 입장이라는 것을 기억하라.

나는 모델로부터 배우기를 원치 않는 사람들은 자아의 문제가 있는 사람들이라고 믿는다. 성경은 "하나님이 교만한 자를 대적하시고 겸손한 자에게 은혜를 주신다"(약 4:6)고 말한다. 왜 그럴까? 한 가지 이유는, 교만한 자들은 잘 배우려고 하지 않기 때문일 것이다. 그들은 자신들이 다 안다고 생각한다. 나는 모든 답을 다 안다고 생각하는 사람들은 문제가 무엇인지조차도 모르는 사람들이라는 것을 발견했다. 나의 목표는 가능한 한 많은 기회에, 가능한 한 많은 사람들로부터, 가능한 한 많은 것을 배우는 것이다. 나는 나를 비평하는 사람들, 나의 방법에 동의하지 않는 사람들, 그리고 나를 적대시하는 사람들로부터도 배우려고 노력한다.

둘째, 당신은 과정을 배울 수 있다. 이 책은 프로그램에 관한 것이 아니고 과정에 관한 것이다. 이 책은 당신의 교회에서 사람들을 성장시키고, 당신 교회의 목적들이 균형을 잡아 가는 데 필요한 체계를 제공한다. 빠른 성장으로 인한 무리한 상황 속에서도 멤버들을 소화, 흡수하기 위한 새들백의 전략이 주효한 것을 보면서, 나는 성장 속도가 보다 완만한 교회에서도 '목적이 이끄는 과정'이란 전략이 역시 효과적일 것이라고 확신하게 되었다. 우리는 지금껏 수천 개의 소형, 중형 교회들에서도 이 전략을 사용하여 강건하고 풍성한 열매를 맺는 그리스도인들을 배출해 내는 것을 보아 왔다. 이것은 결코 초대형 교회만을 위한 전략이 아니다.

사람들은 새들백이 한때는 아주 작은 교회였다는 것을 잊어버린다. 우리 교회는 목적이 이끄는 과정을 사용함으로써 크게 성장했다. 나는 이 과정을 배운 많은 교회 지도자들이 "누구나 할 수 있겠는데"라고 말하는 것을 듣곤 한다. 그럴 때마다 나는 "바로 그겁니다"라고 답한다. 건강한 교회는 과정 위에 세워진다. 인물 위에 세워지는 것이 아니다.

마지막으로, 당신은 몇몇 방법들을 배울 수 있다. 어떤 방법도 영원하거나 어디에서나 효과적인 것은 없다. 하지만 그렇다고 그것들이 전혀 쓸모없는 것도 아니다. 최근에 교회성장의 방법론은 나쁜 평판을 받고 있다. 어떤 사람들은 그것을 영적인 것이 아니며 심지어는 육적인 것으로까지 여긴다. 그 이유는 어떤 교회성장 열광자들이 건전한 교리와 성령의 초자연적 역사까지도 무시한 채 방법론을 지나치게 강조했기 때문일 것이다. 하지만 반대의 극단으로 치우쳐 모든 방법론을 거론할 가치조차 없는 것으로 도매급으로 처리해 버리는 경우도 있다.

모든 교회는 의도적이든 비의도적이든 어떤 종류의 방법론을 사용하고 있다. 따라서 문제는 방법을 사용할 것인가 아닌가가 아니라, 어떤 방법을 사용하고 있으며 그것은 성경적이고 효과적인가 하는 것이다.

방법은 원리의 표현이다. 여러 다른 문화적 상황에서 성경적 원리를 표현하는 여러 가지 다른 길이 있다. 사도행전은 초대 그리스도인들이 어떻게 다른 상황 속에서 다른 방법들을 사용했는지를 보여 주는 여러 가지 예들을 담고 있다.

만일 당신이 오늘날의 교회들을 연구해 본다면 하나님이 여러 다른 방법들을 사용하신다는 것과 어떤 방법을 다른 방법보다 더 축복해 주시는 것을 발견하게 될 것이다. 또한 과거에 효과적이었던 방법들이 더 이상 그렇지 못하다는 것도 보게 될 것이다. 다행스럽게도 기독교의 여러 강점들 중 하나는 새로운 문화와 시대를 맞이할 때마다 교회가 사용해 온 방법들을 변화시키는 능력을 갖고 있다는 것이다. 역사는 교회가 계속해서 '새 부대'를 만들어 낸 것을 극적으로 보여 준다. 하나님은 새로운 세대마다 교회에 새로운 방법을 주셨다. 전도서 3장 6절은 "찾을 때가 있고 잃을 때가 있으며 지킬 때가 있고 버릴 때가 있으며"라고 말한다. 이 말씀은 방법론에도 적용될 수 있다. 교회의 모든 세대마다 어떤 방법을 계속 사용할 것인지, 아니면 더 이상 효과적이지 않은 어떤 방법을 포기할 것인지를 결정해야 한다.

당신은 아마도 새들백에서 사용하는 몇몇 방법들을 좋아하지 않을 것이다. 그래도 괜찮다. 내 자신자 우리가 하고 있는 모든 것을 좋아하지 않는데 어떻게 당신에게 그것을 기대하겠는가? 생선을 먹듯이 이 책을 읽으라. 살은 발라 먹고 가시는 버리면 된다. 당신이 사용할 수 있는 것을 택하고 그것들을 다듬어서 사용하라. 지도력의 가장 중요한 역량 중 하나는 본질적인 것과 그렇지 못한 것을 구별해 내는 일이다. 방법은 언제나 메시지에 종속되어야 한다. 당신이 교회의 건강이나 성장에 대해 읽을 때마다 우선적인 것들과 이차적인 것들을 혼동하지 말라.

교회의 건강과 성장에 관한 우선적인 사항들은 다음과 같다.
- 주인은 누구인가? (Master)
- 메시지는 무엇인가? (Message)
- 동기가 무엇인가? (Motive)

교회의 건강과 성장에 관한 이차적인 사항들은 다음과 같다.
- 우리의 대상은 누구인가? (Market)
- 우리의 모델은 무엇인가? (Model)
- 우리의 방법은 무엇인가? (Method)

일찍이 알버트 아인슈타인은 20세기 최대의 취약점 중 하나는 우리가 습관적으로 목적과 수단을 혼동하고 있는 것이라고 개탄했다. 교회에 있어서 이것은 특별히 더 위험한 현상이다. 우리는 결코 방법에 현혹된 나머지 우리의 사명을 잊어버리거나 우리의 메시지를 망각하는 일이 있어서는 안 되겠다.

불행하게도 많은 교회들이 이 과에서 내가 지적한 잘못된 개념과 신화들을 바탕으로 움직이고 있다. 이러한 상황은 그 교회들이 갖고 있는 잠재적 가능성을 최대한으로 발휘하여 건강과 성장을 이루는 일에 장애가 된다. 교회가 자라나기 위해서는 '진리'가 필요하다. 이단들이 자라나는 데는 진리가 필요 없지만 교회는 진리 없이는 자라날 수 없다. 디모데전서 3장 15절은 교회를 "진리의 기둥과 터"라고 부른다. 우리는 다음 과에서 하나님이 교회를 세우시는 데 기초가 되는 '진리의 터'를 어떻게 놓아야 하는지를 살펴볼 것이다.

| 제2부 |
목적이 이끄는 교회로 정립하기

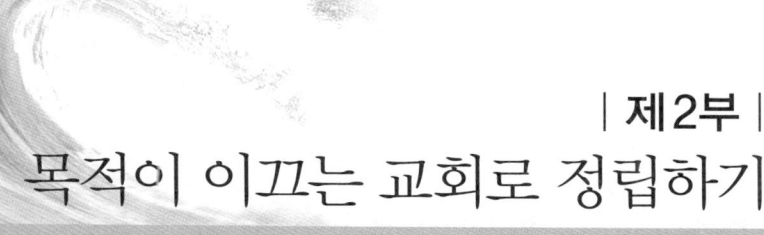

THE PURPOSE DRIVEN CHURCH

3장. 무엇이 당신의 교회를 움직이는가?

사람의 마음에는 많은 계획이 있어도 오직 여호와의 뜻이 완전히 서리라.
(잠언 19:21)

　스티브 존슨 목사는 정확히 오후 7시에 웨스트사이드교회의 월례 제직회를 개회했다. "우리는 오늘 밤 많은 내용에 대해 토의해야 합니다. 바로 시작합시다"라고 존슨 목사는 말했다. "여러분도 아시다시피 오늘의 안건은 내년도의 통일된 교회 프로그램에 합의하는 것입니다. 두 주 후에 교인들에게 이것을 제출해야 합니다."

　의장으로서 존슨 목사는 이 회의에 대해 꽤 초조함을 느끼고 있었다. 프로그램을 계획하는 모임보다 더 불협화음을 자아내는 모임이 있다면 매년 예산을 세우는 회의가 있을 뿐이다. "누가 먼저 의견을 내 주시겠습니까?"라고 존슨 목사는 물었다.

　"쉽게 처리하는 것이 좋을 것 같습니다." 이 교회에서 26년 동안 집사로 있었던 벤이 말을 꺼냈다. "지난 해에는 모든 것이 잘 진행되었습니다. 지난 해에 했던 것들 중 잘된 것들을 반복하는 것이 좋겠습니다. 나는 언제나 실험을 거쳐 증명된 것이 새 유행을 따르는 것보다 낫다고 믿고 있습니다."

　"글쎄요, 거기에는 동의할 수 없군요"라고 밥이 말했다. "시대가 바뀌고 있습니다. 내 생각에는 우리가 지금 하고 있는 일들을 모두 다 재검토하는 것이 필요합니다. 어떤 프로그램이 과거에 효과적이었다고 해서 다음 해에도 자동적으로 먹혀들어갈 것이라고는 말할 수 없거든요. 나는 특별히 전혀 새로운 형식의 예배를 하나 더 시작해 보고 싶습니다. 우리 모두 갈보리교회가 교회에 다니지 않는 사람들을 위해 현대식 예배를 드리기 시작한 후에 성장한 것을 보지 않았습니까?"

"물론 어떤 교회들은 교인들을 더 끌어모으기 위해서라면 무슨 일도 하려고 하겠지요"라고 벤이 말했다. "그들은 교회가 어떤 사람들을 위한 것인지를 모릅니다. 교회는 그리스도인들을 위한 것입니다. 우리는 세상과 달라야 하고 구별되어야 합니다. 우리는 세상이 원하는 것에 맞추어서는 안 됩니다. 나는 그와 같은 일이 웨스트사이드교회에서 일어나기를 원하지 않습니다."

이어서 두 시간 동안 교회 달력에 포함시켜야 할 프로그램들과 그 이유들에 대한 설명이 뒤따랐다. 케런은 웨스트사이드교회가 보다 더 적극적으로 구제 사업과 낙태 반대 운동에 뛰어들어야 한다고 열정적으로 주장했다. 존은 "약속을 지키는 사람들"(Promise Keepers : 미국에서 크게 영향을 미치고 있는, 남성들을 위한 대규모 집회, 역주)이란 집회가 어떻게 자신에게 영향을 미쳤는가를 감동적으로 간증한 후 남성들을 위한 전반적인 활동 계획을 세워야 한다고 제안했다. 린다는 여러 종류의 후원 모임을 시작해야 할 필요성을 이야기했다. 밥은 교회가 기독교 학교를 시작해야 한다고 목소리를 높였다. 물론 제리는 이 모든 제안에 대해 경비가 얼마나 들게 될 것 같냐고 묻기를 잊지 않았다. 이것들은 모두 나름대로 타당한 제안들이었다. 하지만 문제는 이 제직회가 각 안건들을 검토해 보고 그 중 어떤 것들을 선택해야 할지를 결정하기 위해 사용할 만한 평가 기준이 없다는 것이었다.

마지막으로 클라크가 말했다. 클라크는 이런 때에 모든 사람이 말해 주기를 기대하는 발언자였다. 언제든지 교회의 사무 회의가 혼란스러워질 때면 그는 간단한 제안을 했고 대부분의 사람들은 대체로 그의 의견을 따랐던 것이다. 이것은 그의 생각이 더 좋기 때문은 아니었다. 사실 많은 사람들은 그의 의견에 동의하지 않았다. 하지만 그의 성격이 주는 무게감이 이러한 상황에서 그가 말하는 것은 모두 일리가 있는 것처럼 들리게 했던 것이다.

    이러한 가상의 상황에서 문제가 되는 것은 무엇인가? 이 교회를 움직이는 여러 가지 추진력이 저마다 관심을 끌기 위해 서로 경쟁하는 관계에 놓이게 된다는 것이다. 이러한 상황은 갈등으로 치달을 뿐 아니라 동시에 여러 가지 다른 방향으로 나아가고자 하는 교회의 모습을 야기시키게 된다.

    만일 당신이 '움직이다' (drive)란 단어를 사전에서 찾아보면 다음과 같은 정의를 읽게 될 것이다. "인도하고(guide), 조절하고(control), 이끄는 것(direct)." 당신이 차를 운전한다면(drive) 당신은 도로 위로 차를 인도하고, 조절하고, 이끌어 갈 것이다. 당신이 못을 박는다면(drive) 당신은 못을 나무 속으로 잘 들어가도록 인도하고, 조절하고, 이끌어 갈 것이다. 또한 당신이 골프공을 친다면(drive) 당신은 그 공을 골프 코스를 따라 인도하고, 조절하고, 이끌어 가고자 할 것이다.

    모든 교회는 무엇인가에 의해 움직인다. 교회에서 일어나는 모든 일에는 인도하는 힘과 조절하는 가정과 이끄는 확신이 작용한다. 어쩌면 이것들은 이야기되지 않고 많은 사람들에게 알려지지 않은 것들인지도 모른다. 이것들이 공식적으로 투표된 격은 아마도 한 번도 없었을 것이다. 하지만 이것들은 분명히 존재하며 교회 생활의 모든 면에 영향을 끼친다. 당신의 교회를 움직이고 있는 추진력은 무엇인가?

전통에 따라 움직이는 교회

    전통에 따라 움직이는 교회에서 애용하는 말은 "우리는 언제나 이런 식으로 해 왔다"이다. 전통에 따라 움직이는 교회의 목표는 과거를 영원히 되풀이하는 것이다. 변화는 언제나 부정적으로 여겨지고 정체 현상을 안정 상태와 동일시한다.

오래된 교회들은 규칙과 규정, 의식들에 얽매이는 경향이 있고, 새로운 교회들은 목적 의식과 사명 의식에 붙잡히는 경향이 있다. 어떤 교회들에서는 전통이 교회를 움직이는 강력한 추진력이 된 까닭에 다른 것들은 모두, 심지어는 하나님의 뜻까지도 이차적인 요소가 되고 만다. 랄프 네이버(Ralph Neighbour)에 의하면 그런 교회의 최후의 말은 "우리는 이전에는 그런 방식으로 해 오지 않았다"이다.

인물에 의해 움직이는 교회

인물에 의해 움직이는 교회에서 가장 중요한 질문은 "지도자가 무엇을 원하는가?"이다. 만일 어떤 목사가 오랫동안 이 교회에서 목회한 경우라면, 그 사람이 교회를 움직이는 인물일 것이다. 그러나 만일 여러 목사가 이 교회를 거쳐 간 역사가 있다면, 어떤 핵심 평신도가 교회를 움직이는 역할을 할 것이다. 인물에 의해 움직이는 교회의 한 가지 분명한 문제점은 모든 것이 하나님의 뜻이나 교인들의 필요보다는 지도자 자신의 배경이나 필요 등에 의해 결정된다는 것이다. 또 다른 문제점은 교회를 움직이던 지도자가 떠나거나 죽게 된 경우 교회는 나아갈 방향을 잃고 멈추어 서게 된다는 것이다.

재정에 의해 움직이는 교회

재정에 의해 움직이는 교회에서는 모든 사람들의 마음에 가장 먼저 떠오르는 질문이 '비용이 얼마나 들까?' 하는 것이다. 재정보다 중요한 것은 아무것도 없는 듯이 보인다. 재정에 의해 움직이는 교회의 가장 뜨거운 쟁점은 언제나 예산을 둘러싼 것들이다. 물론 청지기직을 잘 감당하는 일이나 재정을 잘 사용하는 것은 건강한 교회의 필수적 요소이지만, 결코 재정이 지배적인 이슈가 되어서는 안 된다. 더 큰 이슈는 하나님이 교회가 무엇을 하기를 원하시는가 하는 것이어야 한다. 교회는 이익을 남기기 위해 존재하지 않는다. 어느 교회에서든지 가장 기본이 되는 질문은 "얼마나 절약했나?"가 아니고 "누가 구원을 받았나?"가 되어야 한다. 나는 여러 교회가 초기에는 믿음에 의해 움직이다가 나중에는 재정에 의해 움직이게 되는 것을 보았다.

프로그램에 의해 움직이는 교회

주일학교, 전도회, 성가대, 그리고 학생회 등은 종종 교회에서 추진력을 발휘하는 프로그램의 보기들이다. 프로그램에 의해 움직이는 교회에서는 모든 에너지가 교회의 프로그램을 유지하고 지속하는 데에 모아진다. 종종 프로그램에 의해 움직이는 교회의 목표는 사람을 양육하는 것에서 직책을 채우는 것으로 교묘히 옮겨 간다. 그리고 인사위원회가 교회에서 가장 중요한 부서가 된다. 프로그램의 결과가 신통치 않으면, 그 프로그램에 참여한 사람들은 자신들이 열심히 하지 못한 탓이라고 스스로를 비난한다. 아무도 그 프로그램이 열매를 맺기에 적절한 것인지는 묻지 않는다.

건물에 의해 움직이는 교회

윈스턴 처칠 경은 언젠가 이렇게 말했다. "우리가 건물의 형태를 만들지만, 후에는 건물이 우리의 형태를 만든다." 너무나 자주 교인들은 멋진 건물을 갖고 싶은 욕심에 자신들이 감당할 수 있는 능력 이상의 돈을 쓴다. 건물을 사고 유지하는 비용이 교회 예산의 가장 큰 부분을 차지한다. 사역을 하는 데 필요한 재정이 은행 빚을 갚는 데 다 들어가고, 교회의 실제 사역은 어려워진다. 주객이 전도되는 격이다. 반대로 건물의 협소함이 교회성장의 장애 요인이 되기도 한다. 전통적인 미(美)를 갖고 있으면서 실제 사용에 적합하지 않은 건물을 지키는 것이 지역 사회를 전도하는 것보다 더 중요한 우선 순위가 되어서는 안 된다.

행사에 의해 움직이는 교회

행사에 의해 움직이는 교회의 달력을 보면 그 교회의 목적은 사람들을 바쁘게 만드는 것이 아닌가 하는 인상을 받게 된다. 거의 매일 저녁에 행사가 진행된다. 하나의 큰 행사가 끝나면 다음 행사를 위한 작업이 시작된다. 이런 교회에는 많은 활동이 있지만, 그렇다고 교회의 생산성이 높은 것은 아니다. 교회는 교회가 하는 일의 분명한 목적이 없이 그냥 바쁘기만 할 수 있다. 우리는 "이 활동들을 하는 목적이 무엇인가?"라는 질문을 해 볼 필요가 있다. 행사에 의해 움직이는 교회에서는 출석률이 충성됨과 성숙함의 유일한 기준이 된다. 우리는 모임이 마치 신자의 우선적인 활동인 것처럼 사역을 대치하게 되는 경향을 주의해야 한다.

구도자에 의해 움직이는 교회

믿지 않는 사람들을 그리스도께로 인도하고, 현대의 문화에 맞추어 가고자 하는 정직한 노력에서, 어떤 교회들은 믿지 않는 사람들의 필요에 의해 움직이는 교회가 되기도 한다. 이러한 교회에서 제일 먼저 묻는 질문은 "비교인들이 원하는 것은 무엇인가?"이다. 우리가 구도자들의 필요와 상처, 관심사들에 민감해야 하고 또 전도를 위해 예배를 그들의 필요에 맞추려고 노력해야 하는 것은 사실이지만, 그들을 위해 교회의 모든 계획이 좌우되게 해서는 안 된다.

교회를 향한 하나님의 목적은 전도를 포함한다. 그러나 다른 목적들을 희생하면서까지 그런 것은 아니다. 구도자들을 끌어들이는 것은 제자를 만드는 첫 단계이지만 그것이 교회를 움직이는 힘이 되어서는 안 된다. 사업은 시장에 의해 좌우되어도 괜찮지만(고객이 원하는 것은 무엇이든지 줌으로써), 교회는 더 높은 소명을 가지고 있다. 교회는 구도자들에게 민감해야 하지만 그들에 의해 움직여서는 안 된다. 우리는 의사 소통의 방식을 현대 문화에 맞추되 그것의 죄악된 요소를 채택하거나 아니면 우리 자신을 그것에 방임해서는 안 된다.

성경적 패러다임: 목적에 의해 움직이는 교회

오늘날 필요한 것은 다른 힘들에 의해서가 아니라 목적에 의해 움직이는 교회들이다. 이 책은 새로운 패러다임, 즉 교회들이 전통적으로 조직하고 운영하기 위해 사용해 온 방법에 대한 성경적이고 건강한 대안으로서의 목적이 이끄는 교회를 제시하고자 쓰였다.

이 패러다임에는 두 가지 핵심적 요소가 있다. 첫째는 새로운 '관점'(perspective)이 요구된다. 당신은 당신의 교회가 행하고 있는 모든 것을 신약이 가르치는 교회의 다섯 가지 목적의 렌즈를 통해 보기 시작해야 하며, 또 하나님께서 교회가 이 다섯 가지 목적들 사이에서 어떻게 균형을 이루기를 원하시는지를 보기 시작해야 한다.

둘째는 교회의 목적을 이루기 위해서는 '과정'(process)이 필요하다. 이 책에서 나는 우리 교인들에게 지난 15년간 건강하고 지속적인 성장을 체험하도록 하기 위해 새들백교회에서 사용해 온 과정을 설명하려고 한다.

이것은 어떤 상아탑 이론이 아니다. 이것은 15년 동안 실제 교회에서 현장

시험을 거친 것이며, 미국 역사상 가장 크고 빨리 성장하는 교회를 만들어 낸 것이다. 이것은 또한 미국, 호주, 유럽, 그리고 아시아에 있는 수천 개의 다른 교회들에서도 흥미진진한 결과를 만들어 내고 있다. 당신의 교회도 규모와 위치에 관계 없이 목적이 이끄는 교회가 됨으로써 더 건강하고 더 튼튼하고 더 효과적이 될 수 있다.

사도 바울은 하나님이 우리가 세운 것들을 심판하실 때 그것이 영원히 지속하는가를 근거로 심판하신다고 말했다. "각각 공력이 나타날 터인데 그 날이 공력을 밝히리니 이는 불로 나타내고 그 불이 각 사람의 공력이 어떠한 것을 시험할 것임이니라. 만일 누구든지 그 위에 세운 공력이 그대로 있으면 상을 받고"(고전 3:13-14). 바울은 또 영원히 지속하는 것을 세우기 위한 비결은 바른 기초 위에 그것을 세우는 것이라고 말한다. "내게 주신 하나님의 은혜를 따라 내가 지혜로운 건축자와 같이 터를 닦아 두매, 다른 이가 그 위에 세우나 그러나 각각 어떻게 그 위에 세우기를 조심할지니라. 이 닦아 둔 것 외에 능히 다른 터를 닦아 둘 자가 없으니 이 터는 곧 예수 그리스도라"(고전 3:10-11).

튼튼한 교회는 목적 위에 세워진다. 신약 성경이 가르치는 교회의 다섯 가지 목적에 골고루 주의를 기울임으로써 당신은 지속적인 성장을 가져다 줄 건강하고 균형 잡힌 교회를 세우게 될 것이다. 잠언 19장 21절은 "사람의 마음에는 많은 계획이 있어도 오직 여호와의 뜻이 완전히 서리라"고 가르친다. 계획과 프로그램과 사람들은 영원히 지속되지 못한다. 그러나 하나님의 목적은 영원히 지속될 것이다.

목적에 의해 움직이는 것의 중요성

목적을 앞서는 것은 없다. 모든 교회가 먼저 물어야 할 질문은 "왜 우리가 존재하는가?"이다. 당신이 무엇을 위해 존재하는가를 알기까지 당신은 사역을 위한 기초도, 동기 부여도, 방향도 갖지 못한다. 만약 당신이 개척 교회를 시작하려고 한다면 당신이 가장 먼저 해야 할 일은 목적을 '규정' 하는 것이다. 교회가 처음 시작될 때에 바른 기초를 놓는 것이 수년간 존재해 온 교회가 그것을 다시 놓는 것보다 훨씬 더 쉽다.

> 의기소침한 교회를 생기왕성한 교회로 바꾸는 데
> 교회의 목적을 다시금 발견하는 것보다
> 더 빠른 길은 결코 없다.

그러나 당신이 성장이 멎었거나 감소하거나 또는 단순히 사기가 꺾인 기존 교회를 섬기고 있다면, 당신의 가장 중요한 역할은 목적을 '재규정' 하는 일이다. 당신이 그것을 교인들의 마음에 확실히 새겨 놓기까지 다른 것은 잊어버려라. 당신의 교회 안에서, 그리고 교회를 통해서 하나님이 무엇을 하기를 원하시는가에 대한 분명한 비전을 다시 붙잡으라. 의기소침한 교회를 생기왕성한 것으로 바꾸는 데에 있어서 교회의 목적을 다시금 발견하는 것보다 더 빠른 길은 결코 없다.

새들백교회를 시작하려고 준비하고 있었을 때, 조사를 통해 내가 발견한 가장 중요한 요소 중 하나는 성장하는 건강한 교회들마다 아주 분명한 정체성을 가지고 있다는 것이었다. 그들은 자신들의 존재 이유를 분명히 이해하고 있었다. 그들은 자신들의 목적에 있어서 명확했다. 그들은 하나님이 무엇을 하도록 자신들을 부르셨는지를 정확히 알고 있었다. 그들은 무엇이 자신들의 일이고, 무엇이 자신들의 일이 아닌지를 알고 있었다! 당신의 교회는 분명한 정체성을 가지고 있는가?

당신이 평범한 교인에게 왜 그들의 교회가 존재하는가를 묻는다면 아주 다양한 대답을 듣게 될 것이다. 대부분의 교회들은 이 문제에 있어서 분명한 합의를 이루지 못한다. 교회의 자문위원인 윈 안(Win Arn)은 언젠가 나에게 그가 조사해 본 것을 말해 주었다. 그는 거의 일천 교회의 교인들에게 "왜 교회가 존재하는가?"라는 질문을 했다. 그 결과는? 응답한 교인들 중 89%가 "교회의 목적은 나와 나의 가족의 필요를 돌보아 주는 것이다"라고 말했다. 많은 사람들에게 목사의 역할은 이미 우리 안에 있는 양들을 기쁘게 해 주고 그들을 잃어버리지 않도록 애쓰는 것이다. 오직 11%만 "교회의 목적은 예수 그리스도를 위해 잃어버린 세상을 구하는 것이다"라고 말했다.

그 후에 같은 교회들의 목사들에게 왜 교회가 존재하는가를 물었다. 놀랍게도 결과는 정확히 반대로 나타났다. 응답한 목사들 중 90%는 교회의 목적은 세상을 구하는 것이라고 대답했고, 10%는 교인들의 필요를 돌보는 것이라고 대답했다. 우리가 오늘날 많은 교회에서 갈등과 혼란과 침체 현상을 보는 것이 당연하지 않은가? 목사들과 교인들이 교회의 존재 목적에 대해 일치하지 못한다면 다른 모든 것에 있어서도 갈등과 불협화음이 있는 것은 당연하다.

교회들은 여러 다른 이유로 시작된다. 때때로 그러한 이유들-경쟁심, 교단의 자랑, 지도자에게 인정받고 싶은 욕구, 또는 다른 합당치 않은 동기 등-은 부적합한 것들이다. 교회를 움직이는 힘이 성경적이지 않다면, 그러한 교회의 건강과 성장을 하나님은 원치 않으신다. 튼튼한 교회는 프로그램이나 사람들, 혹은 사람의 잔재주 위에 세워지지 않는다. 그것은 하나님의 영원하신 목적 위에 세워지는 것이다.

4장. 건강한 교회의 기초

예수님: 내가…너 교회를 세우리니. (마태복음 16:18)

바울: 내게 주신 하나님의 은혜를 따라 내가 지혜로운 건축자와 같이 터를 닦아 두매. (고린도전서 3:10)

몇 년 전에 나는 요세미티 국립공원 뒷쪽에 있는 산에 땅을 조금 사서 통나무집을 지었다. 내가 그 일에 전적으로 매달릴 수 없었기 때문에 아버님과 몇몇 친구들이 도와주셨음에도 불구하고 완성하기까지 2년의 기간이 걸렸다. 집을 짓기 위해 기초만 놓는 데 한 여름이 다 가고 말았다. 제일 먼저 37그루의 잣나무를 베어 내고 뿌리를 뽑아 내는 일을 해야 했다. 그리고 나서는 150미터 깊이의 하수구를 1,800미터 이상 파고서, 근처의 지하수로 인해 땅이 젖어 있었기 때문에 그것들을 자갈로 메워야 했다.

10주 동안의 중노동 후에 내가 보여 줄 수 있었던 것은 평평하고 반듯하게 콘크리트를 씌운 기초뿐이었다. 내가 매우 실망해 하자, 평생 110개의 교회 건물을 지으셨던 아버님은 나를 위로해 주셨다. "릭, 기운을 내라. 기초 놓는 일을 끝마쳤으니 이제 가장 중요하고 힘든 일은 지나간 거란다."

기초에 따라 건물의 규모와 튼튼함이 결정된다. 기초가 감당할 수 있는 규모보다 더 크게 건물을 지을 수 없다. 부적당하거나 잘못된 기초 위에 세워진 교회는 하나님이 의도하시는 바에 결코 다다를 수 없다. 만약 기초보다 더 커진다면 그것은 무너지고 말 것이다.

만약 당신이 건강하고 튼튼하고 성장하는 교회를 세우기 원한다면 당신은 기초를 놓는 일에 시간을 보내야 한다. 이 일은 교인들의 마음속에 왜 교회가 존재하며, 교회가 해야 할 일은 무엇인가를 분명히 밝혀 줌으로써 이루어진다. 분명히 규정된 목적은 놀라운 힘을 발휘한다. 만약 '목적 진술'이 기억할 수 있을 만큼 짧다면 그것은 다섯 가지의 놀라운 유익을 가져다 줄 것이다.

분명한 목적은 사기를 북돋운다

사기와 사명은 항상 함께 간다. 고린도전서 1장 10절은 "진정한 조화를 이루어서 교회 안에 분열이 생기지 않게 하시오…한 마음을 품고 생각과 목적에 하나가 되시오"(LB)라고 말한다. 교회에서의 화목의 열쇠는 목적을 중심으로 일치하는 것이라고 바울이 말하는 것에 주목하라. 만일 당신의 사명이 불분명하다면 당신의 사기도 떨어질 것이다.

새들백교회는 높은 사기와 조화의 분위기를 유지하고 있다. 위대한 목적을 위해 함께 수고하는 사람들에게는 하찮은 문제로 논쟁할 시간이 없다. 배를 젓고 있는 동안에는 그 배를 흔들 수 없는 것이다. 우리 교인들은 같은 목적에 헌신했기 때문에 놀라운 성장을 경험하는 동안 따뜻한 교제의 분위기를 유지해 올 수 있었다.

잠언 29장 18절은 "비전이 없으면 백성이 망한다(perish)"고 말한다. 나는 다음의 말도 또한 사실이라고 믿는다. "비전이 없으면 사람들은 다른 교구(parish)로 떠난다." 많은 교회들은 비전이 없기 때문에 겨우 현상 유지의 수준에 머물고 있다. 그들은 계속 성취해 나가야 할 목적을 보지 못하기 때문에 주일마다 겨우 명맥을 이어가고 있을 뿐이다. 목적과 사명이 없는 교회는 결국에 가서는 과거의 유물을 전시해 놓은 박물관이 될 수밖에 없다.

존재 이유를 모르는 것보다 더 교회를 맥빠지게 하는 것은 없다. 반면에 침체되어 있거나 쇠퇴해 가는 교회를 재생시키는 가장 빠른 길은 그 교회에 대한 하나님의 목적을 다시 밝히고 그리스도가 교회에 주신 위대한 사명을 교인들에게 다시금 이해시키는 것이다.

분명한 목적은 좌절감을 줄인다

분명한 목적 진술은 중요하지 않은 문제를 잊어버리게 함으로써 우리를 좌절감에서 벗어나게 해 준다. 이사야 26장 3절은 "하나님은 '자신들의 목적을 굳게 지키고' 하나님을 신뢰하는 자들에게 온전한 평화를 주신다"(TEV)고 말한다. 분명한 목적은 우리가 해야 할 일을 보여 줄 뿐 아니라 우리가 하지 않아도 될 일을 보여 준다. 나는 당신의 교회도 모든 것을 할 수 있는 시간이 없을 것이라고 확신한다. 기쁜 소식은 하나님도 당신이 모든 것을 다 하기를 기대하지 않으신다는 것이다. 그뿐 아니라 우선적으로 우리가 해야 할 진정으로 가치 있는 일은 몇 되지 않는다. 효과적인 삶의 비결은 무엇이 진정 중요한 것인지를 알고 그것을 행하고 다른 것들에 대해서는 걱정하지 않는 것이다.

목사로서 나는 모든 교인이 다 나름대로 교회에 대한 어떤 생각을 가지고 있다는 것을 배웠다. 「사영리(Four Spiritual Laws)」의 제1원리를 "하나님은 나를 사랑하시며, 다른 모든 사람도 나를 위해 놀라운 계획을 가지고 있다"라고 고쳐 써야 할 판이다. 사람들은 언제나 "교회가 이래야 하지 않겠는가" 또는 "저것을 해야 하지 않겠는가"라고 말한다. 이런 지적 중 많은 것들은 분명 고상한 것들임에 틀림없지만 문제의 핵심은 고상한 여부에 있지 않다. 이러한 제안들을 가려내는 여과기는 "이 활동은 하나님이 이 교회를 세우신 목적을 이루는 데 합당한가?"라는 질문이다. 만일 이 시험에서 통과하지 못하는 어떤 제안이 있다면, 당신은 그러한 제안들 때문에 당신의 교회를 향하신 하나님의 계획이 흐려지지 않도록 해야 한다.

분명한 목적 진술이 없으면 우리 주위에서 일어나는 온갖 산만한 일들 때문에 좌절하기 쉽다. 어쩌면 당신도 이사야와 같이 느꼈을지도 모르겠다. "그러나 나는 말하기를 내가 헛되이 수고하였으며 무익히 공연히 내 힘을 다하였다 하였도다"(사 49:4). 분명히 정의된 목적 없이 교회를 이끌어 가려고 하는 것은 마치 안개 속에서 차를 운전하는 것과 같다. 당신이 가는 방향을 분명히 보지 못한다면 충돌 사고가 일어나기 십상이다.

야고보서 1장 8절은 "…충성심이 나누어진 사람의 삶은 모든 순간에 불안정함을 나타낸다"(Ph)고 가르친다. 교회가 그 목적을 잊어버리게 되면 무엇이 중요한가를 결정할 때 어려움을 겪게 된다. 결정을 제대로 내리지 못하는 교회는 불안정한 교회다. 거의 모든 것이 정도에서 벗어날 수 있다. 그러한 교회는 우선 순위와 목적과 프로그램 사이에서 왔다갔다 하게 된다. 누가 그 순간에 이끄는가에 따라서 이번에는 이 쪽으로, 다음에는 저 쪽으로 방향이 달라지게 된다. 어떤 때는 교회가 같은 원을 빙빙 도는 경우도 있다.

목적이 이끄는 교회에서는 한번 방향이 정해지면 결정을 내리는 일이 매우 쉬워지고 또 좌절감도 줄어든다. 당신의 역할을 규정하고 그 후에 당신의 목표를 정하라. 일단 교회의 목적들이 분명해지면, 그 목적들 중 하나를 이루기 위한 어떤 목표도 자동적으로 승인을 얻게 된다. 누군가가 어떤 활동이나 행사나 프로그램을 제안하면 당신은 단지 "그것이 교회의 목적에 부합합니까?"라고 묻기만 하면 된다. 만약 부합한다면 채택하라. 그렇지 않다면 하지 말라.

분명한 목적은 집중력을 가져온다

초점이 맞추어진 빛은 놀라운 힘을 갖고 있다. 초점이 흩어진 빛은 아무 힘도 없다. 예를 들어 돋보기로 태양빛의 초점을 맞추면 나뭇잎을 태울 수 있다.

그러나 같은 빛이라도 초점이 맞추어지지 않으면 태울 수 없다. 더 나아가 레이저 광선과 같이 훨씬 더 고밀도로 빛을 집중시키면 심지어는 강철도 자를 수 있다.

집중의 원리는 다른 영역에서도 통한다. 초점이 맞춰진 삶이나 교회는 그렇지 않은 삶이나 교회보다 훨씬 더 큰 영향력을 발휘한다. 레이저 광선과 같이 당신의 교회가 더욱 초점이 맞춰지면 맞춰질수록 더욱 큰 영향력을 사회에 끼칠 수 있다.

그렇게 되는 이유는 분명한 목적은 우리의 노력을 집중시키기 때문이다. 바울은 이 사실을 알았다. "나는 나의 모든 에너지를 이 한 가지에 쏟고자 합니다. 즉 뒤에 있는 것은 잊어버리고, 앞에 있는 것을 고대하는 것입니다"(빌 3:13, LB)라고 그는 말했다.

내가 관찰한 바로는 이 시대의 교회들이 자주 부딪히는 흔한 유혹 중의 하나는 덜 중요한 것을 중요하게 취급하게 하는 함정이다. 그들은 좋지만 덜 중요한 계획과 집회와 목적 때문에 집중력을 잃고 산만해진다. 교회의 에너지는 분산되어 사라져 버리며 힘을 잃고 만다.

만일 당신의 교회가 세상에 영향력을 행사하기를 원한다면, 당신은 중요한 것을 중요하게 취급해야 한다. 얼마나 많은 그리스도인들이 자신들의 교회의 주요 목표가 무엇인지를 모르는가를 볼 때 놀라움을 금할 수 없다. 옛말처럼 "중요한 것은 중요한 것을 중요하게 여기는 것이다."

나는 대부분의 교회가 너무 많은 일을 하려 한다고 생각한다. 이것이야말로 건강한 교회를 세우는 일에 방해가 되는 장애물 중 가장 간과하기 쉬운 요소다. 우리는 사람들을 지치게 만든다. 너무나 자주 작은 교회들이 모든 종류의 활동과 행사와 프로그램에 참여한다. 그들은 바울처럼 한 가지에 집중하기보다는 너무 많은 일에 몸담고 있으면서 그 중 어느 것도 제대로 하지 못한다.

교회가 나이를 더해 가면 갈수록 이러한 현상이 더욱 사실로 나타난다. 줄이는 것은 없이 프로그램과 행사를 계속해서 늘여 간다. 어떤 프로그램도 영원히 지속되지 않는다는 것을 기억하라. 교회의 프로그램에 대하여 마음에 새겨 둘 좋은 질문 하나는 "이것이 우리가 이미 해 오고 있는 것이 아니라면, 오늘 이것을 시작할 용의가 있는가?"라는 것이다. 잔뜩 부푼 교회의 달력은 교회의 에너지를 분산시킨다. 정기적으로 모든 불필요한 것들을 치우는 일은 교회의 건강에 필수적이다. 더 이상 목적과 맞지 않는 프로그램을 없애라. 말이 죽었다면 더 이상 그 위에 앉아 있지 말고 말에서 내려오라.

내가 새들백교회를 시작했을 때, 처음 일 년 동안 우리 교회가 제공한 것은 예배와 어린이들을 위한 몇 개의 프로그램뿐이었다. 우리는 모든 것을 제공하는 교회가 되려고 하지 않았다. 예를 들어 우리는 예배 출석 인원이 평균 500명을 넘을 때까지 청소년 프로그램을 시작하지 않았고, 1,000명이 넘어서야 미혼자들을 위한 모임을 시작했다.

우리는 누군가 인도할 사람이 나타나기까지는 새로운 사역을 시작하지 않기로 결정했다. 만약 인도자가 없다면 우리는 사역을 시작하지 않고 하나님의 때를 기다리다가 마침내 적절한 인도자가 나타나면 새 사역을 시작하기로 했다. 이러한 계획 때문에 우리는 하고 있던 몇 가지 일을 집중해서 아주 잘할 수 있었다. 우리는 이미 하고 있는 사역을 만족할 만한 수준에 끌어올려 놓은 후에야 새로운 사역을 첨가할 것을 고려했다. 우리는 모든 것을 한 번에 다 하려고 하지 않았다.

'효율적인' 것과 '효과적인' 것은 다르다. 피터 드러커(Peter Drucker)는 "효율적인 것은 '일을 옳게 하는' 것이고 효과적인 것은 '옳은 일을 하는' 것이다"라고 말한다. 많은 교회들은 잘 조직되어 있고 꽉 찬 프로그램을 유지해 가는 일에 있어서 매우 효율적이다. 그러나 그들은 많은 활동을 벌이지만 생산성은 낮다. 에너지가 하찮은 일에 낭비되는 것이다. 이것은 마치 타이타닉 호의 갑판 의자를 잘 정리하는 것과 같다. 모든 것이 멋있게 보이고 잘 정리됐지만 아무 소용이 없는 것은, 배가 가라앉고 있기 때문이다. 교회가 잘 조직되어 있는 것만으로는 충분하지 않다. 교회는 옳은 것을 하기 위해 잘 조직되어야 하는 것이다.

하나님은 교회가 효과적이기를 원하신다. 몇 안되는 참으로 효과적인 교회들은 자신들의 목표에 집중한다. 계속해서 자신의 목적을 검토해 봄으로써 교회는 우선순위를 바로 세우고, 목적에 초점을 맞추어 지속적으로 나아갈 수 있다.

분명한 목적은 협력을 가져온다

분명하게 행선지를 알려 주면 사람들은 열심히 그것을 타려고 할 것이다. 왜냐하면 모든 사람은 삶의 의미와 목적과 방향을 주는 무엇을 찾고 있기 때문이다. 에스라가 백성들에게 하나님이 그들에게 무엇을 하기를 원하시는지 정확히 말했을 때 사람들은 다음과 같이 응답했다. "우리에게 어떻게 모든 것을 바로잡을 수 있을지를 알려 주십시오. 그러면 전적으로 협조하겠습니다"(스 10:4, LB).

사도 바울은 언제나 목적이 분명한 사람이었다. 그 결과로 사람들은 그가 하는 일에 동참하기를 원했던 것이다. 빌립보 교회의 경우, 더욱 그랬다. 빌립보 교인들은 바울의 선교에 아주 매료되어서 그에게 재정적 지원을 계속했다(빌 4:15를 보라). 당신의 교인들이 교회에 대해 열심을 내고, 적극적으로 지원하며, 또 후하게 드리게 되기를 원한다면, 당신은 교회가 지향하고 있는 바를 정확하고 생생하게 그들 앞에 설명해야 한다.

당신은 비행기를 잘못 타 본 적이 있는가? 나는 세인트 루이스로 가는 비행기를 캔자스 시티로 가는 줄로 잘못 알고 탄 적이 있다. 그 때 나는 중요한 교훈을 배웠다. 비행기가 이륙하기 '전에' 행선지를 꼭 확인하라는 것이다. 나중에 비행기에서 뛰어내리는 일은 아주 고통스럽다. 당신은 버스가 어디로 가는지를 알기 전에는 결코 타려고 하지 않을 것이다. 따라서 교인들이 교회가 어디로 가는지를 모른 채 참여하기를 기대해서는 안 된다.

나는 예비 교인들이 새들백교회가 어디로 가고 있는지 정확히 아는가를 확실히 하고 싶어서 그들이 우리 교회에 등록하기 '전에', 교회에 등록하기를 원하는 모든 사람에게 교회의 목적 진술을 자세히 설명해 준다. 어느 누구도 "새 교우반"에 참여하겠다는 결심 없이, 또 새들백교회의 목적을 지지한다는 헌신을 담은 "교인 서약"에 서명함 없이, 새들백의 교인이 될 수 없다.

잠언 11장 27절은 "당신의 목표가 좋다면, 당신은 존경을 받을 것이다"(TEV)라고 가르친다. 사람들에게 당신의 교회가 지향하는 바를 말해 주라. 그러면 협조를 얻게 될 것이다. "새 교우반"에서 당신 교회의 목적과 우선 순위들을 모두 말해 주라. 당신의 전략과 구조를 분명하게 설명해 주라. 그렇게 함으로써 사람들이 잘못된 생각을 갖고서 등록하는 것을 막을 수 있다.

만일 사람들이 당신의 목적을 이해하지 못한 채 교회에 등록하는 것을 허용한다면 당신은 곤경을 자초하는 것이다. 새로운 교우들, 특히 다른 교회에서 옮겨 오는 교우들은 종종 교회에 대해 자신의 생각과 선입견을 가지고 있다. 만일 당신이 그것들을 정면에서 똑바로 다루지 않는다면 그 이슈들이 결국에는 문제와 갈등을 일으키게 될 것이다.

다른 교회에서 옮겨 오는 교인들은 이전 교회의 문화 보따리를 가지고 온다. 그들은 당신의 교회가 채워 줄 의도가 없는 어떤 기대들을 갖고 있을지도 모른다. 나는 이 사실을 새들백의 초기에, 우리가 공적 예배를 시작하기도 전에 분명히 깨달았다. 가정 성경공부에 참석하던 사람들 중 한 사람은 이 지역에서 잘 알려진 큰 교회에 12년 동안 교인으로 있었던 사람이다. 우리가 무엇인가 새로운 것을 시작하려고 계획할 때마다 그는 "제가 있던 이전 교회에서는 이런 식으로 했습니다"라고 말하곤 했다. 이 말은 그의 반복되는 후렴 구절과 같았다.

8주가 지난 후에 나는 마침내 다음과 같이 말했다. "만약 당신이 당신의 이전 교회와 같은 교회를 원한다면 그 곳으로 돌아가는 것이 어떻겠습니까? 여기서 불과 21㎞만 가면 되는데요." 그는 나의 충고를 받아들였고 그의 가족 다섯 명을 이끌고 떠나갔다. 그 수는 그 당시 우리 모임의 30%에 해당하는 것이었다. 더군다나 그는 십일조도 하던 사람이었다.

그 당시에는 그의 행동이 나에게 충격을 주었지만 지금 돌아보면 그 문제를 그렇게 처리한 것이 새들백교회의 운명을 결정 짓는 중요한 결정이었다고 나는 믿는다. 내가 그 때 그 사람의 말을 들었더라면 새들백은 바로 그 사람이 다니던 교회의 복사판이 되고 말았을 것이다. 우리의 장래는 매우 다른 모습이 되었을 것이다.

나는 이 경험을 통해 지도력에 대해 두 가지 중요한 교훈을 얻었다. 첫째, 불평분자에게 교회의 주요 안건을 결정하도록 해서는 안 된다는 것이다. 그것은 지도력을 포기하는 것이다. 불행하게도 작은 교회일수록 부정적인 교인이 더 큰 영향력을 갖고 있다. 둘째, 어떤 사람이 당신 교회의 목회 철학과 갈등이 있는지를 발견하기에 가장 좋은 시기는 그들이 등록하기 '이전'이라는 것이다. 사람들이 교회에 등록하기 전에 교회의 목적을 설명해 주는 것은 당신 교회에서 겪게 될 갈등과 실망을 줄여 줄 뿐 아니라, 어떤 사람에게는 자신의 철학이나 개인적 취향 때문에 다른 교회에 출석하는 편이 더 낫다는 것을 깨닫는 기회도 준다.

분명한 목적은 평가를 도와준다

고린도후서 13장 5절은 "너희가 믿음에 있는가 너희 자신을 시험하고 너희 자신을 확증하라"고 말씀한다. 교회는 어떻게 자신을 평가하는가? 자신을 다른 교회와 비교해 봄으로써가 아니라, "우리는 하나님이 우리에게 원하시는 것을 하고 있는가? 우리는 그 일을 얼마나 잘하고 있는가?"라고 물어 봄으로써 평가해야 한다. 피터 드러커가 말했듯이 "무엇이 우리의 사업인가? 그 사업이 어떻게 되고 있는가?"라고 물어야 한다. 이것들은 당신의 교회를 평가하는 데 가장 중요한 두 가지 질문이다. 당신 교회의 목적 진술은 당신의 교인들의 건강과 성장을 측정하는 기준이 되어야만 한다.

교회의 크기와 건강 사이에는 아무런 관계가 없다. 어떤 교회는 크고 건강할 수도 있고, 또 크고 허약할 수도 있다. 마찬가지로 어떤 교회는 작고 건강할 수도 있고, 또 작고 허약할 수도 있다. 크다고 더 좋은 것도 아니고, 작다고 더 좋은 것이라고도 할 수 없다. 더 좋은 교회가 더 좋은 것이다.

이 책의 목적은 당신의 교회를 새들백처럼 큰 교회가 되게 하는 것이 아니다. 교회의 크기가 이슈가 아니다. 중요한 것은 이것이다. 당신의 교회는 목적이 이끄는 교회가 됨으로써 더 튼튼해지고 더 건강해질 것이라는 것이다.

목적이 이끄는 교회가 되는 데는 시간이 걸린다. 그것은 한 순간이나, 또는 6개월이 지났다고 이루어지는 것이 아니다. 당신의 교회가 그러한 변화를 이루기 위해선 어쩌면 몇 년이 걸릴지도 모른다. 당신의 교회가 목적에 의해 움직이는 교회가 되길 원한다면 네 개의 중요한 단계를 거쳐야 한다. 첫째, 당신은 목적을 '규정해야' 한다. 둘째, 그 목적을 교회의 모든 사람에게 정기적으로 '전달해야' 한다. 셋째, 당신은 교회를 목적에 따라 '조직해야' 한다. 마지막으로, 당신의 목적을 교회의 모든 부분에 '적용해야' 한다. 다음 장들에서 나는 이 단계들을 하나씩 설명할 것이다.

5장. 당신의 목적을 규정하기

진정한 화합을 이루어서 교회 안에 분열이 없게 하시오.
한 마음을 품고, 생각과 목적에 있어서 하나가 되시오.
(고린도전서 1:10, LB)

내가 텍사스에서 신학교에 다니고 있었을 때 한번은 어떤 큰 교회의 지도자들을 도와 그 교회의 전체 프로그램을 평가하는 일을 하기로 했다. 그 교회는 과거에 주님을 힘차고 생동감 있게 전해 온 것으로 정평이 나 있던 교회였다. 나는 처음으로 교회 문제를 자문하는 일을 해 보기 위해 붉은 벽돌로 지어진 큰 건물을 향해 운전하고 가면서 마음이 조금 불편한 것을 느꼈다. 회의장으로 가는 복도에는 과거 100년 동안 이 교회에서 목회해 왔던 목사님들의 초상화가 걸려 있었다. 그 교회는 역사가 있는 교회였다.

첫 모임에 함께 둘러앉았을 때 나는 그 교회의 지도자들에게 물었다. "여러분은 이 교회에 대해 어떻게 느끼십니까?" 대부분은 꽤 만족해 한다고 대답했다. 한 사람은 요약해서 답변하기를 "우리 교회는 건전한(sound) 교회입니다"라고 했다. 하지만 그 교회를 좀더 깊이 들여다보았을 때 나는 그 교회가 깊이 잠들어 있는(sound asleep) 교회임을 발견했다. 그 교회는 신학적으로는 건전했지만, 영적으로 의미 있는 일은 전혀 일어나지 않고 있었다. 교회 건물의 은행 빚은 모두 갚은 상태였지만, 교회의 지도자들은 게으르고 무기력한 상태에 빠져 있었다. 그들은 선지자 아모스가 외쳤던 "시온에서 안일한 자"와 같았다.

그리고 그들의 안일함이 서서히 교회를 죽이고 있었다. 그들이 나를 그들의 의사로 고용했으므로 나는 그들에게 간단한 처방을 내렸다. "당신들의 목적을 재발견하시오."

당신의 교회가 목적을 규정하도록 인도하기

당신의 교인들이 신약성경이 말하는 교회의 목적을 발견하도록 인도하는 것은 흥미진진한 모험이다. 그 과정에서 서두르지 말라. 또한 단순히 그 목적들이 무엇인지를 설교를 통해 말해 줌으로써 그들이 직접 발견하는 기쁨을 빼앗지 말라. 사람들은 자신이 들은 것에는 지적, 언어적 동의만을 표하지만, 그들 자신이 직접 발견한 것은 확신을 가지고 붙든다는 사실을 현명한 지도자들은 잘 알고 있다. 당신은 교회의 장기적인 건강과 성장을 위한 기초를 세우고 있는 것이다.

무관심했던 사람들이 얼마나 하나님이 그들과 그들의 교회를 사용하기를 원하시는지를 재발견하고 열성적인 사람들로 바뀌는 것을 보는 것은 스릴 넘치는 일이다. 아래에서 나는 당신의 교회가 그 목적들을 규정 또는 재규정하도록 인도할 때 따라야 할 네 단계를 설명하고자 한다.

성경의 가르침을 공부하라

교회에 관한 성경의 가르침을 공부하도록 교인들을 참여시키는 일에서부터 시작하라. 새들백교회를 시작하기 전에 나는 개인적으로 6개월 동안 나의 책 「역동적인 성경공부 방법들(Dynamic Bible Study Methods, Victor Books, 1980)」에서 제시한 방법으로 교회에 관해 광범위한 성경공부를 했다. 개척 교회의 초기 몇 달 동안 나는 우리 교인들에게 같은 공부를 실시했다. 우리는 함께 성경이 교회에 대해서 말하는 모든 구절들을 공부했다.

　당신의 공부에 첨가해야 할 성경 구절들은 다음과 같다. 마 5:13-16; 9:35; 11:28-30; 16:15-19; 18:19-20; 22:36-40; 24:14; 25:34-40; 28:18-20; 막 10:43-45; 눅 4:18-19; 4:43-45; 요 4:23; 10:14-18; 13:34-35; 20:21; 행 1:8; 2:41-47; 4:32-35; 5:42; 6:1-7; 롬 12:1-8; 15:1-7; 고전 12:12-31; 고후 5:17-6:1; 갈 5:13-15; 6:1-2; 엡 1:22-23; 2:19-22; 3:6; 3:14-21; 4:11-16; 5:23-24; 골 1:24-28; 3:15-15; 살전 1:3; 5:11; 히 10:24-25; 13:7, 17; 벧전 2:9-10; 요일 1:5-7; 4:4-21.

　진 밈스(Gene Mims)는 「교회성장을 위한 왕국 원리들(Kingdom Pinciples for Church Growth, Convention Press)」이란 작지만 훌륭한 책을 썼는데, 교회의 목적을 공부하는 교재로 전 교회적으로 사용해도 좋다. 당신이 교인들에게 공부를 시킬 때 포함해야 할 몇 가지 주제들은 다음과 같다.

- 그리스도의 지상 사역을 살펴보라. "주님께서 이 땅에 계실 때 무슨 일을 행하셨는가? 또 지금 이 곳에 계시다면 무슨 일을 하실까?"라고 물어 보라. 주님께서 지상에 계실 때 하셨던 일들을 공부하고 우리도 오늘 그 일을 계속해야 한다. 그리스도께서 하셨던 사역의 여러 다른 요소들이 오늘날 그의 교회들에서 분명히 나타나야 한다. 주님이 육체로 거하실 때 하셨던 일이 무엇이든지, 주님은 그의 영적인 몸인 교회를 통해 그 일을 계속하기를 원하신다.
- 교회의 이미지와 이름들을 살펴보라. 신약은 교회에 관한 많은 비유─몸, 신부, 가족, 양 떼, 공동체, 그리고 군대 등─를 사용하고 있다. 이러한 각각의 이미지는 교회가 무엇이 되어야 하며, 무슨 일을 해야 하는지에 대해서 심오한 의미를 가르쳐 준다.
- 신약에 나오는 교회들의 본보기를 살펴보라. "초대 교회는 무엇을 했는가?"

라고 물으라. 성경에는 많은 모델들이 나온다. 예루살렘교회는 고린도 교회와 아주 달랐다. 빌립보교회는 데살로니가교회와 아주 달랐다. 신약에 나오는 각각의 지역 교회들과 계시록에 나오는 일곱 교회들을 공부하라.

- 그리스도의 명령을 살펴보라. "주님은 우리가 무엇을 하기를 원하실까?"라고 물으라. 마태복음 16장 18절에서 예수님은 "내가 나의 교회를 세우리라"고 말씀하셨다. 주님은 분명한 목적을 마음에 두셨던 것이 확실하다. 우리의 역할은 교회의 목적을 '창조해 내는 것'이 아니고 그것들을 '발견하는 것'이다.

교회는 그리스도의 것이지 우리의 것이 아님을 기억하라. 주님은 교회를 창설하셨고, 교회를 위해 죽으셨고, 교회에 성령을 보내주셨으며, 언젠가는 교회로 다시 돌아오실 것이다. 교회의 주인으로서 그분은 이미 목적을 세워 놓으셨고 그 목적은 결코 흥정될 수 없다.

우리의 의무는 그리스도께서 교회를 위해 가지셨던 계획들을 이해하고 그것들을 이행하는 것이다. 각 세대마다 프로그램들은 바뀌어야 하지만 목적은 결코 바뀔 수 없다. 우리는 사역의 '방식'을 개선할 수는 있지만 사역의 '본질' 자체는 결코 바꿀 수 없다.

네 가지 질문에 대한 답을 찾으라

성경이 교회에 대해 말하는 바를 살펴볼 때 아래에 있는 질문들에 대한 답을 찾아보라. 답을 작성할 때 교회의 특성과 역할에 초점을 맞추라.

1. 교회는 왜 존재하는가?
2. 교회로서 우리는 무엇이 '되어야' 하는가? (우리는 누구이며 무엇인가?)
3. 교회로서 우리는 무엇을 '해야' 하는가? (하나님이 이 세상에서 이루시기

를 원하시는 것은 무엇인가?)
4. 우리는 그것을 어떻게 행할 것인가?

발견한 것들을 글로 옮기라

당신이 공부하면서 배운 모든 것들을 글로 옮기라. 간략하게 쓰려고 애쓰지 말라. 교회의 특성과 목적에 대해 말할 필요가 있다고 생각하는 모든 것을 말하라. 우리가 새들백에서 이 작업을 할 때, 나는 우리의 성경공부 그룹에서 나온 모든 발견들을 기록하기 위해 여러 장의 큰 종이판과 두꺼운 매직펜을 사용했다. 그 후 우리는 종이판에 쓰여진 모든 것을 타이핑했다. 교회에 대한 우리의 마구잡이식 관찰은 열 장에 달했다.

이 시점에서 목적 진술을 작성하려고 시도하지 말라. 단지 정보들을 수집하라. 창조하는 것보다 편집하고 요약하는 것이 언제나 더 쉽다. 분명하게 확인된 목적들을 모두 찾는 데 초점을 맞추라. 나는 목사들에게 다음과 같이 다시 한번 강조하고 싶다. "이 과정에서 서두르지 말라!" 당신은 앞으로 다가올 긴 세월 동안 당신이 해야 할 다른 모든 일들을 받쳐 줄 기초를 놓고 있는 것이다. 당신이 성경이 말하는 교회의 목적들을 이미 알고 있다 해도 말해 주지 말라. 당신의 교인들이 교회에 대해 성경이 말하고 있는 모든 것을 살펴보고 '그들의' 결론을 글로 쓰는 것이 지극히 중요하다.

결론을 한 문장으로 요약하라

성경공부를 통해 발견한 내용들로부터 우리는 마침내 교회에 대한 성경적 목적이라고 우리가 믿는 것들을 한 문장으로 요약했다. 당신이 해야 할 것도 이것이다. 첫째, 당신이 교회에 대해 발견한 것들을 큰 주제들ㅡ예를 들어 전도, 예배, 교제, 영적 성숙, 사역 등ㅡ아래 비슷한 것들을 함께 묶어서 압축하

라. 그 다음에 이 모든 주제들을 한 문단으로 서술해 보라. 그 후 불필요한 단어나 문구들을 삭제해서 한 문단을 한 문장으로 줄여 보라.

당신의 목적 진술을 한 문장으로 압축시키는 것은 절대적으로 중요하다. 왜 그런가? 왜냐하면 사람들이 기억하지 못하는 것은 별 가치가 없기 때문이다. 도슨 트롯만(Dawson Trotman)은 "생각은 입술과 손가락 끝을 빠져나갈 때 풀린다"라고 말하곤 했다. 다시 말하면 당신이 '그것을 말하고 글로 쓸 수 있다면' 당신은 그것을 분명하게 생각해 본 것이다. 당신이 당신의 목적을 종이 위에 써 보지 않았다면 당신은 그것을 진정으로 생각해 본 것이 아니다.

영국의 수필가인 프랜시스 베이컨은 "읽는 것은 사람을 폭넓게 만든다. 그러나 쓰는 것은 사람을 정확하게 만든다"고 말했다. 교회의 목적을 전달하는 문제라면 우리는 최대한으로 정확해지기를 원할 것이다.

효과적인 목적 진술이란 어떤 것인가

그것은 성경적이어야 한다

효과적인 목적 진술은 교회에 관한 교리를 표현한다. 교회의 목적들은 우리가 결정하는 것이 아니고 발견하는 것임을 기억하라. 그리스도는 교회의 머리시다. 그분은 오래 전에 목적들을 세워 놓으셨다. 이제 각 세대는 그것들을 다시금 확인해야 한다.

그것은 명확해야 한다

목적 진술은 단순하고 분명해야 한다. 교회가 목적 진술을 작성할 때 저지르는 가장 큰 실수는 너무 많은 것을 그 안에 담으려고 하는 것이다. 당신은 중요한 것을 빠뜨리지나 않았나 하는 두려움 때문에, 좋지만 별 필요 없는 모든 종류의 문구를 포함시키고 싶은 유혹을 받게 된다. 하지만 당신이 더 많이 더하면 더할수록 목적 진술은 흐릿해지고 더 이루기 힘들어지게 된다.

구체적으로 규정된 사명이 명확한 사명이다. 디즈니랜드의 목적 진술은 "사람들에게 행복을 제공하는 것"이다. 구세군의 본래의 사명은 "사회에서 거부당한 사람들을 시민이 되게 하는 것"이다. 많은 목적 진술들은 너무 불분명해서 아무런 영향력을 발휘하지 못한다. 어떤 것도 명확하게 되기까지는 역동적일 수 없다. 어떤 교회의 목적 진술은 "우리 교회는 하나님을 영화롭게 하기 위해 존재한다"라고 되어 있다. 물론 그렇다! 하지만 정확히 어떻게 그것을 이루려고 하는가?

명확한 목적 진술은 교회의 에너지를 집중시킨다. 주변적인 문제로 시간을 낭비하지 말라. "이 세상에서 예수님을 위해 가장 큰 차이를 만들어 낼 수 있는 극소수의 일들은 무엇인가? 교회만이 할 수 있는 일은 무엇인가?"라는 질문을 하라.

그것은 전수할 수 있어야 한다

전수할 수 있는 목적 진술은 기억할 수 있고 당신 교회의 모든 사람에게 전달될 수 있을 만큼 짧다. 짧으면 짧을수록 더 좋다. 모든 성경적 교회의 목적 진술이 같은 요소들을 담고 있다 해도, 당신이 그것을 신선하고 창의적인 방법으로 표현하지 못할 이유는 없다. 기억하기 좋게 만들려고 노력하라.

목사로서 받아들이고 싶지 않은 사실이지만, 사람들은 설교나 연설들을 기억하지 못한다. 그들은 중심 내용조차도 기억하지 못한다. 사람들이 기억하는 것은 간단한 명제나 슬로건, 문구 등이다. 나는 케네디 대통령의 어떤 연설도 기억하지 못하지만 그의 다음과 같은 명문들은 기억하고 있다. "국가가 여러분을 위해 무엇을 해 줄 것인가를 묻지 말고, 여러분이 국가를 위해 무엇을 할 것인가를 물으라." "나는 베를린 시민입니다!" 나는 또 마틴 루터 킹 박사의 어떤 설교도 기억하지 못하지만 그의 유명한 문구인 "나에게는 꿈이 있습니다!"라는 말은 기억한다.

그것은 측정할 수 있어야 한다

당신은 목적 진술을 보고 당신의 교회가 제대로 하고 있는지를 평가할 수 있어야 한다. 매년 말에 당신은 그것을 성취했다고 증명할 수 있는가? 당신 교회의 사명을 측정할 수 있기 전에는 당신은 당신 교회가 얼마나 효과적인가를 판단할 수 없다.

훌륭한 목적 진술은 당신의 교회가 하고 있는 모든 일을 재검토하고, 수정하고, 개선시키는 데 필요한 기준을 제공한다. 만일 당신이 당신의 목적 진술로 교회를 평가할 수 없다면 다시 칠판으로 돌아가라. 그것을 측정할 수 있는 것으로 만들라. 그렇지 않으면 당신의 목적 진술은 단지 사람들에게 보이기 위한 것일 뿐이다.

두 개의 위대한 성구

새들백의 초기 몇 달 동안 나는 우리의 새 교회를 내가 방금 당신에게 설명한 그 과정으로 인도했다. 마침내 우리는 교회가 무엇이 되어야 하고, 무엇을 해야 하는지를 보여 주는 많은 성구들 중에서 예수님이 말씀하신 두 개의 성구가 그 모든 것을 요약하고 있다는 결론에 도달했다. 그것들은 '위대한 계명'(the Great Commandment, 마 22:37-40)과 '위대한 명령'(the Great Commission, 이것은 흔히 '지상명령'으로 불린다, 마 28:18-20)이다.

예수께서 가라사대 네 마음을 다하고 목숨을 다하고 뜻을 다하여 주

너의 하나님을 사랑하라 하셨으니 이것이 크고 첫째 되는 계명이요, 둘째는 그와 같으니 네 이웃을 네 몸과 같이 사랑하라 하셨으니 이 두 계명이 온 율법과 선지자의 강령이니라(마태복음 22:37-40).

예수께서 나아와 일러 가라사대 하늘과 땅의 모든 권세를 내게 주셨으니 그러므로 너희는 가서 모든 족속으로 제자를 삼아 아버지와 아들과 성령의 이름으로 세례(침례)를 주고 내가 너희에게 분부한 모든 것을 가르쳐 지키게 하라. 볼지어다 내가 세상 끝날까지 너희와 항상 함께 있으리라 하시니라(마태복음 28:18-20).

'위대한 계명'은 예수님이 한 율법사의 질문에 대한 답변으로 주신 것이다. 어느 날 예수님은 가장 중요한 계명이 무엇인지를 알려 달라는 요청을 받고 다음과 같이 답변하셨다. "여기에 전 구약을 요약한 말씀이 있다. 나는 네게 하나님의 말씀을 요약해 주고자 한다. 모든 율법과 선지자는 두 개의 임무로 압축될 수 있다. 네 마음을 다하여 하나님을 사랑하고 네 이웃을 네 몸과 같이 사랑하라."

> "위대한 계명(the Great Commandment)과
> 위대한 명령(the Great Commission)에 대한
> 위대한 헌신(a Great Commitment)은
> 위대한 교회(a Great Church)를 만든다."

후에 제자들에게 주시는 마지막 말씀 가운데 예수님은 '위대한 명령'을 주시며 세 가지 임무를 더 맡기셨다. "가서 제자를 삼고, 세례(침례)를 주고, 내가 너희에게 분부한 모든 것을 가르쳐 지키게 하라." 나는 모든 교회는 그들이 무엇에 헌신되어 있는가로 규정된다고 믿는다. 따라서 나는 다음의 슬로건을 만들게 되었다. "위대한 계명(the Great Commandment)과 위대한 명령(the

Great Commission)에 대한 위대한 헌신(a Great Commitment)은 위대한 교회(a Great Church)를 만든다." 이것은 새들백의 모토가 되었다.

이 두 성구는 우리가 새들백교회에서 행하는 모든 것을 요약하고 있다. 어떤 활동이나 프로그램이 이 명령들 중 하나를 이루기 위한 것이라면 우리는 그것을 한다. 그렇지 않다면 하지 않는다. 우리는 위대한 계명과 위대한 명령에 의해 움직인다. 이 두 성구는 그리스도께서 다시 오실 때까지 교회가 초점을 맞추어야 할 우선적인 임무를 우리에게 보여 준다.

교회의 다섯 가지 목적

목적이 이끄는 교회는 그리스도께서 그의 교회에게 명하신 다섯 가지 임무를 완수하는 일에 헌신되어 있다.

목적 1: 네 마음을 다하여 주님을 사랑하라

이 목적을 묘사하는 단어는 '예배'(worship)다. 교회는 하나님을 예배하기 위해 존재한다. 우리는 어떻게 우리의 마음을 다하여 하나님을 사랑하는가? 그분을 예배함으로써 그분에 대한 사랑을 표현한다. 혼자든 작은 그룹으로 모이든 아니면 십만 명이 함께 하든 상관없다. 하나님께 우리의 사랑을 표현할 때 우리는 예배하고 있는 것이다.

성경은 "주 너의 하나님을 사랑하고 다만 그를 섬기라"(마 4:10)고 가르친다. 예배가 봉사보다 먼저 나오는 것에 유의하라. 하나님을 예배하는 것은 교회의 첫째 목적이다. 때때로 우리는 하나님을 위해 일하느라고 너무 바빠서 예배를 통해 우리의 사랑을 그분께 표현할 시간이 없을 때도 있다.

하나님은 성경 전체를 통해서 우리에게 하나님을 찬미하고 높임으로써 하나님의 임재를 찬양하라고 명령하신다. 시편 34편 3절은 "나와 함께 여호와를 광대하시다 하며 함께 그 이름을 높이세"라고 말한다. 우리는 의무감으로 예배해서는 안 된다. 우리가 원하기 때문에 예배해야 하는 것이다. 우리는 하나님께 사랑을 표현하는 것을 즐겨야 한다.

목적 2: 네 이웃을 네 자신처럼 사랑하라

이 목적을 묘사하는 단어는 '사역'(ministry)이다. 교회는 사람들을 섬기기 위해 존재한다. 사역은 예수님의 이름으로 사람들의 필요를 채워 주고 그들의 아픔을 치료해 줌으로써 하나님의 사랑을 보여 주는 것이다. 당신이 사랑으로 다른 사람들을 돌볼 때마다 당신은 그들에게 사역을 하고 있는 것이다. 교회는 다른 사람들의 온갖 필요들- 영적, 정서적, 관계적, 육체적 - 을 돌보는 사역을 해야 한다. 예수님은 그분의 이름으로 냉수 한 그릇을 대접하는 것도 사역이며 그 상을 잃지 않을 것이라고 말씀하셨다. 교회는 "성도를 온전케 하며 봉사의 일을 하게"(엡 4:12) 해야 한다.

안타까운 것은 많은 교회에서 실제로 아주 적은 사역이 행해질 뿐이라는 것이다. 그 대신 많은 시간이 모임에 쓰이고 있다. 신실함은 종종 봉사보다는 출석률로 평가되며, 교인들은 가만히 앉아서(sit), 섭취만 하고(soak), 심술궂게(sour) 되어 간다.

목적 3: 가서 제자를 삼으라

우리는 이 목적을 '전도'(evangelism)라고 부른다. 교회는 하나님의 말씀을 전하기 위해 존재한다. 우리는 그리스도의 사신이며 우리의 사명은 이 세상을 복음화하는 것이다. 지상명령의 '가라'는 단어는 원어에는 현재분사로 되어 있다. 따라서 우리는 그것을 "가면서"라고 읽어야 한다. 어느 곳에 가든지 복음을 전하는 것이 모든 그리스도인의 책임이다. 우리는 전 세계에 그리스도의 초림과 십자가의 죽음, 부활, 그리고 재림의 약속을 알려야 한다. 언젠가 우리 각자는 얼마나 진지하게 이 책임을 감당했는지에 대해서 주님과 회계해야 한다.

전도의 임무는 너무나 중요해서 주님은 우리에게 다섯 번-각 복음서에서 한 번씩, 그리고 사도행전에서 한 번-이나 지상명령을 주셨다. 마태복음 28:18-20, 마가복음 16:15, 누가복음 24:47-49, 요한복음 20:21, 그리고 사도행전 1:8에서 주님은 우리에게 가서 전 세계에 구원의 메시지를 전하라고 명령하신다.

전도는 우리의 책임일 뿐 아니라 또한 특권이다. 우리는 사람들을 하나님의 영원한 가족으로 끌어오는 일에 한 부분을 담당하도록 초대받은 것이다. 나는 우리의 생명을 걸 만큼 더 중대한 일이 이 일 외에 달리 또 있는지 모르겠다. 당신이 암을 치료할 수 있는 치료책을 안다면 무슨 일을 해서라도 그 소식을 알리려 할 것이다. 그렇게 한다면 당신은 수백만 명의 사람들의 생명을 구할 것이다. 하지만 당신은 이미 더 좋은 것을 알고 있다. 당신은 영원한 생명의 복음을 가지고 있고, 이 복음은 가장 좋은 소식이다!

이 세상에 한 사람이라도 그리스도를 알지 못하는 사람이 있는 한, 교회는 계속 자라가야 할 의무를 가지고 있다. 성장은 선택 사항이 아니다. 그것은 예수님의 명령이다. 우리는 우리 자신의 이익을 위해서가 아니라, 하나님께서 사람을 구원하시기를 원하시기 때문에 성장을 추구해야 한다.

목적 4: 세례(침례)를 주라

지상명령을 원어로 보면 세 개의 현재분사가 나온다. '가라', '세례(침례)를 주라', '가르치라'가 그것들이다. 이 각각은 "제자를 삼으라"는 한 명령의 요소들이다. 가는 것, 세례(침례) 주는 것, 가르치는 것은 제자 삼는 과정의 핵심적 요소들이다. 언뜻 보기에는 지상명령이 단순히 세례(침례) 주는 일을 전도나 가르치는 일과 같은 위대한 임무들과 동등하게 중요하게 취급하는 것에 대해 의아해 할 수 있다. 분명한 것은 예수님이 그것을 우연히 말씀하신 것은 아니라는 사실이다. 왜 세례(침례)가 그리스도의 지상명령에 포함될 만큼 중요한가? 나는 세례(침례)가 교회의 목적 중 하나인 '교제' (fellowship) - 그리스도의 몸과 하나됨 - 를 상징하기 때문이라고 생각한다.

> 그리스도인으로서 우리는 단지 '믿을' 뿐 아니라
> '소속하라' 고 부르심을 받았다.

그리스도인으로서 우리는 단지 '믿을' 뿐 아니라 '소속하라' 고 부르심을 받았다. 그리스도언의 삶은 고독한 영웅의 삶이 아니다. 오히려 우리는 그리스도의 가족에 속해서 그의 몸의 지체가 되어야 한다. 세례(침례)는 구원의 상징일 뿐 아니라, 또한 교제의 상징이다. 그것은 그리스도 안에 있는 우리의 새로운 삶을 상징할 뿐 아니라, 한 사람이 그리스도의 몸에 영입되는 것을 시각적으로 공포하는 것이다. "이 사람은 이제 우리 중 하나가 되었습니다"라고 세상에 말하는 것이다. 새로운 신자들이 세례(침례)를 받을 때 우리는 그들을 하나님의 가족의 교제에 받아들인다. 우리는 혼자가 아니다. 우리는 서로 돕는 지체를 가지고 있다. 나는 에베소서 2장 19절을 다음과 같이 풀어쓴 것을 좋아한다. "여러분은 하나님 자신의 가족의 일원들입니다…그리고 여러분은 모든 다른 그리스도인과 함께 하나님의 집안에 속했습니다"(LB). 교회는 믿는 자들에게 교제를 제공하기 위해 존재한다.

목적 5: 지키도록 가르치라

이 목적을 가리키기 위해 우리가 흔히 쓰는 말은 '제자훈련' (discipleship) 이다. 교회는 하나님의 백성을 세우고, 교육하기 위해 존재한다. 제자훈련은 사람들이 그들의 생각과 감정과 행동에 있어서 더욱 그리스도를 닮아 가도록 돕는 과정을 말한다. 이 과정은 한 사람이 거듭나는 순간에 시작되어서 그의 나머지 생애 동안 계속된다. 골로새서 1장 28절은 "우리는 각 사람에게 그리스도를 계속해서 전파합니다. 모든 지혜로 그들을 경계하고 가르쳐서 그리스도 안에서 성숙한 사람이 되게 하여 각 사람을 하나님의 임재 앞으로 인도해 오기 위한 것입니다"(NCV)라고 말한다.

교회로서 우리는 단지 사람들을 전도할 뿐 아니라 가르치도록 부르심을 받았다. 어떤 사람이 그리스도를 믿기로 결정하면 그는 제자로 훈련을 받아야 한다. 사람들을 영적으로 성숙하도록 돕는 일은 교회의 책임이다. 이것은 각 사람을 향하신 하나님의 뜻이다. 바울은 "…그리스도의 몸을 세우려 하심이라. 우리가 다 하나님의 아들을 믿는 것과 아는 일에 하나가 되어 온전한 사람을 이루어 그리스도의 장성한 분량이 충만한 데까지 이르리니"(엡 4:12-13)라고 말한다.

당신이 그리스도의 지상 사역을 살펴보면, 주님은 이 다섯 가지의 목적을 모두 그의 사역에 포함시키셨다는 것을 알게 될 것이다(요한복음 17장을 보라). 사도 바울은 이 목적들을 그의 사역을 통해 이루었을 뿐만 아니라 에베소서 4장 1-16절을 통해 그것들을 설명했다. 하지만 이 다섯 가지 목적들이 가장 분명하게 드러나는 예는 사도행전 2장에 묘사된 예루살렘에 있었던 최초의 교회다. 그들은 서로를 가르쳤고, 함께 교제했으며, 함께 예배하고, 함께 사역하고, 함께 전도했던 것이다. 오늘날 우리들의 목적도 바뀌지 않았다. 교회는 '세워 주고'(edify), '격려하며'(encourage), '예배하고'(exalt), '준비시키고'(equip), '전도하기'(evangelize) 위해 존재한다. 이 일을 '어떻게' 행할 것인가에 대해서는 각 교회마다 다를 수 있지만, 우리가 '무엇을' 해야 하는가에 대해서는 다를 수가 없다.

새들백교회의 목적 진술

새들백에서 우리는 교회를 위한 그리스도의 다섯 가지 목적을 요약하기 위해 다섯 가지 핵심 단어를 사용한다.

찬미(Magnify): 우리는 '예배' 에서 하나님의 임재를 찬양한다.
선교(Mission): 우리는 '전도' 를 통해 하나님의 말씀을 전한다.
소속(Membership): 우리는 하나님의 가족을 '교제' 로 끌어들인다.
성숙(Maturity): 우리는 '제자훈련' 을 통해 하나님의 백성을 교육한다.
사역(Ministry): 우리는 '봉사' 를 통해 하나님의 사랑을 나타낸다.

이 핵심 단어들은 우리의 다섯 가지 목적을 나타내 주며 다음과 같은 우리의 목적 진술에 포함되어 있다.

> **새들백의 목적 선언**
>
> 사람들을 그리스도께로 인도하여 그의 가족에 **소속**하게 하고, 그들을 그리스도를 본받는 **성숙**에 이르도록 계발하고, 그들을 교회에서 **사역**하고, 세상에서 **선교**하도록 준비시킴으로써 우리는 하나님의 이름을 **찬미**한다.

나는 당신이 새들백의 목적 진술에서 유의하기를 바라는 세 가지 특징을 지적하고 싶다. 첫째, 이 목적 진술은 활동을 나타내는 용어가 아닌 '결과를 나타내는' 용어로 쓰여졌다. 다섯 가지의 측정 가능한 결과들을 나열하였다. 대부분의 교회들은 목적 진술을 가지고 있을 경우 활동 용어(우리는 세우고, 전도하고, 예배하고 등등)로 표현한다. 이렇게 되면 평가하고 측정하기가 더 어려워진다.

새들백에서 우리는 교회의 다섯 가지 목적들을 각각 성취함으로써 우리가 보고 싶어하는 결과를 확인한다. 각각의 결과에 대해 우리는 다음과 같이 묻는다. "얼마나 많은가? 작년보다 얼마나 더 많은가? 얼마나 많은 사람들을 그리스도께로 인도했는가? 얼마나 많은 새 교우가 있는가? 얼마나 많은 사람이 영적 성숙도를 드러내고 있는가? 우리가 추구하는 성숙의 표지들은 무엇인가? 얼마나 많은 사람을 사역을 위해 준비시키고 활성화했는가? 얼마나 많은 사람이 이 세상에서의 그들의 사명을 이루고 있는가?" 우리는 이러한 질문들을 통해 위대한 계명과 위대한 명령을 이루고 있는지를 측정하고 평가할 수 있다.

둘째, 나는 당신이 새들백의 목적 진술이 모든 교인에게 '참여를 격려하는' 형식으로 쓰여진 것에 유의하길 바란다. 사람들은 교회의 목표에 자신들이 얼마나 기여할 수 있는지를 볼 수 있어야 한다. 당신은 교회의 사명을 모든 사람이 믿을 수 있도록 할 뿐 아니라 참여할 수 있도록 표현해야 한다. 당신의 목적 진술이 개인적 참여를 허락하지 않는다면 결과는 매우 미미할 것이다.

셋째, 가장 중요한 것은 우리가 이 목적들을 '순서적 과정으로' 배열했다는 것이다. 이것은 너무나 중요하다. 목적이 이끄는 교회가 되기 위해서는 목적들이 과정으로 명기되어야 한다. 그렇게 함으로써 그것들을 매일 실천할 수 있다. 각각의 목적 진술은 그것을 이루기 위한 과정을 필요로 한다. 그렇지 않다면 당신은 듣기엔 좋으나 아무 결과도 내지 못하는 신학적 문구들만 갖고 있을 뿐이다.

프로그램으로 교회를 성장시키려고 하지 말고 과정을 통해 사람들을 키우는 일에 주력하라. 이 개념이야말로 목적이 이끄는 교회가 되는 데 필수적인 요소다. 만일 당신이 제자를 키우는 과정을 만들고 꾸준히 그것을 실행한다면, 교회의 성장은 건강하고 균형이 잡히고 지속적인 것이 될 것이다. 벤자민 디스라엘리(Benjamin Disraeli)는 "목적에 변함없이 충실한 것이야말로 성공의 비결이다"라고 갈파했다.

교회를 향하신 하나님의 목적들을 이루기 위해 우리가 세운 과정은 네 단계다. 사람들을 끌어들이고, 그들을 세우고, 훈련하고, 내보내는 것이다. 우리는 사람들을 끌어들여 교인으로 '소속' 시키고, 그들을 세워 '성숙'에 이르게 하고, '사역'을 위한 훈련을 실시하고, '선교'를 위해 내보내는 과정을 통해 하나님을 '찬미'한다. 바로 이것이다! 이것이 새들백교회의 전 관심사다. 우리는 다른 것은 하지 않는다.

사업상의 용어를 사용한다면 우리 교회는 '제자 개발 사업'에 종사하고 있고, 우리의 상품은 변화된 삶, 즉 '그리스도를 닮은 사람들'이라고 말하겠다. 제자를 개발하는 것이 교회의 목표라면, 우리는 그 목표를 이루기 위한 과정을 처음부터 끝까지 훑어 가면서 생각해야 한다. 당신은 교회의 목적과 그것을 이루기 위한 과정을 모두 분명하게 규정해야 한다. 이렇게 하지 않는다면 우리는 주 예수 그리스도께서 우리에게 맡기신 위대한 책임을 단지 우연에 방치하는 것이다.

모든 위대한 교회들은 목적을 규정하고 그 목적을 이루기 위한 어떤 과정이나 체계를 나름대로 만들어 냈다. 한국의 서울에 있는 순복음중앙교회는 구역모임 위에 세워졌다. 달라스의 제일침례교회는 전 교인을 포함하는 주일학교 위에 세워졌다. 플로리다의 포트 라우더데일에 있는 코랄리지장로교회는 개인 전도를 통해 자랐다. 1970년대 초반에는 많은 교회들이 예배 출석자들을 버스로 운반하는 방식으로 교회를 세웠었다. 이 모든 경우에, 교회의 지도자들은 자신들의 목적을 명확히 규정하고 그 목적을 이루기 위한 과정을 개발했던 것이다.

나는 교회의 목적을 규정하는 일의 중요성을 아무리 강조해도 지나치지 않다고 생각한다. 그것은 당신이 추구하는 목표일 뿐 아니라, 당신 교인들의 존재 이유인 것이다. 명확한 목적 진술은 당신이 하고 있는 모든 일에 방향, 활력, 범위, 그리고 추진력을 가져다 줄 것이다. 목적이 이끄는 교회는 21세기에 우리가 당면하게 될 모든 변화 속에서 사역하기에 가장 잘 구비된 교회다.

6장. 당신의 목적을 전달하기

믿을 수 없는 전령은 많은 문제를 일으키지만 신뢰할 수 있는 대화는
진보를 가져온다. (잠언 13:17, LB)

　느헤미야가 예루살렘 주위에 성벽을 다시 세울 때 사람들은 작업 도중에 용기를 잃고 포기하고 싶어했다는 것을 우리는 성경에서 읽을 수 있다. 많은 교회들처럼 그들도 자신들의 목적 의식을 잃었고, 그 결과 피곤과 좌절감, 두려움 등에 휩싸이게 되었던 것이다. 느헤미야는 그 사역을 다시 조직하고 비전을 새롭게 함으로써 사람들을 다시금 작업에 몰두하게 만들었다. 그는 그들의 일의 중요성을 상기시켰고 하나님이 그분의 목적을 그분의 백성을 통해 이루시려고 하신다는 확신을 심어 주었다(느 4:6-15). 성벽은 52일만에 완공되었다.
　성벽이 완공되기까지 불과 52일밖에 걸리지 않았지만, 사람들은 중간쯤에 이르러 – 단지 26일을 일했을 뿐인데도 – 벌써 용기를 잃어버렸다. 느헤미야는 그들의 비전을 새롭게 일깨워야 했다. 우리는 이 이야기로부터 내가 "느헤미야 원리"라고 부르는 것을 배우게 된다. 교회가 바른 방향으로 나아가게 하기 위해서는 비전과 목적을 26일마다 한 번씩 되새겨 주어야 한다. 다시 말해서 당신의 목적을 적어도 한 달에 한 번은 반드시 교인들에게 되새겨 주라는 것이다. 사람들이 – 교회도 마찬가지다 – 얼마나 빨리 목적 의식을 잃어버리는지 놀라울 정도이다.

일단 당신이 교회의 목적을 규정했다면 그것을 모든 교인에게 계속해서, 그리고 분명하게 인식시키고 전달해야 한다. 이 일은 한 번 하고 잊어버려도 좋은 것이 아니다. 이 일이야말로 지도자의 가장 우선적인 책임이다. 당신이 교인들에게 당신의 목적 진술을 전달하는 데 실패한다면, 어쩌면 당신조차도 그것을 가지고 있지 않은지도 모른다.

비전과 목적을 전달하는 방법

교회의 비전과 목적을 전달하는 데는 몇 가지 방법이 있다.

성경

교회에 관한 성경의 진리를 가르치라. 나는 이미 교회성장에 관한 가장 위대한 책은 성경이라는 것을 지적했다. 교회에 관한 교리를 열정적으로 자주 가르치라. 당신 교회의 비전의 각 부분이 어떤 성경적 근거를 가지고 있는지, 당신의 논지를 설명해 주는 성경 구절을 제시함으로써 보여 주라.

상징들

위대한 지도자들은 언제나 상징의 엄청난 힘을 이해하고 사용해 왔다. 사람들은 종종 개념을 파악하기 위해, 그 개념을 시각적으로 보여 주는 것들을 필요로 한다. 상징들은 강한 열정과 감정을 불러일으키기 때문에 강력한 의사 소통의 도구가 될 수 있다. 예를 들어 당신 교회의 벽에 나치 상징 마크가 그려져 있는 것을 본다면 당신은 무척 화가 날 것이다. 반면에 국기는 영예와 자긍심을 가져다 준다.

대륙들은 기독교의 십자가, 공산주의의 망치와 낫, 이슬람의 초생달 등의 표지 아래 정복되어 왔다. 새들백에서 우리는 우리의 목적들을 보여 주기 위해서 두 개의 상징, 즉 다섯 개의 동심원과 야구의 내야 사각형을 사용한다. 이것들에 대해서는 다음의 두 장에 걸쳐서 설명할 것이다.

구호들

사람들은 설교를 잊어버린 지 오랜 후에도 구호, 격언, 표어, 또는 짧은 경구 등은 기억한다. 많은 역사의 사건들이 어떤 구호를 중심으로 일어났다. "알라모를 기억하라!" "비스마르크 호를 가라앉혀라!" "나에게 자유가 아니면 죽음을 달라!" 단순한 구호를 확신 속에서 반복해서 사용할 때 사람들이 평소에는 할 수 없었던 일을 해 내도록, 심지어는 전쟁터에서 죽음까지도 불사하도록 만드는 동기 부여를 할 수 있다는 사실을 역사는 증명해 왔다.

우리는 새들백에서 우리의 비전을 강조하기 위해 열 개 이상의 구호를 만들어서 사용해 왔다. "모든 교인은 사역자다." "모든 지도자는 배우는 자이다." "우리는 섬기기 위해(to serve) 구원받았다(saved)." "평가를 통해 최고의 수준에 도달하라." "어떤 대가(cost)를 치르고라도 잃은 자(lost)를 구원하라." 등등 많은 구호가 있다. 나는 정기적으로 시간을 내어 오래된 생각들을 신선하고 간결하게 전달할 수 있는 새로운 방법을 모색한다.

이야기들

예수님은 간단한 이야기들을 사용하셔서 사람들에게 그분의 비전을 이해시키셨다. 마태복음 13장 34절은 "예수님은 무리에게 말씀하실 때 계속해서 예화를 사용하셨다. 그분은 최소한 한 가지 예화라도 사용함 없이 그들에게 말씀하신 적이 결코 없었다"(LB)고 말한다.

당신 교회의 목적을 극화하기 위해 이야기를 사용하라. 예를 들어 나는 전도의 중요성에 관해 말할 때, 새들백 교인들 중 최근에 친구들에게 복음을 전해서 그리스도에게로 인도한 사람들의 이야기를 들려준다. 교제의 중요성에 관해 말할 때는 우리 교회에 와서 함께 신앙 생활을 하면서 외로움에서 벗어날 수 있었던 사람의 편지를 읽어 준다. 제자훈련에 대해 말할 때는 영적으로 성장함으로써 결혼의 위기를 극복한 이야기나, 성경적 원리를 적용함으로써 개인적인 문제를 해결할 수 있었던 사람들의 간증을 사용한다.

새들백에는 우리 교회의 목적을 아주 효과적으로 전달해 줄 수 있기 때문에 내가 써먹고 또 써먹는 몇 가지 이야기들이 있다. 그 중 내가 아주 좋아하는 것으로 다섯 명의 평신도 지도자들이 나보다 앞서 병원 심방을 했던 이야기가 있다. 내가 병원에 도착했을 때 간호사는 이미 너무 많은 목사들이 환자를 보고 갔기 때문에 더 이상 방문을 허락할 수 없다고 나의 출입을 막았던 것이다. 사람들은 보상이 뒤따르는 일에 더욱 적극적이 된다. 교인들이 교회의 일을 할 때 그들을 교회의 영웅으로 대접해 주라. 그들의 이야기를 말하라.

구체적인 행동 지침

교인들에게 당신의 교회가 목적을 어떻게 이루어 가고자 하는지를 보여 주는 실제적이고 분명하고 구체적인 행동 지침을 주라. 당신의 목적을 성취할 수 있는 자세한 계획을 제시하라. 프로그램을 계획하고, 행사의 일정을 잡고, 건물을 봉헌하고, 교회의 각각의 목적에 필요한 직원들을 고용하라. 이러한 것들이 사람들이 관심을 보이는 구체적인 사항들이다.

어떤 것도 구체적이 되기까지는 역동적이 될 수 없다는 것을 기억하라. 모호한 비전은 결코 관심을 끌지 못한다. 당신 교회의 비전이 더 명확하면 할수록 더 많은 관심과 헌신을 끌어낼 것이다. 목적을 가장 명확하게 전달하는 방법은 그것을 각 교인들의 삶에 개인적으로 적용하게 하는 것이다.

목적을 개인화하라

교회의 목적을 전달하고자 할 때, 그것들을 개인화하는 것이 중요하다. 목적을 개인화하는 방법은 각각의 목적에 따르는 개개인의 특권과 책임이 무엇인지를 보여 주는 것이다. 골로새서 3장 15절은 "이것이 몸의 각 지체로서의 여러분의 책임과 특권입니다"(LB)라고 말한다. 교회 가족의 일원이 되는 데는 책임과 특권이 모두 따른다. 나는 우리 교회의 목적을 개인화하기 위해 그 목적들이 우리가 이루어야 할 책임이며 동시에 즐길 수 있는 특권임을 보여 주려고 노력한다.

교회의 목적은 하나님께서 모든 믿는 자들에게 요구하시는 다섯 가지 목표로서 개인화될 수 있다. 이 목표들은 하나님께서 우리가 이 땅에서 살 동안 이루기를 원하시는 우리의 책임을 나타낸다.

믿는 자로서의 나의 책임들

하나님은 내가 그분의 가족의 일원(member)이 되기를 원하신다. 이것은 '교제'라는 교회의 목적을 개인화해서 표현한 것이다. 성경은 그리스도를 따르는 것이 단지 믿는 것에만 국한되는 것이 아님을 명백히 하고 있다. 그것은 소속하는 것을 포함한다. 그리스도인의 삶은 혼자서 사는 것이 아니다. 우리는 서로와의 관계 속에서 살도록 되어 있다. 베드로전서 1장 3절은 "그가 우리에게 거듭나는 특권을 주셔서, 하나님 자신의 가족의 일원이 되게 하셨다"(LB)고 말한다. 하나님은 우리의 유익을 위해 교회를 영적 가족으로 주셨다. 에베소서 2장 19절은 "여러분은 하나님 자신의 가족의 일원들입니다…여러분은 다른 모든 그리스도인과 함께 하나님의 가족에 속하게 되었습니다"(LB)고 말한다.

하나님은 내가 그분의 성품의 본보기(model)가 되기를 원하신다. 이것은 '제자훈련'이라는 교회의 목적을 개인화해서 표현한 것이다. 하나님은 모든 믿는 자가 그리스도의 성품을 본받도록 자라나길 원하신다. 그리스도를 닮아 가는 것이 영적 성숙의 성경적 정의다. 예수님은 우리가 따라갈 수 있도록 본이 되어 주셨다. "이를 위하여 너희가 부르심을 입었으니 그리스도도 너희를 위하여 고난을 받으사 너희에게 본을 끼쳐 그 자취를 따라 오게 하려 하셨느니라"(벧전 2:21).

디모데전서 4장 12절에서 바울은 우리가 그리스도의 성품을 본받아야 할 몇 가지 구체적인 영역들을 제시한다. "오직 말과 행실과 사랑과 믿음과 정절에 대하여 믿는 자에게 본이 되어." 성숙이 배움의 양이 아닌 삶의 모습으로 측정되고 있음을 주목하라. 성경에는 익숙하지만 미성숙한 사람들이 얼마든지 있다.

하나님은 내가 그분의 은혜의 사역자(minister)가 되기를 원하신다. 이것은 '봉사'라는 교회의 목적을 개인화해서 표현한 것이다. 하나님은 우리가 다른 사람의 유익을 위해 사용하도록 우리에게 은사, 재능, 기회 등을 주셨다. 베드로전서 4장 10절은 "각각 은사를 받은 대로 하나님의 각양 은혜를 맡은 선한 청지기같이 서로 봉사하라"고 말한다.

하나님은 모든 믿는 자가 사역을 담당하기를 원하신다. 새들백에서 우리는 불신자들에게 증거할 때 이 사실을 무척 강조한다. 우리는 처음부터 이것을 분명히 설명하고 나중에 다른 말을 하지 않는다. 나는 불신자들에게 "여러분이 자신들의 삶을 그리스도께 드릴 때, 여러분은 이제 남은 모든 생애를 그리스도의 이름으로 섬기며 살겠다고 서약하는 것입니다"라고 말한다. 에베소서 2장 10절은 "우리를 우리 되게 만드시고 그리스도의 생명을 우리에게 주신 분은 하나님 자신입니다. 오래 전부터 하나님은 우리가 다른 사람을 도우며 살도록 계획해 놓으셨던 것입니다"(LB)라고 말한다.

하나님은 내가 그분의 사랑의 사신(messenger)이 되기를 원하신다. 이것은 '전도'라는 교회의 목적을 개인화해서 표현한 것이다. 각각의 믿는 자가 감당해야 할 역할 중 하나는 거듭난 후에 다른 사람들에게 복음의 사신이 되는 것이다. "그리스도께서 내게 맡기신 일, 즉 하나님의 놀라운 친절과 사랑의 좋은 소식을 다른 사람들에게 알리는 일을 위해서 쓰지 않는다면 생명이란 무의미한 것입니다"(행 20:24, LB). 이것은 모든 그리스도인에게 매우 중요한 책임이다. 고린도후서 5장 19-20절은 "하나님은 그리스도 안에서 세상을 자신에게로 회복시키시고 더 이상 사람들의 죄를 그들에게 묻지 않으시고 제하여 버리셨습니다. 이것은 하나님이 다른 사람들에게 알리라고 우리에게 주신 좋은 메시지입니다. 우리는 그리스도의 대사입니다. 하나님은 우리를 통해 당신들에게 말씀하고 계십니다"(LB)라고 말한다. 우리는 불신자들에게 하나님이 베푸시는 사랑을 받아들이라고 - 하나님과 화목하라고 - 권해야 한다.

당신은 왜 하나님이 우리가 그리스도를 영접한 후에도 고통과 슬픔, 죄가 있는 이 세상에 우리를 남겨 두시는지 의아하게 생각해 본 적이 있는가? 왜 하나님은 즉시 우리를 하늘로 옮기셔서 이 모든 고통으로부터 구해 주시지 않을까? 우리가 하늘에서 하나님을 예배하고, 성도의 교제를 나누고, 기도하고, 찬송하고, 말씀 듣고, 또 즐거움을 만끽할 수 있는데도 말이다. 사실, 당신이 이 땅에서는 할 수 있으나 하늘에서는 할 수 없는 것이 두 가지가 있다. 하나는 죄 짓는 일이고, 다른 하나는 불신자들에게 증거하는 일이다. 나는 우리 교회 교인들에게 이 둘 중 어느 쪽을 위해서 하나님이 당신들을 이 세상에 남겨 두셨겠는가고 물었다. 우리 각 사람은 이 땅에서 담당해야 할 사명이 있다. 그 중 하나가 그리스도의 사랑을 다른 사람들에게 전하는 것이다.

하나님은 내가 그분의 이름을 찬미하는 자(magnifier)가 되기를 원하신다. 시편 34편 3절은 "나와 함께 여호와를 광대하시다 하며 함께 그 이름을 높이세"라고 말한다. 우리 각 사람은 하나님을 예배해야 할 개인적 책임을 갖고 있다. 십계명의 제1계명은 "너는 나 외에는 다른 신들을 네게 있게 말지니라"(출 20:3)고 되어 있다. 각 사람 안에는 예배하기를 원하는 타고난 충동이 있다. 만일 우리가 하나님을 예배하지 않으면 우리는 다른 무엇 - 그것이 일이든, 가족이든, 돈이든, 스포츠이든, 아니면 우리 자신이든 - 을 숭배하게 된다.

믿는 자로서의 나의 특권들

교회의 다섯 가지 목적을 이루는 것은 우리의 책임이기도 하지만 동시에 우리에게 영적, 정서적, 관계적 유익을 가져다 주기도 한다. 교회는 이 세상 어디에서도 찾을 수 없는 것들을 사람들에게 제공한다. 예배는 사람들로 하여금 삶의 초점을 하나님께 집중하게 해 주고, 교제는 삶의 문제들을 직면할 수 있는 힘을 주고, 제자훈련은 믿음을 강건케 하며, 사역은 사람들의 재능을 발견하게 해 주고, 전도는 그들의 사명을 완수하게 해 준다.

목적을 거듭 거듭 강조하라

교회의 목적을 한 번의 설교를 통해 가르쳤다고 해서 교회의 방향이 영구히 잡히게 될 것이라고 생각하지 말라. 주보에 그것들을 게재했다고 해서 사람들이 그것을 배웠을 것이라고, 아니 배우는 것은 고사하고 읽었을 것이라고도 상상하지 말라! 잘 알려진 광고의 법칙 하나는 메시지가 진정으로 전달되려면 일곱 번은 반복해서 전달되어야 한다는 것이다.

새들백에서 우리는 교인들에게 교회의 목적을 알리기 위해서 우리가 생각할 수 있는 다양한 통로를 모두 사용한다. 나는 이미 매월 있는 새 교우반에서 우리의 목적과 비전을 나눈다고 말했다. 일 년에 한 번씩 주로 1월에 나는 연례 설교인 "우리 교회의 상태"라는 메시지를 전한다. 나는 이 설교를 통해 언제나 우리 교회의 목적을 재검토한다. 이것은 매년 같은 설교다. 단지 예화만 바뀔 뿐이다.

많은 목사들은 강대상의 능력을 이해하지 못한다. 마치 배의 키처럼 의도적이든 비의도적이든 설교는 교회의 방향을 결정한다. 당신이 목사라면 강대상을 목적을 가지고 사용하라. 어디서 강대상과 같이 매주 교인들의 주의를 집중적으로 끌 수 있겠는가? 당신이 강대상에서 설교할 때마다 "바로 이것이 우리 교회가 존재하는 이유입니다"라고 말할 수 있는 기회를 찾으라. 여러 번 반복해서 말하는 것을 두려워하지 말라. 아무도 한 번 듣고 마음에 간직하지 못한다. 나는 같은 내용을 신선한 방법으로 반복해서 말하는 것을 "창조적 반복"이라고 부른다.

다음 페이지에서 당신은 내가 교회의 목적을 일곱 가지 각도에서 표현한 도표를 볼 것이다. 이 개요의 어느 부분이든 자유롭게 사용하라. 결국 같은 내용을 다르게 표현한 것뿐이다.

설교나 강의를 통해 교회의 목적을 전하는 외에, 우리는 안내 책자, 깃발, 논설문, 교회 소식지, 주보, 비디오 테입, 녹음 테입, 그리고 심지어는 노래까지 만들어서 사용했다. 우리 교회의 예배당 입구에는 우리의 목적과 거기에 맞는 성경 구절을 유리문에 새겨 놓아서 사람들이 들어오면서 볼 수 있게 해 놓았다. 우리는 같은 내용을 여러 가지 다른 방법으로 전달하다 보면 그 중 어떤 방법으로든지 결국 모든 사람의 주의를 끌게 될 것이라고 믿는다. 새로운 방법으로 목적을 소개하면 종종 그 목적을 처음으로 깨달았다고 말하는 사람이 나타난다. 우리의 목표는 모든 교인이 우리의 목적을 다른 사람에게 설명해 줄 수

나의 교회 가족은 나에게 다음의 것들을 준다

- 하나님의 목적(purpose)을 위해 살게 해 준다(선교).
- 하나님의 사람들(people)과 함께 살아가게 해 준다(소속).
- 하나님의 원리들(principles)을 따라 살게 해 준다(성숙).
- 하나님의 소명(profession)을 이루며 살게 해 준다(사역).
- 하나님의 능력(power)을 의지하며 살게 해 준다(찬미).

있게 되는 것이다.

어느 교회의 비전이든지 재차 강조하지 않는다면 시간이 지남에 따라 희미해지게 마련이다. 왜냐하면 사람들은 다른 일들로 주의가 산만하기 때문이다. 당신의 목적을 정기적으로 다시 알려 주라. 반복해서 그것을 가르치라. 교인들에게 그것을 알리기 위해서라면 가능한 모든 매체를 사용하라. 당신 교회의 목적이라는 불에 끊임없이 부채질을 함으로써 교회가 안주하거나 좌절하려는 경향에 빠지지 않게 하라. 느헤미야의 원리를 기억하라!

교회의 목적을 설명하기

목적	임무	사도행전 2:42-47	목표	대상	삶의 요소	인간의 기본적 필요	교회가 주는 것	교회가 주는 것
전도 Outreach	전도하다 Evangelize	구원받는 사람을 날마다 더하게 하심	선교 Mission	지역사회 Community	증거 Witness	목적 Purpose	삶의 초점 Focus	의미 Significance
예배 Worship	예배하다 Exalt	떡을 떼며, 기도하고, 하나님을 찬미하고	찬미 Magnify	군중 Crowd	예배 Worship	능력 Power	삶의 힘 Force	자극 Stimulation
교제 Fellowship	격려하다 Encourage	서로 교제하며, 떡을 떼며, 함께 있어	소속 Membership	등록교인 Congregation	관계 Relationship	사람 People	가족 Family	지원 Support
제자훈련 Discipleship	세워주다 Edify	사도의 가르침을 받아	성숙 Maturity	헌신된 자 Committed	행동 Walk	원리들 Principles	삶의 기초 Foundation	안정 Stability
봉사 Service	준비시키다 Equip	각 사람의 필요를 따라 나눠 주고	사역 Ministry	핵심멤버 Core-member	일 Work	직업 Profession	삶의 기능 Function	자기표현 Self-expression

7장. 당신의 목적을 중심으로 조직하기

새 포도주는 새 부대에 넣어야 할 것이니라. (누가복음 5:38)

18세기의 가장 영향력 있는 두 설교가는 조지 휫필드와 존 웨슬리였다. 그들은 동시대의 사람들이었고, 둘 다 하나님께 크게 쓰임을 받았지만, 그들의 신학이나 성격, 또는 그들의 사역을 조직해 가는 방법에서는 매우 달랐다.

휫필드는 그의 설교로 가장 많이 알려졌다. 그의 평생에 1만 8천 번이 넘게 설교를 했다니 일 주일에 평균 열 번씩을 한 셈이다. 그는 스코틀랜드의 글래스고우 근처에서 10만 명이 넘는 사람에게 설교한 적도 있었다. 또한 그의 설교 여행은 "위대한 각성"(Great Awakening)이라고 불리는 부흥을 미국에서 일으키기도 했다. 하지만 전기 작가들은 그가 종종 자신의 설교를 듣고 회심한 사람들을 아무 조직 없이 방치해 두었기 때문에 그의 사역의 결과는 오래 가지 못했다고 지적한다. 오늘날 겨우 소수의 그리스도인들만이 휫필드의 이름을 기억하고 있다.

이와는 대조적으로 존 웨슬리의 이름은 아직도 수백만의 사람들에게 알려져 있다. 그 이유는 무엇인가? 웨슬리는 휫필드처럼 대형 옥외 전도 집회를 이끌었던 순회 설교가였다. 하지만 웨슬리는 동시에 조직가이기도 했다. 그는 자신의 목적을 그의 생애가 끝난 훨씬 이후에도 지속시키기 위해 조직적인 구조를 만들어 냈다. 우리는 그 조직을 감리교회라고 부른다.

어떠한 교회 갱신 운동도 지속되기 위해선 그것을 돌보고 뒷받침할 수 있는 조직이 있어야 한다. 목적을 규정하고 전달하는 것만으로는 부족하다. 그 목적을 중심으로 교회를 조직해야 한다. 이 장에서 나는 어떻게 다섯 가지의 목적을 골고루 이루어 나갈 수 있는 구조를 세우는가 하는 문제를 다루려고 한다. 균형이야말로 건강한 교회의 비결임을 기억하라.

대부분의 복음주의 교회들은 이미 교회의 다섯 가지 목적 – 또는 그와 비슷한 것 – 을 이행하고 있다. 하지만 그 목적들을 골고루 다 잘 이행하는 것은 아니다. 어떤 교회는 교제는 잘 되고 있지만 전도가 약하다. 그런가 하면 다른 교회는 예배는 잘 되고 있지만 제자훈련이 잘 안 되고 있다. 또 다른 교회는 전도는 잘하고 있지만 봉사는 그렇지 않다. 왜 그런가?

교회의 지도자들이 자신들이 자신 있는 부분은 강조하고 자신 없는 부분은 소홀히 여기는 것은 자연스러운 경향이다. 세계를 돌아보면 많은 교회들이 그들의 목사가 가진 은사의 장이 되어 있는 것을 볼 수 있다. 당신이 다섯 가지 목적을 의도적으로 균형 있게 유지하기 위한 체계와 구조를 만들어 놓지 않는다면, 당신의 교회도 지도하는 목사의 은사와 열정에 가장 잘 맞는 목적만 두드러지게 강조되는 것을 피할 수 없게 될 것이다.

역사적으로 교회들은 자신들이 가장 강조하는 목적에 따라 다섯 가지 유형을 취해 왔다.

교회의 다섯 가지 유형

영혼 구원형 교회(The Soul Winning Church)

만일 목사가 그의 우선적인 역할을 전도자로 생각한다면 그 교회는 영혼 구원을 강조하는 교회가 될 것이다. 이 교회의 주요 목표는 영혼을 구하는 것이므로, 언제나 잃어버린 영혼을 찾아간다. 이 교회에서 자주 듣게 되는 용어들은 '증거', '전도', '구원', '그리스도를 위한 결단', '세례'(침례), '심방', '결단에의 촉구', '전도 집회' 등이다. 영혼 구원형 교회에서는 전도 이외의 것은 무엇이든지 부차적인 것으로 간주된다.

하나님 체험형 교회(The Experiencing God Church)

만일 목사의 열정과 은사가 예배에 있다면 그는 본능적으로 교회를 하나님을 체험하는 교회로 이끌어 갈 것이다. 이 교회의 초점은 예배에서 하나님의 임재와 능력을 체험하는 데에 맞춰져 있다. 이 교회에서 주로 쓰이는 용어들은 '찬양', '기도', '예배', '음악', '영적 은사들', '영', '능력', '부흥' 등과 같은 것들이다. 이 유형의 교회에서는 예배가 다른 어떤 것보다도 더 많은 관심의 대상이 된다. 나는 은사 중심의 교회나 그렇지 않은 교회 모두에서 이러한 유형의 교회들을 보아 왔다.

가족 재회형 교회(The Family Reunion Church)

교제에 가장 중점을 두는 교회를 나는 가족 재회형 교회라고 부른다. 이 교회는 관계 중심적이고, 사람들을 사랑하며, 대부분의 시간을 교인을 돌보는 일에 사용하는 목사가 이끄는 교회다. 그는 다른 무엇보다도 원목(chaplain, 院牧)의 역할을 즐겨 한다. 이 교회의 주요 용어들은 '사랑', '소속감', '교제', '돌봄', '관계', '다과회', '소그룹', '즐거움' 등이다. 가족 재회형의 교회에서는 모이는 것이 다른 어떤 목표보다도 중요하다.

이 유형에 속하는 대부분의 교회는 200명 미만의 교인을 가지고 있다. 왜냐하면 그 정도의 수가 한 목사가 개인적으로 돌볼 수 있는 한계이기 때문이다. 나는 미국 교회의 80%가 이 유형에 속한다고 본다. 가족 재회형의 교회는 많은 일을 해 내지는 못하지만, 반면에 무너지지도 않는다. 목사가 설교를 잘못해도, 재정이 약해도, 성장이 없어도, 심지어는 교회가 갈라져도 이 교회는 살아남는다. 꾸준히 참석하는 사람들을 관계라는 접착제가 꼭 붙여 주기 때문이다.

교실형 교회(The Classroom Church)

교실형 교회는 목사가 자신의 우선적인 역할을 교사라고 생각하는 교회다. 목사의 두드러진 은사가 가르치는 것이라면 그는 설교와 강의를 강조하고 교회의 다른 일들은 덜 강조하게 될 것이다. 목사는 뛰어난 강사의 역할을 하고 교인들은 교회에 올 때 공책을 가지고 와서 필기를 하고 집에 돌아간다. 교실형 교회의 주요 용어들은 '강해 설교', '성경공부', '헬라어'와 '히브리어', '교리', '지식', '진리', '제자훈련' 등이다. 이러한 교회들은 종종 교회 이름에 '성경'이라는 말을 집어넣는 것을 볼 수 있다.

사회 참여형 교회(The Social Conscience Church)

사회 참여형 교회의 목사는 자신의 역할을 선지자나 개혁가로 본다. 이 유형의 교회는 사회를 변화시키는 일에 나선다. 이 교회는 '말씀을 행하는 자'인 활동가들로 가득 차 있다. 이 유형에 속하는 교회에는 자유주의적인 교회도 있고 보수주의적인 교회도 있다. 자유주의적인 교회는 우리 사회의 불의에 초점을 맞추는 반면, 보수주의적인 교회는 우리 사회의 도덕적 타락에 초점을 맞추는 경향이 있다. 자유주의적인 쪽이나 보수주의적인 쪽 모두 교회가 정치적인 과정에서 주요 역할을 담당해야 한다고 생각한다. 교인들은 항상 지금 진행 중인 모종의 정치적 투쟁에 참여하고 있다. 이 교회의 중요한 용어들은 '필요', '섬김', '나눔', '돌봄', '입장을 정하는 것', '무엇인가를 하라' 등이다.

지금까지 나는 각 유형의 교회들을 대강 묘사해 보았다. 어떤 교회는 이 중

대부분의 교회들은 한 가지 목표에 초점을 맞춘다

패러다임	1차적 관심	목사의 역할	사람들의 역할	1차적 대상	자주 사용 하는 용어	핵심적 가치	사용하는 도구	정당성의 근거
영혼 구원형 교회	전도	전도자	전도자	지역 사회	구원하다	주를 영접	방문/ 강대상 초청	세례자 (침례자) 수
영적 체험 교회	예배	예배 인도자	예배자	군중	느끼다	개인적 체험	음악/ 기도	성령
가족 재회형 교회	교제	원목	가족 구성원	교인	소속하다	충성, 전통	교제실/ 음식 파티	전통
교실형 교회	제자 훈련	교사	학생	헌신된 자	알다	성경 지식	노트/OHP	본문/책별 강해
사회참여형 교회	사역	개혁자	활동가	핵심 멤버	돌보다	정의 자비	진정서 플래카드	문제 해결 찾수
목적이 이끌어 가는 교회	모두를 균형있게	양육자	사역자	모두	되다/하다	그리스도를 닮은 인격	평생개발 과정	변화된 삶

142 ··목적이 이끄는 교회

두세 가지 유형을 합쳐 놓은 것이기도 하다. 내가 강조하고자 하는 것은 교회가 의도적으로 이 다섯 가지의 목적을 균형 있게 이루려고 하지 않는다면 대부분 이 중 한 가지에 치우치고 다른 것들은 소홀히 여기게 된다는 것이다.

이 다섯 가지의 교회 유형들에서 우리가 관찰할 수 있는 재미 있는 사항들이 있다. 각각의 교회의 교인들은 대개 자신들의 교회가 가장 영적인 교회라고 생각한다는 것이다. 이것은 사람들이 자신들의 관심과 은사에 맞는 유형의 교회에 끌리기 때문이다. 우리는 모두 우리 자신이 중요하다고 느끼는 것들을 강조하는 교회의 일원이 되기를 원한다. 그러나 이 다섯 가지의 강조점들은 모두 다 교회의 중요한 목적들이며, 건강한 교회가 되기 위해서는 이들 사이에 균형이 있어야 한다.

교인들 사이에 일어나는 갈등의 많은 부분은 교회가 그 동안 유지해 왔던 모습과는 맞지 않는 은사와 관심을 가진 목사를 청빙할 때 생긴다. 예를 들어 가족 재회형의 교회가 자신들을 돌보아 줄 목사를 불렀다고 생각했는데 전도자나 개혁가가 왔다면 불똥이 될 것을 쉽게 상상할 수 있을 것이다. 재난으로 가는 첩경인 것이다.

다섯 가지의 주요 선교단체 운동

나는 지난 40년 동안에 시작된 대부분의 선교단체 운동들이 교회의 여러 목적들 중 하나를 전문적으로 담당하는 경향이 있다는 재미 있는 사실을 발견했다. 때때로 하나님은 교회가 소홀히 하는 목적을 다시금 강조하시기 위해 선교단체들을 일으키신다. 나는 선교단체가 한 가지 목적에 초점을 맞추는 것은 타당하며 교회에 도움이 된다고 생각한다. 그렇게 함으로써 그들이 강조하는 것이 교회에 더 큰 영향을 미치게 된다.

평신도 개발 운동(The Lay Renewal Movement)

이 운동은 모든 그리스도인이 사역을 해야 한다는 사실을 강조했다. Faith at Work, Laity Lodge, Church of the Savior 등의 단체와 엘튼 트루블러드, 핀들리 에지, 데이빗 해니 등의 작가들은 하나님께서 모든 신자를 부르시고 봉사를 위한 은사를 주셨다는 사실을 다시금 강조하는 역할을 했다.

제자훈련/ 영성 확립 운동(Discipleship/ Spiritual Formations Movement)

신자들을 온전히 성숙하도록 개발하는 것을 재강조해 온 것이 이 운동의 초점이다. 네비게이토, 세계제자훈련(Worldwide Discipleship), 대학생선교회 등의 단체와 웨이런 무어, 게리 쿠네, 진 게츠, 리처드 포스터, 달라스 윌라드 등의 작가들은 그리스도인들을 세우고 개인의 영적 훈련을 확립하는 것의 중요성을 역설해 왔다.

예배/ 갱신 운동(Worship/ Renewal Movement)

이 운동은 예배의 중요성을 교회가 다시금 깨닫도록 하는 일에 주력해 왔다. 이 운동은 70년대 초반의 예수운동(Jesus Movement)과 그 뒤를 이은 은사주의 예배 갱신 운동과 더불어 시작됐다. 최근에는 현대식 예배의 강조로 새로운 음악, 새로운 예배 형식, 연합 예배 등을 재강조하고 있다. 마라나타 음악선교회, 호산나 음악선교회 등이 예배 형식을 바꾸고 다양하게 하는 일에 큰 역할을 해 왔다.

교회성장 운동(The Church Growth Movement)

이 운동은 교회로 하여금 전도, 선교, 그리고 공동 성장 등에 다시금 초점을 맞추게 했다. 도날드 맥가브란, 피터 와그너, 엘머 타운스, 윈 안, 그리고 많은 신학교 교수들의 책들과 더불어 시작된 이 운동은 80년대에 들어와서 성장 자문 위원들과 세미나, 그리고 교회성장으로 잘 알려진 목사들을 통해 더욱 확대되어 갔다.

소그룹/ 목양 운동(The Small Group/ Pastoral Care Movement)
  소그룹 운동과 목양 운동은 교회로 하여금 그리스도의 몸 안에서의 교제와 서로 돌보아 주는 관계의 중요성에 눈을 돌리게 했다.
  한국 교회의 구역 모임이나 Touch Ministries, Serendipity, Care Givers, Stephen's Ministry 등은 소그룹의 가치와 각 개인을 돌보는 일의 중요성을 보여 주었다.
  우리는 이 각 운동과 단체들, 작가들에 대해 하나님께 감사해야 한다. 각 운동은 교회에 필요한 메시지를 전하고 있다. 각 운동이 그리스도의 몸을 깨우는 역할을 했고 교회의 각각 다른 목적들을 강조했다.

교회의 균형을 유지하기

  '운동'이란 그 성격상 영향을 끼치기 위해 전문화되기 마련이다. 전문화되는 것은 전혀 잘못된 것이 아니다. 내가 수술을 받아야 한다면 나는 수술에 전문적인 의사를 찾아갈 것이다. 그러나 어떤 전문의도 내 몸 안에 진행되고 있는 모든 현상을 다 설명할 수 없다.
  마찬가지로 어떤 한 운동도 그리스도의 몸이 건강해지기 위해 필요로 하는 모든 것을 제공할 수는 없다. 각 운동은 전체의 한 '부분'을 강조할 뿐이다. 다섯 가지의 목적 전부를 균형 있게 유지하는 것이 중요하다는 것을 인식하고,

전체를 포괄하는 더 큰 관점을 갖는 것이 중요하다.

예를 들어보자. 내 친구 목사 중 한 사람은 어느 세미나에 참석해서 소그룹이 교회성장의 열쇠라고 배웠다. 그는 돌아와서 그의 교회 구조를 정밀 분석해서 소그룹으로 재편성하는 계획을 세웠다. 6개월쯤 후에 그는 또 다른 유명한 세미나에 참석해서 구도자 예배가 성장의 열쇠라고 배웠다. 그는 다시 돌아와서 예배의 순서와 형식을 재조정했다. 그러나 같은 주에 다음과 같은 세 개의 세미나 광고를 보고 그는 혼란에 빠지고 말았다. 하나는 "주일학교야말로 교회성장의 주요인이다"라고 말하고 있고, 다른 하나는 "일대일 제자훈련이 성장의 비결이다"라고 말하고 있고, 또 다른 하나는 "교회성장을 위한 강해 설교"라는 제목이었다. 결국 그는 무엇이 성장의 열쇠인지에 대해 너무 혼란스러워진 나머지 세미나에 가는 것을 포기하고 말았다. 나는 그를 비난하지 않는다! 나도 역시 종종 같은 느낌을 갖게 되기 때문이다. 세미나에 갈 때마다 내 친구는 교회가 무엇을 해야 하는가에 대해 옳은, 그러나 '부분적인' 가르침을 받았던 것이다. 오직 한 요인이 교회성장의 비결인 것처럼 가르치는 것은 지나치게 단순화했을 뿐 아니라 부정확한 것이다.

교회의 건강과 성장에
오직 하나의 열쇠가 있는 것이 아니다.

교회의 건강과 성장에 오직 하나의 열쇠가 있는 것이 아니다. 교회는 한 가지를 하라고 부르심을 받지 않았다. 여러 가지를 하라고 부르심 받은 것이다. 그렇기에 균형이 중요한 것이다. 나는 나의 교회 동역자들에게 팔복 다음의 아홉 번째 복은 "균형 잡힌 자는 복이 있나니, 다른 누구보다 오래 지속할 것이요"라고 말한다.

고린도전서 12장에서 바울이 생생하게 묘사했듯이, 그리스도의 몸은 많은 지체를 가졌다. 단지 손이나 입이나 눈만 있는 것이 아니다. 몸은 각 부분과 기관들이 함께 일하도록 되어 있다. 사실상 당신의 몸은 여러 다른 조직들, 즉 호흡 계통, 순환 계통, 신경 계통, 소화 계통, 골조 계통 등등 많은 조직들로 이루어졌다. 이 모든 조직들이 균형을 이룰 때에만 우리는 건강하다고 말한다. 불균형은 병이다. 마찬가지로 다섯 가지의 신약의 목적들도 균형을 이룰 때 그리스도의 몸인 교회에 건강을 가져온다.

새들백교회는 균형을 유지하기 위한 두 개의 간단한 개념을 중심으로 조직되어 있다. 우리는 그것들을 "헌신의 동심원"(Concentric Circles, 다섯 개의 동심원)과 "평생 개발 과정"(Life Development Process, 야구의 내야 사각형)이라고 부른다. 이 두 개념은 우리가 새들백에서 교회의 다섯 가지 목적을 어떻게 적용하는가를 상징적으로 보여 준다. 평생 개발 과정은 새들백에서 '우리가 무엇을 하는가'를 보여 주고, 헌신의 동심원은 '누구와 그것을 함께 하는가'를 말해 준다.

나는 이 개념들을 1974년에 아직 내가 새들백을 시작하기 전 청소년 사역자로 있을 때 개발했다. 요즘은 거의 만 명이 넘는 출석 인원이 함께 이 두 도표를 중심으로 모든 것을 이루어 가고 있다. 이 개념들은 우리에게 많은 유익을 끼쳤다.

동심원은 당신 교회 안의 헌신과 성숙의 여러 단계를 이해하는 한 방법이다. 내야 사각형은 사람들로 하여금 헌신이 거의 없거나 아주 약한 상태에서 더 깊은 헌신과 성숙의 단계를 향해 전진하게 하는 과정이다. 이 장에서는 동심원을 살펴보고자 한다. 내야 사각형에 대해서는 다음 장에서 설명할 것이다.

당신의 교회를 새로운 눈으로 바라 보라. 교회의 모든 사람들이 똑같이 주님께 헌신되었는가? 모든 교인이 똑같은 영적 성숙의 수준에 있는가? 물론 그렇지 않다. 어떤 교인들은 철저히 헌신되어 있고 매우 성숙하다. 다른 사람들은 헌신되어 있지도 않고 영적으로도 미성숙하다. 이 두 그룹 사이에 영적 성장의 여러 단계에 해당하는 많은 사람들이 있다. 목적이 이끄는 교회에서 우리는 헌신의 정도를 다섯 단계로 구분한다. 이 다섯 단계는 교회의 다섯 가지 목적과 서로 연관이 있다.

5개의 헌신의 동심원

평생 개발 과정

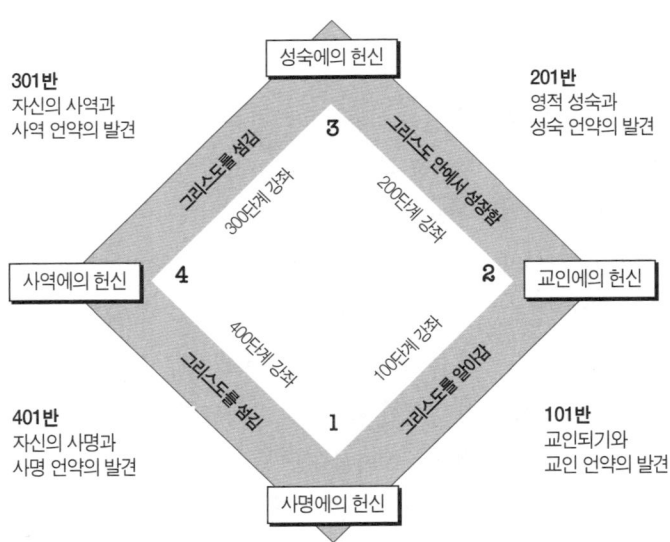

당신은 다른 곳에서 위의 도표들을 본 적이 있을 것이다. 이 도표들은 내가 1977년 「디사이플러」(Discipler)잡지에 처음 소개했다. 그 이후로 수많은 교회와 책들에서 이 도표들이 사용되었다.

다음 페이지에 나오는 다섯 개의 동심원 그림에서 각 원은 매우 약한 헌신(가끔씩 예배에 참석하는 정도)에서부터 아주 성숙한 헌신(자신의 은사를 다른 사람을 섬기는 일에 사용하고자 하는 수준)까지의 여러 다른 헌신의 단계를 나타낸다. 내가 새들백에 있는 이 다섯 개의 다른 그룹의 사람들을 묘사해 갈 때, 당신은 그들이 당신 교회 안에도 있다는 것을 알아차리게 될 것이다.

헌신의 동심원

당신 교회의 목표는 사람들을 바깥쪽 원(낮은 헌신도/ 미성숙)에서 안쪽 원(높은 헌신도/ 성숙)으로 옮기는 것이다. 새들백에서 우리는 이 과정을 "사람들을 지역 사회에서 핵심 멤버로 옮기기"라고 부른다.

지역 사회(the community)

지역 사회는 당신의 출발점이다. 이 원은 당신 교회 주변에 살면서 그리스도께, 혹은 당신의 교회에 전혀 헌신하지 않은 잃어버린 사람들의 집단을 나타낸다. 그들이야말로 당신이 전도하기를 원하는 비교인들이다. 당신이 속한 지역 사회는 '전도'의 목적이 나타나는 곳이다. 이것은 가장 큰 원인데 그 이유는 가장 많은 사람들이 여기에 속하기 때문이다.

새들백교회가 자라가면서 우리는 지역 사회의 정의를 "비교인", "예배에 가끔 참석하는 자"를 지칭하는 것으로 좁혀서 사용하게 되었다. 1년에 네 번 이상 우리의 예배에 참석한 사람들은(이 때 참석 여부를 등록 카드나 헌금 봉투에 밝혀야 함) 우리 교회 컴퓨터의 "지역 사회" 자료철에 이름이 올라가게 된다. 이 사람들이야말로 우리가 가장 관심을 기울이는 전도 대상자들이다. 내가 이 글을 쓰고 있는 지금 이 순간에 우리 교회는 31,000명이 넘는 전도 대상자의 이름들을 가지고 있다. 이 수는 우리 지역 사회 전체 인구의 10%에 해당하는 것이다. 물론 우리의 궁극적인 목표는 우리의 지역 사회에 사는 모든 사람에게 그리스도에 대해 들을 수 있는 기회를 주어, 이 지역 전체에 복음이 들어가게 하는 것이다.

군중(the crowd)

그 다음의 안쪽 원은 우리가 "군중"이라고 부르는 사람들을 나타낸다. 군중은 주일 예배에 참석하는 사람들이다. 그들은 정기적인 참석자. 군중은 신자와 불신자들로 이루어져 있다. 이 둘 사이의 공통점은 단지 매주일의 예배 참석에는 헌신되어 있다는 것이다. 이들은 교회의 '예배' 목적에는 헌신되었다. 어쩌면 이 정도로는 헌신이라고 부를 수 없을지 모르지만 그래도 이 위에 무엇인가 세워 갈 수 있는 바탕이 된다.

만일 어떤 사람이 지역 사회에서 군중으로 옮겨 갔다면, 당신은 그의 삶에 엄청난 진보를 이루어 놓은 것이다. 현재 우리 교회는 매주 약 10,000명의 예배에 참석하는 군중이 있다.

불신자가 진정한 의미에서의 예배를 드릴 수 없는 것은 사실이지만 그가 다른 사람들이 예배드리는 것을 볼 수는 있다. 나는 불신자들이 이해할 수 있는 형태로 예배가 행해진다면, 진정한 예배는 아주 강력한 증거의 도구가 될 수 있다고 확신한다. 이것에 관해서는 13장에서 다루려고 한다. 만일 불신자가 새들백의 정기적 예배 참석자로 헌신하기만 한다면, 나는 그가 그리스도를 영접하는 것은 시간 문제일 뿐이라고 생각한다. 일단 한 사람이 그리스도를 영접하면 그를 헌신의 다음 단계, 즉 "등록 교인"으로 인도해 가는 것이다.

등록 교인(the congregation)

"등록 교인"은 당신 교회의 정식 회원이다. 그들은 세례(침례)를 받았고 교회 가족의 일원이 되기로 헌신했다. 이제 그들은 단순한 예배 참석자가 아니라 '교제'의 목적에 헌신한 것이다. 이것은 결정적인 헌신이다. 그리스도인의 삶은 단순히 믿는 것뿐 아니라 속하는 것을 포함한다. 사람들이 그리스도께 헌신하게 되면 우리는 그들을 다음 단계로 나아가 그리스도의 몸인 교회에도 헌신하도록 격려해야 한다. 새들백에서는 그리스도를 영접하고, 세례(침례)를 받고, 새 교우반(1C1반: "새들백의 교인이란 누구인가?")을 마치고, 교인 서약을 한 사람들만 정식 교인으로 인정한다.

새들백에서는 이 곳에 더 이상 살지 않거나 교회에서 아무 활동도 하지 않는 사람들은 교인 명단에 올려 놓을 필요가 없다고 생각한다. 그 결과로 우리는 매년 수백 명의 이름을 교인 명단에서 지워 버린다. 우리의 관심은 단지 등록 교인의 수가 많아지는 것이 아니다. 참으로 활동적이고 참여하려고 하는 진정한 의미에서의 교인이 많아지는 것이 우리의 관심사다. 현재 우리 교회는 약 5천 명의 활동적인 교인들로 이루어져 있다.

나는 언젠가 등록 교인은 천 명이 넘지만 정기적으로 예배에 참석하는 수는 200명도 채 못되는 교회에서 말씀을 전한 적이 있다. 그러한 등록 교인의 숫자가 무슨 가치가 있는가? 당신의 교회에 참석자의 수보다 등록자의 수가 더 많다면 당신은 교회의 교인이 된다는 것의 의미를 재정의해야 할지 심각하게 고려해야 할 것이다.

참석자가 등록자보다 많다는 것은 교회가 비교인들을 끌어들이고 전도를 위한 어장을 키워 가는 사역을 아주 효과적으로 하고 있다는 것을 의미한다. 교회의 전도가 얼마나 효과적인가를 보여 주는 좋은 표지 중 하나는 예배에 참석하는 군중의 수가 정식 교인의 수보다 25% 정도 많다는 것이다. 예를 들어 당신 교회의 등록 교인이 200명이라면 예배 참석자가 250명 정도 되어야 한다는 것이다. 만약 그렇지 못하다면 당신의 교인들 가운데는 자신들과 같이 예배드리자고 불신자들을 초대하는 사람이 아무도 없다는 것이다. 현재 새들백에서는 교인의 수와 비슷한 수의 군중이 예배에 참석하고 있다. 우리 교인 5,000명은 그들의 불신자 친구들을 예배에 데리고 온다. 그래서 우리의 예배 참석자의 수는 평균 10,000명 정도 된다.

헌신된 자(the committed)

당신 교회에는 경건하며 성장하고 있지만 – 자신들의 믿음에 대해 진지하게 생각하고 있지만 – 어떤 이유에서든 아직은 교회의 사역에 적극적으로 참여하고 있지 않은 사람들이 있는가? 우리는 이런 사람들을 "헌신된 자"라고 부른다. 그들은 기도하고, 헌금하고, '제자'로서 자라가는 일에 헌신되어 있다. 그들은 좋은 사람들이지만 아직 사역에는 참여하지 않는다.

새들백에서는 201반("영적 성숙이란 무엇인가?")을 마치고 성숙 서약(Maturity Covenant) 카드에 서명한 사람들을 이 그룹에 속하는 사람들로 여긴다. 성숙 서약은 세 가지 영적 습관을 길러 가겠다는 다짐을 뜻한다: (1) 매일의 경건의 시간을 가질 것, (2) 수입의 십일조를 드릴 것, (3) 소그룹에 적극적으로 참여할 것. 우리는 이 세 가지 영적 습관이야말로 영적 성숙을 위해 꼭 필요한 것이라고 생각한다. 이 글을 쓰고 있는 지금, 새들백에는 이 성숙 서약에 서명한 사람이 약 3,500명이 되고 우리는 이들을 헌신된 자로 여긴다.

핵심 멤버(the core)

"핵심 멤버"는 가장 작은 그룹이다. 왜냐하면 가장 깊은 수준의 헌신을 나타내기 때문이다. 그들은 다른 사람들을 위한 '사역'에 헌신한 소수의 정예 일꾼들과 지도자들이다. 그들은 주일학교 선생으로, 집사로, 성가대로, 청소년 후원자 등으로 교회의 여러 부서에서 이끌고 섬기는 사람들이다. 이 사람들이 없다면 교회는 멈춰 서게 될 것이다. 당신 교회의 핵심 멤버들은 교회의 중심을 이룬다.

새들백에는 사람들이 그들에게 가장 잘 맞는 사역의 장을 찾도록 돕기 위해 의도된 과정이 있다. 이 과정에서 요구하는 것은 301반("나의 사역은 무엇인가?")을 공부하고, SHAPE 프로필을 작성하고, 사역을 위한 개인적 면담을 갖고, 교회로부터 평신도 사역자로 임명받고, 한 달에 한 번씩 있는 핵심 멤버 훈련 모임에 참석하는 것 등이다. 현재 새들백교회에는 약 1,500명의 핵심 멤버들이 있다. 나는 이들을 위해서라면 무슨 일이든지 할 용의가 있다. 그들이야말로 우리의 능력의 비결이다. 내가 쓰러져 죽는다 해도 이 1,500명의 평신도 사역자들을 바탕으로 새들백은 계속해서 자라 갈 것이다.

사람들이 마침내 핵심 멤버에까지 다다르면 그 후에는 어떻게 되는가? 우리는 그들을 다시 지역 사회로 내보내 사역을 담당하게 한다.

예수님은 헌신의 여러 단계를 인정하셨다

예수님은 모든 사람이 영적 헌신의 서로 다른 단계에 있음을 알고 계셨다. 나는 언제나 예수님이 영적으로 갈급한 사람들과 나누신 대화를 읽으며 감탄을 금치 못한다. 예수님은 "네가 하나님의 나라에 멀지 않도다"(막 12:34)라고 말씀하신 적이 있다. 멀지 않다고? 나는 이 표현을 보면서 예수님이 심지어는 불신자들 사이에서도 영적 이해와 헌신에 정도의 차이가 있다는 것을 인정하셨다고 생각한다.

예수님의 사역은 '지역 사회'에 대한 봉사와, '군중'을 먹이시거나 '교인'을 모으는 일, '헌신된 자'에의 도전, 그리고 '핵심 멤버'들을 제자로 삼는 일 등을 포함했다. 이 다섯 가지의 역할이 모두 복음서에 분명하게 나온다. 우리는 주님의 본을 따라야 한다! 예수님은 자신이 만나신 각 사람의 헌신의 수준에서부터 시작하셨다. 그분은 종종 사람들의 관심을 끌고 그들이 더 알고 싶어 하도록 만드셨다. 그리고 사람들이 자신을 계속해서 따르면 천천히 부드럽게 하나님의 나라에 대해 더 분명하게 말씀하셨고 더 깊은 헌신을 요구하셨다. 하지만 주님은 자신을 따르는 자들이 그 이전 단계까지 도달한 후에야 그렇게 하셨던 것이다.

예수님은 요한과 안드레를 처음 만나셨을 때 간단히 "와 보라"고만 말씀하셨다. 그분은 초기에 자신을 따르는 자들에게 무거운 요구 사항들을 부과하지 않으셨다. 그분은 그들로 하여금 와서 자신이 누구인지를 알아보게 하셨다. 그분은 헌신을 요구하지 않은 채 그들에게 자신의 사역을 지켜보게 하셨다. 이것은 복음을 희석시키려는 것이 아니다. 단지 사람들의 관심을 끌려고 하셨던 것이다.

이렇게 초기에 따르던 자들이 점차 군중을 이루어 가자 예수님은 서서히 열을 가하기 시작하셨다. 마침내 그들과 함께 보냈던 삼 년의 공생애 후에, 변화산에 오르시기 6일 전에 예수님은 군중에게 궁극적인 도전을 하셨다. "무리(군중)와 제자들을 불러 이르시되 아무든지 나를 따라 오려거든 자기를 부인하고 자기 십자가를 지고 나를 좇을 것이니라"(막 8:34).

예수님은 먼저 당신이 그들을 사랑하신다는 것을 보여 주시고 그들의 신뢰를 얻으신 후에 비로소 그러한 헌신을 요구하실 수 있었다. 낯선 사람이나 교회에 처음 방문한 사람에게 주님은 다음과 같이 말씀하실 것이라고 나는 생각한다. "수고하고 무거운 짐진 자들아 다 내게로 오라. 내가 너희를 쉬게 하리라. 나는 마음이 온유하고 겸손하니 나의 멍에를 메고 내게 배우라. 그러면 너희 마음이 쉼을 얻으리니 이는 내 멍에는 쉽고 내 짐은 가벼움이라"(마 11:28-29).

예수님은 사람들이 서로 다른 문화적 배경과 이해를 가지고 있고, 영적 헌신의 수준도 서로 다르다는 사실을 고려하셨다. 주님은 모든 사람에게 같은 방법으로 접근해서는 안 된다는 것을 아셨다. 같은 생각이 헌신의 동심원 뒤에 깔려 있다. 이것은 우리가 헌신의 정도가 각각 다른 사람들에게 사역하고 있다는 것을 염두에 둔 단순한 전략이다. 사람들은 모두 다르다. 그들은 영적 순례의 길에 어디쯤 와 있는가에 따라 각각 다른 필요와 관심사와 영적 문제들을 가지고 있다. 우리는 지역 사회를 대하는 방법과 군중을 대하는 태도 또 핵심 멤버에 대한 사역 등을 혼동해서는 안 된다. 각 그룹이 다른 접근 방법을 요구하기 때문이다. 군중은 아직 교회는 아니다. 하지만 군중은 교회로 변화될 수 있다.

당신의 교회를 이 다섯 가지 목적을 중심으로 조직하고 사람들을 그 각각의 목적에 대한 헌신에 따라 분류함으로써, 당신은 균형 있는 사역과 건강한 교회를 이루는 일을 제대로 해 나갈 수 있을 것이다. 이제 당신은 목적이 이끄는 교회가 되기 위한 마지막 단계로 넘어갈 준비가 되었다. 당신 교회의 모든 영역에 당신의 목적을 적용하는 것, 이것이 다음 장의 주제이다.

8장. 당신의 목적을 적용하기

우리는 우리가 가르친 것들을 여러분이 행동으로 옮기도록
주님이 도우실 것이라고 확신합니다. (데살로니가후서 3:4, LB)

이제 우리는 목적이 이끄는 교회가 되는 데 필요한 가장 어려운 부분에 도달했다. 많은 교회들이 7장까지 내가 말해 온 것들을 모두 실천했다. 그들은 교회의 목적을 규정했고 목적 진술을 작성했다. 또한 그 목적들을 정기적으로 교인들에게 전달했다. 어떤 교회들은 목적에 따라 교회를 재조직하는 작업까지도 했다. 하지만 목적이 이끄는 교회가 되기 위해서는 한걸음 더 나아가서 교회의 목적들을 교회의 모든 부분 – 프로그램을 만들고, 스케줄을 짜고, 예산을 세우고, 직원을 뽑고, 설교를 하는 등 – 에 엄격하게 적용해야 한다.

당신의 목적을 교회의 모든 영역에 통합시키는 일은 목적이 이끄는 교회가 되기 위해 필요한 가장 힘든 단계이다. 목적 진술을 작성하는 일로부터 그 목적을 이루기 위한 행동으로 옮겨 가는 것은 그 모든 진행 과정에 철저히 헌신되어 있는 지도력을 요구한다. 즉 목적을 적용하는 일은 수개월, 아니 어쩌면 수년에 걸친 기도와 계획, 준비와 실험을 필요로 한다. 일을 차근차근 해 나가라. 진행에 초점을 맞추고, 완전주의에 빠지지 않도록 하라. 당신 교회에서의 결과는 새들백이나 목적이 이끄는 다른 어떤 교회와도 다르게 나타날 것이다.

당신의 교회를 목적이 이끄는 교회로 재형성하는 작업을 시작할 때 살펴보

아야 할 열 개의 영역은 다음과 같다.

목적이 이끄는 교회가 되기 위한 열 가지 방법

1. 새 교우들을 목적에 동화시키라

사람들을 교회 생활에 동화시키기 위한 전략으로 헌신의 동심원을 사용하라. "지역 사회"의 비교인들을 "군중"의 수준으로(예배) 끌어 올리라. 그 후에 군중에서 "등록 교인"으로(교제), 등록 교인에서 "헌신된 자"로(제자훈련), 헌신된 자에서 "핵심 멤버"로(사역) 옮기고, 마지막으로 핵심 멤버들을 다시 지역 사회로(전도) 내보내는 작업을 계속하라. 이 과정을 통해 교회의 다섯 가지 목적을 모두 성취하게 된다.

내가 교회를 안에서 밖으로가 아니라, 밖에서 안으로 성장시킬 것을 제안한 것에 주목하라. 핵심 멤버가 아닌 지역 사회에서 시작하라! 이것은 대부분의 교회 개척에 관한 책들이 가르치는 바와 정반대다. 새 교회를 시작하는 전통적인 방법은 먼저 성숙하고 헌신된 자들의 핵심 그룹을 만들고, 그 후에 지역 사회로 접근해 가는 방식이다.

"안에서 밖으로"의 접근 방식에 대해 내가 느끼는 문제점은 이것이다. 핵심 그룹에 속한 사람들이 개척 교회 목사로부터 제자훈련을 받아 어느 정도 준비될 때쯤이면, 그들은 이미 지역 사회와의 접촉이 대부분 없어지게 되고, 또 실제로 비교인들과의 접촉을 두려워하게 된다는 것이다. 그들은 피터 와그너가 말한 "교제염"(koir.onitis: '교제'를 뜻하는 코이노니아(koinonia)에 '염증'을 나타내는 tis를 붙여서 만들어 낸 조어, 역주)에 걸리기 쉽다. 그들은 너무 단단한 교제권을 형성함으로써 새로운 교인들이 뚫고 들어오기가 겁이 나든지 거의 불가능한 상태가 되는 것이다. 새로운 교회를 시작하려고 하는 핵심 그룹들이 소그룹 단계에서 너무 긴 시간을 소비함으로써 그러한 분위기에 익숙해지고, 따라서 자신들의 사명에 대한 의식이 희박해지는 것을 너무나 종종 보게 된다. 전도의 불길은 꺼지고 만다.

대부분의 작은 교회들이 갖고 있는 문제점은 핵심 멤버들만 있고 다른 부류는 거의 없다는 것이다. 교회에서 무엇을 하든지 참석하는 사람은 쉰 명의 늘 같은 교인들이다. 그들은 그리스도인이 된 지 너무 오래 되어 자신들이 전도해야 할 불신자 친구들이 거의 없다. 이러한 문제를 안고 있는 교회는 다른 네 개의 동심원을 개발하는 법을 배워야 한다.

내가 새들백교회를 개척했을 때 나는 지역 사회, 특히 내가 거주하는 지역 사회의 비교인들에게 전적으로 초점을 맞추었다. 나는 12주에 걸쳐 집집마다 방문해서 문을 두드리고, 교회에 다니지 않는 사람들의 이야기를 들어 보고 그들의 필요를 알아내는 등, 개인적으로 수백 명의 비교인들을 만났다. 나는 가능한 한 많은 불신자들과의 관계를 형성하고 우정의 다리를 놓았다.

그 후 나는 15,000가정에 우리 교회의 창립을 알리는 편지를 띄움으로써 지역 사회로부터 군중을 모았다. 나는 내가 이 지역에 대해 조사한 것을 근거로 편지를 썼다. 우리는 또한 첫 해에 많은 우편물을 보냈는데, 그 때까지는 단지 입으로 전달해서 군중을 모을 수 있을 만큼 충분한 대인 관계를 형성하지 못했기 때문이다. 이러한 현상은 대부분의 작은 교회들에게 공통된 문제일 것이다. 지금 우리 교회는 수천 명의 교인들이 불신자 친구들을 교회로 데려 오기 때문에 더 이상 광고할 필요가 없어졌다.

첫 해에 우리는 대부분의 시간과 에너지를 군중을 만들고 그들을 그리스도께로 인도하는 일에 사용했다. 로켓을 발사하는 데 엄청난 에너지가 소모되듯이, 아무것도 없는 상태에서 군중을 만들어 내는 일은 엄청난 에너지를 필요로 한다. 우리는 작은 것에 관심을 집중시켰다. 나는 "흔한 문제들에 대한 좋은 소식" 혹은 "당신의 삶에 대한 하나님의 계획" 등, 매우 단순한 설교를 했다. 첫 해가 끝날 무렵에 우리는 평균 200명 정도의 출석 인원을 확보하게 되었는데 그들 중 대부분은 새로 믿은 사람들이었다.

둘째 해가 되었을 때 나는 군중을 등록 교인으로 변화시키는 일을 시작했다. 우리는 계속해서 지역 사회와의 접촉을 유지하면서 군중의 규모를 늘려 가는 한편, 교제를 통해 등록 교인들 사이의 관계를 형성해 가는 일을 특별히 강조했다. 우리는 예배 참석자들을 등록 교인으로 만드는 일에 초점을 맞추었다. 나는 교회의 일원이 되는 것의 가치와 교회 가족에 속할 때 얻게 되는 유익들, 그리고 교인이 될 때 생기는 책임들에 대해 더 많이 설교하기 시작했다. 나는 "함께 이 일을!"이라든지 "모두 하나님의 가족이 되어!"라든지 아니면 "도대체 교회는 왜 필요한가?" 등의 제목으로 설교를 했다. 나는 하나님이 자기 사랑에만 빠져 있던 군중을 서로 사랑하는 교인들의 모임으로 변화시켜 가시는 것을 보면서 흥분을 감출 수 없었던 것을 지금도 기억한다.

세 번째 해에 나는 교인들의 헌신도를 높이기 위한 계획을 세웠다. 나는 등록 교인들에게 그리스도께 대해 더욱 깊이 있는 헌신을 다짐하도록 계속해서 도전했다. 나는 교인들에게 영적 성숙에 필요한 훈련과 습관을 쌓는 법을 가르쳤다. "우리는 함께 성장한다!"라는 제목의 헌신에 대한 설교와 "하나님께 묻고 싶은 질문들"이란 제목의 교리 설교를 시리즈로 전했다. 물론 나는 이 내용들을 첫 해와 두 번째 해에도 새 신자들에게 가르쳤다. 하지만 세 번째 해에 그것들을 특별히 강조했던 것이다.

사람들이 믿음 안에 굳게 확립되어 감에 따라 나는 "모든 교인은 사역자다!"라든지 "하나님이 맡기신 사역을 극대화하기"라는 설교 시리즈를 통해 사람들이 사역에 더 깊이 참여하도록 강조하기 시작했다. 나는 "사역하지 않는 그리스도인"이란 그 자체가 모순된 말이라는 것을 강조하고, 영적 성숙을 성숙 그 자체가 목적인 것처럼 생각하는 잘못된 신화를 무너뜨렸다. 성숙은 사역을 위한 것이다.

우리는 처음부터 평신도 사역을 유지해 왔지만, 이제야 비로소 그들을 눈에 띄는 핵심 멤버로 조직하기 시작했다. 나는 정기 모임을 통해 평신도 사역의 지도자들을 훈련하고 격려하고 감독하는 일을 도울 수 있는 직원들을 더 선발했다.

> 한 번에 한 단계의 헌신도를 높이는 방법으로
> 새 교우들을 목적을 가지고 동화시킴으로써
> 다차원적인 사역을 세워 나가야 한다.

당신은 사역이 자연스럽게 발전되어 가는 것을 주목하는가? 한 번에 한 단계의 헌신도를 높이는 방법으로 새 교우들을 목적을 가지고 동화시킴으로써 다차원적인 사역을 세워 나가야 한다. 단번에 모든 것을 해 내야 한다고 생각하지 말라. 밖에서 안으로 세워 가라. 일단 다섯 개의 동심원 그룹 모두가 채워지면 이제는 각각의 원을 동등하게 강조하면서 이 과정을 계속해 나갈 수 있다.

어떤 사람들은 우리가 사람들을 더 깊은 헌신으로 이끌어 간 속도가 너무 느리다고 비판할지도 모른다. 하지만 당신이 기억해야 할 것은 우리는 철저한 비교인으로부터 시작했다는 것과 또 아무것도 없는 상태에서 사역의 철학을 만들어 갔다는 것이다.

나는 언제나 새들백교회를 세우는 일을 전 생애에 걸친 작업이라고 생각해 왔다. 나의 소원은, 바울처럼 "지혜로운 건축자와 같이 터를 닦아 두는"(고전 3:10) 것이다. 헌신을 이끌어 내고, 질을 향상시키고, 사람들을 헌신의 동심원의 안으로 인도해 가는 것은 시간을 요하는 일이다. 나는 균형 잡히고 건강한 교회를 세우는 법에 대해 말할 수 있다. 하지만 어떻게 그 일을 빨리 해 낼 수 있는가에 대해선 말할 수 없다.

건실하고 안정된 교회는 하루에 세워지지 않는다. 하나님이 버섯을 자라게 하실 때는 여섯 시간이 필요하다. 참나무의 경우에는 6년이 걸린다. 당신은 당신의 교회가 버섯이 되기를 원하는가, 아니면 참나무가 되기를 원하는가?

2. 목적에 맞춰 프로그램을 편성하라

당신은 각 목적을 이룰 수 있는 프로그램을 선택하거나 고안해야 한다. 각각의 동심원은 교회의 각각의 목적에 상응하는 것임을 기억하라. 만일 당신이 프로그램을 짜는 전략으로 다섯 개의 동심원을 택한다면, 당신은 사역 대상(지역 사회, 군중, 등록 교인, 헌신된 자, 핵심 멤버)과 각 대상에 대한 목적(전도, 예배, 교제, 제자훈련, 사역) 모두를 식별하게 될 것이다.

당신 교회의 모든 프로그램의 목적을 항상 분명히 하라. 목적과 관계 없는 프로그램은 없애 버리라. 현재 사용하고 있는 프로그램보다 더 효과적인 것을 찾게 되면 과감히 대치시키라. 프로그램은 언제나 당신의 목적을 섬기는 종이어야 한다.

다리 행사(Bridge Events). 지역 사회에 영향을 끼치기 위해 새들백에서 우선적으로 사용하는 프로그램은 지역 사회 전체를 대상으로 하는 연례 행사들이다. 우리는 이것들을 "다리 행사들"이라고 부르는데 그 이유는 그 행사들이 교회와 지역 사회 사이에 다리를 놓으려는 목적으로 고안되었기 때문이다. 그 행사들은 지역 전체의 관심을 끌기 위해 대체로 상당히 큰 규모로 이루어진다. 그 중 몇 가지를 소개하면 다음과 같다. 할로윈(매년 10월 말에 벌어지는 귀신들과 마녀들을 달래기 위한 축제, 어린 아이들이 기괴한 복장을 하고 집집마다 찾아다니며 사탕을 얻는 일종의 민속놀이, 미국 교계에서는 이 풍속이 영적으로 건전치 못하다고 해서 반대하는 입장을 취하고 있음, 역주)을 대신하여 아이들에게 안전한 즐거움을 주려고 고안된 추수 파티, 지역 전체를 대상으로 하는 크리스마스 전야 예배, 부활절 예배, 독립 기념일 즈음에 베푸는 서부의 날 행사, 그리고 계절에 따른 행사들과 연주회 등이 있다. 다리 행사 중 어떤 것들은 예비 전도용이고, 어떤 것들은 아주 분명한 전도 행사들이다. 예비 전도용 행사들은 비교인들에게 우리 교회를 알리는 정도의 역할을 한다.

구도자 예배(Seeker Services). 군중을 위해 마련된 주된 행사는 주말에 드리는 구도자 예배이다. 이 예배는 교인들이 전도 대상으로 삼고 있는 불신자 친구들을 자유롭게 데려올 수 있도록 고안되었다. 구도자 예배의 목적은 개인 전도를 돕는 것이지 그것을 대치하는 것이 아니다. 조사에 따르면, 사람들은 어떤 그룹의 지원을 받을 때 그리스도를 믿기로 작정하는 결단을 더 빨리 내린다.

등록 교인들을 위한 주된 프로그램은 소그룹 모임이다. 교제, 개인적인 돌봄, 소속감 등이 소그룹 활동이 주는 유익이다. 우리는 사람들에게 "당신이 소그룹에 속하지 않는 한, 교회 가족의 일원이 된 느낌을 가질 수 없습니다"라고 말하며 소그룹에 참여하도록 권유한다.

평생 개발원(Life Development Institute). 헌신된 자들을 위한 주된 프로그램은 우리의 평생 개발원이다. 평생 개발원은 성경공부, 세미나, 웍샵, 개인적인 가르침, 독자적인 연구 등, 영적 성장을 위한 다양한 기회들을 제공한다. 원하는 사람은 학점을 이수해서 졸업장을 받을 수도 있다. 우리 교회의 주중 예배는 평생 개발원 프로그램의 중요한 부분이다.

고급 지도자 훈련(SALT). 핵심 멤버를 위한 프로그램은 매월 모이는 SALT(Saddleback Advanced Leadership Training) 모임이다. SALT는 매월 첫 주일 저녁에 모이는 두 시간짜리 모임으로 평신도 사역의 보고와 간증, 목사의 비전 나누기, 사역 기술 훈련, 지도력 개발, 기도, 그리고 평신도 사역자 임명 등의 내용을 담고 있다. 목사로서 나는 매달 우리 교회의 평신도 사역자들인 핵심 멤버들과 모이는 이 모임을 내가 준비하고 이끌어야 할 가장 중요한 모임이라고 여기고 있다. 이 자리야말로 새들백을 이끄는 사람들을 지도하고, 불을 붙이고, 또 그들에게 감사를 표시할 수 있는 더할 수 없이 좋은 기회인 것이다.

　프로그램을 짜는 일에 있어서 기억해야 할 것은 어떤 프로그램도, 그것이 아무리 좋고 또 과거에 아무리 좋은 결과를 가져왔다 할지라도, 그것 하나만으로는 교회의 모든 목적을 다 이룰 수는 없다는 것이다. 마찬가지로 어떤 프로그램도 그것 하나만으로 교회의 각 동심원을 구성하는 모든 사람들의 필요를 채워 줄 수 없다. 다섯 단계의 헌신도와 교회의 다섯 가지 목적을 이루기 위해선 다양한 프로그램이 필요하다.

3. 목적에 따라 교인들을 교육하라
　새들백의 기독교 교육 프로그램은 목적에 의해 주관된다. 우리의 목표는 사람들이 전도, 예배, 교제, 제자훈련, 그리고 사역하는 생활 양식을 형성해 가도록 돕는 것이다. 우리는 단순히 말씀을 듣기만 하는 자들이 아니라 말씀을 행하는 자들을 만들어 내기 원한다. 단순한 정보 제공이 아닌 변화를 원하는 것이다. 우리가 주로 쓰는 슬로건 중의 하나는 "당신은 당신이 행하는 부분에 대해서만 성경을 믿고 있는 것이다" 라는 것이다.

　변화는 우연히 일어나지 않는다. 우리는 제자훈련이나 교육의 과정을 통해서 사람들이 배운 것을 실천하도록 격려하고, 또 그렇게 했을 때 치하해 주어야 한다. 새들백에서 우리는 이것을 "평생 개발 과정" 이라고 부른다.

　우리는 단순한 야구의 내야 사각형을 사용해서 우리 교인들을 동화시키고 교육하는 과정을 시각적으로 설명한다. 각 베이스는 한 과정을 마치고 한 단계 더 높은 다음 단계의 헌신도로 나아감을 의미한다.

　당신은 101반을 마치고 새들백의 교인 서약에 헌신함으로써 1루로 진출하게 된다. 2루로 가기 위해서는 201반을 마치고 성숙 서약에 헌신해야 한다. 301반

평생 개발 과정

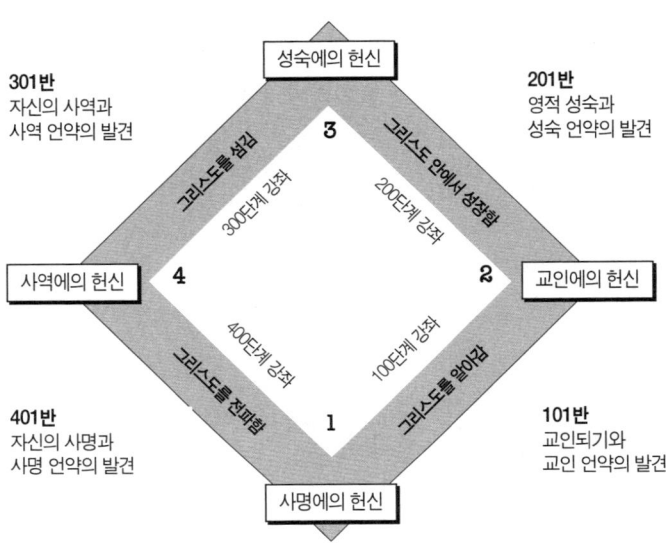

평생 개발원 개요

- **100단계 성경공부반**
  사람들을 그리스도께로 인도하여 등록 교인이 되게 함
- **200단계 성경공부반**
  영적으로 성숙하도록 성장시킴
- **300단계 성경공부반**
  사역을 하는 필요한 기술을 사람들에게 가르침
- **400단계 성경공부반**
  그리스도를 전하기 위한 세계 선교에 사람들을 참여시킴

을 마치고 교회에서의 사역에 헌신하게 되면 3루로 진출할 수 있다. 그리고 마지막으로, 401반을 마치고 지역 사회에서 혹은 선교 여행에 가서 복음을 전하는 삶을 살면 드디어 홈베이스로 돌아오게 된다. 이 과정들에 대해서는 나중에 자세히 설명할 것이다.

야구에서처럼, 우리는 베이스에 남아 있는 주자들에게는 아무런 점수도 주지 않는다. 우리는 새 교우들에게 우리가 그들에게 바라는 목표는 "그랜드 슬램 제자들"이 되는 것이라고 말해 준다. 우리는 그들이 16시간의 기본 훈련을 마치고 각 베이스에서 요구하는 서약에 헌신하기를 원한다. 각 베이스에는 사람들이 다음 베이스로 가기 전에 서명하고 헌신하기를 원하는 서약이 있다. 각 서약에서 요구하는 바를 이행하지 못하는 사람은 다음 베이스로 진출할 수 없다.

대부분의 교회는 사람들을 1루나 2루로 진출시키는 일은 잘 감당한다. 사람들은 그리스도를 영접하고, 세례(침례)를 받고, 교회에 등록한다(여기까지가 1루에 해당된다). 어떤 교회들은 사람들이 영적 성장을 위한 좋은 습관을 갖도록 훈련하는 일을 잘 감당한다(이것은 2루에 진출시키는 것이다). 그러나 모든 교인들에게 적당한 사역을 찾도록 해 주는 교회는 매우 드물다(3루). 더구나 다른 사람들을 그리스도께로 인도함으로써 자신들의 사명을 감당하도록 교인들을 훈련하는 교회는 아주 적다(홈베이스).

새들백에서 우리의 궁극적 목표는 청중을 군대로 바꾸는 것이다. 당신은 얼마나 많은 군인들이 식당에 앉아 밥을 먹고 있는가로 그 군대의 힘을 판단하지 않을 것이다. 군대의 힘은 그들이 최전선에서 어떻게 활약하는가를 보고 판단한다. 마찬가지로 교회의 힘은 얼마나 많은 사람들이 예배에 참석하는가(청중)로는 알 수 없고, 얼마나 많은 사람들이 핵심 멤버가 되어 사역에 임하는가(군대)로 알 수 있는 것이다.

1980년대 초기에 나의 목표는 여피들(Yuppies: 전문직에 종사하는 도시의 젊은이들)을 여미들(Yummies: 도시에 사는 젊은 선교사들)로 변화시키는 것이라고 나는 종종 농담을 했었다. 나는, 전에도 말했듯이, 교회란 선교사 파송 기관이 되어야 한다고 생각한다. 교인들로 하여금 모든 베이스를 다 돌아서 홈으로 들어오게 할 때에만 우리는 지상명령을 이룰 수 있다.

4. 목적에 따라 소그룹을 시작하라

우리는 모든 소그룹이 똑같은 일을 하기를 원치 않는다. 우리는 각 그룹이 전문화되기를 원한다.

구도자 그룹. 우리의 구도자 그룹들은 전적으로 전도를 위해 조직되어 있다. 이 모임에서는 불신자들이 질문을 하거나 의심을 표명하거나 그리스도께서 주장하신 것들을 잘 살펴볼 수 있도록 전혀 위협적이지 않는 분위기를 만들어 준다.

지원 그룹. 우리는 교인들이 서로 돌보고, 교제하고, 예배하는 목적을 위한 지원 그룹을 가지고 있다. 많은 지원 그룹들은 인생의 특정한 단계, 즉 새로 부모가 된다거나, 대학에 입학한다거나, 자녀들이 독립해서 나간다거나 할 때 도와주고 교제를 나누는 일들을 담당한다. 다른 그룹들은 죽음이나 이혼 등으로 배우자를 잃게 된 사람들의 상처를 치료해 주는 역할을 한다. 우리는 또한 다양한 종류의 회복을 위한 모임들을 통해 어려움 가운데 있는 교인들을 돕고 있다.

봉사 그룹. 이 그룹들은 특별한 사역, 예를 들면 멕시코에 설립한 고아원, 교도소 전도 사역, 또는 이혼자 회복 그룹 등을 위해 조직된다. 이러한 그룹들은 공동의 일이나 사업, 또는 사역 등을 통해 자연스럽게 교제를 나누게 된다.

성장 그룹. 우리 교회의 성장 그룹은 교인들을 양육하는 일, 제자훈련, 깊이 있는 성경공부 등을 담당한다. 우리는 약 50개의 다른 커리큘럼을 제공하여 선택하게 하는데, 이들 중 어떤 그룹들은 지난 주 설교 주제를 더 깊이 있게 연구하기도 한다.

모든 교인들을 하나의 틀에 강제로 맞추려고 하기보다는 우리는 그들이 자신들의 필요, 관심사, 삶의 단계, 영적 성숙도 등에 가장 잘 맞는 종류의 소그룹을 택하도록 허용한다. 우리는 각 소그룹이 교회의 모든 목적을 만족시킬 것을 기대하지 않는다. 하지만 각 그룹이 적어도 한 가지의 목적은 이룰 수 있도록 조직될 것을 요구한다.

5. 목적에 맞춰 직원들을 고용하라

우리는 교회의 직원으로 고용하는 각 사람에게 목적에 근거한 작업 과제를 준다. 인터뷰를 할 때 우리는 지원자가 교회의 목적 중 어떤 것에 가장 열정을 갖고 있는지를 알아보기 위한 몇 개의 표준적인 질문을 사용하고, 그것에 맞춰 인사를 결정한다. 우리는 인터뷰를 할 때 단지 성격이나 능력만을 보지 않는다. 우리는 교회의 목적 중 하나에 열정을 가진 사람을 구한다. 자신들이 하는 일에 열정을 쏟는 사람들은 스스로 동기 부여가 되어 있는 사람들이다.

만일 내가 오늘 다시 새로운 교회를 시작한다면, 나는 다섯 명의 무보수 자원자들을 뽑는 일부터 시작하겠다. 군중을 위해 찬양을 인도할 예배 책임자, 101반을 가르치고 등록 교인들을 돌보는 일을 담당할 등록 교인 책임자, 201반을 가르치고 헌신된 자들을 위한 성경공부를 인도할 성숙 책임자, 301반을 가르치고 사역을 배당하기 위해 사람들을 인터뷰하고 핵심 교인들을 관리하는 사역 책임자, 그리고 401반을 가르치고 지역 사회를 대상으로 한 전도와 선교 프로그램을 이끌어 갈 선교 책임자가 그들이다. 교회가 성장해 가면 우리는 이들을 협동 사역자로, 후에는 전임 사역자로 옮길 것이다. 이러한 계획을 따른다면 당신은 교회의 규모에 관계 없이 목적이 이끄는 교회를 세울 수 있을 것이다.

6. 목적에 맞춰 조직하라

 전통적인 부서에 따라 교회를 조직하지 말고 목적에 따라 형성된 팀을 중심으로 조직하라. 새들백에서는 모든 평신도 사역과 모든 직원들은 다섯 가지의 목적을 바탕으로 구성된 팀 중 하나에 속하게 된다. 각 팀은 팀장의 도움을 받아 팀 담당 목사가 인도하며, 유급 직원들과 평신도 자원자들로 이루어진다. 그들은 그 팀에게 맡겨진 특별한 목적을 이루기 위해 함께 프로그램과 사역, 행사 등을 이끌어 간다.

 선교 팀. 이 팀은 전도의 목적을 담당한다. 그들의 대상은 지역 사회다. 그들의 일은 교회의 모든 다리 행사들, 구도자 그룹들, 전도 훈련(401반 포함), 전도 활동과 프로그램, 선교 사업 등을 계획하고, 홍보하고, 주관한다. 그들은 그리스도를 위해 우리의 지역 사회와 세상을 전도하는 데 필요한 모든 것을 조직한다.

 교회는 보내는 사업에 참여한다. 우리의 목표는 매년 교인들 중 25%가 어떤 종류이든 선교 사업에 참여하게 되는 것이다. 나는 매년 여름 우리 교회의 출석자가 줄어드는 것을 보고 싶다. 그들이 휴가를 떠났기 때문이 아니라 선교지에 가서 봉사하기 위해서 그렇게 되길 바라는 것이다. 또 다른 목표는 다음 20년 안에 새들백에서 200명의 직업 선교사들을 파송하는 것이다. 작년에 우리는 5개 대륙에 선교 사업을 하도록 장년 교인들을 보냈고, 멕시코에 우리가 세운 고아원과 로스앤젤레스의 도심지에서 구제 사업을 하도록 청소년들을 보냈다.

 예배/찬양 팀. 이 팀은 예배의 목적을 담당한다. 그들의 대상은 군중이다. 그들의 일은 주말 구도자 예배와 특별 예배와 행사 등을 계획하고 주관하는 것과 교회의 다른 영역에 음악과 예배의 자료들을 공급하는 것이다.

 등록 교인 팀. 이 팀은 교제의 목적을 담당한다. 그들의 대상은 등록 교인이다. 그들의 역할은 양 떼를 돌보는 것이다. 그들은 등록 교인 후보들을 위한 월별 학습반인 101반을 운영한다. 그들은 모든 지원 그룹들, 결혼식, 장례식, 목양, 병원 심방, 그리고 교회 안의 자선 사업 등을 관할하고, 상담소도 운영한다. 마지막으로 이 팀은 교회 가족간의 모든 주요 교제 행사들을 책임진다.

성숙 팀. 이 팀은 제자훈련의 목적을 담당한다. 그들의 대상은 헌신된 자들이다. 그들의 목표는 등록 교인들을 더 깊은 헌신으로 이끌고 더욱 성숙해 가도록 돕는 것이다. 이 팀은 201반을 인도하고, 평생 개발원과 주중 예배, 모든 성경공부 모임들, 가정에서 모이는 성장 그룹, 그리고 전 교회적 영적 성장을 위한 특별 캠페인 등을 책임진다. 그들은 또한 가정별 경건의 시간을 위한 자료와 성경공부 커리큘럼, 그리고 신자들의 성장을 돕는 다른 자료들을 만들어 낸다.

사역 팀. 이 팀은 사역의 목표를 담당한다. 그들의 대상은 핵심 멤버들이다. 그들의 일은 교인들을 도와서 사역자가 되게 하는 것이다. 즉 교인들로 하여금 사역을 위한 SHAPE을 발견하게 하고 그들에게 맞는 사역-그것이 이미 있는 것이든 아니면 새로운 것을 만들어 내든- 을 찾도록 돕는 것이다. 이 팀은 사역 개발 센터(Ministry Development Center)를 운영하고 301반과 SALT 모임을 책임진다. 그들은 교회의 평신도 사역자들을 돕고, 훈련하고, 관장하는 일을 한다. 이 팀의 목표는 모든 교인들이 자신들의 은사와 능력을 가장 잘 발휘할 수 있는 의미 있는 봉사의 장을 찾도록 돕는 것이다.

7. 목적에 맞춰 설교하라

균형 잡히고 건강한 신자들을 만들어 내기 위해서 당신은 한 해에 걸쳐 다섯 가지 목적을 각각 다룰 수 있도록 설교 시리즈를 계획해야 할 것이다. 다섯 가지 목적 중 하나를 다루는 데 4주가 걸린다면, 그 모두를 다루는 데 20주면 된다. 다른 주제들에 대해 설교하기 위해 일 년의 절반 이상이 남아 있다.

교회의 다섯 가지 목적에 맞춰 설교를 계획하는 것은 당신이 언제나 교회 자체에 대해 설교해야 한다는 것을 의미하지는 않는다. 그 목적들을 개인화하라.

그것들을 각 개인을 향한 하나님의 다섯 가지 목적으로 설명하라. 예를 들면, 내가 목적들을 개인화해서 설교한 시리즈의 제목들은 다음과 같다. "당신은 중요한 일을 위해 다듬어졌다"는 사람들을 사역에 참여하도록 활성화하기 위한 시리즈다. "믿음의 여섯 단계"는 하나님이 믿는 자들을 더욱 성숙시켜 가기 위해 사용하시는 삶의 여러 상황들에 대한 설교 시리즈다. "하나님의 음성을 듣는 법을 배우기"는 예배에 관한 시리즈다. "인생의 가장 힘든 질문들에 대한 답변" 시리즈는 교인들에게 전도를 위한 준비를 시키기 위해 전도서를 강해한 것이고, "위대한 관계를 맺기"는 고린도전서 13장 강해를 통해 교회 안의 교제를 강화하기 위한 것이다. 당신이 설교 스케줄을 짤 때 교회의 다섯 가지 목적을 사용한다면 당신은 목적을 가지고 설교하는 것이다.

8. 목적에 맞춰 예산을 세우라

우리는 교회의 예산을 세울 때, 각 항목을 교회의 목적에 따라 아니면 각 목적과 관계 있는 것들을 함께 묶는다. 교회의 우선 순위를 발견할 수 있는 가장 빠른 길은 예산과 달력을 보는 것이다. 우리가 시간과 돈을 사용하는 방법이야말로 우리가 주장하는 것과는 별도로 우리가 진정으로 중요하게 생각하는 것이 무엇인지를 보여 준다. 당신의 교회의 우선 순위가 전도라고 주장한다면 당신은 그 주장을 뒷받침해 주는 예산을 보여 줄 수 있어야 한다. 그렇지 않다면 당신은 허풍만 떨고 있는 것이다.

9. 목적에 맞춰 달력을 채우라

일 년에 두 달은 각각의 목적에 특별한 강조를 두는 기간으로 정하라. 그리고 나서는 각 목적을 위해 구성된 팀(직원과 자원자들로 이루어진)에게 그 기간 동안 전 교회적으로 그 목적을 강조하는 과제를 주라. 예를 들면, 1월과 6월을 각각 성숙의 달로 정한다. 영적 성숙을 한 달 내내 강조하는 동안 교인들 전체가 함께 신약을 통독할 수도 있고, 매주 성경을 암송할 수도 있고, 아니면 사경회나 전 교회적인 성경공부를 실시할 수도 있을 것이다.

2월과 7월을 각각 사역의 달로 정한다면, 그 기간 동안 당신은 각 사역을 위해 사람들을 모집하는 사역 마당을 열 수도 있을 것이다. 목사는 사역에 대한 설교를 시리즈로 전할 수 있다. 사람들을 봉사 그룹에 들어가도록 격려할 수도 있다.

3월과 8월을 선교의 달로 정한다면, 개인 전도 훈련, 선교 세미나, 또는 특별 선교 사업을 실시할 수 있을 것이다.

4월과 9월은 소속의 달이다. 이 기간은 예배 참석자들에게 등록 교인이 되는 것의 중요성을 특별히 강조하기에 좋은 기회가 될 것이다. 당신은 전 교회적 친교 행사로 야유회나 연주회, 축제 등을 계획할 수 있을 것이다.

5월과 10월은 찬양의 달이다. 이 기간에는 개인적인 예배와 공적인 예배를 강조한다. 이렇게 일 년에 두 달씩 각 목적에 할당하면 두 달이 비게 되는데 – 위의 예를 따르면 11월과 12월 – 그 기간은 다른 일들, 즉 추수감사절과 크리스마스로 바쁜 달들이다.

어리석은 자가 되지 말라. 만일 달력에 교회의 목적에 필요한 기간을 설정해 놓지 않는다면 그 목적들은 결코 강조되지 않을 것이다.

10. 목적에 맞춰 평가하라

끊임없이 변하는 세상에서 효과적인 교회로 남기 위해서는 당신이 하는 일을 계속 평가해 보아야 한다. 검토와 수정 작업을 교회의 과정에 포함시키라. 사역을 탁월하게 이루기 위해 꼭 평가하라. 목적이 이끄는 교회에서 당신이 세운 목적은, 무엇이 얼마나 효과적인가를 평가할 수 있는 기준이 된다.

결과를 검토할 수 있는 실제적인 지침이 없이 목적만 갖고 있다는 것은 나사

(NASA)에서 관측 장비도 없이 달에 위성을 띄우겠다고 하는 식이다. 중간 코스에서 정정할 수 없다면 당신은 끝내 목표를 명중시킬 수 없을 것이다. 새들백에서 우리는 "새들백 스냅샷"이라고 하는 관측 도구를 개발했다. 우리 목회자 팀은 매달 그것을 검토한다. 스냅샷은 6페이지로 되어 있는 제자 개발 과정 개관이다. 그것은 누가 평생 개발 과정의 어느 베이스(야구의 내야 사각형)에 와 있는지를 보여 준다. 우리는 누가 현재 1루에 와 있는지를 보기 원한다. 스냅샷은 또한 각 헌신의 동심원에 현재 얼마나 많은 사람들이 있는지를 보여 준다. 그 외에도 교회의 건강 상태를 진단할 수 있는 다른 많은 지표들을 보여 준다.

스냅샷은 매달 우리가 목적을 얼마나 잘 이루어 가고 있는지를 정직하게 볼 수 있게 해 준다. 교회의 전체적 흐름에 병목 현상을 일으키는 곳은 금방 눈에 띈다. 가령 예배 참석이 일 년에 35%가 증가되었는데, 등록 교인의 수나 소그룹 참가자는 20%만 증가되었다면 우리는 일련의 과정에서 사이가 벌어진 곳을 곧 메워야 한다는 것을 알게 된다. 이런 종류의 통계는 우리가 사람들을 동화시키는 과정을 평가해 보거나, 더 강조가 필요한 곳을 결정하는 일에 도움을 준다. 내가 본장에서도 이미 말했듯이, 우리는 "우리의 일은 무엇인가?"와 "그 일은 어떻게 되어 가고 있는가?" 하는 질문을 끊임없이 해야 한다.

더 강한 교회로 자라가기

당신의 목적을 교회의 전 영역에 적용하려고 할 때, 당신은 교회가 더욱 더 강해져 가는 것을 눈치챌 것이다. 사람들을 흥분시키고 동기를 부여하기 위해 계속해서 매년 새로운 프로그램을 찾는 대신, 당신은 가장 본질적인 것에 초점을 맞출 수 있을 것이다. 당신은 실수를 통해 배우고, 성공을 통해 발전할 것이다. 만일 변하지 않는 목적이 당신의 교회를 이끌어 간다면 당신은 매년 해를 거듭할수록 그 목적들을 더 잘 성취하기 위해 노력할 수 있을 것이다. 기회는 당신의 편이 되어 줄 것이다. 당신의 교인들이 당신의 목적을 더 잘 이해하고 더욱 그것에 헌신할수록, 당신의 교회는 더욱 강한 교회가 될 것이다.

| 제3부 |
지역사회를 전도하기

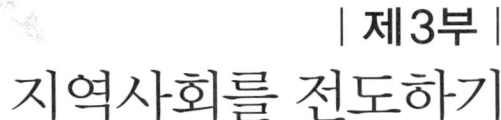

THE PURPOSE DRIVEN CHURCH

9장. 당신의 전도 대상은 누구인가?

예수님: 나는 이스라엘 집의 잃어버린 양 외에는 다른 데로 보내심을
　　　　받지 아니하였노라. (마태복음 15:24)

바울: 도리어 내가 무할례자에게 복음 전함을 맡기를 베드로가 할례자에게
　　　맡음과 같이 한 것을 보고. (갈라디아서 2:7)

　나는 언젠가 "피너츠"(Peanuts)라는 만화를 본 적이 있는데 많은 교회들의 전도 전략을 묘사하는 듯한 내용을 담고 있었다. 찰리 브라운은 뒤뜰에서 활쏘기 연습을 하고 있었다. 그는 표적을 정해 놓지 않고 나무담장을 향해 먼저 화살을 쏜 다음, 그 곳으로 걸어가 화살이 꽂힌 곳 주위에 표적을 그려 넣었다. 루시가 다가와 "찰리 브라운, 왜 그렇게 하지?" 하고 묻자, 찰리는 전혀 부끄러워하는 표정도 없이 "이렇게 하면 절대로 빗나가는 일이 없으니까"라고 대답했다.

　불행하게도 같은 논리가 많은 교회들의 전도 활동에 적용되고 있다. 우리는 복음이라는 화살을 지역 사회에 쏘고 나서, 그 화살이 우연히 누군가를 맞힌 듯 싶으면 "바로 우리가 목표로 했던 대상"이라고 말한다. 우리의 전도 활동에는 계획이나 전략이 거의 없다. 즉, 어느 특정한 전도 대상을 목표로 하지 않고 있다는 말이다. 우리는 어쩌다 누군가를 접촉하게 되어 전도할 기회를 만나면, 그 사람 주위에 표적을 그려 놓고 만족하는 식이다. 이것은 아주 무감각한 전도 방법이라고 아니할 수 없다. 사람들을 그리스도께로 인도하는 일은 너무나

중요한 과제이기 때문에 그렇게 성의 없는 태도는 용납될 수 없다.

> 사람들은 서로 다르기 때문에
> 어느 교회도 혼자서 모든 사람을 전도할 수는 없다.
> 그렇기 때문에 우리는 많은 종류의 교회가 필요하다.

너무나 많은 교인들이 전도에 대해서 순진한 사고 방식을 가지고 있다. 그들에게 "당신 교회는 어떤 사람들을 전도 대상자로 삼고 있습니까?"라고 묻는다면 아마도 그들은 "모든 사람입니다. 우리는 전 세계를 복음화하려고 합니다"라고 대답할 것이다. 물론 그렇게 하는 것이 주님의 지상명령의 목표이며, 또 모든 교회의 기도제목이 되어야 할 것이다. 하지만 이 목표를 실행에 옮기는 일에 있어선, 어느 지역 교회도 모든 사람을 다 전도할 수는 없는 것이다.

사람들은 서로 다르기 때문에 어느 교회도 혼자서 모든 사람을 전도할 수는 없다. 그렇기 때문에 우리는 많은 종류의 교회가 필요하다. 함께 노력할 때 우리는 한 교회가, 한 가지 전략이, 한 가지 방식이 그 자체만으로서는 감당할 수 없는 것을 성취할 수 있다.

공항 대합실에 앉아 몇 시간만 지켜보라. 그러면 하나님이 얼마나 다양성을 좋아하시는지를 분명히 알게 될 것이다. 하나님은 서로 다른 관심과 취향, 배경과 성격을 가진 수없이 다양한 사람들을 창조하셨다. 이 모든 사람들을 그리스도께로 인도하기 위해서는 다양한 방식의 전도 방법이 필요하다. 우리가 전하는 메시지는 같아야 하지만, 그것을 전하는 방법과 스타일은 매우 다양해야 한다.

나는 어느 전도 방법이 가장 효과적인가 하는 논쟁에는 결코 가담하지 않는다. 그것은 우리가 누구를 대상으로 하는가에 달려 있기 때문이다. 다른 종류의 물고기를 잡기 위해서는 다른 종류의 미끼가 필요하다. 나는 한 사람이라도 그리스도께로 인도하는 데 쓰일 수 있는 방법이라면 어느 것이라도 지지한다.

나는 주님 앞에 모이게 될 그 날, 어떤 특정한 전도 방법에 대해서 비판적이었던 사람들이 그 방법으로 전도받고 천국에 들어온 많은 사람들을 보게 된다면 몹시 부끄러워하게 될 것이라고 생각한다. 우리는 하나님이 축복하시는 방법이라면 어느 것도 결코 비판해서는 안 된다.

당신의 교회가 전도에 있어서 가장 효과적이 되려면, 전도 대상을 분명하게 설정해야 한다. 당신의 지역에 어떤 사람들이 살고 있는지를 살펴보고, 당신의 교회가 가장 잘 전도할 수 있는 사람들이 누구일 것인가를 결정하라. 그리고 나서 어느 전도 방법이 당신의 전도 대상에게 가장 효과적일 것인가를 찾아보라. 어느 교회든 모든 사람을 전도할 수는 없지만, 어떤 특정한 사람들을 전도하기에는 적합하다. 어느 대상을 전도하려고 하는지를 안다면, 전도는 훨씬 더 쉬워질 것이다.

> 성경은 무엇이 우리의 메시지가 되어야 하는지를 결정해 준다.
> 그러나 대상은 더 구체적으로 언제, 어디서, 어떻게 우리가
> 그 메시지를 전해야 하는가를 결정해 준다.

어느 라디오 방송국이 모든 사람에게 인기가 있는 음악 프로를 내보내려고 한다고 상상해 보라. 고전 음악, 헤비 메탈, 컨트리, 랩, 레게, 그리고 복음성가 등을 교대로 내보내는 방송국이 있다면 결국 모든 청취자를 놓치고 말 것이다. 그러한 프로그램을 누가 듣겠는가?

성공적인 라디오 방송국은 청취 대상자를 선별한다. 그들은 자신들의 방송 지역을 조사해 보고 다른 방송국들이 끌고 있지 못한 계층의 사람들을 찾아내서 그들에게 맞는 프로그램을 제작한다.

우리의 전도 대상자를 규정한 것이 새들백의 성장에 있어서 두 번째로 중요한 요인이 되었다. 먼저 우리 교회가 가장 잘 전도할 수 있다고 생각되는 대상

을 결정한 후, 우리는 의도적으로 그러한 사람들을 찾아 나섰다. 우리는 전도 활동을 계획할 때 언제나 특정한 대상을 마음에 둔다. 성경은 무엇이 우리의 메시지가 되어야 하는지를 결정해 준다. 그러나 대상은 더 구체적으로 언제, 어디서, 어떻게 우리가 그 메시지를 전해야 하는가를 결정해 주는 것이다.

전도 대상자를 생각하기 전에 교회의 목적을 먼저 분명하게 규정하는 것이 필수적이다. 먼저 성경적 기초가 놓여져야 한다. 나는 하나님의 영원한 목적에 대한 기초를 놓기 전에, 먼저 전도 전략을 세우는 교회들을 본 적이 있다. 그러한 교회들의 결말은 불안정하고, 하나님의 말씀이 아닌 시장성에 따라 움직이는 비성경적 교회가 되는 것이다. 메시지는 결코 타협될 수 없는 것이다.

전도를 위한 대상 설정은 성경적이다

전도를 위해서 특정한 종류의 사람들을 대상으로 정하는 것은 성경적 사역 원리다. 신약성경은 이 사실을 보여 준다. 예수님도 대상을 정하고 사역하셨다. 가나안 여인이 예수님께 귀신 들린 자기 딸을 고쳐 달라고 간구했을 때, 예수님은 공공연하게 아버지께서 "이스라엘의 잃어버린 양들"에게 자신을 보내셨다고 밝히셨다(마 15:22-28). 물론 예수님은 가나안 여인의 믿음을 보시고 그녀의 딸을 고쳐 주셨지만, 공적으로 자신의 사역을 유대인에게 결부시키셨다. 예수님이 불공평하거나 편견에 차 있었던 것일까? 물론 아니다. 예수님은 사역을 효과적으로 하시고자 하셨던 것이다. 결코 배타적이 되고자 하셨던 것이 아니다.

이 사건보다 먼저 예수님은 제자들에게도 사역의 대상을 정할 것을 가르치셨다. 마태복음 10장 5-6절에서 우리는 "예수께서 이 열둘을 내어보내시며 명하여 가라사대 이방인의 길로도 가지 말고, 사마리아인의 고을에도 들어가지 말고, 차라리 이스라엘 집의 잃어버린 양에게로 가라"고 명하신 것을 읽을 수 있다. 바울은 이방인을 자신의 사역의 대상으로 정했고, 베드로는 유대인을 사역의 대상으로 삼았다(갈 2:7). 이 두 사람의 사역은 모두 필요했다. 둘 다 중요했고, 둘 다 효과적이었다.

복음서들도 특정한 대상을 염두에 두고 쓰였다. 당신은 왜 하나님께서 한 분예수 그리스도의 생애를 네 사람의 저자와 네 권의 책을 통해 우리에게 보여 주셨는지를 생각해 본 적이 있는가? 마가복음에 나오는 이야기와 가르침의 거의 대부분이 마태복음에도 나오고 있는데 왜 이 두 책이 다 필요한가? 그 이유는 마태는 히브리 독자들을 위해서 쓴 반면에, 마가는 이방인 독자들을 위해서 썼다는 것이다. 그들은 같은 메시지를 가지고 있었지만 다른 독자들을 대상으로 했기 때문에 전달 방식이 달라졌던 것이다. 전도 대상을 설정하는 것은 하나님이 고안하신 방법이다. 하나님은 우리가 각각의 전도 대상자들에게 적합한 방법으로 전도하기를 원하신다.

전도 대상을 설정해야 한다는 개념은 지상명령에도 담겨져 있다. 우리는 모든 "족속"으로 제자를 삼아야 한다. "족속"에 해당하는 헬라어(ta ethne)에서 '종족'(ethnic)이라는 단어가 파생했다. 그 말은 문자적으로 '모든 인종 집단'을 지칭한다. 각각의 인종 집단은 그들 고유의 문화적 상황 속에서 이해할 수 있는 방법으로 복음을 전하는 전도 전략을 요구한다.

1995년 3월에 푸에르토리코에서 열린 빌리 그래함 전도 집회는 전 세계의 116개 언어로 동시에 중계 방송되었다. 같은 메시지가 각각 다른 언어로 통역되었고, 각 문화권에 맞는 음악과 간증이 프로그램에 삽입되었다. 10억이 넘는 사람들이 자기들에게 맞는 언어, 음악, 간증을 통해 복음을 들었다. 이것은 역사상 전도 대상을 설정하여 복음을 전한 가장 위대한 예가 되었다.

**자원이 제한된 작은 교회들은
가지고 있는 것을 최대한으로 활용하는 것이 매우 중요하다.**

전도 대상자를 설정하는 것은 작은 교회들에게는 특히 더 중요하다. 자원이 제한된 작은 교회들은 가지고 있는 것을 최대한으로 활용하는 것이 매우 중요하다. 당신의 교회가 가장 쉽게 접촉할 수 있는 사람들에게 당신의 자원을 집중적으로 사용하라.

또한 작은 교회들은 어려운 사항들에 대해 결정을 내려야 한다. 예를 들면 한 예배에서 모든 사람이 좋아하는 음악 형식을 사용하기란 어려운 일인데, 작은 교회들은 예배를 여러 번 드리기가 쉽지 않으므로 대상을 분명히 정해야 하는 것이다. 매주 다른 음악 형식을 사용하는 것은 위에서 말한 여러 음악 형식을 분별 없이 채택하는 라디오 방송국과 같은 결과를 맞게 된다. 아무도 만족시킬 수 없을 것이다.

큰 교회의 유리한 점 중 한 가지는 여러 다른 종류의 사람들을 대상으로 할 수 있는 자원을 갖고 있다는 것이다. 교회가 더 커질수록 프로그램이나 행사, 또는 예배 형식 등에 더 많은 선택의 여지를 가질 수 있다. 새들백교회를 시작했을 때, 우리는 한 종류의 대상에만 초점을 맞추었다. 젊고 교회에 다니지 않는 정신 노동에 종사하는 부부들이 그 사람들이다. 이런 사람들이 새들백에 가장 많이 살고 있었고, 또 내 자신이 가장 잘 접근할 수 있었기 때문에 우리는 그들을 대상으로 설정했다. 하지만 우리 교회가 더 커갈수록 우리는 다른 사역들로 넓혀 갈 수 있었다. 그래서 청장년 그룹, 독신 그룹, 교도소에 있는 사람들, 노인들, 집중력이 부족한 자녀들을 둔 부모들, 미국 거주 히스패닉 사람들, 베트남 사람들, 한국 사람들, 그 외에도 많은 다른 대상들을 위한 사역을 시작할 수 있었다.

전도 대상을 어떻게 정의할 것인가

전도 대상을 설정하는 일은 당신의 지역 사회에 관한 것들을 알아보는 일에서부터 시작해야 한다. 당신의 교회는 지역별, 인구 분포별, 문화적, 그리고 영적인 네 개의 구체적 측면에서 대상을 규정할 필요가 있다.

신학교에서 해석학과 설교학 과목을 수강하면서 나는 신약을 이해하기 위해선 신약의 지리, 관습, 문화, 그리고 그 당시에 살던 사람들의 종교를 이해해야 한다는 것을 배웠다. 그렇게 한 후에야 비로소 그 문맥으로부터 시간을 초월한 영원한 하나님의 진리를 추출해 낼 수 있다. 이 과정을 "성경 해석"이라고 하는데 모든 설교자들은 이 작업을 한다.

그러나 나는 불행하게도 어떤 과목에서도 이 영원한 하나님의 진리를 사람들에게 전하기 전에 내가 속한 지역 사회를 '해석' 해야 한다는 것을 배우지 못했다. 하나님의 말씀을 충실하게 전하기 위해선 성경 시대의 사람들에 관한 것뿐 아니라 현재의 사람들에 관해서도 그들의 지리, 관습, 문화, 종교적 배경 등에 관심을 기울여야 한다.

대상을 지역별로 규정하라

예수님은 전 세계를 복음화하려는 계획을 갖고 계셨다. 사도행전 1장 8절에서 그분은 제자들에게 전도의 대상을 네 개의 지역으로 규정해 주셨다: "오직 성령이 너희에게 임하시면 너희가 권능을 받고 예루살렘과 온 유대와 사마리아와 땅 끝까지 이르러 내 증인이 되리라 하시니라." 많은 성경학자들은 사도행전의 나머지 부분에 나타난 교회의 성장 유형이 이 구절대로 이루어지고 있음을 지적한다. 메시지는 먼저 예루살렘에 거주하던 유대인들에게 전파되었고, 그 후에 온 유대로, 사마리아로, 그리고 마침내는 유럽으로까지 확산되었다.

당신의 사역에 있어서의 지역별 대상 설정은 당신이 어느 지방에 사는 사람들을 전도하려고 하는지를 규정하는 것이다. 당신이 사는 도시나 지역의 지도를 구해서 당신의 교회의 위치를 표시하라. 교회로부터 15분에서 20분 정도의 운전 거리에 해당하는 지역들을 어림잡아 보고 당신 교회의 일차적 사역 대상 지역으로 표시해 두라. 이 곳이 당신의 '전도 낚시터' 이다. 이 지역의 지역 우편번호를 사용해서 해당 관청에 문의해 보면 얼마나 많은 사람이 교회로부터 적당한 운전 거리 안에 살고 있는지를 알아낼 수 있을 것이다. 대상을 지역별로 규정하고자 할 때 생각해야 할 것이 몇 가지 있다.

첫째, 적당한 운전 거리라는 표현은 매우 주관적이라는 것이다. 지역 사회에서의 평균 운전 거리는 당신이 말하고 있는 지역이 어디냐에 따라 달라질 것이다. 교외에 사는 사람들은 도심지에 사는 사람들보다 더 먼 거리를 운전하려고 할지도 모른다. 교통이 혼잡한 곳에 사는 사람들보다 도로 사정이 좋은 지역에 사는 사람들이 더 먼 거리를 운전하려고 할 것이다. 내 생각으로는 대부분의 사람들은 교회에 가기 위해서 열두어 개의 신호등을 지나가야 하는 정도는 감수하려고 할 것 같다.

둘째, 오늘날 대부분의 사람들은 지역적 위치보다는 인간 관계나 프로그램 등을 근거로 교회를 선택하려고 한다는 것이다. 당신의 교회가 가장 가까운 곳에 위치해 있다고 해서 자동적으로 당신 교회 주변의 동네 사람들에게 접근할 수 있는 것은 아니다. 당신 교회가 그들에게 잘 맞지 않을 수도 있다. 반면에 당신 교회가 자신들의 필요를 채워 줄 수 있다면, 열다섯 개의 다른 교회들을 지나서 당신 교회로 찾아올 사람들도 있을 것이다.

셋째, 당신의 교회가 더 커지면 커질수록 포함할 수 있는 거리가 넓어질 것이다. 우리 교회에는 다른 곳에서는 찾아볼 수 없는 프로그램과 후원 모임 때문에 한 시간 이상을 운전해서 참석하는 교인들이 있다. 사람들이 제한된 사역을 제공하는 작은 교회보다는 멀더라도 다양한 사역을 가지고 있는 큰 교회에 오기를 원한다는 것을 기억하라.

사역 대상 지역을 설정하는 또 다른 방법은 당신 교회로부터 1.8㎞ 정도 떨어진 곳에 원을 그리는 것이다. 그리고 그 원 안에 얼마나 많은 사람들이 살고 있는지를 알아내는 것이다. 이 곳이 당신 교회의 '우선적인' 사역 대상이다. 대략 미국의 65%의 사람들은 교회에 다니지 않고 있는데 지역에 따라서는, 예를 들면 서부나 동북부, 그리고 도시 지역에서는 이 비율이 훨씬 높다. 당신 교회의 사역 대상의 인구를 알아낸다면, 그 수치의 65%가 진정 "희어져 추수하게 된 밭"임을 보게 될 것이다.

일단 지역별 대상을 정하게 되면, 당신의 전도 낚시터에 얼마나 사람이 있는지를 알게 될 것이다. 이것은 매우 중요하다. 왜냐하면 지역 인구야말로 전도 전략을 세우는 데에 주요 요소가 되기 때문이다. 인구 밀집 지역에서는 한 부분에만 집중해도 큰 교회로 성장할 수 있다. 인구가 적은 지역에서 큰 교회로 성장하기 위해선 다른 여러 지역의 사람들에게 접근할 수 있는 전략을 개발해야 한다.

당신의 교회가 얼마나 큰 교회로 성장할 수 있는지를 예측하려면 인구의 역할을 무시할 수 없다. 교회가 얼마나 전도에 헌신되어 있는가에 상관없이 그 지역 인구가 천 명에 불과하다면 그 교회는 결코 큰 교회가 될 수 없을 것이다. 그것은 목사의 잘못도 아니고 교회의 헌신에 문제가 있는 것도 아니다. 단순한 산술의 문제인 것이다.

나는 도시 전체 인구의 0.5%를 위해서 아주 특수한 사역 전략을 택한 대도시의 몇몇 교회들을 방문한 적이 있다. 그 도시의 인구가 이십만이나 되었기 때문에 그 교회도 천 명의 교인을 모을 수 있었다. 만일 그 교회의 전략을 그대로 모방해서 작은 도시에 있는 당신의 교회가 같은 크기로 성장할 것을 기대한다면 당신은 실망하고 말 것이다. 실제적이 되기 위해서 이 경우 당신은 그 교회의 실제 교인수가 아니라 전체 인구에서 그 교회의 교인이 차지하는 비율을 염두에 두어야 한다. 다시 말해서 이십만 인구 중 천 명의 결실을 얻은 전략이라면 천 명의 인구 중 오십 명의 결실을 얻게 해 줄 것이라는 것이다.

각 교회의 출석수를 비교하는 일은 어리석고 또 도움도 되지 않는다. 모든 교회가 서로 다른 전도 낚시터를 가지고 있고 각 낚시터에는 서로 다른 수와 종류의 물고기가 있기 때문이다. 이것은 마치 불과 물을 비교하는 것과 같다. 두 교회가 듣기에는 비슷하지만 자세히 보면 그 차이점들이 명백히 드러날 것이다.

대상을 인구 분포별로 규정하라

당신 지역에 얼마나 많은 사람들이 살고 있는지를 알아내야 할 뿐 아니라 어떤 종류의 사람들이 살고 있는지도 알아낼 필요가 있다. 먼저 경고하고 싶은 것이 있다. 인구 분포별 조사를 지나치게 하지 말라. 당신은 교회에 별 다른 차이를 가져다 주지 않는, 지역 사회에 관한 많은 정보를 모으려고 시간을 낭비할 수가 있다. 나는 개척 교회를 위해 그 지역의 인구 분포별 조사를 통해 얻은 정보들을 모아 아름다운 바인더에 정리하는 데 수개월을 소모하는 몇몇 교회 개척자들을 알고 있다. 이 모든 것이 흥미롭지만 그 교회의 목적에는 그다지 도움이 되지 않았다.

당신 지역의 사람들에 관해 꼭 알아야 할 적절한 인구 분포별 사실들은 그다지 많지 않다. 나는 지역 사회를 전도하기 위해 알아야 할 것들로 다음과 같은 것들을 가장 중요한 요소라고 생각한다.

- 나이: 각 연령 그룹별로 얼마나 많은 사람이 있는가?
- 결혼 상태: 독신은 얼마나 되며 결혼한 사람들은 얼마나 되는가?
- 수입: 가정별 평균 수입과 지역 사회 전체의 평균 수입은 얼마나 되는가?

- 교육: 지역 사회의 교육 수준은 어느 정도인가?
- 직업: 무슨 종류의 직업에 가장 많이 종사하는가?

위의 요소들은 당신이 어떻게 사역하고 복음을 전할 것인가 하는 문제에 영향을 끼칠 것이다.

젊은 청년들은 은퇴한 사람들과는 다른 희망과 두려움을 갖고 있다. 삶의 거의 대부분을 앞에 두고 있는 청년에게, 구원의 결과로 천국의 확신을 강조하는 식의 복음 제시는 별로 효과적이지 못할 것이다. 그는 내세에 대해 별 관심이 없다. 그는 이생의 삶에 어떤 의미와 목적이 있는지를 찾기 위해 자신의 에너지를 소모한다. 한 전국적인 조사 결과에 따르면, 미국인의 1% 미만의 사람들만이 "어떻게 천국에 갈 수 있는가?"라는 질문에 대한 답에 관심이 있다는 것을 보여 주었다.

젊은 사람들에게 더욱 효과적으로 복음을 증거하는 방법은 우리가 '지금' 예수 그리스도를 통해 하나님과 교제를 갖도록 창조되었다는 사실을 보여 주는 것이다. 반면에, 많은 노인들은 자신들의 지상에서의 삶이 언제 끝날지 모르기 때문에 영원을 준비하는 일에 큰 관심을 갖고 있다.

결혼한 사람들은 독신들과는 다른 관심을 갖고 있다. 저소득층은 중산층과는 다른 문제들을 접하고 있다. 부유한 사람들도 나름대로의 염려를 갖고 있다. 대학 졸업자와 고등학교 졸업자는 세상을 다른 관점에서 보는 경향이 있다. 당신이 그리스도께로 인도하기를 원하는 사람들의 관점을 아는 일은 중요하다.

당신이 당신 교회가 영향력을 행사하기를 진심으로 바란다면, 지역 사회에 대한 전문가가 되라. 다른 누구보다도 목사들이 지역 사회에 대해 더 많이 알아야 한다. 1장에서도 설명했듯이, 나는 새들백으로 옮겨 오기 전에 어떤 종류의 사람들이 이 지역에서 살고 있는지를 알아내기 위해 이 지역의 인구 조사와 인구 분포별 통계를 공부하는 데 석달을 보냈다. 나는 이 곳에 발을 들여놓기도 전에 얼마나 많은 사람이 살며, 어디서 일을 하며, 수입은 얼마이고, 교육 수준은 어느 정도인지, 그 외에도 많은 것들을 이미 알고 있었다.

어디에서 이 모든 정보를 얻을 수 있는가? 미국 인구 조사 센터, 카운티나 도시 개발부서, 신문사, 지역 상공회의소, 시민 협력 단체, 지역 도급자, 부동산업자, 그리고 공공 사업 부서(전기 회사, 수도국 등) 등등 많은 곳에서 자료를 얻을 수 있다. 대부분의 큰 교단들도 당신이 사용할 수 있는 인구 분포별 자료 집계를 갖고 있다.

대상을 문화적으로 규정하라

당신의 지역 사회를 인구 분포별로 이해하는 것도 중요하지만, 그 지역의 문화를 이해하는 것은 더욱 중요하다. 이에 관한 정보는 인구 조사 통계에서 찾을 수 없다. 나는 당신 교회 주변에 사는 사람들의 생활 방식과 의식 구조를 "문화"라는 용어로 지칭한다. 사업계에서는 "심리 묘사"(psychographics)라는 용어를 사용하는데 사람들의 가치관, 관심사, 상처, 두려움 등을 좀더 멋있게 묘사하기 위해 쓰는 말이다. 사업계에서 심리 묘사에 관심을 갖기 훨씬 이전에 기독교 선교사들은 각 문화의 차이를 인지하고 있었다.

해외로 나가는 어떤 선교사도 선교지의 문화를 이해하기 전에 전도나 사역을 하려고 하지 않는다. 그렇게 하는 것은 어리석은 일이다. 오늘날의 세속적 환경에서 우리가 사역하고자 하는 대상의 문화를 이해하는 것도 마찬가지로 중요하다. 우리는 우리 주변의 문화에 동의할 필요는 없지만 그것을 이해하고는 있어야 한다.

당신의 지역 사회 안에도 많은 소문화나 소집단이 있을 것이다. 이 각각의 그룹에 접근하기 위해서는 그들이 어떻게 생각하는지를 알아낼 필요가 있다. 그들의 관심사는 무엇인가? 그들의 가치관은? 그들이 아픔을 느끼는 곳은 어디이며, 그들이 두려워하는 것은 무엇인가? 그들이 살아가는 방식의 가장 두드러진 특징은 무엇인가? 그들이 가장 좋아하는 라디오 채널은? 당신이 그들에 관해 더 많이 알면 알수록 그들에게 접근하는 것이 쉬워질 것이다.

> 교회성장에 있어서 가장 큰 장애물 중 하나는 '인맹' (人盲)이다.
> 즉 사람들 사이의 사회적, 문화적 차이를 감지하지 못하는 것이다.
> 사람들의 문화나 의식 구조, 생활 방식 등을 알아내는 가장 좋은 방법은
> 그들과 개인적으로 이야기하는 것이다.

교회성장에 있어서 가장 큰 장애물 중 하나는 '인맹' (人盲)이다. 즉 사람들 사이의 사회적, 문화적 차이를 감지하지 못한다는 것이다. 모든 백인은 똑같은가? 물론 아니다. 모든 흑인은 똑같은가? 물론 아니다. 모든 라틴계나 아시아 사람들은 똑같은가? 그렇지 않다. 훈련된 눈은 당신 지역에 사는 사람들 사이에 존재하는 중요한 차이점들을 파악해 낼 것이다. 사람들의 문화나 의식 구조, 생활 방식 등을 알아내는 가장 좋은 방법은 그들과 개인적으로 이야기하는 것이다. 당신은 시장 조사 회사를 고용할 필요가 없다. 그냥 나가서 당신 지역에 사는 사람들과 얼굴을 맞대고 이야기하라. 당신 자신이 직접 조사를 하라. 그들이 무엇을 느끼는지, 그들의 가장 큰 필요가 무엇인지를 물으라. 그들의 상처와 관심사와 두려움에 대해서 귀를 기울이라. 어떤 책이나 인구 분포 조사도 지역 사회에 있는 사람들과 직접 이야기를 나누는 것을 대치할 수 없다. 통계는 그림의 한 부분을 보여 줄 뿐이다. 당신은 개인적으로 사람들과 시간을 보내야 하며, 일대일의 나눔을 통해서 당신 지역의 분위기를 감지해야 한다. 나는 이것을 대신할 것은 없다고 믿는다.

대상을 영적으로 규정하라

당신이 대상을 문화적으로 규정한 후에는 당신 지역에 사는 사람들의 영적

배경을 조사해야 한다. 당신의 대상 지역에 사는 사람들이 복음에 대해 무엇을 알고 있는지를 평가하라. 예를 들면 내가 새들백 밸리 지역을 조사했을 때, 오렌지 카운티 주민의 94%가 하나님이나 또는 우주적 영의 존재를 믿고 있었고, 75%는 하나님에 대한 성경적 정의를 믿고 있었으며, 70%는 사후의 세계를, 52%는 자신들이 영적인 목적을 위해 이 세상에 존재한다고 믿고 있었다. 이 사실은 내가 그들에게 증거할 때 어디서부터 시작해야 하는지를 아는 데 도움을 주었다. 지역 사회의 영적 기상도를 평가하기 위해선 그 지역의 다른 목사들과 인터뷰를 해도 좋을 것이다. 한 지역에서 10년 이상 목회한 목사들은 그 지역의 관심사나 영적 분위기를 잘 감지하고 있을 것이다.

내가 교회를 개척하기 위해서 캘리포니아로 오기 전에, 나는 이 지역의 영적 필요에 대한 그들의 평가를 듣기 위해서 새들백 밸리에 있는 복음주의 교회 목사들과 접촉을 가졌다. 그 일은 놀랍게도 무척 쉬웠다. 나는 시립 도서실에 가서 전화번호부의 오렌지 카운티 지역 광고란을 펼쳐서 교회란을 찾아보았다. 그리고 새들백 밸리에 있는 모든 복음주의 교회들의 이름과 주소를 옮겨 적었다. 나는 각 목사들에게 편지를 띄워 내가 하는 일을 설명하고 우표가 붙어 있는 답신 카드의 여섯 질문에 답해 줄 것을 요청했다. 30통 정도의 답신 카드가 돌아왔다. 나는 사역에 필요한 통찰을 얻게 되었고 많은 목사들과 좋은 교제를 시작할 수 있었다.

몇 년 전에 나는 뉴욕 대학에서 실시한 미국인들의 종교적 생활에 관한 연구 보고를 읽었다. 그 연구에 의하면 미국인의 90%가 어떤 종류이든 종교를 가지고 있다고 대답했다. 이것이 그 응답자들이 자신들의 믿음을 적극적으로 실천에 옮기고 있다는 것을 의미하지는 않지만, 거의 모든 미국인들이 과거에 종교 기관들과 어떤 종류이든 접촉을 갖고 있었음을 보여 준다.

"비교인"(非敎人, unchurched)이란 용어는 한 번도 교회 안에 들어와 보지 않은 사람들만 가리키는 것은 아니다. 교회의 배경을 가지고 있지만 그리스도와의 개인적 관계가 없는 사람들과 또 어느 기간, 대개 수년 동안 교회에 출석하지 않은 사람들도 포함하는 말이다.

미국인 중 26%는 천주교 배경을 가지고 있다고 말한다. 당신이 서부 해안 지대에 살고 있다면 가장 유망한 전도 대상은 과거에 천주교 신자였던 사람일 것이다. 당신이 남부 지방에 살고 있다면 침례교 배경을 갖고 있다고 말하는 사람들이 당신의 가장 유망한 전도 대상일 것이다(30%). 북다코타 주에서는 루터파를 만날 확률이 높고(28%), 캔자스나 아이오와 주에서는 감리교 배경의 비교인과 만날 확률이 높다(13%). 아이다호, 와이오밍, 유타 주에서는 몰몬교 배경을 가진 사람을 만나게 될 것이다. 따라서 당신 지역의 종교적 배경에 대해서도 잘 알아야 한다.

나는 그리스도와 아직 관계를 맺지 않은 사람들에게 증거하려고 할 때마다, 그들의 종교적 배경 때문에 우리 사이에 있는 공동의 장을 발견하려고 애쓴다. 예를 들어 내가 천주교인과 대화를 나눈다면, 나는 그들이 비록 거의 읽지는 않지만 성경을 받아들이는 것과, 삼위일체, 그리스도의 동정녀 탄생, 예수 그리스도가 하나님의 아들 되심을 받아들인다는 것을 안다. 우리는 이미 주요 부분에 있어서 많은 일치점을 갖고 있는 것이다. 그렇다면 내가 해야 할 일은 행위를 근거로 한 종교를 갖고 있는 것과 은혜를 근거로 한 그리스도와의 관계를 맺고 있는 것의 차이를 설명하는 것이다.

나는 사역자 수련회에서 이야기를 하다 보면, 종종 자신들의 교회가 새들백 교회와 거의 같다고 말하는 목사들을 만나게 된다. 그들이 의미하는 바가 무엇인지 물으면 그들은 "우리도 비교인들을 전도하는 일에 초점을 맞추고 있습니다"라고 대답한다. 그럴 때면 나는 "그거 참 훌륭합니다! 그런데 어떤 '종류'의 비교인들을 전도하고 계십니까?"라고 되묻는다. 모든 비교인들이 다 같은 것은 아니다! 당신의 대상이 비교인이라고만 말하는 것으로는 충분치 않다. 버클리에 사는 지성적 비교인은 프레즈노에 사는 농부나 로스앤젤레스에 사는 이민자 비교인과는 아주 다르다.

당신 교회의 전도 대상자를 규정하기 위해서는 시간과 진지한 연구가 필요하다. 하지만 일단 당신이 조사를 끝내고 나면, 왜 당신 지역에서 어떤 전도 방법은 효과가 있는 반면, 다른 방법은 그렇지 않은지를 이해할 수 있게 될 것이다. 당신은 비효과적인 전도 방법으로 인해 귀중한 노력과 시간을 낭비해서는 안 된다.

1980년대 초기에 어떤 교회들은 텔레마케팅(전화로 물건을 파는 방법)을 전도 방법으로 시도해 본 적이 있었다. 새들백은 결코 인기 있는 쪽을 따르지 않았다. 왜 그런가? 우리는 이미 우리의 조사에서 두 가지를 발견했기 때문이다. 첫째, 우리는 오렌지 카운티 주민들을 개인적으로 제일 괴롭게 하는 것은 '전화로 물건을 팔려고 하는 낯선 사람들'이라는 것을 알았다. 둘째, 우리는 이 지역의 절반이 넘는 사람들이 전화번호부에 기록되지 않은 번호를 갖고 있다는 것을 알았다. 문제는 그것으로 결론이 난 것이다. 자신들이 전도하려고 하는 사람들에게 자신들이 사용하고자 하는 방법이 먹혀 들어갈 것인지를 물어 보지도 않은 채 엄청난 돈을 그런 전도 사업에 쓰는 교회들을 볼 때 나는 놀라움을 금할 수 없었다.

당신의 대상을 모델화하라

일단 당신의 지역에 대한 모든 정보를 수집했으면, 이제는 당신의 교회가 전도하기를 원하는 전형적인 비교인의 복합적 신상명세서를 만들 것을 권한다. 당신 지역의 주민들의 특성을 모두 합쳐서 한 사람의 가공 인물을 만들어 보라. 그렇게 함으로 당신의 교인들이 자신들의 전도 대상자를 이해하는 데 큰 도움을 줄 것이다. 당신이 정보 모으는 일을 제대로 했다면 당신 교인들은 이

가공의 인물이 바로 옆집에 사는 이웃임을 인정하게 될 것이다.

새들백에서 우리는 이 가공의 인물을 "새들백 샘"(Saddleback Sam)이라고 부른다. 우리 교인들의 대부분은 별 어려움 없이 이 샘을 묘사할 수 있다. 우리는 모든 새 교우반에서 그에 대해 구체적으로 토의한다.

새들백 샘은 우리 지역에 사는 전형적인 비교인이다. 그의 나이는 삼십대 후반에서 사십대 초반이다. 그는 대학을 졸업했고 그 이상의 학위를 가지고 있을 수도 있다. (새들백 밸리는 미국 전역에서 가정별 교육 수준이 가장 높은 지역 중 하나다.) 그는 새들백 사만다와 결혼했고, 그들은 스티브와 샐리 두 자녀를 두었다.

조사 결과에 따르면, 샘은 그의 직업을 좋아하고, 그가 사는 곳을 좋아하며, 5년 전보다 지금 더 삶을 즐기고 있다고 생각하는 것으로 나타났다. 그는 지금 처해 있는 삶의 환경에 대해 자기 만족에 빠져 있고, 잘난 체하는 편이다. 그는 전문직에 종사하거나, 관리인이거나, 성공한 기업가다. 샘은 미국인 중 가장 부유한 층에 속하지만, 비싼 집 때문에 많은 은행 빚을 지고 있다.

샘과 그의 가족은 건강과 신체 관리에 높은 우선 순위를 부여한다. 당신은 매일 아침 그가 조깅하는 것을 쉽게 볼 수 있다. 사만다는 가족 헬스 센터에 일주일에 세 번씩 에어로빅을 하러 간다. 그들은 둘 다 현대적 팝과 컨트리 뮤직을 좋아하며, 특히 운동을 할 때 그런 음악을 즐긴다.

다른 사람들과 어울릴 때는 샘이나 그의 아내는 작은 모임보다는 큰 모임을 선호한다. 왜 그런가? 큰 모임에서는 숨을 수 있고 익명으로 지낼 수 있으며 그가 특히 중요하게 생각하는 프라이버시를 지킬 수 있기 때문이다. 샘은 전화번호부에 기재되지 않은 전화 번호를 가지고 있고, 입구에 문이 있는 동네에 살고 있을 수도 있다(바로 이 이유 때문에 새들백의 처음 몇 년 동안 우리는 우편으로 우리 교회를 알렸던 것이다. 그 방법이 이 지역에 있는 집들을 접촉할 수 있는 유일한 길이었다).

우리의 전도 대상: 새들백 샘

교육 수준이 높다

자신의 직업을 좋아한다

현재 살고 있는 곳을 좋아한다

그와 그의 가족을 건강과 신체 관리에 우선순위를 부여한다

작은 모임보다는 큰 모임을 선호한다

"조직화된" 종교를 싫어한다

현대 음악을 좋아한다

5년 전보다 지금 더욱 삶을 즐기고 있다고 생각한다

그의 삶의 환경에 대해 자기 만족에 빠져 있고 잘난 체하는 편이다

정장보다는 편안하고 격식없는 복장을 선호한다

시간이나 돈에 있어서 상당히 빠듯한 편이다

샘의 또 다른 특성은 그가 "조직화된" 종교라고 부르는 것에 회의적이라는 것이다. 그는 "나는 예수님을 믿는다. 나는 다만 조직화된 종교를 좋아하지 않을 뿐이다"라고 말한다. 우리는 이런 말에 다음과 같은 농담으로 대응하기를 즐긴다. "그렇다면 당신은 새들백교회를 좋아할 겁니다. 우리는 전혀 조직되지 않은 종교거든요!"

샘은 남가주 사람이기 때문에 딱딱한 복장이나 정장보다는 편안하고 격식 없는 복장을 선호한다. 그는 온화한 캘리포니아의 기후에 맞춰 가벼운 옷차림을 즐긴다. 우리는 샘을 끌어들이려고 예배를 준비할 때 이 점을 고려한다. 예를 들어 나는 새들백교회에서 설교할 때 절대 양복과 넥타이 차림을 하지 않는다. 나는 내가 전도하고자 하는 사람들의 사고 방식에 맞추고자 일부러 가벼운 옷차림을 한다. 나는 고린도전서 9장 20절에 나오는 바울의 전략을 따른다. "유대인들에게는 내가 유대인과 같이 된 것은 유대인들을 얻고자 함이요." 내 경우라면 바울은 다음과 같이 말했을 것이다. "남가주에서는 내가 남가주 사람처럼 된 것은 남가주 사람들을 얻고자 함이라!" 나는 사람들이 어떤 복장을 갖추는가가 예수님께는 크게 문제되지 않는다고 생각한다. 우리는 불신자가 양복이 없다고 교회에 오지 않는 것보다, 짧은 바지에 테니스화를 신고 교회에 오는 것을 훨씬 더 원한다.

새들백 샘은 시간이나 돈에 있어서 상당히 빠듯한 편이다. 그의 신용카드는 허용된 액수까지 거의 사용됐다. 그는 상당히 물질주의적이지만, 그의 경제적 여유가 그에게 큰 행복을 가져다 주지 못했다는 것을 솔직하게 인정한다.

왜 우리는 이렇게 수고를 하며 전도하고자 하는 전형적인 사람을 규정하려고 하는가? 그 이유는 우리가 어떤 사람에 대해 더 잘 알수록 그 사람과 의사소통을 하기가 쉬워지기 때문이다.

만일 당신이 당신 지역의 전형적인 주민의 신상명세서를 작성하려고 한다면, 당신은 어떤 특성들을 그에게 부여하겠는가? 그를 무슨 이름으로 부르겠는가? 이것은 생각해 볼 만한 가치가 있는 것이다. 당신이 당신 교회의 전도 대상자를 규정하고 이름을 지었다면, 부탁을 하나 하고 싶다. 나에게도 한 장 복사해서 보내 주기 바란다. 나는 교회의 전도 대상자 신상명세서를 모으는 취미를 갖고 있다. 나는 "달라스 덕"이라든지 "멤피스 마이크", "애틀랜타 알"과 같은 인물들로 채워진 파일을 갖고 있다.

당신은 사진 기사가 초점을 맞추지 않고 사진을 찍는 것을 상상할 수 있는가? 어떤 사슴 사냥꾼이 산꼭대기에 서서 무엇인가에 조준하지도 않은 채 산 아래 골짜기에 아무렇게나 총을 쏘아 대겠는가? 대상이 없다면 우리의 전도 노력은 희망 사항에 지나지 않는다. 초점을 맞추고 조준하는 것은 물론 시간이 걸리는 일이다. 하지만 결실이 있다. 당신의 대상에 정확히 초점을 맞출수록 그것을 맞출 확률은 높아진다.

10장. 당신이 가장 잘 전도할 수 있는 대상을 알기

그가 먼저 자기의 형제 시몬을 찾아 말하되 우리가 메시아를 만났다 하고. (요한복음 1:41)

예수께서 마태의 집에서 앉아 음식을 잡수실 때에 많은 세리와 죄인들이 와서 예수와 그 제자들과 함께 앉았더니. (마태복음 9:10)

신약성경을 대강 읽어 보기만 해도 복음은 인간 관계를 통해 퍼져 나갔음을 알 수 있다. 안드레는 그리스도에 대해 듣자마자 자신의 형 시몬 베드로를 찾아가서 말했다. 빌립도 즉각적으로 친구 나다나엘을 찾아갔다. 세리였던 마태는 다른 세리들을 초대해 전도 만찬을 베풀었다. 우물가의 여인은 그 마을 모든 사람에게 그리스도에 대해 말했다. 이러한 사례는 끝이 없다.

나는 가장 효과적인 복음 전도 전략은 당신이 이미 무엇인가 공통점을 갖고 있는 사람들에게 접근하고자 시도하는 것이라고 생각한다. 당신 지역 사회의 모든 가능한 대상자들을 조사한 후에는 어느 그룹의 사람들에게 먼저 초점을 맞추어야 하겠는가? 대답은 당신이 접근하기에 가장 좋은 사람들에게 가라는 것이다.

우리가 이미 논한 대로 모든 교회는 어떤 특정한 종류의 사람들을 돌보거나 전도하는 데 가장 잘 맞는다. 당신의 교회는 어떤 종류의 사람들에게 접근하는 것은 쉽게 느끼는 반면에, 다른 종류의 사람들에게는 어려움을 느낄 것이다. 또한 당신의 교회가 제공하는 것과는 전혀 다른 사역을 요구하기 때문에 당신의 교회가 결코 접근할 수 없는 종류의 사람들도 있다.

　신학적, 정서적, 생활 방식, 관계적 그리고 문화적 장애물 때문에 사람들은 당신의 교회에 거부감을 느낄 수 있다. 이 중 처음 네 가지도 매우 실제적인 것들이지만 나는 이 장에서 마지막 요소인 문화적 장애물에 초점을 맞추고자 한다. 당신의 교회가 가장 잘 접근할 수 있는 대상은 당신의 교회에 이미 존재하는 문화와 맞는 사람들이다.

우리 교회에 이미 출석하고 있는 사람들은 누구인가

　당신은 당신 교회의 문화를 어떻게 평가하겠는가? "우리 교회에 어떤 종류의 사람들이 출석하고 있는가?"를 자신에게 물으라. 이것은 어떤 목사들에게는 실망스러운 것이겠지만 사실이다. 당신의 교회에 어떤 종류의 사람들이 이미 출석하고 있든지 당신 교회는 그와 비슷한 사람들을 더 끌어오게 될 것이다. 이미 출석하고 있는 교인들과 다른 종류의 사람들을 끌어들이고 또 그들을 머물게 하는 것은 쉬운 일이 아니다.

　방문자들이 교회에 처음 발을 들여놓을 때 묻는 질문은 종교적인 것이 아니라 문화적인 것이다. 그들의 눈이 낯선 얼굴로 가득 찬 방을 훑고 지나갈 때 그들이 무의식적으로 묻는 질문은 "여기에 나와 비슷한 사람이 있는가?" 하는 것이다. 교회를 방문하러 온 은퇴한 노부부는 교인들 중에 자신들과 같은 노년층이 있는지를 살핀다. 군인은 유니폼을 입고 있거나 군인처럼 머리를 짧게 깎은 사람이 있는지를 살핀다. 아기를 데리고 있는 젊은 부부는 회중을 둘러보면서 아기를 데리고 있는 다른 젊은 부부가 있는지를 살핀다. 방문자들이 당신의 교회에서 자신들과 비슷해 보이는 사람들을 찾게 되면, 다시 돌아올 확률이 높다.

　교인들 중에 은퇴한 사람들이 대부분인 교회가 청소년을 전도하고자 했을 때 성공률은 어느 정도이겠는가? 매우 희박할 것이다. 군대와 관계 있는 사람들이 대부분인 교회가 반전주의자들을 끌어들일 수 있는 확률은? 이것 또한 매우 희박하다. 육체 노동자가 대부분인 교회가 경영자들을 전도하려고 한다면 성공할 확률이 있겠는가? 불가능한 일은 아니겠지만, 내기를 걸지는 말라.

물론 우리는 믿는 사람들로서 모든 사람들을 전도하고 교회 가족으로 환영해야 한다. 결국 하나님의 눈에는 우리 모두가 같은 존재들이다. 하지만 기억하라. 한 교회가 어떤 종류의 사람들에게 접근하는 일에 그다지 성공적이지 못하다는 사실은 옳고 그름의 문제가 아니라, 단지 하나님이 이 세상에 두신 사람들의 놀라운 다양성을 존중하는 것임을!

우리는 어떤 종류의 지도자들을 가지고 있는가

우리 교회가 접근하기에 가장 적당한 대상이 누군가를 알기 위해 물어야 할 두 번째 질문은 "으리 교회 지도자들의 문화적 배경과 성격은 무엇인가?" 하는 것이다. 사례비를 받는 지도자이든 아니면 평신도 지도자이든, 교회 지도자들의 개인적 특성은 교회의 사역에 지대한 영향을 미친다. 지도자들은 긴 그림자를 드리운다. 많은 조사 결과 드러난 바는 사람들이 교회를 선택하는 가장 큰 이유는 목사들과 동질감을 느끼기 때문이라는 것이다. 이 말을 오해하지 말라. 목사들이 처음 방문자들을 끌어들이는 것은 아니다. 하지만 그들은 방문자들을 다시 오게(또는 오지 않게) 만드는 주요 이유가 된다. 방문자들이 목사와 동질감을 느낄 수 있을 때, 그들이 돌아올 확률은 아주 높다.

당신이 목사라면 정직하게 자신에게 물어야 한다. "나는 어떠한 사람인가? 나의 문화적 배경은 무엇인가? 나는 어떤 사람들과 자연스럽게 관계를 형성하는가, 그리고 내가 이해하기 힘들어 하는 사람들은 어떤 사람들인가?" 당신은 자신이 어떤 사람인지, 또 어떤 종류의 사람들과 가장 잘 관계를 형성하는지 솔직하게 분석해 보아야 한다.

내가 대학생이었을 때, 나는 교인들이 대부분 트럭 운전사가 아니면 자동차 정비사들인 교회에서 담임 목사가 비어 있는 동안 임시 목사로서 다음 담임 목사가 오기까지 섬겼던 적이 있다. 나는 기계 종류의 일에 대해서는 거의 아는 바가 없었기 때문에 많은 교인들과 의미 있는 대화를 나누기가 힘들었다. 이 사람들을 진정으로 사랑했음에도 불구하고 나는 그들 가운데 섞일 수 없었고 그들도 그것을 알았다. 그들은 이 젊은 설교자를 매우 예의 바르게 대했지만, 나는 그 교회가 필요로 하는 사람이 전혀 아니었다. 그들은 자신들과 통할 수 있는 지도자를 필요로 했다.

반면에 나는 기업을 경영하는 사람들이나 관리인들, 전문직에 종사하는 사람들과는 아주 편안함을 느낀다. 사실 나는 그들이 나의 목회에 크게 호응하는 것을 보아 왔다. 이것은 결코 내가 계획한 것이 아니고, 하나님이 나를 그렇게 만드셨기 때문일 것이다.

나는 하나님이 여러 다른 종류의 사람들을 부르시기 위해 우리 각 사람을 독특하게 부르시고 여러 모습으로 다듬으신다고 굳게 믿는다. 당신은 내가 그리스도께로 인도하기에 아주 힘들어 하는 사람을 전도할 수 있다. 반면에 나는 당신이 힘겨워 하는 사람에게 잘 접근할 수 있다. 이것이 우리 모두가 그리스도의 몸에 다 필요한 까닭이다.

하나님이 당신을 목회의 길로 부르셨다면, 당신이 누구이며 무엇을 할 수 있는 사람인지도 그 계획의 한 부분임에 틀림없다. 당신은 하나님이 당신에게 주신 그 개성을 통해 사역하는 것이다. 하나님은 당신을 어떤 목적을 위해 다듬으신다. 만일 그분이 당신을 목사로 부르셨다면, 그것은 이 세상 어디엔가 당신이 가장 잘 인도할 수 있는 사람들이 틀림없이 있다는 것을 의미한다.

당신의 사역을 위한 하나님의 방향을 분별하기 위해 꼭 기억해야 할 두 가지 원리가 있다.

첫째, 당신은 당신이 편하게 관계를 형성할 수 있는 사람들에게 가장 잘 접근할 수 있다. 당신이 가장 쉽게 그리스도께로 인도할 수 있는 사람들은 바로 당신과 같은 부류의 사람들이다. 이 말은 당신과 비슷하지 않은 사람은 그리스도께로 인도할 수 없다는 뜻은 아니다. 물론 그렇게 할 수 있다. 하지만 그 일은 더욱 힘들다. 어떤 목사들은 교육 수준이 높은 사람들과 가장 잘 통하는 반면, 다른 목사들은 단순한, 보통 사람들과 잘 통한다. 두 부류 다 그리스도를 필요로 한다. 그리고 두 부류 다 자신들을 이해해 주고 자신들과 함께 있는 것을 좋아하는 목사를 필요로 한다. 당신이 자신에게 가장 잘 맞는 사람들에게 사역할 때 당신의 역할은 극대화될 것이다. 그 때에는 당신이 바로 당신 자신이 되므로 영향력을 발휘하게 된다.

둘째, 지도자로서 당신은 당신이 원하는 사람들이 아니라 당신과 같은 사람들을 끌게 된다. 내가 새들백교회를 시작했을 때 나는 26세였다. 내가 아무리 애를 써도 나는 45세 이상 되는 사람들을 우리 교회로 끌어들일 수 없었다. 교인들은 대체로 나와 나이가 비슷한 또래 집단이었다. 나보다 나이가 많은 목회자를 우리 목회자 팀이 가입시키자 비로소 나이 많은 층의 사람들이 우리 교회에 나오기 시작했다. 이제 중년이 된 나로서는 젊은 사람들에게 접근하기 위해 오히려 나보다 젊은 목회자를 영입해야 할 입장이다.

때때로 목사들은 어떤 특정 대상들에게 접근하기를 원하는 나머지, 자신들이 누구인지에 대해 실제적인 판단을 못할 때가 있다. 나는 50대의 농촌 배경을 가진 한 목사를 아는데 그는 다른 교회가 하는 것을 보고 흥미를 느낀 나머지 "베이비 버스터"(baby-busters: 베이비 붐 이후의 세대를 가리키는 말로서 미국의 현재 30대를 지칭함)를 겨냥한 교회를 시작하고자 했다. 그 교회는 비참하게 실패하고 말았다. 그는 후에 "나는 그들과 주파수를 맞출 수 없었다"라고 고백했다.

만일 당신이 내가 소위 "선교사의 은사"라고 부르는 그런 은사를 가진 사람이라면 이 두 원리의 예외가 될 수도 있다. 다른 문화권에서 사역하는 능력은 특별한 은사, 즉 자신의 배경과 전혀 다른 배경을 가진 사람들에게 복음을 전할 수 있도록 성령님이 주신 은사를 필요로 한다.

사도 바울은 분명히 "선교사의 은사"를 가진 자였다. 그의 성장 과정은 그를 "히브리인 중에 히브리인"이 되게 했음에도 불구하고(빌 3:5을 보라), 하나님은 그를 이방인을 위한 교회 개척자로 부르셨다. 나는 시골에서 자라났으면서도 도심지에서 아주 효과적으로 목회하는 몇몇 목사들을 알고 있다. 나는 또한 남부 지방 태생의 목사이면서도 동북부 지역에서 하나님께 크게 쓰임받는 사람들을 알고 있다. 하지만 이런 은사를 가진 자들은 예외적인 사람들이다.

폭발적인 성장은 지역 사회의 주민들이 교회의 교인들과 비슷한 종류의 사람들일 때 일어난다. 그리고 이 두 부류의 사람들과 교회의 목사가 서로 맞아야 한다. 그러나 만일 목사와 교인들이 서로 맞지 않는다면 성장 없이 폭발만 일어날 것이다. 교회의 많은 갈등은 잘 맞지 않는 지도자들 때문에 생긴다. 교회에 맞지 않는 종류의 지도자를 두는 것은 마치 자동차의 밧데리에 점프 케이블을 잘못 연결한 격이다. 불꽃이 튀는 것은 당연하다.

나는 문화적으로 맞지 않아서 지역 사회의 주민들에게 접근하는 데 어려움을 겪는 목사들을 많이 보아 왔다. 문제는 헌신에 있는 것이 아니라 배경에 있다. 경건한 자라도 잘못된 자리에 놓으면 보잘것 없는 결과를 낳을 수밖에 없다.

나는 내 자신이 문화적으로 전혀 맞지 않기 때문에 내가 목사로서 비참하게 실패할 수밖에 없는 곳이 이 나라에도 많이 있다는 것을 의심하지 않는다. 하나님은 정확하게 지금 내가 있는 이 곳에 나를 두셨다. 우리 교인들의 변화된 삶이 그 증거다.

때로는 목사가 할 수 있는 가장 현명한 일은 자신이 교회나 지역 사회와 잘 맞지 않는다는 것을 인정하고 다른 곳으로 옮겨 가는 것이다. 수년 전에 새들백교회는 캘리포니아 주 얼바인 지역에 새로운 교회를 시작했다. 내 친구 존이 그 교회를 목회하기 위해 애틀랜타에서 왔다. 그는 이미 애틀랜타에서 교회를 개척해서 출석 교인이 200명에 이르기까지 사역을 했었다. 따라서 나는 그가 교회 개척에 은사가 있다는 것을 알고 있었다. 하지만 그가 얼바인 교회를 맡아서 사역한 지 8개월이 지났을 때도 아직 자리조차 제대로 잡지 못했던 것이다.

나는 존에게 무엇이 문제인지를 물었다. 그는 "나는 여기에 잘 맞지 않는 것 같네. 이 지역은 청소년들을 자녀로 둔 부유한 중년층이 대부분이거든"이라고 대답했다.

그 말을 듣고 나는 존에게 물었다. "자네가 가장 잘 사역할 수 있는 사람들은 누구인 것 같은가?" "나는 아직 초등학교에 입학하지 않은 자녀들을 둔 젊은 부부나 처음으로 독립해서 사는 미혼들에게 적합할 것 같네. 나는 그들의 문제를 이해하거든"이라고 그는 대답했다.

"그렇다면 헌팅톤 비치 쪽으로 옮기는 것이 좋을 것 같군"이라고 나는 말했다. 우리는 존을 헌팅톤 비치 쪽으로 옮겨서 교회를 개척하게 했다. 1년도 못 돼서 그 교회는 출석 교인 200명에 육박하게 되었다.

나에게는 캘리포니아 롱 비치에서 흑인 교회를 목회하는 또 다른 친구가 있다. 그는 자기 교회가 성장하지 않는 것에 대해 사기가 꺾여서 어느 날 나를 찾아 왔다. 나는 즉각적으로 그의 교육 수준이 교인들과 잘 맞지 않음을 발견했다. 그는 몇 개의 학위를 가지고 있었고 매우 수준 높은 어휘를 구사하는 반면, 그의 교인들이나 지역 주민들 대부분은 고등학교를 졸업한 사람도 많지 않은 상황이었다. 그의 언어 구사는 사람들의 기를 꺾어 버렸다. 나는 그가 사는 동네에서 약 6.5km 정도 떨어진 곳에 대부분 전문직에 종사하는 흑인들이 사는 동네가 있는 것을 발견하고 그에게 지금 교회를 사임하고 그 새로운 지역으로 옮겨서 교회를 개척해 볼 것을 권했다. 그는 내 말대로 했고, 2년 후에 그 교회의 주일 출석 교인이 300명을 넘는다고 알려 왔다.

만일 당신이 부적합한 사역으로 갈등하고 있다면, 그리고 당신의 지역과 맞지 않아서 고민하고 있다면, 당신은 지금 내가 하는 이야기를 잘 이해할 것이다. 당신은 어쩌면 지금껏 불편한 마음을 참고 있었을지도 모른다. 너무 기분

상해 하지 말라. 당신이 어떤 특정 지역에 맞지 않는 것이 죄는 아니다. 하나님이 당신에게 은사를 주셨고 사역자로 부르셨다면 그분은 당신에게 꼭 맞는 사역지도 예비해 두셨다.

우리 교회가 지역 사회와 잘 맞지 않다면 어떻게 해야 하는가

지역 사회는 종종 변화하지만 교회의 구성원들은 잘 바뀌지 않는다. 만일 당신이 섬기는 교회가 지역 사회와 잘 맞지 않는다면 어떻게 하겠는가?

당신의 강점 위에 교회를 세우라

당신 자신이 아닌 그 무엇이 되려고 하지 말라. 당신의 교회가 주로 노년층으로 이루어져 있다면, 노인 사역을 가장 효과적으로 하는 교회가 되도록 하라. 청년층을 위한 교회가 되려고 노력하지 말라. 당신이 이미 하고 있는 일을 강화하고 당신이 할 수 없는 것에 대해서는 염려하지 말라. 당신이 자신 있는 분야의 일을 계속해 나가되, 그것을 더 잘하려고 하라. 대개의 경우, 당신의 교회만이 끌어들일 수 있는 얼마의 사람들이 당신의 지역 사회에 반드시 있게 마련이다.

당신의 교인을 재구성하라

교인을 재구성하는 것은 새로운 대상에 맞추기 위해서 의도적으로 교회의 구성원들을 바꾸는 것이다. 이것은 낡은 프로그램, 조직, 예배 형식 등을 새로운 것들로 완전히 바꾸는 것이다.

나는 한 가지를 명확하게 하고 싶은데, 나는 이것을 권하지 않는다. 이것은 고통스러운 과정이며 많은 시간을 요하는 일이다. 사람들은 너무나 크고 불가피한 갈등들 때문에 교회를 떠날 것이다. 만일 당신이 이 일을 주도한다면 당신이 다른 어떤 교인보다 더 오래 그 교회에 몸담고 있지 않는 한, 오래 된 교인들은 당신을 사탄의 일꾼으로 몰아세울 것이다. 나는 이 작업이 성공하는 것을 보았지만, 그것은 집요불굴의 끈기와 비판을 수용하고자 하는 자세 없이는 불가능한 것이었다. 교회를 재구성하는 일을 인도하기 위해선 사랑이 많고 인내심 있는, 은사를 갖춘 목사가 필요하다.

하나님이 특별히 인도하시지 않는 한, 교인이 100명을 넘는 교회에서는 이 일을 시도하지 말라. 하지만 당신의 교회가 50명이나 그보다 적은 수의 교인을 가지고 있다면 이 일도 하나의 가능성 있는 선택이 될 수 있다. 작은 교회가 유리한 점 중 하나는 단지 몇 가정이 떠나고 몇 가정이 새로 오기만 해도 교회가 완전히 달라질 수 있다는 것이다. 하지만 교회가 클수록 이 일을 하기는 더 어려워진다.

새로운 교회를 시작하라

이 세 번째 제안은 내가 강력히 권하고 싶은 것이다. 지역 사회의 전도 대상에 접근하기 위해서 새로운 회중을 시작하는 데는 두 가지 길이 있다. 첫째는 지금 현재의 예배 형식으로 끌어들이기에는 힘든 사람들에게 접근하기 위해서 다른 형식의 예배 시간을 첨가하는 것이다. 미국 전역에 걸쳐서 많은 교회들이 예배 형식에 있어서 교인들에게 선택의 여지를 주고 더 많은 외부인을 끌어들이기 위해서 2부, 3부 예배를 시작하고 있다.

둘째는 새로 개척 교회를 시작해서 자립할 수 있게 하는 것이다. 새로 교회를 시작하는 것은 지상명령을 성취하는 가장 빠른 길이다.

당신은 아마 고등학교 생물 시간에 성숙한 생명체의 가장 우선적인 특징은 번식 능력임을 배웠을 것이다. 나는 같은 진리가 성경이 "몸"이라고 부르는 "교회"에도 적용된다고 믿는다. 진정으로 성숙한 교회의 표지는 자녀를 갖는 것, 즉 새 교회를 시작하는 것이다.

새로운 교회를 시작하기 위해서 반드시 큰 교회가 되어야 하는 것은 아니다. 새들백교회는 개척한 지 일 년만에 지교회를 시작했다. 그 후 매년 적어도 한 교회씩은 새로운 지교회를 시작해 왔다. 앞 장에서도 말했듯이 창립 15주년이 되었을 때까지 우리는 모두 25개의 지교회를 시작했다.

지역 사회의 영적 수용성을 파악하기

예수님은 씨 뿌리는 자의 비유(마 13:3-23)에서 사람들의 영적 수용성이 다양함을 가르치셨다. 마치 땅이 여러 종류이듯이 사람들도 복음에 대해 각각 다르게 반응한다. 어떤 사람들은 복음에 대해 활짝 열려 있는 반면에, 다른 사람들은 굳게 닫혀 있다. 씨 뿌리는 자의 비유에서 예수님은 굳은 마음, 얕은 마음, 흩어진 마음, 그리고 수용적인 마음에 대해 설명하셨다.

가장 효과적인 전도를 위해서는 우리는 좋은 옥토 – 100배의 결실을 맺을 수 있는 옥토 – 에 씨를 뿌려야 한다. 어떤 농부도 제 정신을 가지고 귀한 씨앗을 곡식을 거둘 수 없는 땅에 낭비하지는 않는다. 마찬가지로 되는 대로 계획성 없이 복음을 전하는 것은 바른 청지기의 자세가 아니다. 그리스도의 메시지는 열매 없는 방법과 땅 때문에 시간과 돈과 정력을 낭비하기에는 너무나 귀중한 것이다. 우리는 가장 큰 효과를 거둘 수 있는 곳에 우리의 노력을 집중함으로써, 세계를 복음화하는 일에 전략적이 되어야 한다.

당신 교회의 사역 대상자들 중에도 다양한 종류의 반응이 나타난다. 영적 수용성은 마치 바다의 조수와 같이 밀려오기도 하고 사라지기도 하는 것이다. 삶의 어떤 순간에 사람들은 다른 때와 달리 영적 진리에 더 열려 있을 때가 있다.

하나님은 사람들의 마음을 녹여서 구원하시기 위해 여러 가지 도구를 사용하신다.

영적으로 가장 수용적인 사람들은 누구인가? 나는 대체로 두 부류의 사람들이 그렇다고 믿는다. 변화의 과도기에 있는 사람들과 긴장감 속에 있는 사람들이 그들이다. 하나님은 변화와 고통을 사용하여 사람들의 주의를 집중시켜, 그들로 하여금 복음을 받아들이고자 하는 태도를 갖게 만드신다.

변화의 과도기에 있는 사람들

삶의 큰 변화를 체험하는 사람은 누구든지, 그것이 긍정적인 것이든 부정적인 것이든, 영적 안정에 대한 갈구를 느끼게 된다. 지금 이 세계에는 사람들을 자주 놀라게 하고 불안하게 만드는 엄청난 변화들 때문에 영적인 문제에 대해 큰 관심이 고조되고 있다. 알빈 토플러는 변화가 극심해질 때 사람들은 "안정의 섬"을 찾는다고 말했다. 바로 이것이야말로 교회가 타야 할 파도인 것이다.

새들백에서 우리는 사람들이 결혼, 아기의 탄생, 새 집, 새 직장, 새 학교 등과 같은 변화를 맞이할 때, 복음에 더 수용적인 태도를 보이게 됨을 발견했다. 바로 이 점이 대부분의 주민들이 40년 이상씩 거주한 안정되고 오래 된 지역보다 끊임없이 주민들이 바뀌는 지역의 교회들이 더 빨리 성장하는 이유이다.

긴장감 속에 있는 사람들

하나님은 사람들의 주의를 끌기 위해서 이혼의 아픔, 사랑하는 사람의 죽음, 실직, 재정적 어려움, 결혼과 가정 생활의 문제들, 외로움, 원망, 죄책감, 그리고 기타 많은 스트레스 등 온갖 종류의 정서적 아픔을 사용하신다. 두려움이나 불안감에 빠져 있는 사람들은 종종 자신들의 고통을 줄이고 공허감을 메우기 위해서 자신들보다 더 위대한 그 무엇을 찾기 시작한다.

나는 15년간의 목회 경험을 바탕으로 내가 생각하기에 새들백에서 전도했던 사람들 중 가장 복음을 잘 받아들인 열 개 그룹의 목록을 제시하고자 한다.

1. 교회를 두 번째 방문하는 사람들
2. 새로 결신한 사람의 가까운 친구나 친척들
3. 이혼 절차를 밟고 있는 사람들
4. 회복을 위한 프로그램(술, 마약, 성 등을 위한)의 필요를 느끼는 사람들
5. 처음으로 부모가 된 사람들
6. 불치의 병에 걸린 사람과 그 가족들
7. 심각한 결혼 생활의 문제를 안고 있는 부부들
8. 문제아의 부모들
9. 최근에 실직했거나 심각한 재정적 어려움을 겪고 있는 사람들
10. 지역 사회에 새로 이사온 사람들

당신의 교회가 세울 수 있는 가능성 있는 목표는, 당신의 지역 사회에 있는 이처럼 복음에 수용적인 태도를 가진 각 그룹의 사람들을 위해 특별한 프로그램이나 전도 행사 등을 개발하는 것이다. 물론 당신이 이 일을 시작하면 다음과 같이 말하는 사람이 나타날 것이다. "목사님, 새로운 사람들을 접촉하는 것도 좋지만 오래 된 교인들 중 잘 나오지 않는 사람들부터 재충전시켜야 한다고 생각하는데요." 그러나 그렇게 하는 것은 교회를 쇠퇴시키는 보장된 전략이다! 그것은 이루어지지 않는다. 불만에 차 있고 육에 속한 교인들을 재충전시키는 일은 오히려 수용적인 태도를 가진 불신자를 전도하는 것보다 다섯 배의 에너지가 소모된다.

나는 하나님이 목사들을 부르신 것은 고기를 잡고 양을 먹이기 위해서이지 울타리 안에 염소를 가두어 두기 위해서는 아니라고 믿는다. 당신 교회의 비활동적인 교인들은 몇몇 이유 때문에 아마도 다른 교회에 다니는 것이 나을지도

모른다. 당신의 교회가 성장하기를 원한다면 수용적인 사람들을 접근하는 일에 집중하라.

일단 당신이 자신의 사역 대상이 누구인지, 누구에게 가장 접근하고 싶은지, 그리고 그들 가운데서 누가 가장 수용적인 태도를 가지고 있는지를 파악했다면 당신은 이제 다음 단계를 위한 준비가 된 것이다. 그것은 당신 교회에 맞는 전도 전략을 세우는 일이다.

11장. 당신의 전략을 개발하기

여러 사람에게 내가 여러 모양이 된 것은 아무쪼록 몇몇 사람들을
구원코자 함이니. (고린도전서 9:22)

말씀하시되 나를 따라 오너라.
내가 너희로 사람을 낚는 어부가 되게 하리라 하시니. (마태복음 4:19)

나의 아버지는 내가 만난 사람들 가운데 가장 뛰어난 낚시꾼이셨다. 호수나 강에 단 한 마리의 고기만 있어도 아버지는 그것을 잡으셨을 것이다. 나는 자라면서 이 사실에 감탄하곤 했다. 열 사람이 같은 호수에서 낚시를 해도 언제나 아버지가 모든 고기를 낚으셨다. 아버지는 어떻게 그렇게 하실 수 있었을까? 그는 마술사인가? 아니면 하나님이 아버지를 편애하셨단 말인가?

나는 나이를 먹어 가면서 아버지의 비결을 깨달았다. 아버지는 고기를 이해하셨던 것이다. 그는 호수를 '읽을' 수 있었고 고기가 어디에 있는지를 정확히 맞추셨다. 그는 고기들이 몇 시에 먹이를 찾아다니는지, 고기의 종류에 따라 어떤 미끼를 써야 하는지, 온도의 변화에 따라 언제 미끼를 바꾸어야 하는지를 아셨고, 심지어는 낚싯줄을 물 속에 얼마나 깊게 드리워야 하는지도 정확하게 알고 계신 것처럼 보였다. 그는 고기들이 낚싯바늘을 삼키는 것을 가장 쉽고 매력적인 것으로 느끼도록 만드셨다. 과연 고기들은 그 전략에 넘어가곤 했다. 아버지는 고기들이 원하는 방식을 따라 줌으로써 고기를 쉽게 잡을 수 있었던

것이다.

아버지와는 대조적으로, 나는 낚시를 할 때 한 번도 전략을 세워 본 일이 없었다. 나는 호수 아무데나 낚시를 던져 넣고 무엇인가 물기를 바라는 식이었다. 고기들은 거의 내 바늘 쪽으로는 오지 않았는데 그 이유는 내가 물 테면 물고 말 테면 말라는 식의 태도로 낚시를 했기 때문이다. 나는 언제나 낚시보다는 야외 분위기를 더 즐기는 편이었다. 아버지가 고기 있는 곳으로 다가가기 위해서 갈대 사이를 기어가시거나 아니면 허리까지 물에 잠기도록 접근해 가실 때, 나는 내 눈에 편해 보이는 곳에 자리를 잡고 앉아 쉽게 시도를 하곤 했다. 내게는 전략이 전혀 없었고, 결과가 그것을 증명했다.

불행하게도 많은 교회들은 사람을 낚는 일에도 이와 같이 시큰둥한 태도로 임하고 있다. 그들은 자신들이 전도하고자 하는 사람들을 이해하기 위해 시간을 투자하지 않는다. 그리고 전략도 세우지 않는다. 그들은 사람들을 그리스도께로 인도하기 원하지만 편안한 방법으로 하기를 원한다.

효과적인 전도의 비결은 그리스도의 메시지를 전하는 것뿐 아니라 그리스도의 방법을 따르는 것이다. 나는 예수님이 우리가 전해야 할 내용뿐만 아니라 전하는 방법까지도 주셨다고 믿는다. 주님은 전략을 갖고 계셨다. 그분은 우리가 그대로 하기만 하면 지금도 좋은 결과를 얻을 수 있는 영원불변의 전도 원리를 보여 주신 우리의 모델이 되신다.

마태복음 10장과 누가복음 10장은 대상을 정한 전도를 위한 예수님의 전략을 보여 주는 두 편의 이야기를 담고 있다. 예수님은 제자들을 전도를 위해 파송하시기 전에 그들이 누구와 시간을 보내야 하며, 어떻게 복음을 나누어야 하는지에 대해 분명한 지시 사항을 주셨다. 이 장에서는 예수님이 주신 모든 지시 사항들을 자세히 살펴볼 수 있는 지면이 없다. 그 대신에 나는 예수님이 제자들에게 주신 지시 사항들로부터 다섯 가지의 낚시 원칙을 소개하고자 한다.

당신이 낚으려고 하는 대상을 알라

　당신이 잡기를 원하는 고기의 종류야말로 당신의 전략의 모든 것을 결정한다. 농어나 메기, 연어를 잡는 것은 모두 서로 다른 도구, 미끼, 시기를 필요로 한다. 말린(청새치류의 고기)을 잡는 방법은 송어를 잡는 방법과 다르다. 고기를 잡는 데 '만병통치약' 식의 비방은 없다. 각 고기는 독특한 전략을 요한다. 사람을 낚는 일도 마찬가지다. 당신이 낚으려고 하는 대상을 아는 것은 큰 도움이 된다.

> 고기를 잡는 데 '만병통치약' 식의 비방은 없다.
> 각 고기의 독특한 전략이 필요하다.

　예수님이 제자들을 처음 전도 여행에 내 보내실 때, 주님은 대상을 분명히 정해 주셨다. "예수께서 이 열둘을 내어보내시며 명하여 가라사대 이방인의 길로도 가지 말고 사마리아인의 고을에도 들어가지 말고 차라리 이스라엘 집의 잃어버린 양에게로 가라"(마 10:5-6).

　예수님이 대상을 좁게 잡으신 이유는 여러 가지가 있겠지만, 한 가지는 분명하다. 예수님은 제자들이 가장 잘 전도할 수 있는 대상, 즉 그들과 같은 사람들을 대상으로 정해 주셨던 것이다. 예수님은 편견을 가지고 계셨던 것이 아니라 전략을 가지고 계셨던 것이다. 내가 9장에서도 말했듯이 예수님이 제자들에게 대상을 정해 주신 것은 그들이 효과적으로 전도하게 하기 위함이었지, 편파적이 되게 하기 위함은 아니었던 것이다.

고기가 무는 곳으로 가라

　고기가 물지 않는 곳에 가서 낚시를 하는 것은 시간 낭비다. 현명한 낚시꾼은 자리를 옮겨 다닌다. 그들은 하루의 각 시간에 따라 고기가 각각 다른 곳에서 먹이를 찾는다는 것을 알고 있다. 고기들이 하루 종일 배고파하는 것도 아니다.

이것은 내가 앞 장에서 설명한 영적 수용성의 원리다. 어떤 때는 불신자들이 다른 때보다 영적 진리에 더 반응적일 때가 있다. 이러한 수용성은 종종 짧은 시간만 지속된다. 그래서 주님은 사람들이 귀를 기울일 만한 곳으로 가라고 하셨던 것이다. 성령님이 준비해 놓으신 수용적인 마음의 이점을 활용하라.

마태복음 10장 14절의 예수님의 지시를 주목하라: "어떤 집이나 마을이 너희를 반기려 하지 않거나 너희 말을 들으려 하지 않거든 그 곳을 '떠나' 발의 먼지도 털어 버리라"(NCV). 이 말씀은 우리가 무시해서는 안 될 아주 의미 있는 말씀이다. 예수님은 제자들에게 받아들이려고 하지 않는 사람들에게 머물러 있지 말라고 가르치셨다. 우리는 아직 푸른 과일을 따서는 안 된다. 잘 익은 과일을 따서 추수해야 하는 것이다!

새들백교회를 시작하기 전에 나는 많은 교회에서 전도 집회와 부흥회를 인도했었다. 그럴 때마다 종종 그 교회의 목사들과 나는 오후에 축호전도를 다녔다. 많은 경우, 목사들은 나를 지난번 집회 때도 실패한 여전히 완고한 교인들에게로 데리고 갔다. 이것은 시간 낭비다.

처음으로 복음을 듣기 원하는, 마음이 열린 사람들이 많이 있는데도 이미 열두 번도 더 그리스도를 거부한 사람들을 계속 귀찮게 하는 것이 과연 좋은 청지기의 자세이겠는가? 나는 성령님은 이미 마음을 준비시켜 놓으신 사람들에게로 우리를 인도하기를 원하신다고 믿는다. 예수님은 반응을 보이지 않는 사람들에 대해서 염려하지 말라고 말씀하셨다. 당신 발의 먼지를 털어 버리고 다른 곳을 찾아가라.

사도 바울의 전략도 열린 문을 통해 나아가는 것이었지 닫힌 문을 두드리면서 시간을 낭비하는 것이 아니었다. 마찬가지로 우리도 들을 자세가 되어 있지 않은 사람에게 우리의 노력을 집중해서는 안 된다. 이 세상에는 증거할 준비가 되어 있는 신자들의 수보다 훨씬 더 많은 사람들이 그리스도를 받아들일 준비가 되어 있다.

고기처럼 생각하는 법을 배우라

고기를 잡기 위해선 고기들의 습관, 선호도, 먹이를 먹는 방식 등을 이해하는 것이 도움이 된다. 어떤 고기들은 부드럽고 잔잔한 물을 좋아하고, 다른 고기들은 세차게 흘러내리는 강에서 헤엄치기를 좋아한다. 어떤 고기들은 바닥에 붙어 다니기를 좋아하는가 하면, 다른 고기들은 바위 사이에 숨기를 좋아한다. 낚시에 성공하려면 고기처럼 생각하는 법을 배워야 한다.

예수님은 종종 불신자들이 무엇을 생각하는지를 아셨다(마 9:4; 12:25; 막 2:8; 눅 5:22; 9:47; 11:17 등을 보라). 예수님은 사람들이 가지고 있는 정신적 장애물을 이해하셨고, 그것들을 없애 주실 수 있었기 때문에 사람들을 효과적으로 다루실 수 있었다.

골로새서 4장 5절은 "믿지 않는 사람들을 대할 때는 현명하게 행동하시오. 모든 기회를 포착하시오"(NCV)라고 말한다. 우리가 불신자들을 얻기 위해선 그들처럼 생각하는 법을 배워야 한다.

**당신이 신자가 된 후 시간이 지나면 지날수록
당신은 점점 더 불신자처럼 생각하지 않게 된다.**

문제는, 당신이 신자가 된 후 시간이 지나면 지날수록 당신은 점점 더 불신자처럼 생각하지 않게 된다는 것이다. 당신의 관심사와 가치관이 달라진다. 나는 나의 삶의 대부분을 그리스도인으로 살아왔기 때문에 나는 그리스도인처럼 생각한다. 더욱 안 좋은 것은 나는 '목사'처럼 생각한다는 것이다. 따라서 나는 불신자들의 의식 구조와는 더욱 먼 거리에 있게 된 것이다. 따라서 내가 불신자들과 교류하기 위해서는 의도적으로 나의 정신적 기어를 바꿔야 한다.

대부분의 교회 광고들을 보라. 당신은 그것들이 비교인들의 의식 구조가 아닌 신자들의 관점에서 만들어졌다는 것을 너무나 분명히 알게 될 것이다. "하나님의 무오한 말씀의 전파"를 게재한 교회 광고를 예로 들어 보자. 그러한 표현은 불신자들에게 결코 호소력을 갖지 못한다. 개인적으로 나는 성경의 무오성은 결코 타협할 수 없는 것이라고 믿는다. 하지만 비교인들은 그 말의 뜻조차 이해하지 못한다. 신자들에게 익숙한 영적인 어휘들이 불신자들에게는 전혀 알아들을 수 없는 횡설수설한 말에 불과할 때가 많다. 만일 당신이 비교인들에게 교회를 광고하기 원한다면 그들처럼 생각하고 그들처럼 말하는 법을 배워야 한다.

나는 종종 불신자들이 과거보다 더 복음에 거부적이라고 불평하는 목사들의 말을 듣는다. 나는 그것이 전혀 사실이 아니라고 생각한다. 생각보다 더 많은 경우에 거부 현상은 잘못된 의사 전달 때문에 나타난다. 메시지가 제대로 전달되지 않기 때문이다. 교회들은 사람들이 복음에 닫혀 있다는 말을 멈추고 불신자들의 주파수에 맞춰 의사 소통하는 법을 찾기 시작해야 한다. 아무리 우리의 메시지가 삶을 변화시키는 능력을 가지고 있다 해도 우리가 비교인들의 주파수와 다른 채널을 통해 그것을 보내고 있다면 무슨 유익이 있겠는가?

우리는 어떻게 불신자들처럼 생각하는 법을 배울 수 있는가? 그들과 대화하라. 전도의 가장 큰 장애물 중 하나는 대부분의 신자들이 다른 신자들과만 그들의 모든 시간을 보낸다는 것이다. 그들은 믿지 않는 친구를 하나도 가지고 있지 않다. 당신이 불신자들과 시간을 조금도 같이 보내지 않는다면 당신은 그들이 무엇을 생각하는지 결코 이해하지 못할 것이다.

1장에서도 말했듯이 나는 12주 동안 집집마다 찾아다니면서 우리 지역의 비교인들을 조사함으로써 새들백교회를 시작했다. 그보다 6년 전에 나는 로버트 슐러(Robert Schuller)의 「당신의 교회는 진정한 가능성을 가지고 있다(Your

Church Has Real Possibilities)」라는 책을 읽었었는데, 그 책에서 그는 1955년에 집집마다 찾아다니면서 수백 명의 사람들에게 "왜 교회에 나가지 않는가?" 와 "어떤 교회를 원하는가?" 라고 질문을 했다고 쓰고 있다. 나는 이것을 참 좋은 아이디어라고 생각했고, 그 때보다 더 교회에 대해 회의적인 1980년대에 맞게 질문들의 문구를 바꾸는 것이 필요하다고 느꼈다. 나는 공책에 새들백 교회를 시작하기 위해 사용할 다섯 개의 질문을 적어 보았다.

1. 당신은 이 지역의 가장 큰 필요가 무엇이라고 생각하십니까? 이 질문은 단순히 사람들이 나에게 말을 하도록 유도하기 위한 것이다.
2. 당신은 교회에 활동적으로 참여하고 있습니까? 나는 이 질문에 "예"라고 대답하는 사람들에게는 감사를 표시하고 다음 집으로 향했다. 내가 그 다음의 세 질문을 더 묻지 않았던 것은 내가 원하는 것은 불신자들의 의견이지 신자들의 의견이 아니었기 때문이었다. 내가 "당신은 교회의 등록 교인입니까?" 라고 묻지 않았다는 것을 주목하라. 교회에 다니지 않은 지 20년이 넘은 사람도 자신이 어떤 교회의 등록 교인이라고 생각하는 경우가 많이 있다.
3. 왜 많은 사람들이 교회에 다니지 않는다고 생각하십니까? 이 질문은 "왜 당신은 교회에 다니지 않으십니까?" 라는 질문보다 덜 위협적이다. 요즘에는 많은 사람들이 그같은 질문에 "내가 교회에 다니든 말든 당신이 웬 참견이오?" 라고 대답할 것이다. 하지만 내가 그들에게 '다른 사람들' 이 교회에 다니지 않는 이유가 무엇일 거라고 생각하느냐고 물으면 그들은 결국 자신들이 교회에 다니지 않는 이유를 말하게 된다.
4. 당신이 다닐 교회를 찾는다면 어떤 종류의 교회를 원하십니까? 이 한 질문이야말로 불신자들이 어떻게 생각하는지에 대해서 내가 받은 신학교 교육 전체를 합한 것보다 더 많은 것을 내게 가르쳐 주었다. 나는 대부분의 교회들이 비교인들의 관심을 별로 끌지 못하는 프로그램들을 제공하고 있다는

것을 발견했다.
5. 내가 당신을 위해 할 수 있는 일이 무엇이겠습니까? 사람들에게 진정 도움을 주는 목사가 되도록 내게 주고 싶은 충고는 무엇입니까? 이것은 교회가 지역 사회에 물어야 할 가장 기본적인 질문이다. 복음서를 공부해 보라. 예수님이 얼마나 자주 사람들에게 "내가 무엇을 해 주기를 원하느냐?"고 물으셨는지를 알게 될 것이다. 그분은 사람들의 필요에서 출발하셨다.

나는 이 조사를 할 때 다음과 같은 말로 말문을 열었다. "안녕하세요, 저는 릭 워렌이라고 하는 사람입니다. 저는 지금 이 지역의 의견 조사를 하고 있는 중입니다. 무엇을 팔거나 당신의 서명을 받으려고 찾아온 것은 아닙니다. 저는 단지 다섯 개의 질문에 대한 답을 듣고 싶은데, 정답이 따로 있는 것은 아닙니다. 한 2분 정도면 됩니다."

이제는 수천 개의 교회가 자신들의 지역 사회에서 이 다섯 개의 질문을 사용하고 있다. 내가 자문 역할을 했던 한 교단에서는 이 질문을 사용해서 하루에 102개의 개척 교회를 시작했다! 만일 당신이 당신의 지역에 사는 비교인들에 대해 한 번도 조사해 본 일이 없다면, 꼭 한번 그렇게 해 보라고 권하고 싶다.

네 가지의 일반적인 불평들

우리는 조사를 통해 새들백 밸리에 있는 교회들에 대한 네 가지 흔한 불평을 발견했다.

"교회는 지루하다, 특히 설교가 그렇다. 설교가 내 삶과 별 연관이 없다." 이것은 내가 가장 많이 들었던 불평이다. 교회들이 세상에서 가장 흥미진진한 책을 가지고 사람들을 그토록 지루하게 만든다는 것은 참으로 놀라운 일이다. 그들은 빵을 돌로 변화시키는 기적을 행하고 있다.

지루한 설교자들이 일으키는 문제는 사람들이 하나님도 지루하신 분으로 오해하도록 만들고 있다는 것이다. 나는 이 불평을 듣고 하나님의 말씀을 실제적이고 흥미 있는 방법으로 전하는 법을 배워야겠다고 결심했다. 비교인들은 술에 물 탄 듯, 물에 술 탄 듯한 희석된 메시지를 원하는 것이 아니다. 단지 실제적인 것을 듣고 싶어할 따름이다. 그들은 월요일에 적용할 수 있는 메시지를 일요일에 듣고 싶어한다.

"교인들은 방문자들에게 불친절하다. 나는 교회에 간다면, 부끄러워할 필요 없이 환영받고 싶다." 많은 비교인들은 교회가 배타적인 집단처럼 느껴진다고 내게 말했다. 그들은 멤버들만 아는 용어나 노래, 의식 등을 모를 때, 자신들이 무식한 사람처럼 느껴지고 교인들이 자신들을 판단하는 눈으로 보고 있다고 느낀다. 비교인들이 교회를 방문할 때 느끼는 가장 두드러진 감정은 '두려움'이다. 그래서 우리 새들백에서는 방문자들이 환영받는다고 느끼며, 주목의 대상이 된다고 느끼지 않도록 최선을 다하고 있다.

"교회는 내 자신보다 내 돈에 더 관심이 많다." TV 부흥사들이나 다른 기독교 단체들이 눈에 띄게 헌금을 모으는 것을 보았기 때문에 비교인들은 교회가 헌금에 대해 말하는 것에 아주 민감하게 반응한다. 빌 하이벨스(Bill Hybels)는 자신의 조사를 통해서 그 지역의 최대 불평이 이 점이었음을 발견했다. 많은 사람들은 목사들이 돈 때문에 목회를 한다고 생각한다. 화려한 건물은 이러한 느낌을 더욱 부채질한다. 우리는 이 불평을 없애기 위해서 헌금할 때 오히려 그릇된 헌금은 하지 말라고 말한다. 우리는 헌금은 교회의 일원이 된 사람들이 하는 것이라고 설명한다. 우리는 방문자들은 헌금하지 않는 것으로 간주한다.

"교회가 어린아이들을 돌보는 일을 제대로 하는지 걱정이 된다." 새들백 밸리에는 젊은 부부들이 몰려 있다. 따라서 우리는 이 불평을 충분히 예상했다. 교회는 부모들의 신뢰를 얻어야 한다. 새들백교회는 우리의 아동 사역이 안전하고 질적으로 우수하다는 것을 확실히 하기 위해 엄중한 규칙을 세워 놓고 있다. 젊은 부부들을 끌어들이기 위해선 그들의 자녀들을 위해 아주 좋은 프로그램을 준비해야 한다.

예수님은 제자들에게 전략적으로 전도하라고 명하셨다. "보라, 내가 너희를 보냄이 양을 이리 가운데 보냄과 같도다. 그러므로 너희는 뱀같이 지혜롭고 비둘기같이 순결하라"(마 10:16). 미식축구에서 성공적인 팀은 상대방의 수비 진영을 파악할 줄 안다. 공격진이 배열을 할 때, 쿼터백은 상대 팀이 어떻게 진을 펴는지 살펴본다. 그는 상대 팀이 어떻게 방어하려고 할지, 무슨 장애물을 써서 공격을 차단하려고 할지를 미리 예측하려고 애쓴다. 쿼터백이 이 일을 제대로 해 내지 못하면 그는 상대 팀의 수비수들에게 곧 갇히게 된다!

전도에 있어서 상대방의 수비 진영을 파악하는 방법은 불신자들이 말하기 전에 그들을 가로막는 장애물들이 무엇인지를 이해하는 것이다. 다시 말해서 불신자들처럼 생각해야 한다는 것이다.

우리의 조사에서 내가 가장 흥미롭게 느낀 것은 우리 지역의 비교인들의 불평 중 신학적인 것은 하나도 없었다는 것이다. "나는 하나님을 믿지 않기 때문에 교회에 나가지 않습니다"라고 말하는 사람을 한 사람도 만난 적이 없다. 반면에 "나는 하나님은 믿지만 교회가 내 필요를 채워 준다는 느낌이 들지 않는다"라고 말하는 사람은 많이 만났다. 대부분의 비교인들은 무신론자가 아니다. 그들은 교회나 교인들로부터 잘못된 인상을 받았거나 실망했거나 아니면 너무 바쁜 것이다.

우리는 조사를 통해 얻은 정보를 바탕으로, 비교인들의 관심 분야를 다루고 그러한 핑계들을 없앨 수 있도록 고안된 예배를 알리기 위해 우리의 지역 사회에 공개 서한을 보냈다.

나는 전적으로 믿음으로 이 편지를 썼다. 우리가 그것을 보냈을 때, 우리는 아직 예배를 시작도 하지 않은 상태였다. 우리는 우리가 세우려고 결심한 종류의 교회에 대해 믿음으로 미리 광고했다.

나는 그 편지의 서두에 새들백을 "비교인들을 위한 교회"라고 지칭함으로써 우리의 대상을 규정했다. 그 편지의 전체적인 어조는 비교인들이 찾고 있는 것에 호소하는 방식이었지, 그리스도인들을 다른 교회로부터 끌어오려는 쪽이

1980년 3월 20일

이웃 여러분, 안녕하십니까?

드디어!

전통적인 예배 방식에 식상하신 나머지, 교회에 다니기를 포기하신 분들을 위한 새 교회가 여기에 있습니다. 우리 함께 현실을 직면합시다. 요즘 많은 사람들이 교회에 다니지 않고 있습니다.

왜 그렇습니까?

너무나 종종…

- 설교는 지루하고 매일의 삶과 무관합니다.
- 많은 교회들이 당신 자신보다는 당신의 지갑에 관심을 보이는 것 같습니다.
- 교인들은 방문객들에게 불친절합니다.
- 당신의 자녀들을 돌보는 교회의 유아 시설의 수준이 의심스럽습니다.

당신은 교회에 나가는 것이 즐거운 일이어야 한다고 생각하십니까?

그렇다면 우리는 당신에게 좋은 소식을 갖고 있습니다!

새들백 밸리 커뮤니티 교회는 1980년대에 사는 당신의 필요를 채워 주기 위해 마련된 새로운 교회입니다. 우리는 그리스도인의 삶의 방식이 기쁨이라는 것을 발견한 친절하고 행복한 사람들의 모임입니다.

새들백 밸리 커뮤니티 교회에서 당신은

- 새로운 친구를 만나고 당신의 이웃들을 알아 가게 됩니다.
- 현대적 감각을 가진 리듬 있는 음악을 즐기게 됩니다.
- 매주 당신에게 용기를 주는 긍정적이고 실제적인 설교를 듣게 됩니다.
- 당신의 자녀들을 헌신된 유아 담당자들에게 믿고 맡길 수 있습니다.

이번 일요일부터 참석해 보십시오!

저는 4월 6일 오전 11시에 시작되는 우리의 첫 공개 예배인 부활절 축하 예배에 당신을 저의 특별 손님으로 초대합니다. 저희는 현재 라구나 힐스 고등학교 강당에서 모이고 있습니다. 아직 교회를 정하지 않고 있다면 저희를 한번 찾아 주십시오.

무엇이 다른지를 발견하십시오!

릭 워렌 목사 드림

아니었다. 사실상 이 첫 편지에 대해 우리가 받은 비판적이고 분노에 찬 답장들은 모두 그리스도인들로부터 왔으며, 그들은 내게 왜 예수님이나 성경에 대해 전혀 말하지 않았느냐고 물었다. 어떤 사람은 심지어 내가 구원받은 사람인지 의심하기조차 했다! 그들은 우리가 하려고 하는 일을 이해하지 못했던 것이다.

그 편지 때문에 새들백교회의 첫 예배에 205명의 사람들이 참석했다. 그리고 그 다음 10주 안에 그들 중 82명이 자신들의 삶을 그리스도께 드렸다. 이 결과는 어떤 그리스도인들로부터 받은 오해를 무릅쓸 만한 가치가 있는 것이었다. 당신은 누구를 만족시킬 것인지를 결정해야 한다.

고기들이 원하는 방식으로 고기를 잡으라

이것이 새들백의 전도 전략의 핵심이다. 우리는 고기들이 원하는 방식으로 고기를 잡겠다는 마음을 가져야 한다. 내가 우리 아버지의 예를 통해서 이미 지적했듯이, 낚시에 성공하기 위해서는 종종 고기에게 접근하기 위해 불편한 일들을 감수해야 한다. 당신은 보통 낚시꾼들이 포장된 도로에서 반 마일 이상 더 나가려고 하지 않는다는 것을 알고 있는가? 하지만 '진지한' 낚시꾼은 고기를 잡기 위해서라면 거리를 마다하지 않고 가려고 한다. 당신은 지상명령을 이루는 일에 대해 얼마나 '진지한가?' 당신은 사람들을 그리스도께로 인도하기 위해 어디든 가며 어떠한 불편도 감수할 용의가 있는가?

사람들의 문화를 이해하고 그것에 적응하라

예수님은 제자들에게 "어느 동네에 들어가든지 너희를 영접하거든, 너희 앞에 차려 놓는 것을 먹으라"(눅 10:8)고 말씀하셨다. 예수님이 이 말씀을 하신 것은 단지 음식에 관한 충고만이 아니라, 그 지방의 문화에 민감할 것을 명하신 것이다. 주님은 제자들이 전도의 대상들과 함께 어울릴 수 있어야 함을 말씀하셨다. 그들은 성경적 원리에 어긋나지 않는 한, 그 지방의 관습과 문화에 적응해야 했었다.

내가 일본에서 학생 선교사로 사역을 하던 때, 나는 내 앞에 놓인 것을 먹는 법을 배워야 했다. 나는 맛보는 것마다 좋아할 수는 없었다. 하지만 나는 일본 사람들을 사랑했고 그들을 그리스도께로 인도하기 원했기 때문에 그들의 방식을 따랐다.

너무나 자주 우리는 신자와 불신자 사이의 문화적 차이가 메시지를 가로막는 장애물이 되는 것을 본다. 어떤 그리스도인들에게는 "그들의 문화에 적응한다"는 말이 신학적 자유주의처럼 들린다. 바로 이 이슈가 사도행전 15장에 나오는 예루살렘 공회가 열려야 했던 이유였다. 그 당시의 이슈는 "이방인들이 그리스도인이 되기 위해서 유대인의 관습과 문화를 좇아야 하는가?"라는 문제였다. 사도들과 장로들은 아주 분명하게 "절대로 그렇지 않다"고 답변했다! 그 후로 기독교는 세계 곳곳으로 퍼져 나가면서 새로운 문화에 적응하기 시작했다.

복음은 언제나 어떤 문화를 통해 전달된다. 우리가 물어야 할 질문은 "어느 문화인가?" 하는 것이다. 어떤 교회도 문화적으로 중립적일 수는 없다. 교회가 사람들로 이루어진 이상, 교회는 어떤 문화를 드러낼 수밖에 없는 것이다.

2,000년 동안 기독교는 이 문화, 저 문화에 자신을 적응시켜 왔다. 만일 적응하지 못했다면 우리는 여전히 유대교의 한 분파로 남아 있었을 것이다. 믿음을 표현하는 우리의 문화적 방식이 다른 사람들의 그것보다 더 낫거나 더 성경적이라고 주장한다면, 우리는 교회 역사 2,000년을 무시하는 것이다.

나는 낚시를 갈 때마다 고기가 자동적으로 내 배에 뛰어들거나 나를 위해 물 밖으로 뛰쳐 나와 주지 않는다는 것을 알게 되었다. 그들의 문화(물 속)는 나의 문화(공기)와 매우 다르다. 고기와 접촉하기 위해서는 내 편에서의 의도적인 노력이 필요하다. 아무튼 나는 고기의 문화권에서 그들이 원하는 미끼를 코앞에 갖다 놓는 법을 배워야 했다.

자신들이 세운 건물에 "영업중"이라는 표를 붙여 놓으면 비교인들이 찾아와 줄 것이라고 기대하는 교회들은 자신들을 속이고 있는 것이다. 사람들은 스스로 당신의 배에 뛰어들지 않는다. 당신이 그들의 문화 속에 파고들어야 한다.

어떤 문화에 파고들기 위해 사람들이 당신의 말에 귀를 기울이게 하려면 방식의 문제에 있어서 작은 것들은 양보해야 한다. 일례로 우리 교회는 남가주의 지역 사회에 맞게 편안하고 자유로운 복장을 택하고 있다. 몇 마일만 가면 해변가가 펼쳐져 있고, 날씨는 일 년 내내 맑고 온화하기 때문에 이 곳 사람들은 다른 지방처럼 정장을 별로 하지 않는다. 그래서 우리는 예배시의 복장을 자유롭게 하도록 했다. 새들백에서 양복을 입고 넥타이를 맨 사람을 보게 되면, 그들은 대개 다른 곳에서 온 방문객일 경우가 많다.

당신의 대상이 당신의 접근 방식을 결정하게 하라

고기들이 원하는 방식으로 고기를 잡는다는 것은 당신의 대상이 당신의 접근 방식을 결정하게 하는 것을 의미한다. 당신은 낚시를 할 때, 모든 종류의 고기에게 똑같은 미끼를 사용하는가? 모든 고기에게 똑같은 크기의 낚싯바늘을 사용하는가? 물론 그렇지 않을 것이다. 당신은 당신이 잡고자 하는 고기에게 맞는 미끼와 바늘을 사용해야 한다.

바울은 언제나 그의 대상이 그의 접근 방식을 결정하게 했다. 그는 그의 전략을 고린도전서 9장 19-22절에서 다음과 같이 묘사한다.

> 내가 모든 사람에게 자유하였으나 스스로 모든 사람에게 종이 된 것은 더 많은 사람들을 얻고자 함이라. 유대인들에게는 내가 유대인과 같이

된 것은 유대인들을 얻고자 함이요, 율법 아래 있는 자들에게는 내가 율법 아래 있지 아니하나 율법 아래 있는 자같이 된 것은 율법 아래 있는 자들을 얻고자 함이요, 율법 없는 자에게는 내가 하나님께는 율법 없는 자가 아니요 도리어 그리스도의 율법 아래 있는 자나 율법 없는 자와 같이 된 것은 율법 없는 자들을 얻고자 함이라. 약한 자들에게는 내가 약한 자와 같이 된 것은 약한 자들을 얻고자 함이요, 여러 사람에게 내가 여러모양이 된 것은 아무쪼록 몇몇 사람들을 구원코자 함이니

어떤 비평가들은 바울을 카멜레온과 같다고 말할지도 모른다. 즉 다른 그룹을 만날 때마다 다르게 행동함으로써 위선적인 방법으로 사역을 한다는 것이다. 그러나 결코 그렇지 않다. 바울은 전략적이었던 것이다. 모든 사람들이 구원 얻는 것을 보고 싶은 열망이 그를 움직였다. 나는 고린도전서 9장 22-23절을 좋아한다: "그렇습니다. 나는 어떤 사람을 만나든지 그와의 공통점을 찾으려고 애씁니다. 그래서 그 사람이 내가 그리스도에 대해 말하는 것을 거부하지 않게 되고, 그럼으로써 그리스도께서 그 사람을 구원하시게 하기 위함입니다. 내가 이렇게 하는 것은 복음을 그들에게 전하기 위해서이며, 또 나도 그들이 주님께로 돌아오는 것을 보며 축복을 받기 위해서입니다"(LB).

나는 주님께서 전도에 사용하신 표준적인 접근 방법을 찾아보기 위해서 복음서를 통독한 적이 있다. 내가 알게 된 것은 주님은 그러한 방법을 가지고 있지 않으셨다는 것이다! 그분은 복음을 증거하실 때 표준적인 접근 방법을 가지고 있지 않으셨다. 단지 사람들이 처해 있는 상황에서 시작하셨다. 주님은 우물가의 여인과 함께 계셨을 때 생수에 대해 말씀하셨으며, 어부들과 함께 계셨을 때 고기 잡는 것에 대해 말씀하셨다. 농부들과 함께 계셨을 때는 그분은 씨 뿌리는 일에 대해 말씀하셨던 것이다.

비교인들이 느끼는 필요에서부터 출발하라

예수님은 어떤 사람을 만날 때마다 그들의 상처와 필요와 관심사 등에서 출발하셨다. 그분은 제자들을 파송하셨을 때 같은 일을 하도록 명하신 것이다. "병든 자를 고치며 죽은 자를 살리며 문둥이를 깨끗하게 하며 귀신을 쫓아내되 너희가 거저 받았으니 거저 주어라"(마 10:8).

철저하게 사람들이 느끼는 필요와 상처에 초점이 맞추어졌다는 것에 주목하라. 당신이 육체적으로든 정서적으로든 고통 중에 있다면 당신은 히브리어나 헬라어의 의미에 대해 아무런 관심이 없을 것이다. 당신은 단지 낫고 싶을 뿐이다. 예수님은 언제나 사람들의 필요와 상처를 살펴 주셨다. 문둥병자가 주님께 왔을 때, 예수님은 레위기의 정결 예법에 대한 긴 강론을 펼치지 않으셨다. 그분은 단지 그를 고쳐 주셨다! 주님은 병자들, 귀신들린 자들, 괴로움을 당하는 자들을 만나셨을 때 그들의 아픔의 자리에서 그들을 대해 주셨다. 그는 "죄송하지만 그것은 오늘 나의 설교 스케줄과 맞지 않는군요. 오늘은 신명기 강해를 계속 해야 합니다"라고 말씀하지 않으셨다.

당신의 교회가 진지하게 비교인들에게 접근하기를 원한다면 당신은 많은 문제를 갖고 있는 사람들을 기꺼이 상대하려는 열의를 가져야 한다. 고기를 잡는 일은 종종 지저분하고 냄새가 난다. 많은 교회들은 그들이 잡고자 하는 고기가 이미 비늘이 벗겨져 있고, 내장이 치워져 있고, 깨끗이 씻겨져 있고, 또 조리되어 있기를 원한다. 바로 이것이 그들이 아무에게도 접근하지 않는 이유이다.

비교인들이 못마땅하게 여기는 점들을 이해하고 대응해 주라

새들백에서는 비교인들이 못마땅하게 여기는 점들을, 비록 그것들이 무지에서 기인한 것이라 해도, 진지하게 취급해 준다. 불신자들은 헌금을 요구하는 교회, 죄책감이나 두려움 등을 이용해서 교인을 움직이려는 교회, 교회의 모든 모임에 자신들을 참여시키려고 하는 교회, 그리고 방문객들을 일어서게 하고 소개시키는 교회들을 못마땅하게 여긴다.

우리의 전략은 이러한 불평거리들에 대해 가능한 한 빨리 대처하는 것이다. 예를 들면 비교인들에 대한 우리의 조사를 통해 우리는 남가주의 많은 비교인들은 교단 명칭에 대해 부정적으로 느끼고 있다는 것을 알게 되었다. 그래서 우리는 교회 이름을 중립적으로 "새들백교회"라고 지었다.

나는 남침례 교단의 신앙 유산을 부끄러워하지 않는다. 그리고 우리는 새 교우반에서 새들백교회가 교리적으로나 재정적으로 남침례 교단과 관계를 갖고 있다는 것을 분명히 설명한다. 하지만 우리가 남가주의 비교인들에게 "남침례 교단이라는 말이 당신에게 의미하는 것은 무엇인가?"라고 물었을 때, 나는 많은 사람들이 오해하고 있는 것을 보고 놀라지 않을 수 없었다. 많은 불신자들은, 특별히 천주교 배경을 가진 사람들은, 남침례 교단의 교회는 방문하는 것조차도 생각할 수 없는 일이라고 나에게 말했다.

이 사실은 나에게 두 가지 중 하나를 선택하게 해 주었다. 사람들이 우리 교회를 방문하기 '전에' 남침례교가 어떤 교단인지를 지역 사회에 알리는 일에 수년을 투자할 것인가, 아니면 그들이 그리스도를 영접한 '후에' 오해를 해소시킬 것인가? 우리는 후자를 선택했다.

우리의 이러한 선택의 결과에 대해 사람들이 어떤 반응을 나타냈으리라고 생각하는가? 어떤 사람들은 좋은 의도에서이긴 하지만 나를 신학적으로 이단이라고 하거나, 진실성이 결여되었다고 공격해 왔다. 하지만 어쨌든 우리의 대상은 그들이 아니었다. 우리는 그리스도인들을 끌고자 했던 것도 아니고 다른 침례 교인들을 대상으로 했던 것도 아니다. 나를 비난했던 사람들 중 나의 의도를 이해하고 나서 나의 친구가 된 사람들도 있다. 우리가 중립적인 이름을 선택했던 것은 전도의 전략이었지 신학적 타협은 아니었던 것이다.

1988년 갤럽 조사에 따르면 개신교인들의 33%는 자신들의 생애 중 교단을 바꿨다고 밝혔다. 나는 그 수치가 지금은 더 클 것이라고 확신한다. 상표 없는 상품들(generic products : 내용 면에서 인기 상표의 상품과 별 차이가 없지만 상표로 인한 경비가 들지 않기 때문에 훨씬 가격이 싼 상품들, 주로 약의 경우에 많이 쓰이는 표현임)의 인기가 상승하는 것을 볼 때, 요즘 세대는 상표에 대해 별로 애착을 느끼지 않는 것이 분명하다. 대부분의 사람들은 상품의 유명세보다는 실제적 가치를 더 중요하게 여긴다. 교단의 명칭이 교회 이름에 들어가느냐의 여부로 교회를 정하는 사람은 거의 없다. 그들은 자신들의 필요에 가장 잘 대응해 주는 교회를 선택한다.

필요한 경우에는 언제라도 방법을 바꾸라

하루 종일 낚시를 해 본 적이 한 번이라도 있다면 당신은 시간이 지남에 따라 미끼를 바꾸어야 한다는 것을 알고 있을 것이다. 고기들이 아침에 즐겨 무는 미끼를 오후에는 잘 물지 않는다. 오늘날 많은 교회들의 문제는 1950년대의 미끼를 1990년대에도 여전히 쓰려고 한다는 것이다. 물론 고기는 더 이상 물지 않는다. 미래의 성공에 가장 큰 적은 과거의 성공이다.

바늘을 하나 이상 사용하라

내가 자라날 때는 바늘을 하나 이상 사용하는 것을 "주낙"(trotline)이라고 불렀다. 그것은 한 줄에 여러 개의 바늘을 다는 것이다. 더 많은 바늘을 물에 담그면 더 많은 고기가 잡힐 것이라는 생각이다.

기술의 발달로 미국 사람들은 과거 어느 때보다도 더 많은 선택의 여지를 갖게 되었다. 예전에는 TV 채널이 3개였는데 이제는 50개가 넘는 방송국이 있고, 광섬유 케이블을 이용하면 이보다 세 배나 많은 양으로 증가하게 될 것이다. 예전에는 한 종류의 콜라가 있었을 뿐이다. 그러나 이제는 다이어트 콜라, 체리 콜라, 클래식 콜라, 다이어트 체리 콜라, 카페인이 없는 다이어트 콜라 등 여러 종류가 있다.

작년에 나는 TV 보고를 통해 소비자들이 이용할 수 있는 여러 가지 선택의 목록을 보았다. 이 다큐멘터리는 매주 200개의 새로운 품목이 시장에 나타나고 매년 300종류의 새로운 잡지가 출판된다고 추정했다. 리바이스 의류 회사(Levi Coporation) 하나만도 서로 다른 크기, 모양, 종류, 재료 등으로 된 70,000종의 상품을 만들고 있다고 한다. 우리는 다양한 선택을 할 수 있는 세상에 살고 있다.

이러한 변화들은 모든 영역에서 여러 선택의 기회를 갖기 원하는 세대를 만들어 냈다. 불행하게도 예배의 경우, 대부분의 교회는 단지 두 개의 선택만을 제공한다. 참석하든지 말든지의 두 선택이 있을 뿐이다. 당신이 오전 11시 예배에 참석할 수 없다면, 안됐지만, 당신은 운이 나쁘다고 할 수밖에 없다.

여러 차례의 예배를 제공하는 것, 혹은 여러 종류의 예배를 제공하는 것도 결코 소비주의에 영합하는 것은 아니다. 그것은 전략적인 것이며 비이기적인 것이다. 더 많은 사람들을 그리스도께로 인도하기 위해서라면 필요한 것은 무엇이나 하겠다는 의지를 보여 주는 것이다. 목표는 비교인들이 그리스도에 대해 들을 기회를 어렵게 만드는 것이 아니라 가능한 한 쉽게 만드는 것이다.

성장하는 교회들은 다양한 프로그램, 다양한 예배, 그리고 어떨 때는 다양한 위치까지 제공한다. 그들은 온갖 종류의 사람들에게 접근하기 위해선 온갖 종류의 접근 방식이 필요하다는 것을 깨달은 것이다. 제리 화렐은 이것을 "총체적 전도"(Saturation Evangelism)라고 부른다. 가능한 모든 시간에 가능한 모든 방법을 동원해서 가능한 모든 사람을 전도하는 것이 총체적 전도다.

왜 우리는 보통 한 개의 바늘만 가지고 낚시하는가? 왜 대부분의 교회는 전도 프로그램이 그토록 적은가? 아니 전무한가? 나는 그 이유를 우리가 잘못된 질문을 하기 때문이라고 생각한다. 너무나 종종 우리가 묻는 첫 번째 질문은

"그것은 비용이 얼마나 드는가?"이다. 그러나 바른 질문은 "그것을 통해 누구를 전도할 수 있는가?"라는 것이다. 한 영혼의 가치는 얼마나 큰가? 만일 한 사람의 불신자를 그리스도께로 인도할 수 있다면 신문 광고 비용으로 500달러를 쓰는 것이 과연 낭비인가?

지역 사회를 전도하기 위해서는 비용이 든다

당신 교회가 진정으로 종합적인 전도 전략을 개발하기 원한다면 비용이 들 것을 각오해야 한다. 이 사실을 염두에 두고 나는 전도 전략을 수행하기 위해 사용되는 재정에 대한 몇 가지 생각을 나눔으로써 이 장을 마무리 짓겠다.

첫째, 전도에 사용되는 돈은 결코 소비가 아니라는 것이다. 그것은 언제나 투자다. 당신이 전도한 사람들은 당신이 그들에게 투자한 것 이상으로 갚는다. 우리가 새들백의 첫 예배를 드리기 전에 우리의 작은 가정 성경공부 그룹은 그 예배 준비를 위해 6,500달러의 빚을 지게 되었다. 우리가 그 돈을 어디서 구했겠는가? 우리는 개인 신용카드를 썼던 것이다! 우리는 우리가 그리스도께로 인도한 사람들이 낸 헌금으로 결국에는 모든 빚을 갚을 수 있었다.

우리가 첫 예배를 위해 예행 연습을 하고 있었을 때 이루어진 기적들 중 하나는, 우리 가정 성경공부에 참석하지 않았던 사람이 그 연습 예배에 와서 1,000달러를 헌금했던 것이다. 연습이 끝나자 헌금 계수를 맡았던 자매가 내게 와서 그 수표를 보여 주었다. 나는 "이거 일이 되겠는데"라고 말했다. 우리는 모두에게 4개월 안에 그들이 사용했던 돈을 다 돌려줄 수 있었다. 이 점에 대해 오해하지 않기를 바란다. 나는 당신의 교회에게 신용카드를 사용하라고 권장하는 것이 아니다. 나는 단지 우리가 사람들을 그리스도께로 인도하는 데 소요되는 비용을 기꺼이 지불하고자 했었다는 것을 보여 주고 싶었던 것이다.

교회의 재정이 어려워질 때, 대개 가장 먼저 줄이는 것이 전도와 광고에 소요되는 예산이다. 그것이야말로 당신이 가장 '나중에' 줄여야 할 항목인 것이다. 그것이야말로 교회의 새로운 생명의 공급처이다.

둘째, 교회의 재정에 대해 우리가 기억해야 할 것은 사람들은 필요가 아닌 '비전'을 보고 헌금을 한다는 것이다. 만약 필요가 사람들로 하여금 헌금을 하도록 동기 부여를 한다면 모든 교회는 재정이 충분하게 될 것이다. 사람들로 하여금 헌금을 내게 하는 것은 가장 필요가 많은 기관들이 아니고 가장 큰 비전을 가진 자들이다. 자신들이 가지고 있는 것을 최대한으로 활용하는 교회들은 더욱 많은 헌금을 모으게 된다. 바로 이것이 예수님이 다음과 같이 말씀하신 이유다. "내가 너희에게 말하노니 무릇 있는 자는 받겠고, 없는 자는 그 있는 것도 빼앗기리라"(눅 19:26). 당신 교회가 계속 재정의 어려움을 겪는다면 당신의 비전을 검토해 보라. 당신의 비전은 확실한가? 당신은 그것을 효과적으로 전달하고 있는가? 돈은 하나님이 주신, 그리고 성령님이 깨우쳐 주신 아이디어가 있는 곳으로 흘러 들어온다. 교회들이 갖고 있는 재정적인 문제는 종종 사실상 비전의 문제인 것이다.

셋째, 당신이 전도를 위해 십 원짜리, 백 원짜리 동전을 쓴다면 당신은 십 원짜리, 백 원짜리 결과를 얻게 될 것이다. 마태복음 17장에서 예수님은 베드로에게 물고기를 잡아 그 입에서 동전을 꺼내 로마에 바치는 세금으로 내라고 하셨다. 27절에서 주님은 베드로에게 다음과 같이 말씀하신다. "네가 바다에 가서 낚시를 던져 먼저 오르는 고기를 가져 입을 열면 돈 한 세겔을 얻을 것이니 가져다가 나와 너를 위하여 주라." 나는 이 이야기에 아주 중요한 교훈이 담겨 있다고 생각한다. 그것은 곧 동전은 언제나 고기의 입에서 발견된다는 것이다. 만일 당신이 고기 잡는 일(전도)에 총력을 기울인다면 하나님이 당신의 지불 청구서를 책임져 주실 것이다.

마지막으로, 위대한 선교 전략가 허드슨 테일러의 유명한 모토를 기억하라. "하나님의 방법으로 이루어지는 하나님의 일에는 결코 하나님의 공급이 부족한 법이 없다."

고기를 잡는 일은 중대한 사업이다

나는 언제나 예수님이 전도를 고기 잡는 일에 비유한 것에 대해 멋있게 여겨 왔다. 하지만 내가 한 가지 그것에 대해 주저하는 점이 있다. 고기 잡는 일은 대부분의 사람들에게는 한가한 시간이 생길 때에나 하는 하나의 취미에 불과하다는 것이다. 그들은 결코 고기 잡는 일을 책임으로 여기지 않는다. 하지만 사람을 낚는 일은 중대한 사업이다. 그것은 그리스도인의 취미가 아니다. 그것은 우리의 생활 양식이 되어야 한다.

| 제4부 |
군중을 끌어들이기

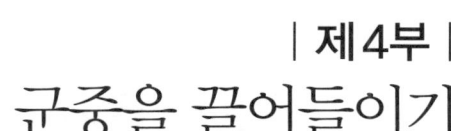

THE PURPOSE DRIVEN CHURCH

12장. 예수님께서 군중을 모으신 방법

엄청난 무리가 예수께서 가시는 곳마다 따랐다.
(마태복음 4:25, LB)

많은 무리가 예수의 말씀을 기쁘게 들었다.
(마가복음 12:37, 표준 새번역)

예수님의 사역 중에서 인상 깊은 점 중의 하나는 군중을 끌었다는 것이다. 커다란 군중을 말이다. 엄청난 무리를 말이다. 킹 제임스 역본에서는 그들을 "군중"(multitudes)이라고 지칭하고 있다. 예수님을 따르던 군중은 너무도 규모가 커서 한번은 그로 인해서 질식을 당할 뻔하셨다(눅 8:42). 구도자들은 장거리를 여행하는 한이 있더라도 그분의 말씀 듣기를 즐겼으며, 그분이 가시는 곳마다 몰려들었다. 예수님이 5천 명을 먹이셨을 때 5천이라는 수는 남자만 센 것이었다(마 14:21). 거기에다가 그 곳에 함께 있었을 여자와 아이들의 수를 포함시키면 1만 5천 명이 넘었을 것이다! 예수님의 사역에는 사람들을 끄는 무언가가 있었다.

그리스도의 본을 따르는 사역은 아직도 군중을 끈다. 군중을 모으기 위해서 술수를 사용하거나 믿음을 타협할 필요가 없는 것이다. 설교 내용을 희석시킬 필요도 없다. 군중을 모으는 데 있어서 심지어는 교회 건물조차도 필요 없다는 것을 나는 알게 되었다. 그러나 반드시 필요한 것은 예수님의 방법으로 사람들에게 사역해야 한다는 것이다.

예수님의 사역의 어떠한 면이 많은 군중을 끌었는가? 예수님은 군중들에게 세 가지를 하셨다. 그분은 그들을 사랑하셨고(마 9:36 등), 그들의 필요를 채워 주셨으며(마 15:30; 눅 6:17-18; 요 6:2), 재미있고 실제적인 방법으로 가르치셨다(마 13:34; 막 10:1; 12:37 등). 이 동일한 세 가지가 오늘날에 있어서도 군중을 끄는 요소이다.

예수님은 불신자들을 사랑하심으로써 군중을 끄셨다

예수님은 하나님을 모르는 사람들을 사랑하셨으며 그들과 함께 시간을 보내기를 매우 좋아하셨다. 복음서에서 분명하게 드러나는 사실은 예수님이 종교 지도자들보다는 구도자들과 함께 있는 것을 훨씬 더 즐기셨다는 것이다. 그분은 그들의 연회에 참석하신 이유로 "죄인의 친구"(눅 7:34)라고 불리셨다. 얼마나 많은 사람들이 당신을 그렇게 부르는가?

사람들은 예수님이 자신들과 함께 하시는 것을 매우 좋아하신다는 것을 느낄 수 있었다. 심지어는 어린아이들도 그분 곁에 있기를 원했는데 이는 그가 어떠한 분인가에 대해 많은 것을 말해 준다. 어린아이들은 사랑이 많으며 용납적인 사람들에게 본능적으로 끌리기 때문이다.

예수님처럼 불신자를 사랑하라

예수님처럼 불신자를 사랑하는 것은 교회를 성장시키는 데 있어서 가장 소홀히 되고 있는 비결이다. 잃어버린 영혼에 대한 예수님과 같은 열정이 없다면 우리는 그들을 인도하기 위해 필요한 희생을 치르려고 하지 않을 것이다.

"사랑하라"는 계명은 신약에서 가장 많이 반복되고 있는 계명으로서 적어도 55번이나 나타나고 있다. 우리가 사람들을 사랑하지 않는다면 다른 어떠한 것도 소용이 없다. "사랑하지 아니하는 자는 하나님을 알지 못하나니 이는 하나님은 사랑이심이라"(요일 4:8).

내가 세례를 준 새 신자들에게 무엇이 그들을 우리 교회로 끌리게 했는가를 물어 보았을 때 "당신이 믿는 개혁 신학 때문입니다" 또는 "멋진 건물이었습니다" 또는 "달력에 꽉 찬 교회 행사 때문입니다"라고 대답하는 사람은 한 사람도 보지 못했다. 가장 흔한 대답은 "저에 대한 놀라운 사랑을 느낀 것이 저를 이 교회로 이끈 이유입니다"라는 것이었다.

이 말의 초점을 주목하라. 우리 교인들의 사랑은 서로에게 뿐 아니라 새로운 사람들에게도 쏟아지고 있다. 나는 교인들이 서로를 사랑하며 훌륭한 교제를 나누고 있지만 그래도 죽어 가고 있는 교회를 많이 알고 있다. 모든 사랑이 내부로 집중되어 있기 때문이다. 이런 교회에서 이루어지고 있는 교제는 새로운 사람들이 끼어들 공간이 없을 만큼 밀착되어 있다. 그들은 불신자들을 끌어들이지 못하는데 그 이유는 불신자들을 사랑하지 않기 때문이다.

물론 모든 교인은 자신의 교회가 사랑이 넘치는 교회라고 생각한다. 왜냐하면 그 교회가 사랑하지 않는 교회라고 생각하는 사람들은 거기에 남지 않기 때문이다. 전형적인 교인에게 물어 보라. 그들은 "우리 교회는 매우 다정하고 사랑이 많습니다"라고 대답할 것이다. 그들의 말의 진정한 의미는 "우리는 서로를 사랑합니다. 우리는 이미 여기 있는 사람들에 대해서 다정하며 사랑을 베풉니다"라는 것이다. 그들은 자신들이 대하기에 편하게 느껴지는 사람들을 사랑한다. 그러나 그러한 따뜻한 교제가 자동적으로 불신자나 방문객에 대한 사랑으로 연결되지는 않는다.

어떤 교회들은 교인수의 부족을 자신들이 성경적이며 정통파이거나 성령 충만하다는 증거로 여긴다. 그들은 적은 교인수가 자신들이 순결한 교회이며 신앙을 타협하지 않은 증거라고 주장한다. 그러나 사실은 그들이 잃어버린 영혼들을 찾으러 나설 만큼 그들을 사랑하지 않는다는 것을 의미할 수도 있다. 많은 교회가 군중을 모으지 못하는 솔직한 이유는 그들이 군중을 원하지 않기 때문이라는 것이다. 그들은 불신자들과 관계를 형성하는 것을 좋아하지 않으며, 군중을 끄는 것은 자신들의 안주된 생활 방식에 방해를 받을 것이라고 생각한다. 이러한 종류의 이기심이 많은 교회들의 성장을 막고 있다.

   수년 전에 딘 켈리(Dean Kelly)는 자신의 연구를 통해서 교회들이 성장하는 이유를 보수적인 교리 때문이라고 했다. 그들은 자신들이 무엇을 믿는지를 분명히 알고 있으며 그것을 자랑스럽게 여긴다는 것이다. 나는 켈리의 의견에 절반만 동의한다. 성경을 믿고 있으나 죽어 가고 있는 교회가 많이 있다. 성장하는 교회는 보수적인 신앙을 유지하며 동시에 외부인들을 사랑하는 교회들이다. 윈 안(Win Arn)은 이 사실을 확증하는 광범위한 연구를 실행한 적이 있다. 훌륭한 교회는 하나님에 대한 사랑과 서로에 대한 사랑, 그리고 불신자들에 대한 사랑 위에 세워진다.

사랑은 강력한 자석처럼 사람들을 끈다.
사랑의 결핍은 사람들을 쫓아 버리게 된다.

   새들백교회가 성장할 수 있었던 주요 이유 중의 하나는 우리가 새로 온 사람들을 사랑한다는 것이다. 우리는 방문객들을 사랑하며 구원받지 못한 사람들을 사랑한다. 15년간 나는 우리 교인들이 그들에 대한 사랑을 실제적인 방법으로 표현하는 것을 지켜보았다. 임시로 사용하던 장소에서 주말마다 주일학교 반을 위한 의자와 설비물을 설치하고 치웠던 일, 교회가 계속 성장하며 더 많은 사람들을 이끌 수 있도록 79개의 다른 장소로 옮겨 다녔던 일, 방문객들이 주차장을 사용할 수 있도록 자신들은 학교 밖에 주차했던 일, 방문객들이 의자에 앉을 수 있도록 자신들은 서서 예배를 드렸던 일, 천막을 치고 예배를 드릴 때는 추운 날에 방문객들에게 자신들의 코트를 입도록 권했던 일 등, 세심한 배려를 통해 우리의 사랑을 보여 준 것이다.

   큰 교회는 항상 차갑고 사무적이며, 작은 교회들은 자동적으로 따뜻하고 사랑이 많다고 믿는 것은 잘못된 관념이다. 어떤 교회들이 계속 작은 교회로 남아 있는 이유는 그들이 사랑하지 않기 때문이다. 사랑은 강력한 자석처럼 사람들을 끈다. 사랑의 결핍은 사람들을 쫓아 버리게 된다.

용납하는 분위기를 만들라

식물과 마찬가지로 교회도 성장하기 위해서는 적절한 기후가 필요하다. 교회 성장을 위한 적절한 기후는 용납과 사랑이다. 성장하는 교회들은 사랑하는 교회이며 사랑하는 교회는 성장한다. 자명한 사실이지만 흔히 등한시되고 있는 점이 있다. 당신의 교회가 성장하기 위해서는 새로운 사람들이 오면 그들에게 친절하게 대해야 한다는 것이다.

새들백교회를 시작하기 전에 교회에 다니지 않는 사람들을 대상으로 조사한 설문에서 내가 발견한 두 번째로 흔한 불평은 "교인들이 방문객들에게 친절하지 않다. 우리는 그 교회에 맞지 않는 사람들이라는 느낌을 받는다"라는 것이었다. 목사가 설교를 시작하기 전에 이미 방문객들은 이 교회에 다시 올 것인가를 결정하고 있다. 그들은 "내가 여기서 환영받고 있는가?"라고 묻는다.

새들백에서는 이 불평을 해결하기 위해서 온갖 노력을 기울인다. 우리는 방문객들이 느낄 수 있는 사랑과 용납의 기후를 창출하기 위한 전략을 곰곰이 생각해 보았다. 우리는 처음 방문한 사람들에게 우리 교회의 첫인상에 대한 솔직한 느낌을 무명으로 표현해 달라고 부탁함으로써 매주 우리의 효율성을 살펴본다.

우리는 처음 방문한 사람들에게 "우리 교회에 방문해 주셔서 감사합니다"라는 편지를 보낼 때 우표를 붙인 '나의 첫인상' 우편엽서를 동봉한다. 그 카드에는 "우리 교회는 당신을 더 잘 섬기기 원합니다. 우리 교회에 대한 당신의 의견을 말씀해 주시지 않겠습니까?"라고 써 있다. 카드에는 단지 세 가지 질문만 있다. "가장 먼저 느끼신 것이 무엇입니까?" "어떤 점이 가장 좋으셨습니까?" "어떤 점이 가장 마음에 들지 않으셨습니까?" 이러한 카드를 이제는 수천, 수만 장을 받았으며 첫 번째 질문에 대한 대답의 90% 정도가 대략 이렇다. "사람들이 따뜻하고 친절하다는 것을 느꼈다." 이러한 반응은 우연한 것이 아니다. 이것은 그들이 느낄 수 있는 방법으로 방문객들에게 사랑을 표현하려는 우리의 의도적인 전략의 결과인 것이다. 방문객에게 영향을 끼치기 위해서는 사랑이 실제적인 방법으로 표현되어야 한다. 교회가 불신자에 대해서 진정으로 사랑을 가지고 있다 하더라도 그러한 사랑이 그들이 이해할 수 있는 방법으로 표현되지 않을 수도 있다. 우리는 방문객들과 그리스도를 모르는 사람들에 대한 우리의 사랑을 실증해 보일 수 있는 방법으로, 의도적으로 행동해야 한다. 사랑은 느낌에 그치는 것이 아니라 행동인 것이다. 그것은 다른 사람의 필요에 예민하며, 그들의 필요를 내 자신의 필요보다 더 우선적으로 생각하는 것이다. 다음 장에서는 새들백에서 이것을 행한 실제적인 방법들을 제시할 것이다.

목사가 사랑이 많아야 한다

목사가 교인들의 분위기와 성격을 좌우한다. 당신이 목사이며 당신 교회의 따뜻함의 정도에 대해서 알고 싶다면 온도계를 당신의 입에 물고 재어 보면 된다. 일부 목사들은 그들의 차가운 행동과 개인적인 따뜻함의 부족으로 인해서 방문객들이 다시 돌아오지 못하게 만든다. 일부 큰 교회들에서 나는 목사가 청중은 매우 좋아하지만 사람들은 별로 좋아하지 않는다는 인상을 받았다.

나는 목사들이 "나는 설교하는 것을 정말 좋아합니다"라고 열정적으로 말하는 것을 흔히 듣지만, 한 번도 그런 말을 인상적으로 받은 적이 없다. 청중의 집중을 받는 것을 즐기거나 또는 사람들 앞에 섬으로써 몸에 아드레날린이 치솟는 것을 즐기는 것에 불과할 수도 있기 때문이다. 나는 그 목사들에게 물어 보고 싶은 것이 있다. "당신이 설교하는 그 사람들을 사랑하십니까?" 이것이 훨씬 더 중요한 문제이다. 성경은 말한다. "내가 사람의 방언과 천사의 말을 할지라도 사랑이 없으면 소리 나는 구리와 울리는 꽹과리가 되고"(고전 13:1). 하나님의 눈에 사랑이 없는 위대한 설교는 단지 소음에 불과하다.
 나는 군중들에게 말씀을 전할 때 항상 내 자신에게 간단한 내용을 상기시키는데 그렇게 하지 않고는 설교를 하거나 가르치지 않는다. 그 내용은 이렇다.

 아버지, 저는 아버지를 사랑하고 아버지는 저를 사랑하십니다. 나는 이 사람들을 사랑하며 아버지도 이 사람들을 사랑하십니다. 저를 통해서 이 사람들을 사랑해 주시옵소서.
 이들은 두려워해야 할 청중이 아니라 사랑해야 할 가족입니다.
 사랑에는 두려움이 없나니 완전한 사랑은 모든 두려움을 내어쫓느니라.

 레이건과 부시 대통령의 통신 고문이었던 로저 에일스는 대중 연설에 있어서 가장 영향력 있는 요소는 "호감"이라고 믿었다. 사람들이 당신을 좋아하면 당신이 하는 말을 들을 것이다. 만일 당신을 좋아하지 않으면 그들은 당신을 무시하든지 당신의 메시지를 인정하지 않을 것이다. 어떻게 하면 호감을 살 수 있는가? 그것은 간단하다. 사람들을 사랑하면 된다. 당신이 사람들을 사랑한다는 것을 그들이 알게 되면 그들은 당신이 하는 말을 들을 것이다.
 목사로서 군중들에게 사랑을 증명해 보일 수 있는 몇 가지 실제적인 방법을 제시해 보겠다.

 그들의 이름을 외우라. 이름을 기억한다는 것은 당신이 사람들에게 관심을 갖고 있다는 것을 보여 준다. 두 번째 방문하는 사람에게 있어서 당신이 그의 이름을 부르는 것을 듣는 것보다 더 듣기 좋은 것은 없다. 나는 기억력이 좋은 편은 아니지만 이름을 기억하려고 많은 노력을 기울인다. 새들백의 초기 시절에 나는 사람들의 사진을 찍어 카드를 만들어서 그들의 이름을 외우는 데 사용했다. 나는 우리 교회의 출석 인원이 3천 명 정도가 될 때까지 모든 사람들의 이름을 외우고 있었다. 그 후에는 내 두뇌로는 한계에 다다랐다. 나는 새 교우반에 있는 새 신자들에게 나를 세 번째 만날 때까지 그들의 이름을 계속 말해 달라고 부탁한다. 사람들의 이름을 기억하려고 노력을 기울이는 것은 대인 관계에 있어서 커다란 대가를 지불받는다.

예배 전후에 직접 사람들에게 인사하라. 사람들이 당신에게 접근할 수 있는 기회를 주고 당신의 서재에 숨어 있지 말라. 우리 교회의 첫 3년 동안 우리는 고등학교 건물에서 모였는데 그 학교에는 담이 쳐져 있어서 모든 사람이 같은 문으로 나가야 했다. 매주 나는 우리 교회에 오는 모든 사람에게 직접 인사를 했다. 그들은 내 옆을 지나가지 않고는 들어가고 나갈 수가 없었다!

예배를 드리기 위해 군중을 준비시키는 데 있어서 가장 좋은 방법 중의 하나는 말씀을 전하기 전에 할 수 있는 대로 많은 사람을 만나는 것이다. 군중들 사이에 섞여서 대화를 나누라. 그렇게 함으로써 당신이 그들에게 관심을 가지고 있다는 것을 보여 주라.

많은 목사들은 예배 전에 사람들이 들어오고 있는 동안 다른 방에서 사역자들이나 핵심 지도자들을 모아 놓고 기도하기를 좋아한다. 나는 예배를 위한 기도는 다른 시간에 해야 한다고 믿는다. 기회가 있을 때, 사람들과 함께 있을 수 있는 시간을 놓치지 말라.

나에게는 우리 교회의 네 번의 예배 시간 동안에 나를 위해서 기도해 주는 평신도 기도 팀이 있으며, 또 나는 매주 우리의 예배를 위해서 많은 시간을 기도로 보낸다. 우리 목회자들도 함께 기도한다. 그러나 우리는 예배 전에는 그처럼 분주한 기도 시간을 갖지 않는다. 많은 사람들과 접촉할 수 있는 기회는 일 주일에 단 한 번밖에 없기 때문에, 그들이 몰려오기 시작하면 나는 모든 사역자와 핵심적인 평신도 지도자들이 그들과 섞여서 대화를 나누기 원한다.

사람들을 만져 주라. 예수님의 사역을 연구해 보면 사람들에게 시선을 주고 말을 건네며 만져 주는 것의 강력한 효과를 보게 된다. 새들백교회는 사람들을 많이 만져 주는 것이 좋은 영향을 미친다는 것을 믿는다. 우리는 많이 포옹하고 악수하며 등을 두드려 준다. 우리의 세상은 '인정한다'는 의미의 사랑이 담긴 접촉을 갈구하는 외로운 사람들로 가득 차 있다. 많은 사람들이 자신들은 혼자 살고 있으며 사랑으로 피부를 맞댈 수 있는 유일한 장소는 교회라고 말했다. 나는 주일 아침 누군가를 안아 줄 때면 그들이 누군가로부터 다음 포옹을 받기까지 얼마나 오래 기다려야 할까를 자주 생각하게 된다.

> 우리의 세상은 '인정한다'는 의미의
> 사랑이 담긴 접촉을 갈구하는 외로운 사람들로 가득 차 있다.

얼마 전 등록 카드에서 이러한 메모를 읽었다. "릭 목사님, 오늘 목사님이 저를 따뜻하게 안아 주신 것이 제게 얼마나 큰 의미를 주었는지 말씀드릴 수 없습니다. 마치 예수님이 커다란 사랑과 포근함으로 저를 안아 주시는 것처럼 느꼈습니다. 이제는 이 두려운 시간을 제가 감당해 낼 수 있다는 것을 깨달으며 그분이 저를 도우시기 위해서 목사님을 보내 주셨다는 것을 압니다. 이 교회에 이토록 사랑과 인정이 많다는 사실이 참 좋습니다. 감사합니다." 내가 그녀를 포옹했을 때 나는 그녀가 그 다음 날 유방암 수술을 받기 위해 입원한다는 사실을 전혀 모르고 있었다.

같은 주에 또 다른 메모에는 이렇게 적혀 있었다. "나는 하나님께 그분이 저와 함께 계신다는 표적을 보여 달라고 간구하고 있었습니다. 예배 전, 이전에 한 번도 만나 본 적이 없는 글렌 목사님이 내 자리로 오셔서 아무 말씀도 하지 않으시고 그의 손을 제 어깨 위에 올려 놓으셨습니다. 저는 이제 주님이 저를 잊지 않으셨다는 것을 확신합니다." 바로 그 주간에 그의 아내가 그를 버리고 떠났던 것이었다.

주일 예배 시간에 다른 목사가 설교를 할 때에는 나는 주로 수백 명의 사람들에게 눈길을 주고 말을 건네며 손길을 주는 데 모든 시간을 다 보낸다. 따뜻한 말과 정감 어린 손길이 누군가에게 얼마나 커다란 의미를 부여하게 될지 모른다. 모든 미소 뒤에는 숨겨진 상처가 있으며 단순한 사랑의 표현이 그것을 치유할 수 있을지도 모르는 것이다.

방문객들에게 편지를 쓸 때는 따뜻하고 개인적인 형식을 사용하라. 우리는 첫 번째, 두 번째, 세 번째 방문한 사람들에게 그들을 만나게 되어서 얼마나 반가운지 모른다는 내용으로 내가 보낸 편지를 모아 두고 있다. 나는 "워렌 박사" 또는 "워렌 목사"라고 쓰지 않고 단지 "릭"이라고 쓴다. 방문객들이 나의 이름을 부르며 친근한 관계를 맺을 수 있다고 느끼기를 원하기 때문이다.

그들에게 편지를 쓸 때는 화려한 문체의 형식적인 언어가 아니라 말하는 것처럼 쓰라. 나는 방문객에게 이렇게 쓴 편지를 받아 본 적이 있다. "우리 교회는 지난 주 당신이 예배에 참석해 주심에 사의를 표하며, 다음 주일에도 다시 참석해 주실 것을 진심으로 바라는 바입니다." 이런 식으로 말하는 사람이 있는가? 이보다는 "오셔서 참 좋았습니다. 다음 주에도 만나기를 기대합니다."라고 쓰라. 영국 왕족에게나 보낼 편지를 작성하듯이 쓰지 말라.

> **목사가 내려야 하는 가장 중요한 결정 중의 하나는
> 사람들에게 인상적으로 보일 것인가,
> 아니면 영향을 끼칠 것인가 하는 것이다.**

모든 목사가 내려야 하는 가장 중요한 결정 중의 하나는 사람들에게 인상적으로 보일 것인가, 아니면 영향을 끼칠 것인가 하는 것이다. 인상적으로 보이는 것은 멀리에서도 할 수 있으나 사람들을 사랑하고 영향을 끼치기 위해서는 가까이 접근해야 한다. 거리가 영향력을 좌우한다. 나는 어떤 목사들이 사람들로부터 거리를 유지하고자 하는 이유는 그들이 가까이 있게 되면 별로 인상적이지 못하기 때문이라고 생각한다.

만일 교회가 군중을 끌기 원한다면 목사와 교인들이 외부인들에게 사랑이 담긴 모습으로 행동해야 한다. "여기에 오시면 우리는 당신을 사랑할 것입니

다. 당신이 누구이든, 어떻게 생겼든, 또는 어떤 일을 했든간에 이 곳에 오시면 사랑을 받을 것입니다"라는 태도를 증명해 보여야 한다.

승인하지 말고 용납하라

불신자들을 무조건적으로 사랑하기 위해서는 용납하는 것과 승인하는 것의 차이를 이해해야 한다. 그리스도인으로서 우리는 불신자들의 죄악된 삶의 방식은 승인하지 않지만, 그들 자신을 받아들이고 사랑하도록 부르심을 받았다. 예수님은 사마리아 여인의 방탕한 삶의 방식은 승인하지 않으셨지만 그녀에게 사랑과 용납을 보여 주셨다. 그분은 삭개오의 부정직함은 승인하지 않으셨으나 그와 함께 식사를 하셨다. 또한 그분은 간음하다 현장에서 잡힌 여인의 죄는 경시하지 않으시면서 그녀의 존엄성을 사람들 앞에서 보호해 주셨다.

낚시를 잘하는 사람이면 누구나 고기(특히 아주 팔팔한 물고기)를 낚기 위해서는 낚싯줄을 어느 정도 느슨하게 풀어 주어야 한다는 것을 알고 있다. 만일 팽팽하게 힘껏 잡아당기기만 한다면 아마 그 고기는 줄을 끊거나 또 낚싯대까지 부러뜨릴 수도 있을 것이다. 그런 고기는 때로 그가 원하는 대로 조금씩 풀어 주면서 조심스럽게 다루어야 한다. 사람을 낚을 때도 마찬가지다. 때로 불신자들을 낚아 들이기 위해서는 그들에게 어느 정도의 여유를 허락해 주어야 한다. 그들이 잘못하고 있는 모든 일에 대해서 그들을 공격하지 말라. 그들이 짓고 있는 죄들의 많은 부분은 그들이 그리스도께 나아온 후에 해결될 것이다.

불신자들이 신자가 되기 전에는 신자처럼 행동하기를 기대해서는 안 된다. 로마서는 불신자들이 믿는 자처럼 행동하는 것은 불가능하며, 그 이유는 그들 안에 성령의 능력이 없기 때문이라고 가르치고 있다.

예수님에게 끌렸던 군중 중에는 믿는 자와 불신자가 섞여 있었다. 일부는 헌신된 추종자였으며, 일부는 신실한 구도자였고, 일부는 신실하지 못한 회의론자들이었다. 예수님은 이 사실에 대해서 신경쓰지 않으셨다. 그분은 그들 모두를 사랑하셨다.

새들백에서는 우리 군중 예배에 참석하는 많은 사람들이 문제 있는 삶의 방식과 죄의 습성, 그리고 심지어는 악명 높은 평판을 가지고 있다는 사실을 알고 있다. 이 사실은 우리로 하여금 신경 쓰이게 만들지 않는다. 우리는 군중(헌신되지 않은 출석자)과 회중(우리 교인)을 구분한다. 군중이 아니라 회중이 교회이다. 군중 예배는 교인들이 직접 전도하고 있는 믿지 않는 친구들을 데려올 수 있는 장소이다.

우리는 교인과 출석자들에게 각각 다른 기준을 적용한다. 우리 교회의 교인은 우리 '교인 서약'의 생활 지침에 준하여 살 것을 기대한다. 부도덕한 행위를 하는 사람들은 교회의 징계를 받는다. 군중 속에 있는 불신자는 교회의 징계 대상이 아닌데 그것은 그들이 우리 교회 가족의 일부가 아니기 때문이다. 바울은 고린도전서 5장 9-12절에서 이것을 분명히 구분했다.

> 내가 너희에게 쓴 것에 음행하는 자들을 사귀지 말라 하였거니와 이 말은 이 세상의 음행하는 자들이나 탐하는 자들과 토색하는 자들이나 우상 숭배하는 자들을 도무지 사귀지 말라 하는 것이 아니니 만일 그리 하려면 세상 밖으로 나가야 할 것이라. 이제 내가 너희에게 쓴 것은 만일 어떤 형제라 일컫는 자가 음행하거나 탐람하거나 우상 숭배를 하거나 후욕하거나 술 취하거나 토색하거든 사귀지도 말고 그런 자와는 함께 먹지도 말라 함이라. 외인들을 판단하는데 내게 무슨 상관이 있으리요마는 교중 사람들이야 너희가 판단치 아니하랴?

우리는 믿지 않는 출석자가 예배에 참석하기 위해서 그들의 죄악된 습관을 버리거나 그들의 삶의 방식을 바꿀 것을 기대하지 않는다. 오히려 그들에게 "있는 모습 그대로" 오도록 격려한다. 교회는 죄인들을 위한 병원이다. 우리는 남가주의 불신자가 집에 있거나 해변에 가는 것보다는 반바지를 입고 티셔츠를 입고 오더라도 우리 예배에 참석하기를 원한다. 만일 그들로 하여금 복음을 듣고 변화된 삶을 목격하게 할 수 있다면 그들 중에서 많은 수가 그리스도에게 마음을 여는 것은 시간 문제라고 믿는다.

어떤 방법이나 행사나 기술도
불신자들에 대한 사랑의 결핍을 대신 메울 수는 없다.

예수님은 "너의 행실을 올바로 하면 구원해 주리라"고 말씀하지 않으셨다. 그분은 당신이 변화하기 전부터 당신을 사랑하셨다. 예수님은 당신도 다른 사람들에게 그렇게 대할 것을 기대하신다. 동거하는 중에 새들백교회에 다니기 시작하였다가 구원받게 되자 결혼식을 올려 줄 것을 부탁한 커플은 내가 일일이 셀 수 없을 만큼이나 많다. 얼마 전 나는 십칠 년간 동거해 오다가 새 신자가 된 커플의 결혼식을 올려 주었다. 그리스도께로 나오자마자 그들은 "우리가 결혼식을 올려야겠죠?"라고 말했다. 나는 "물론입니다!"라고 대답했다. 성화는 구원 후에 오는 것이다.

어떤 방법이나 행사나 기술도 불신자들에 대한 사랑의 결핍을 대신 메울 수는 없다. 하나님에 대한 우리의 사랑과 잃어버린 영혼들에 대한 우리의 사랑이 새들백으로 하여금 계속해서 성장하게 만드는 동기이다. 그것이 엄청나게 힘드는 일임에도 불구하고 나로 하여금 주말마다 네 번의 예배 때 설교를 하도록 만드는 동기이다. 솔직히 말하지만 수천 명의 군중에게 말씀을 한 번 전하고 나서 그것을 세 번 더 반복한다는 것은 내게 어떤 개인적 유익도 주지 않는다. 내가 이렇게 하는 이유는 사람들이 주님을 필요로 하기 때문이다. 사랑이 그 동기인 것이다. 사랑은 선택의 여지를 주지 않는다.

주님을 모르는 사람들에 대한 나의 마음이 차가워지는 것을 느낄 때마다 나는 십자가를 내 자신에게 상기시킨다. 하나님은 구원받지 못한 사람들을 그만큼 사랑하신다. 예수님을 십자가에 계속 매달려 계시도록 만든 것은 못이 아니라 사랑이었다. 그분은 그분의 양팔을 벌리시고 "나는 구원받지 못한 사람들을 이만큼 사랑한다!"라고 외치신 것이다. 그리스도인들이 사람들을 그만큼 사랑할 때 그들의 교회는 군중을 끌게 될 것이다.

예수님은 사람들의 필요를 채워 주심으로써 군중을 이끄셨다

사람들이 예수님 주위로 몰려든 이유는 그분이 그들의 육체적, 정서적, 경제적, 영적, 그리고 대인 관계의 필요를 채워 주셨기 때문이다. 예수님은 어떤 필요를 다른 필요보다 '더 정당한' 것으로 평가하지 않으셨으며, 절대로 사람들로 하여금 자신들의 필요로 인해서 죄책감을 느끼도록 만들지 않으셨다. 그분은 각 사람의 존엄성을 인정해 주셨으며 그들을 존중하셨다.

예수님은 자주 전도를 위한 발판을 마련하시기 위해서 개인의 필요를 채워 주시는 일을 하셨다. 나는 앞서 예수님이 사람들에게 "내가 너를 위해 무엇을 해 주기를 원하느냐?"라고 빈번히 물으셨다는 사실을 지적했다. 하나님은 사람들의 주의를 끌기 위해서 온갖 종류의 인간의 필요를 사용하신다. 그리스도에 대한 어떤 사람의 관심이 올바른 동기라거나 혹은 잘못된 동기라고 판단할 자격이 우리에게 있는가? 사람들이 처음에 무슨 목적으로 예수님께 나아오는가는 전혀 문제가 되지 않는다. 중요한 것은 그들이 예수님께 나온다는 사실 그 자체이다. 일단 그들이 주님 앞에 나오게 되면 하나님은 그들의 동기나 가치나 우선 순위를 바꾸어 주실 수 있다.

나는 우리가 그리스도께 우리를 구원해 달라고 부탁했을 때 어느 누구도 완전히 이타적이며 순전한 동기만으로 그렇게 했다고는 생각지 않는다. 우리는 그분이 채워 주실 수 있다고 생각한 어떠한 필요가 있었을 때 그에게 나아왔다. 우리는 불신자들에게 그리스도와 같은 동기와 가치를 가질 것을 기대해서는 안 된다.

어느 누구도 그의 마음을 열 수 있는 열쇠만 발견된다면 그리스도께 인도될 수 있다는 것이 나의 깊은 신념이다. 그러한 각 사람에 대한 열쇠는 각자에게 독특한 것이기 때문에 그것을 발견하는 것은 때로 어려운 일이다. 그것을 알아내는 데는 시간이 걸릴 수도 있다. 그러나 가장 가능성이 높은 것은 그가 느끼고 있는 필요인 것이다. 앞서 지적한 바와 같이 이것이 예수님이 사용하신 방법이다.

사람들의 주의를 끌도록 하라

누군가에게 구원의 좋은 소식을 전하기 전에 먼저 해야 할 일은 그의 주의를 끄는 것이다. 남가주의 고속도로를 운전하면서 나는 "제가 어떻게 하면 이 모든 사람들로 하여금 복음을 들을 수 있도록 일손을 멈추게 만들 수 있습니까? 어떻게 그들의 주의를 끌 수 있습니까?"라고 기도하는 내 자신을 발견하곤 한다. 금세기 초기에는 교회가 사람들의 관심을 사는 것이 오늘날처럼 어려운 문제가 아니었다. 교회는 한 마을에서 보통 가장 커다란 건물이었고, 목사는 흔히 가장 많은 교육을 받고 가장 유망한 사람이었으며, 교회의 행사는 그 지역의 사회 활동을 의미하는 것이었다.

> 교회가 불신자들의 주의를 사로잡기 위해서는
> 다른 어떤 곳에서도 얻을 수 없는 것을
> 제공하는 것이 유일한 방법이다.

이 모든 것이 이제는 더 이상 사실이 아니다. 교회는 하루에 십만 대의 차가 지나다니는 고속도로 바로 옆에 위치하면서도 사람들의 관심 밖에 있을 수 있다. 목사는 흔히 텔레비전에서 사기꾼이나 겁쟁이 또는 광신자로 묘사된다. 교회 행사는 오늘날의 오락에 몰두된 문화 속에서 다른 모든 것에 대항하여 경쟁해야 한다. 교회가 오늘날 불신자들의 주의를 사로잡기 위해서는 그들에게 다른 어떤 곳에서도 얻을 수 없는 것을 제공하는 것이 유일한 방법이다.

새들백에서는 그리스도의 이름으로 그들의 필요를 채워 주는 임무를 진지하게 생각한다. 예수님의 이름으로 필요를 채워 주는 것이 사역의 진짜 의미인 것이다. 새들백 비전의 첫 번째 문장은 이렇다. "새들백의 비전은 상처 입은 자와 소망을 잃은 자, 상심한 자와 낙심한 자, 좌절감에 빠진 자와 혼란 속에 있는 자가 사랑과 용납과 지도와 격려를 받을 수 있는 곳이 되는 것이다."

새들백의 세칙 중에는 이런 문장이 있다. "새들백교회는 영적, 육체적, 정서적, 지적, 그리고 사회적 필요를 채워 줌으로써 새들백 밸리 주민들에게 유익을 끼치기 위해서 존재한다." 우리의 목표는 전인 사역이다. 우리는 소위 말하는 "영적" 필요에만 우리의 사역을 제한하지 않는다. 우리는 하나님께서 한 개인의 모든 부분을 중요하게 여기신다는 것을 믿는다. 사람은 여러 부분으로 나누어질 수 없다. 그의 다양한 필요는 서로 연결되어 있다.

야고보는 모든 필요에 대한 해결이 설교나 성경 구절이라고 생각하는 그리스도인들에게 강한 질책을 하고 있다. "만일 형제나 자매가 헐벗고 일용할 양식이 없는데 너희 중에 누구든지 그에게 이르되 평안히 가라, 더웁게 하라, 배부르게 하라 하며 그 몸에 쓸 것을 주지 아니하면 무슨 이익이 있으리요"(약 2:15-16). 인간의 필요를 채우는 것은 그것이 어떠한 필요이든간에 "말씀을 행하는 자"가 되는 것이다.

성장하는 모든 교회의 표면적 모습을 넘어서 그 내면을 들여다보면 그들의 공통 분모를 발견할 수 있다. 그들은 사람들의 진정한 필요를 채울 수 있는 방법을 알아낸 것이다. 교회는 사람들의 필요를 채울 수 있는 능력 이상으로 성장하지 못한다. 당신의 교회가 진정으로 필요를 채우고 있다면 출석률에는 전혀 문제가 없을 것이다. 그러한 교회에서는 사람들이 오지 못하게 하려면 문을 잠가야 할 것이다.

당신의 지역에서 비교인들의 필요는 무엇인가? 나는 당신 대신에 그 질문에 대답할 수가 없다. 당신은 당신 자신의 지역을 조사해야 한다. 각 지역은 그 독특한 필요를 가지고 있기 때문이다. 나는 조사를 통해서 그 지역에서 가장 필요하다고 느끼고 있는 것은 '유아들의 대소변을 가리는 훈련'이라는 것을 알아낸 교회를 하나 알고 있다! 그 지역은 유아들의 대소변 훈련에 대해 도움을 원하고 있는 젊은 부부들로 가득 차 있었다. 이러한 필요를 영적이지 못하다는 생각으로 무시해 버리는 대신 그 교회는 그것을 전도를 위한 기회로 사용했다. 그 교회는 "유아 양육 방법"에 대한 집회를 열어서 다른 것들뿐 아니라 이 중요한 기술도 가르쳤다. 후에 그 교회 목사는 자기 교회의 성경적 근거는 "마땅히 행할 길을 아이에게 가르치라"(잠 22:6)이라고 농담했다. 재미있는 말이지만 그 결과는 대단한 것이었다. 그렇게 해서 처음 만나게 된 부부들 중에서 수십 쌍이 그리스도께 인도된 것이다.

사람들이 절실히 느끼고 있는 필요를 전도의 도구로 사용하는 것은 무한한 가능성을 가지고 있다. 새들백에는 군중과 지역을 향한 70가지가 넘는 사역이 있는데 이 모두가 각 구체적인 필요를 중심으로 만들어진 것이다. 우리는 유산과 사산을 겪은 부부들을 위한 "텅 빈 품"(Empty Arms)이라고 불리는 지원 그룹을 가지고 있다. "중재인들"(Peacemakers)은 법적 문제를 가진 사람들에게 전도하는 사역이다. "별거중인 자들을 위한 희망"(Hope for the Separated)"은 배우자가 자신을 떠나 버린 상태에서 그 결혼을 살려 보려고 노력하는 사람들에게 사역한다. "생명선"(Life-lines)은 문제를 겪고 있는 청소년들의 필요를 채우려는 목적의 사역이다. "회복의 축제"(Celebrate Recovery)는 알콜 중독이나 마약 중독과 그 외의 중독증으로 고생하는 5백 명이 넘는 사람들에게 사역하고 있다.

비교인들 사이에 존재하는 공통적인 필요가 있는가? 나는 그렇다고 믿는다. 어디를 다녀 보아도 나는 사람들이 정서적으로, 그리고 대인 관계에서 동일한 필요를 느끼고 있다는 것을 발견했다. 그것은 사랑, 용납, 용서, 삶의 의미, 자아 표현의 필요와 삶의 목적이다. 또 사람들은 두려움, 죄책감, 걱정, 원망, 낙심과 외로움으로부터의 해방을 갈구하고 있다. 만일 당신의 교회가 이러한 필요를 채워 주고 있다면 당신은 교회 광고를 위한 걱정은 할 필요가 없다. 변화된 삶이야말로 교회가 할 수 있는 가장 커다란 광고인 것이다.

사람들의 필요가 채워지고 삶이 변화되는 곳마다 그 곳에 대한 소문은 그 지역에 빨리 퍼지게 된다. 나는 바로 오늘 "미용사가 손님에게 말해 준 것을 그 손님이 나의 상사에게 말해 주었고, 그것을 나의 상사가 정말 도움이 필요할 때 가야 하는 곳이 바로 이 곳이라고 내게 말해 주었다"며 지난 주말 예배에 참석한 사람의 이야기를 들었다.

당신의 교회가 누군가의 필요를 채워 줄 때마다 당신의 교회에 대한 좋은 소문은 당신 지역의 인간 관계라는 통신망을 타고 퍼지기 시작한다. 이러한 좋은 소문이 충분히 퍼지게 되면 당신의 교회는 어떠한 전도 집회도 감히 따라올 수 없는 수의 사람들을 끌기 시작할 것이다.

예수님은 실제적이고 재미있는 방법으로 가르치심으로써 군중을 끄셨다

성경은 군중을 가르치는 것이 예수님의 습관이었다고 우리에게 말해 주고 있다(막 10:1). 성경은 또한 예수님의 가르치심에 대한 군중들의 반응에 대해서도 말해 준다.

- "무리들이 그 가르치심에 놀라니"(마 7:28)
- "무리가 듣고 그의 가르치심에 놀라더라"(마 22:33, LB)
- "무리가 다 그의 교훈을 큰 열심을 가지고 듣더라"(막 11:18, LB)
- "백성이 그를 듣는 것을 즐기더라"(막 12:37, NASB)

군중은 예수님처럼 그들에게 말하는 사람을 본 적이 없었다. 그들은 "그의 말씀에 사로잡혀서 들었다"(막 11:18, NRSV). 예수 그리스도보다 더 위대한 의사 전달자는 없었던 것이다.

예수님처럼 불신자들의 주의를 사로잡기 위해서는 우리도 그분이 하신 방법으로 영적 진리를 전달해야 한다. 다른 어느 누구도 아니라 예수님이 우리의 설교의 모델이 되어야 한다. 불행히도 어떤 설교학 책들은 예수님이 어떻게 가르치셨는가보다는 아리스토텔레스의 방법과 헬라 연설법에 더 많은 주의를 기울인다.

예수님은 "나를 보내신 아버지께서 나의 말할 것(what to say)과 이를 것(how to say it)을 친히 명령하여 주셨으니"(요 12:49)라고 말씀하셨다. 예수님의 말씀의 내용과 전달 방법이 둘 다 아버지의 명령에 의한 것이었음을 주목하라.

예수님의 전달 방식에서 우리가 배울 수 있는 것은 참으로 많다. 그러나 이 장에서 나는 군중에 대한 예수님의 가르침의 세 가지 특징만 간단히 지적하겠다.

예수님은 사람들의 필요와 상처와 관심에서 시작하셨다

예수님은 흔히 군중 가운데 있는 누군가의 질문이나 시급한 필요에 대해 반응하심으로써 가르치셨다. 예수님은 사람들이 가려워하는 곳을 긁어 주셨다. 그분의 설교는 사람들의 필요와 직접적인 관련성을 띠고 있었다. 그분은 항상 그 상황과 연관성이 있고 적절한 말씀을 하셨다.

예수님은 나사렛에서 첫 설교를 하시면서 그분의 사역의 내용이 무엇이 될 것인가를 선포하시기 위해서 이사야서를 펴서 읽으셨다. "주의 성령이 내게 임하셨으니 이는 가난한 자에게 복음을 전하게 하시려고 내게 기름을 부으시고 나를 보내사 포로된 자에게 자유를, 눈먼 자에게 다시 보게 함을 전파하며, 눌린 자를 자유케 하고 주의 은혜의 해를 전파하게 하려 하심이라"(눅 4:18-19).

필요를 채우는 것과 상처를 치유하는 것에 모든 강조점이 있음을 주목하라. 예수님은 좋은 소식을 가지고 계셨기 때문에 사람들이 그것을 듣기 원했다. 그분의 말씀은 그것을 듣는 자들에게 실제적인 유익을 가져다 주었던 것이다. 그분의 진리는 사람들을 자유케 하고 그들의 삶에 온갖 축복을 가져다 줄 것이다.

우리는 성경이 우리의 삶과 연관성을 갖도록 만들려고 노력할 필요가 없다. 성경은 이미 우리의 삶과 연관성을 가지고 있기 때문이다. 그러나 예수님이 하셨던 것처럼 우리는 성경의 연관성을 나타내 보일 필요가 있는데 그것은 성경의 내용을 사람들의 삶에 직접 적용시켜 줌으로써 이룰 수 있다.

군중은
항상 복음을 듣기 위해서 몰려든다.

우리는 복음이 좋은 것이며(good) 또한 소식(news)이라는 것을 모두 나타낼 수 있는 방법으로 그것을 전하는 방법을 배워야 한다. 만일 그것이 좋은 소식이 아니라면 그것은 복음이 아니다. 복음은 '하나님이 우리를 위해서 무엇을 해 주셨는가?' 와 '우리가 그리스도 안에서 무엇이 될 수 있는가?' 에 관한 것이다. 그것은 그리스도와의 관계가 우리의 가장 깊은 필요에 대한 해답이라는 것이다. 복음은 구원받지 못한 사람들이 미친 듯이 찾고 있는 것, 즉 용서, 자유, 안전, 목적, 사랑, 용납과 힘을 제공하고 있다. 복음은 우리의 과거를 해결해 주고 미래를 보장해 주며 오늘의 의미를 부여해 준다. 복음은 세상에서 가장 좋은 소식인 것이다.

군중은 항상 복음을 듣기 위해서 몰려든다. 세상에는 얼마든지 나쁜 소식이 쌓여 있으며, 사람들이 교회에 와서 가장 들을 필요가 없는 것이 또 다른 나쁜 소식이다. 그들은 누군가 자신들에게 소망과 도움과 격려를 줄 수 있는 사람을 찾고 있다. 예수님은 이것을 이해하셨으며 군중을 불쌍히 여기셨다. 그분은 그들이 "목자 없는 양과 같이 고생하며 유리함"(마 9:36)을 아셨다.

설교를 하거나 가르칠 때 사람들의 필요를 가지고 시작함으로써 당신은 청중의 주의를 곧바로 끌어낼 수 있다. 훌륭하게 자기 의사를 전달할 줄 아는 사람들은 모두 이 원리를 이해하고 또한 사용하고 있다. 훌륭한 교사는 학생들의 관심사에서부터 시작하여 그들을 그 날 공부할 내용으로 인도한다. 훌륭한 세일즈맨은 항상 제품이 아니라 소비자의 필요로부터 시작하여야 한다는 것을 알고 있다. 지혜로운 상사는 자신의 목적보다는 부하 직원의 불평에서부터 시작해야 한다는 것을 알고 있다. 항상 사람들이 있는 곳에서 시작해서 당신이 원하는 곳으로 그들을 움직여야 하는 것이다.

두뇌에 대한 어떤 책을 집어들더라도 당신은 두뇌의 맨 밑쪽에는 "망상체 활성 구조"라고 불리는 여과체가 있다는 것을 배우게 될 것이다. 하나님께서는 이 여과체를 당신의 두뇌 속에 넣어 주셔서 당신이 매일 겪는 수백만 가지의 자극에 모두 의식적으로 반응하지 않아도 되게끔 은혜를 베풀어 주셨다. 만일 당신의 감각이 감지하는 모든 것에 대해서 의식적으로 반응해야 한다면 당신은 곧 정신이 돌아 버리고 말 것이다. 그러나 당신의 망상체 활성 구조는 계속적으로 당신이 보고 듣고 냄새 맡는 것들을 걸러 내고 분류해 그 중에서 몇 가지만 당신의 의식에게 보내 준다. 이렇게 함으로써 당신은 감당할 수 없을 만큼 많은 부담을 받지 않게 되는 것이다.

무엇이 당신의 주의를 끄는가? 망상체 활성 구조를 항상 통과하는 것이 세 가지가 있는데 그것은 당신이 '귀중히 여기는' 것, '독특한' 것, 그리고 당신을 '위협하는' 것이다. 이 사실은 설교하고 가르치는 사람들에게 있어서 심오한 의미를 가져다 주는 것이다. 만일 당신이 흥미를 잃은 군중의 주의를 사로잡기 원한다면 당신의 메시지를 이 세 가지 중 하나에 연결시켜야 한다.

복음을 독특한 방법으로 혹은 위협하는 방법으로 전하는 것도 비교인들의 주의를 끌 수는 있지만 나는 복음의 '가치'를 보여 주는 것이 그리스도가 가르치신 방법과 가장 일치하는 것이라고 믿는다. 예수님은 사람들이 자신이 말씀하시는 것의 가치와 유익을 이해할 수 있는 방법으로 가르치셨다. 그분은 믿지 않는 자들을 위협을 통해서 하나님의 나라로 들어가게 하려 하지 않으셨다. 실제로 그분이 위협하신 유일한 사람들은 종교적인 사람들이었다! 그분은 괴로워하는 자들을 위로하셨고, 위로받은 자들을 괴롭게 하셨다.

설교자들은 진리를 전달하도록 부르심을 받았으므로 우리는 흔히 불신자들이 이 진리를 듣기 원할 것이라고 잘못 가정한다. 그러나 오늘날 불신자들은 진리에 대해 별 관심을 보이지 않는다. 사실상 통계에 의하면 대다수의 미국인들은 절대적 진리라는 것을 부정하고 있다.

대부분의 불신자들은 진리가 아니라 안위를 찾고 있다.

우리 사회의 잘못된 점의 근본적 원인은 도덕적 상대주의다. 사람들은 상승하는 범죄율과 가정 파탄, 우리 문화의 일반적 하락 현상을 걱정하고 불평하지만, 그 모든 것의 이유가 그들이 진리를 가치 있게 여기지 않기 때문이라는 것을 깨닫지 못한다. 오늘날에는 모든 것을 관용하고 받아들이는 것이 진리보다도 더 높이 평가되고 있기 때문에 우리가 진리를 가지고 있다고 외치기만 하면 불신자들이 교회로 몰려들 것이라고 생각하는 것은 큰 오산이다. 그들은 "그래 맞아. 그러나 다른 모든 사람도 진리를 가지고 있지"라고 반응할 것이다. 진리의 가치를 평가절하하는 사회에서 진리를 외쳐 대기만 하는 것은 별로 사람들의 주의를 끌지 못한다. 이것을 극복하기 위해서 일부 설교자들은 진리를 진리답게 목소리를 높여 외치려고 노력한다. 그러나 더 큰 목소리로 설교하는 것이 해결책은 아니다.

대부분의 불신자들은 진리가 아니라 안위를 찾고 있다. 이것은 그들에게 진리에 대한 관심을 불러일으킬 수 있는 기회가 된다. 나는 그들의 고통을 덜어 주거나 문제를 해결해 주는 진리를 가르칠 때 불신자들이 "고맙습니다! 그 책에 또 다른 진리가 있나요?"라고 말하는 것을 보아 왔다. 그들의 필요를 채워주는 성경적 원리를 나누는 것은 더 많은 진리에 대한 갈증을 불러일으킨다.

예수님께 나아왔던 자들 중에 진리를 찾고자 왔던 사람은 거의 없었다. 그들은 안위를 찾고 있었다. 그러므로 예수님은 그것이 문둥병이든, 눈 먼 것이든, 또는 굽어진 등이든 그들의 필요를 채우셨다. 그들의 절실한 필요가 채워진 다음에 그들은 모두 자신들이 해결하지 못했던 문제를 푸는 데 도와준 이 사람에 대한 진실을 알기를 갈구했다.

에베소서 4장 29절은 "오직 덕을 세우는 데 소용되는 대로 선한 말을 하여 듣는 자들에게 은혜를 끼치게 하라"고 말한다. 우리가 하는 말은 우리의 말을 듣는 사람들의 필요에 의해서 결정되어야 한다. 우리는 그들에게 유익을 주는 말만 해야 한다. 이것이 우리의 대화에 대한 하나님의 뜻이라면, 이것은 또한 우리의 설교에 대한 하나님의 뜻임에 틀림없다. 불행히도 많은 목사들이 자신들의 설교 내용을, 사람들이 무엇을 들어야 하는가보다는 자신들이 무엇을 말할 필요가 있는가로써 결정한다.

설교를 준비하는 일이 많은 목사들에게 있어서 그토록 어려운 이유 중의 하나는 그들이 잘못된 질문을 하고 있기 때문이다. "이번 주일에 나는 무엇을 설교할 것인가?"를 묻는 대신 그들은 "나는 누구에게 설교할 것인가?"를 물어야 한다. 청중의 필요를 생각해 보는 것만으로도 설교 내용에 대한 하나님의 뜻을 발견할 수가 있을 것이다.

다음 주일날 당신의 교회에 출석할 사람이 누구인지를 미리 알고 계시는 하나님께서 왜 그분이 교회에 데려오시려고 하는 사람들의 필요와는 완전히 무관한 말씀을 주시겠는가? 사람들이 현재 당하고 있는 필요야말로 그 시간 하나님께서 당신으로 하여금 전하게 하실 말씀을 알아내는 열쇠인 것이다.

군중은 당신이 진리를 전할 것인가 아닌가를 결정하는 요소가 아니다. 진리란 선택할 수 있는 것이 아니다. 그러나 당신이 '어떠한' 진리에 대해서 말할 것인가는 당신의 청중이 결정하는 것이다. 또한 불신자들에게 있어서 다른 어떤 진리보다 그들의 필요에 더 많은 연관성을 갖는 진리는 분명히 있는 것이다.

어떤 사실이 진리이면서 동시에 연관성이 없을 수 있는가? 물론 그렇다. 만일 당신이 교통 사고를 당해서 응급실에서 피를 흘리며 죽어 가고 있는데 의사가 와서 병원이라는 말의 헬라어나 청진기의 역사에 대해서 말하기 원한다면 당신은 어떻게 느끼겠는가? 그의 정보는 정확할지 모르나 그것은 당신의 고통을 멈추어 주지 못하기 때문에 당신의 필요와는 무관한 것이다. 당신은 의사가 당신의 고통에서부터 시작해 주기를 원할 것이다.

당신의 청중이 어떤 사람들인가는 또한 당신이 어떻게 설교를 시작해야 하는가도 결정해 준다. 만일 당신이 믿지 않는 사람들에게 말씀을 전하고 있는데 설교의 절반을 본문의 역사적 배경을 설명하는 데 사용한다면, 당신이 삶의 적용에 대해 이야기할 때는 이미 그들은 듣고 있지 않을 것이다. 믿지 않는 자에게 설교할 때는 보통 때 같으면 당신이 설교를 끝내는 부분에서 설교를 시작해야 한다.

예수님은 진리를 삶에 연결시키셨다

나는 예수님의 가르침이 실제적이고 단순한 점을 좋아한다. 그분의 가르침은 명확하고 삶과 연관되어 있었으며 적용이 가능했다. 그분은 항상 적용에 목표를 두셨는데 그것은 그분의 가르침의 목적이 단순히 그들에게 사실을 전하는 것보다는 사람들을 변화시키는 데 있었기 때문이다. 역사상 가장 위대한 설교였던 산상수훈을 생각해 보라.

예수님은 진정한 행복의 여덟 가지 비밀을 말씀하심으로써 산상수훈을 시작하셨다. 그리고 나서 그분은 모범적인 삶, 분노를 절제하는 것, 관계의 회복, 간음과 이혼을 피하는 것에 대해서 말씀하셨다. 다음에는 약속을 지키는 것과 악을 선으로 갚는 것에 대해서 말씀하셨다. 그 다음에 그분은 올바른 태도로 주는 방법과 기도하는 방법, 천국에 재산을 쌓는 법과 걱정을 극복하는 법에 대해서 말씀하셨다. 그분은 남을 정죄하지 말라는 말씀과 하나님께 우리의 필요를 채워 달라고 기도할 때 꾸준하게 하라는 것, 그리고 거짓 선생들을 조심하라는 말씀으로써 그분의 말씀을 마무리 지으셨다. 그분은 배운 것을 실천에 옮기는 것의 중요성을 강조하는 간단한 이야기를 결론으로 말씀하셨다.

이러한 종류의 설교, 즉 군중을 끌 뿐 아니라 그들의 삶을 변화시키는 말씀이 오늘날 교회에서 필요한 것이다. "그리스도가 해결책이다"라고 단순히 외치는 것만으로는 불충분하다. 우리는 불신자들에게 어떻게 그리스도가 해결책이 되시는지를 보여 주어야 한다. 사람들에게 변화되어야 한다고 하면서 어떻게 그렇게 될 수 있는지 실제적인 단계를 보여 주지 않는 설교는 더 많은 죄책감과 좌절만 불러일으킬 뿐이다.

많은 설교가 내가 소위 "형편없는 설교"라고 부르는 그런 설교이다. 이러한 설교는 일반적으로 우리 사회에 대한 불평만 늘어놓거나 사람들을 쉽게 정죄하곤 한다. 그것은 진단하는 데는 많은 시간을 보내면서 치료책은 별로 없다. 이러한 종류의 설교는 그리스도인들로 "외부인들"에 비해 우월하다는 느낌을 받게 해 줄 수 있을지는 몰라도 별다른 변화는 일으키지 못한다. 그것은 촛불을 켜기보다는 단지 어두움을 저주할 뿐이다.

의사를 만나러 갈 때 나는 단지 내게 무엇이 잘못되었는가를 듣고자 가는 것은 아니다. 나는 그가 내게 나을 수 있는 구체적인 방법과 단계를 제시해 주기를 원한다. 오늘날 사람들이 필요로 하는 것은 "해야 한다"는 설교가 아니라 "어떻게" 해야 하는가에 대한 설교이다.

어떤 목사들은 "삶에의 적용"을 강조하는 설교를 깊이가 없고 너무 간단하며 열등한 설교라고 비판한다. 그들에게 있어서 유일한 설교는 가르치는 식의 교리 설교인 것이다. 이러한 태도는 바울이 예수님보다 더 심오하며, 로마서가 산상수훈이나 비유들보다 더 "깊은" 내용이라는 생각을 반영하는 것이다. 나는 이러한 태도를 이단이라고 부른다. 가장 깊이 있는 설교는 사람들의 일상생활에 있어서 변화를 가져다 주는 설교이다. 무디가 말했듯이 "성경은 우리의 지식을 증가시켜 주기 위해서가 아니라 우리 삶을 변화시키기 위해서 우리에게 주어졌다." 우리의 목표는 그리스도를 닮은 인격이다.

예수님은 "내가 온 것은 양으로 생명을 얻게 하고"(요 10:10)라고 말씀하셨다. 그분은 "내가 온 것은 너희로 종교를 갖게 하고"라고 말씀하지 않으셨다. 기독교는 종교가 아니라 생명이며, 예수님은 삶의 적용을 설교하는 분이셨다. 군중에게 설교하기를 마치셨을 때 예수님은 항상 그들에게 "가서 너희도 이같이" 하라고 하셨다.

그리스도의 설교와 같은 그런 설교는 삶과 연관되어 있으며 삶의 변화를 불러온다. 그것은 단지 전하는 것으로 그치지 않고 삶을 변화시킨다. 그것은 사람들이 실제로 살고 있는 삶의 현장에다 말씀을 적용시켜 주기 때문이다. 사람들에게 어떻게 살 것인가를 가르쳐 주는 설교는 결코 청중이 부족한 일이 없을 것이다.

비교인들이 요구하는 것은 우리의 메시지를 바꾸거나 희석시키는 것이 아니라 단지 삶에의 적용을 보여 주기 원할 뿐이라는 것을 알기 바란다. 그들의 가장 큰 관심사는 "그래서?"이다. 그들은 우리의 메시지가 어떠한 변화를 가져다 줄지를 알고 싶어한다. 나는 미국의 비교인들이 성경의 교리가 그들의 삶과 연관을 지어 실제적으로 적용될 때 그것에 매우 관심을 갖는다는 것을 알게 되었다.

신학적 용어를 사용하지 않고 또 그것이 신학이라는 것을 말하지도 않고 신학을 가르치는 것이 내게는 도전이 되며 즐거운 일이다. 나는 성육신과 칭의, 성화에 대해서 전혀 그 용어들을 사용하지 않고 여러 주에 걸쳐 설교한 적이 있다. 나는 또한 성령의 역사와 하나님의 도덕적 특성, 청지기 개념과 심지어는 일곱 가지 죽음에 이르는 죄에 대해서도 비교인들에게 설교했다.

군중을 끌기 위해서 말씀을 타협해야 한다는 것은 잘못된 생각이다. 예수님은 분명히 그렇게 하지 않으셨다. 성경의 내용은 바꾸어서는 안 되지만 그것을 비교인들이 이해할 수 있는 말로 바꿀 필요는 있는 것이다.

예수님은 재미있는 방법으로 군중에게 말씀하셨다

군중들은 예수님의 말씀 듣기를 즐겨했다. 마가복음 12장 37절은 "백성이 즐겁게 듣더라"고 말한다. 한 영역본에서는 그들이 "기쁨을 가지고 듣더라"고 번역했다. 사람들이 당신의 설교를 기쁨을 가지고 듣는가?

사실 어떤 목사들은 사람들이 자신들의 설교를 즐긴다면 그 설교는 실패한 것이라고 생각한다. 나는 목사들이 자부심을 가지고 "우리는 사람들을 즐겁게 해 주기 위해서 있는 것이 아니다"라고 말하는 것을 들었다. 그들은 그러한 생각을 잘 실천하고 있는 것이 분명하다. 수년 전의 갤럽 조사에 따르면 비교인들은 교회를 가장 지루한 장소라고 생각한다.

"즐겁게 하다"(entertain)라는 말의 사전적인 의미는 "장기간 동안 주의를 끌고 계속 사로잡는 것"을 말한다. 내가 아는 목사 중에서 그렇게 하기를 원치 않는 사람은 아무도 없다. 우리는 재미있게 해 주는 것을 두려워해서는 안 된다. 설교가 영적이기 위해서 건조해야 할 필요는 없는 것이다.

비교인들에게 있어서 지루한 설교는 견디기 힘든 일이다. 잘 전달되지 않은 진리는 무시되기 마련이다. 반면에 비교인들은 아무리 어리석은 것이라 하더라도 그것이 재미있으면 귀를 기울인다. 이것을 증명하기 원한다면 늦은 밤에 텔레비전을 켜 보라. 점쟁이들과 별난 괴짜들과 이상한 자들이 방송 시간을 차지하고 있음을 볼 것이다.

앞 장에서 나는 일부 성경을 가르치는 자들이 어떻게 세상에서 가장 흥미진진한 책을 가져다가 눈물이 나도록 사람들을 지겹게 만들 수 있는가에 대해 놀란다고 언급했었다. 나는 성경을 가지고 사람들을 지루하게 만드는 것은 죄라고 믿는다. 하나님의 말씀이 재미없는 방법으로 가르쳐질 때 사람들은 목사만 지루한 것이 아니라 하나님도 지루한 분이라고 생각하게 된다. 우리가 고무적이지 않은 형식이나 말투로 설교할 때 우리는 하나님의 인격을 손상시키고 있는 것이다. 하나님의 말씀은 우리가 "듣든지 말든지 마음대로 하라"는 식으로 전하기에는 너무나 중요한 것이다.

예수님은 당신과 내가 똑같이 사용할 수 있는 기술로써 많은 군중의 관심을 사로잡으셨다. 첫째로, 그분은 이야기를 사용해서서 그가 주시고자 하는 요점을 전달하셨다. 예수님은 이야기의 대가이셨다. 그분은 어떤 진리를 하나 가르치실 때 "이런 이야기를 들어 본 적이 있는가?"라고 말씀을 시작하시며 비유를 들어 설명해 주셨다. 실제로 성경은 군중에게 말씀하실 때 이야기를 하는 것이 예수님이 즐겨 사용하시던 방법이라는 것을 보여 준다. "예수께서 이 모든 것을 무리에게 비유로 말씀하시고 비유가 아니면 아무것도 말씀하시지 않으셨으니"(마 13:34). 많은 설교자들은 성경이 본질적으로 이야기책이라는 사실을 잊고 있는 것 같다. 이야기야말로 하나님께서 그분의 말씀을 인간들에게 전달하시는 수단으로써 선택하신 것이다.

영적인 진리를 전달하는 데 있어서 이야기를 사용하는 것은 많은 이점을 가지고 있다.

- 이야기는 사람들의 주의를 집중시킨다. 텔레비전이 그토록 인기 있는 이유는 그것이 본질적으로 이야기를 하는 도구이기 때문이다. 코미디, 드라마, 뉴스, 토크 쇼, 심지어는 광고까지 모두 다 이야기인 것이다.
- 이야기는 사람들의 감정을 동요시킨다. 개념이나 명제로는 결코 불가능한 방법으로 이야기는 우리에게 영향을 끼친다. 만일 삶을 변화시키기를 원한다면 당신은 정보가 아니라 영향력을 목표로 설교를 준비해야 한다.
- 이야기는 오래도록 기억에 남는다. 목사의 재치 있는 설교 개요가 잊혀진 지 오랜 후에도 사람들은 그 설교에서 나온 이야기는 기억할 것이다. 연설자가 이야기를 시작하면 얼마나 빨리 군중이 그에게 귀를 기울이기 시작하는지, 또한 그 이야기가 끝나자마자 얼마나 빨리 그들의 집중이 사라지는지를 지켜보는 것은 참으로 놀랍고 또한 때로는 우스운 광경이다.

둘째로, 예수님은 전문적이거나 신학적인 용어를 사용하지 않으시고 단순한 언어를 사용하셨다. 그분은 보통 사람들이 이해할 수 있는 말로 가르치셨다.

우리는 예수님이 학자들이나 사용하는 고전 헬라어를 사용하지 않으셨다는 것을 기억해야 한다. 그분은 그 시절 일반인들이 사용하던 아람어로 말씀하셨다. 그분은 누구라도 공감할 수 있는 일상 생활에서 쉽게 볼 수 있는 사물들, 새, 꽃, 그리고 잃어버린 동전에 대하여 말씀하셨다.

예수님은 심오한 진리를
알기 쉬운 단순한 방법으로 가르치시고
많은 목사들은 단순한 진리를 심오한 방법으로 가르친다.

예수님이 심오한 진리를 알기 쉬운 단순한 방법으로 가르치신 데 반해서, 많은 목사들은 그 정반대의 일을 하고 있다. 그들은 단순한 진리를 심오한 방법으로 가르친다. 그들은 분명한 성경 본문을 가져다가 복잡하게 만든다. 그들은 자신들이 "깊은" 진리를 가르치고 있다고 생각하지만 사실은 "흐리멍텅할" 뿐이다. 가르치고 설교하는 데 있어서는 재치 있는 것보다는 분명한 것이 더 중요하다.

어떤 목사들은 설교에서 헬라어나 학구적 용어를 사용함으로써 자신의 지식을 자랑하기를 좋아한다. 매주일 그들은 은사파도 아니면서 알 수 없는 방언으로 말하는 것이다. 목사들은 아무도 자신들만큼 헬라어를 좋아하지 않는다는 사실을 깨달아야 한다. 척 스윈돌(Chuck Swindoll)은 헬라어나 히브리어 단어 연구를 설교에서 너무 많이 사용하는 것은 영어 성경에 대한 신뢰를 떨어지게 만든다고 믿는다고 내게 말한 적이 있다. 나는 그의 말에 동의한다.

잭 헤이포드, 척 스미스, 척 스윈돌과 나는 어떻게 설교를 준비하고 전달하는가에 대해서 박사 학위 과목을 한 번 가르친 적이 있다. 종강 때 학생들은 우리 네 명이 서로 상의하지도 않았으면서 모두 같은 것을 강조했다고 말했다. 그것은 "설교를 단순한 내용으로 유지하라!"는 것이다.

복음을 복잡하게 만드는 것은 쉬운 일이며 물론 사탄은 우리가 그렇게 하기를 정말 원할 것이다. 사도 바울은 "너희 마음이 그리스도를 향하는 진실함

(simplicity : 단순함)과 깨끗함에서 떠나 부패할까 두려워하노라"(고후 11:3)고 말했다. 심오한 진리를 단순한 방법으로 전달하는 데에는 많은 생각과 준비가 필요하다. 아인슈타인은 "어떤 사실을 단순한 방법으로 전달할 수 있기 전에는 그것을 진정으로 이해하고 있지 못한 것이다"라고 말한 적이 있다. 당신은 명석할 수 있으나 만일 당신의 생각을 단순한 방법으로 전달할 수 없다면 당신의 생각은 별 가치가 없는 것이다.

새들백 밸리는 미국에서 가장 교육 수준이 높은 지역 중의 하나이다. 그럼에도 불구하고 나는 내가 설교를 더 단순하게 만들면 만들수록 하나님이 그것을 더욱 축복하시는 것을 본다. 단순하다는 것은 얄팍하거나 피상적인 것을 의미하지는 않는다. 단순하다는 것은 명료하고 이해하기 쉽다는 것이다. 예를 들어 "오늘은 주가 지으신 날일세"는 단순한 표현이며, "좋은 하루!"는 피상적이다.

단순한 설교 개요는 항상 가장 강력하고 힘있는 개요이다. 나는 "단순한" 목사라고 불리는 것을 찬사라고 여긴다. 나는 나의 어휘로 사람들에게 내 자신을 과시하기보다는 삶이 변화하는 것을 보는 데 더 관심이 있다.

대부분의 사람들은 2천 단어도 안 되는 어휘를 가지고 의사 전달을 하며 일상 생활에서는 단지 9백 단어에 의존하고 있다. 만일 당신이 대부분의 사람들과 의사 소통을 하기를 원한다면 당신은 단순함을 유지해야 한다. 자신들이 지성적이라고 생각하는 사람들에 의해 절대로 기죽지 말라. 내가 관찰한 바로는 복잡하고 어려운 단어를 사용해야 하는 사람들은 때로는 그보다 더 커다란 자신감의 부족을 감추고 있다.

군중 사역은 논란의 대상이 된다

나는 이 장의 논제에 동의하지 않을 그리스도인들이 있다는 것을 인정한다. 군중을 끄는 것에 대한 논란은 두 가지 이슈로 요약된다. 하나는 '군중을 끌어들여서 전도하는 것이 합당한가?'의 문제이고, 또 하나는 '교회가 자신이 전도하고자 하는 문화와 어떠한 관계에 있어야 하는가?'의 문제이다.

"가서 전하라"인가, "와 보라"인가?

일부 교회 지도자들은 교회가 사람들을 끌어들이는 것은 전도의 합당한 방법이라고 인정하지 않는다. 나는 목사들이 "성경은 세상에게 교회로 오라고 말하지 않는다. 반대로, 교회에게 세상으로 가라고 말한다"라고 말하는 것을 들었다. 이것은 정확하지 못한 말이다. 절반만 맞은 것이다.

물론 성경은 그리스도인들에게 "가서 전하라"고 명령한다. 지상명령은 바로 그것에 관한 것이다. 그리스도인들은 세상이 와서 그리스도에 대해서 묻기까지 기다려서는 안 된다. 우리는 복음을 전하는 데 있어서 우선권을 취해야 한다. 예수님은 믿는 자들에게 "가라"고 말씀하신다.

> 예수님은 믿는 자들에게 "가라"고 말씀하고,
> 잃어버린 세상에게는 "오라"고 말씀하신다.

그러나 예수님은 또한 잃어버린 세상에게 "오라"고 말씀하신다. 예수님에 대해서 알기 원하는 사람 두 명이 그에게 와서 물어 보았을 때 그분은 "와 보라"(요 1:39)고 말씀하셨다. 마태복음 11장 28절에서 예수님은 구도자들에게 "수고하고 무거운 짐진 자들아 다 내게로 오라. 내가 너희를 쉬게 하리라"고 하셨다. 축제 마지막 날에 예수께서는 또한 "누구든지 목마르거든 내게로 와서 마시라"(요 7:37)고 외치셨다.

"가서 전하라"와 "와 보라"는 말씀은 둘 다 신약에서 발견된다. 누가복음 14장에서 예수께서 하나님의 나라를 큰 잔치에 비교하셨을 때, 주인의 종들은 '나가서' 배고픈 자들에게 '와서' 먹으라고 초청하여 "내 집을 채우라"고 명령받았다.

우리는 '가는 것'과 '오는 것'의 문제에 있어서 선택할 필요가 없다. 그것은 둘 다 전도의 합당한 방법이기 때문이다. 어떤 사람들은 교회로 이끌려 와서 전도를 받을 것이고, 어떤 사람들은 있는 곳에서 전도를 받을 것이다. 균형 잡히고 건강한 교회는 이 둘 다를 위한 기회와 행사를 마련해야 한다. 새들백에서는 두 가지를 다 사용한다. 우리는 우리 지역 사회에게 "와 보라"라고 말하지만, 우리의 핵심 멤버들에게는 "가서 전하라"고 한다.

문화에 대한 반응: 모방인가, 격리인가, 침투인가?

전도에 영향을 끼치는 또 하나의 논란은 교회가 문화에 어떻게 대응할 것인가 하는 것이다. 두 가지 극단의 입장이 있는데 그것은 '모방'과 '격리'이다. '모방' 쪽에 있는 사람들은 문화 속에서 살고 있는 사람들에게 사역하기 위해서는 교회가 문화와 똑같아져야 한다고 주장한다. 이쪽 진영에 있는 교회들은 문화와 조화를 이루기 위해서 성경 말씀과 교회의 사명을 희생시킨다. 그들은 오늘날의 문화적 가치들, 예를 들어 성공과 부의 숭배, 과격한 개인주의, 과격한 여성주의, 자유분방한 성적 기준과 심지어는 동성연애까지도 인정하는 경향이 있다. 문화와 연관성을 갖으려는 시도에서 이러한 교회들은 신학과 교리, 그리고 그리스도의 복음을 희생시킨다. 군중들을 끌기 위해서 회개와 헌신에의 부름은 타협하고 만다. 문화적 융합이 이런 종류의 교회들을 파괴시킨다.

이와 정반대 극단은 '격리'이다. 이 그룹은 교회의 순결을 유지하기 위해서는 어떠한 모습으로도 교회가 문화에 맞추는 일을 피해야 한다고 고집한다. 그들은 우리 문화의 죄악된 가치와, 각 세대가 형성하는 전혀 죄악되지 않은 풍습과 형식과 취향의 차이를 구분하지 못하고 있다. 그들은 성경의 새로운 번역과 현대적 음악 형태, 그리고 그들이 익숙해져 있는 예배의 시간이나 순서와 같은 인간이 만든 전통을 변경하려는 시도를 모두 거부한다. 격리주의자들은 때로 복장에 대한 규율 같은 것을 가지고 있으며 성경이 침묵하고 있는 문제들에 대한 여러 가지 금기 사항을 만들어 놓고 있다. (개인적인 기호를 방어하기 위해서 신학적 벽을 세우는 것이 인간의 본능이다.)

이 그룹에 속한 교회들은 자신들의 문화적 전통을 정통파 교리인 것으로 착각한다. 그들은 자신들이 편안하게 느끼는 풍습과 형식과 방법이 전세대 신자들에게는 '현대적이고 세속적이며 이단적인' 것으로 여겨졌다는 사실을 깨닫지 못한다.

우리는 자유주의와 율법주의 중의 하나를 선택해야만 하는가? 모방과 격리 이외에 세 번째 선택은 없는가? 나는 있다고 확신한다. 예수님의 전략은 이 양극단에 대한 교정인데 그것은 바로 '침투'이다!

물고기가 평생을 바다에서 살면서도 소금에 절지 않듯이 예수님은 이 세상 속에서 사역하시면서 이 세상에 속하지 않으셨다. 그분은 "우리 가운데 거하셨으며"(요 1:14), 우리와 똑같이 모든 면에서 유혹을 받으셨으되 죄는 없으셨다(히 4:15). 그분은 사람들과 함께 걸으셨고, 그들의 언어로 말씀하셨으며, 그들의 풍습을 따르셨고, 그들의 노래를 부르셨으며, 그들의 파티에 참석하셨으며, 그들 시대의 사건을 사용하셔서(눅 13:1-5을 보라) 사람들을 가르치실 때 주의를 사로잡으셨다. 그러나 그분은 이 모든 것을 하시면서 그분의 사명은 타협하지 않으셨다.

예수님의 죄인들 중심의 사역은 종교인들을 불안하게 만들었으며 그들은 예수님을 잔인하게 비난했다. 그들은 예수님의 사역을 심지어는 사탄의 사역으로 돌리기도 했다(막 3:22). 바리새인들은 특히 예수님이 불신자들을 편안하게 대해 주신 것과 종교적 전통보다는 죄인들의 필요를 더 우선적으로 여기신 것에 대해서 그를 미워했다. 그들은 "세리와 죄인의 친구"라는 그분의 평판을 조롱했다. 그들에게 있어서 그러한 호칭은 궁극적인 수치였으나 예수님은 그것을 영예롭게 여기셨다. 그분의 반응은 죄인들을 용납하시는 것이었다. "예수께서 들으시고 저희에게 이르시되 건강한 자에게는 의원이 쓸데 없고 병든 자에게라야 쓸데 있느니라. 내가 의인을 부르러 온 것이 아니요 죄인을 부르러 왔노라 하시니라"(막 2:17).

예수님 당시 바리새인들은 불신자들과의 모든 접촉을 피하는 데 있어서 '순결'이라는 핑계를 사용했다. 오늘날에도 사람들보다는 순결에 더 관심이 있는 바리새인들이 교회에 있다. 만일 당신의 교회가 지상명령을 진지하게 받아들이고 있다면 그 교회는 완전히 순결할 수가 없는데, 그 이유는 문제 있는 삶의 방식을 가진 불신자들이 항상 교회의 예배에 섞여 있을 것이기 때문이다. 전도는 때로는 순결하지 못한 결과를 낳는다. 사람들이 신자가 된 이후에도 아직 그들의 미성숙함과 세속적인 문제가 남아 있기 때문에 완전히 순결한 교회란 있을 수 없다.

새들백의 만 명의 군중 속에 회개하지 않은 세속인도 섞여 있는가? 물론이다. 커다란 그물로 고기를 낚으면 온갖 종류의 고기가 잡힌다. 그것은 문제가 되지 않는다. 예수님은 한 비유에서 "가라지가 곡식과 함께 섞여 있는 것에 대해서는 걱정하지 말라. 어느 날 내가 그들을 분류할 것이다"라고 말씀하셨다(참조. 마 13:29-30). 우리는 잡초를 제거하는 일을 예수님께 맡겨야 한다. 그분이 진짜 가라지가 누구인지를 아시기 때문이다.

예수님은 가장 심각한 경고를 엄격하고 종교적인 전통주의자들을 위해 남겨두셨다. 바리새인들이 "당신의 제자들이 어찌하여 장로들의 유전을 범하나이까?"라고 물었을 때 예수님은 "너희는 어찌하여 너희 유전으로 하나님의 계명을 범하느뇨?"라고 응답하셨다(마 15:2-3). 하나님의 목적을 성취하는 것이 항상 전통을 유지하는 것보다 우선되어야 한다.

만일 당신이 예수께서 사람들에게 사역하신 것처럼 사역하는 일을 진지하게 받아들인다면, 오늘날의 종교인들이 어느 날 당신을 문화에 타협하고 전통을 깨뜨린다고 비난할 때 놀라지 말라! 슬프게도 일부 격리주의자들은 책과 기사 등을 통해 구도자들에게 민감하게 대처하는 교회에 대해서 극히 비판적이었다. 대부분의 이런 비평들은 무지에서 기인한 적합하지 못한 것들이며, 구도자에게 민감한 교회에서 실제적으로 일어나고 있는 일들을 올바로 나타내 주지 못하고 있다.

선구자는 항상 화살의 과녁이 된다. 진리를 오늘날의 용어로 번역하는 것은 위험한 사업이다. 그들이 위클리프를 그러한 이유로 불에 태워 죽인 것을 기억하라. 그러나 다른 그리스도인들의 비판 때문에 그리스도가 사역하신 방법으로 사역하는 것을 중단해서는 안 된다. 다른 어떤 누구도 아닌 예수님이 우리의 궁극적인 모델이 되어야 한다.

13장. 예배를 통한 전도

하나님은 영이시니 예배하는 자가 신령과 진정으로 예배할지니라.
(요한복음 4:24)

주말이 되면 수백만 명이 복음주의 교회의 예배에 참석한다. 놀랄 만한 사실은 이 중에서 대부분의 사람들이 예배의 목적에 대해서 물어 보면 명확하게 대답하지 못한다는 것이다. 그들은 어렴풋이는 알고 있을 수 있으나 말로 표현하라고 하면 제대로 하지 못한다.

14장에서부터 16장까지는 우리가 수천 명의 불신자들을 그리스도께 인도하게 만든 예배 형태를 어떻게 짜게 되었는지에 대해서 설명할 것이다. 그러나 이에 앞서 새들백의 구도자 예배에 대한 신학적이고 실제적인 이유를 분명히 할 필요가 있다고 생각한다. 주말 예배에서 우리가 하는 모든 활동은 열두 개의 확고한 신념에 근거한 것이다.

예배에 대한 열두 가지의 신념

1. 믿는 자만이 진정으로 하나님께 예배드릴 수 있다. 예배의 방향은 믿는 자로부터 하나님께로이다. 우리는 예배를 통해서 하나님께 대한 우리의 사랑과 헌신을 표현함으로써 그분의 이름을 높인다. 불신자들은 이렇게 할 수가 없다.

새들백에서는 다음과 같이 예배를 정의한다. "예배란 하나님 자신과 그분이 하신 말씀과 그분이 하시는 일들에 대한 우리의 사랑을 표현하는 것이다."

우리는 하나님께 대한 우리의 사랑을 표현하는 데에는 많은 합당한 방법들이 있다고 믿는다. 그 중에는 기도, 찬양, 감사, 말씀에 귀를 기울임, 드림, 간증, 신뢰, 말씀에 대한 순종 등이 있다. 우리의 예배의 초점과 중심은 인간이 아니라 하나님이시다.

2. 하나님께 예배드리기 위해서 반드시 건물이 있어야 하는 것은 아니다. 사도행전 17장 24절은 "우주와 그 가운데 있는 만유를 지으신 신께서는 천지의 주재시니 손으로 지은 전에 계시지 아니하시고"라고 말한다. 15년 동안 교회 건물도 없이 만 명의 출석률로 자란 교회에서 이 점을 강조하리라고 아마 예상했을 것이다. 이 두 번째 사항은 이미 우리가 증명했다고 생각한다.

불행히도 많은 교회들이 교회 건물에 대한 생각으로 사로잡혀 있다. 건물의 유무에 따라 사람들이 하나님을 예배하는 일이 크게 영향을 받거나 제한받거나 방해가 되어서는 안 된다. 건물 자체에는 아무런 문제가 없다. 그러나 창조주보다 건물을 예배하는 일이 생겨서는 안 된다. 예수님은 "두세 사람이 내 이름으로 모인 곳에는 나도 그들 중에 있느니라"(마 18:20)고 하셨다.

3. 올바른 예배 '형식' 이란 것은 없다. 예수님은 합당한 예배를 위해서 단 두 가지의 조건만을 주셨다. "하나님은 영이시니 예배하는 자가 신령과 진정으로 예배할지니라"(요 4:24). 나는 예배가 '영'과 '진실'로 드려지는 한 하나님께서 예배의 다른 여러 형식 때문에 기분이 상하시거나 불편해 하신다고는 생각하지 않는다. 사실 나는 하나님께서 다양성을 즐기신다고 확신한다. 우리를 모두 다르게 만드신 것은 바로 하나님의 착상이셨다.

당신이 편하게 느끼는 예배 형식은 당신의 신학보다는 당신의 문화적 배경에 의해 훨씬 더 크게 좌우된다. 예배 형식에 대한 논쟁은 늘 신학적 용어로 포장되었으나 실제로는 사회적이며 개인적 논쟁인 것이다.

모든 교회가 자신들의 예배 형식이 가장 성경적이라고 믿고 싶어한다. 사실은 성경적 예배 형식이라는 것은 없다. 매주 일요일 세계 각처에서 진정한 그리스도인들은 똑같이 타당한 수천 가지의 표현과 형식을 통해서 예수 그리스도께 영광을 돌린다.

형식이 어떻든간에 진정한 예배는 우뇌와 좌뇌를 모두 활용한다. 그것은 감성과 지성, 가슴과 생각을 모두 움직인다. 우리는 영과 진실로 예배드려야 한다.

4. 불신자들은 믿는 자들이 예배드리는 것을 관찰할 수 있다. 불신자들은 우리가 느끼는 기쁨을 관찰할 수 있다. 그들은 우리가 하나님의 말씀을 얼마나 소중히 여기며, 우리가 어떻게 반응하며, 성경이 삶의 문제와 질문들을 어떻게 대답하는지를 지켜볼 수 있다. 그들은 예배가 어떻게 우리를 격려하고 힘을 주며 변화시키는지를 감지할 수 있다. 또한 하나님께서 예배 중에 초자연적으로 역사하실 때 그들이 그것을 설명할 수는 없어도 느낄 수는 있는 것이다.

5. 하나님의 임재가 느껴지고 선포되는 말씀이 이해가 된다면 예배는 불신자들에게 있어서 강력한 전도가 되는 것이다. 사도행전 2장에서 오순절날 하나님의 임재가 제자들의 예배 속에서 너무도 자명하게 나타나자 도시 전체의 불신자들의 주의를 끌었다. 사도행전 2장 6절은 "큰 무리"가 모였다고 말하고 있다. 그 날 삼천 명이 구원을 받은 것을 볼 때 상당한 무리가 모였음을 알 수 있다.

어떻게 삼천 명이 구원을 받았는가? 그들은 하나님의 임재를 느꼈고 말씀을 이해했기 때문이다. 예배가 전도가 되기 위해서는 이 두 가지 요소가 필수적이다. 첫째로 하나님의 임재가 예배에서 느껴져야 한다. 우리의 모든 변증론적 주장을 합친 것보다 하나님의 임재를 느낌으로써 더 많은 사람들이 그리스도께로 인도된다. 지적 동기만으로써 구원받은 사람은 거의 한 명도 없다. 마음을 녹이고 정신적 장벽을 무너뜨리는 것이 바로 하나님의 임재를 체험하게 하는 것이다.

또한 예배와 말씀은 이해할 만한 것이어야 한다. 오순절에 성령님은 각 사람이 이해할 수 있는 언어로 설교를 기적적으로 통역하셨다. 믿지 않는 군중은 "우리가 다 우리의 각 방언(languages)으로 하나님의 큰 일을 말함을 듣는도다"(행 2:11)라고 말했다. 그들이 하나님의 말씀을 자신들의 말로 이해할 수 있었던 것이 그들로 하여금 구원에 이르게 했다. 하나님의 임재가 예배 속에서 분명히 느껴졌다 하더라도 만일 말씀을 이해하지 못했다면 그들은 무엇을 해야 할지 몰랐을 것이다.

예배와 전도는 밀접한 관계가 있다. 하나님을 예배하는 자들을 만들어 내는 것이 전도의 목표이다. 성경은 하나님께서 "자기에게 예배할 자들을 찾으시느니라"(요 4:23)고 말한다. 그러므로 전도란 하나님을 예배할 자들을 모집하는 일이라고 말할 수 있다.

> **진정한 예배를 통해서**
> **우리는 하나님의 임재를 느낄 수 있으며**
> **하나님의 용서를 체험하고**
> **하나님의 목적을 알게 되며 하나님의 능력을 보게 된다.**

동시에 전도의 동기를 부여하는 것은 예배이다. 예배는 다른 사람들에게 그리스도에 대해서 말하고자 하는 마음을 갖게 해 준다. 선지자 이사야는 강력한 예배 체험의 결과로 "내가 여기 있나이다. 나를 보내소서!" 라고 고백했다(사 6:1-8). 진정한 예배는 우리로 하여금 전도하게 만든다.

진정한 예배를 통해서 우리는 하나님의 임재를 느낄 수 있으며 하나님의 용서를 체험하고 하나님의 목적을 알게 되며 하나님의 능력을 보게 된다. 이것이 전도를 위한 이상적인 배경이 아닌가! 나는 불신자들이 하나님에 대한 지식을 갖고 신실하게 믿는 자들을 볼 때 그들 안에도 하나님에 대해 알고 싶어 하는 마음이 생긴다는 것을 알게 되었다.

6. 하나님은 우리가 우리의 예배에 불신자들이 참석했을 때 그들의 두려움과 필요와 그들이 싫어하는 것들에 대해 민감할 것을 기대하신다. 이것이 고린도전서 14장에서 바울이 가르친 원리이다. 23절에서 바울은 방언은 예배 시간에는 통제되어야 한다고 가르친다. 그 이유는 무엇인가? 방언을 하는 것은 불신자들에게는 어리석게 보이기 때문이다. 바울은 방언 자체가 어리석다고 말하지 않았다. 단지 불신자들에게 그것이 어리석어 보인다고 말했을 뿐이다. "그러므로 온 교회가 함께 모여 다 방언으로 말하면 무식한 자들이나 믿지 아니하는 자들이 들어와서 너희를 미쳤다 하지 아니하겠느냐?"(고전 14:23).

나는 고린도교회에게 주는 이 충고 뒤에는 더 큰 원리가 있다고 믿는다. 바울이 말하고 있는 요점은 불신자들이 참석했을 때 우리는 예배의 내용을 변경할 용의가 있어야 한다는 것이다. 하나님은 우리가 우리 예배에 참석한 불신자들이 싫어하는 것들에 대해서 민감하라고 말씀하신다. 우리의 예배에서 구도자에게 민감하라는 것이 성경의 명령이다.

비록 바울이 "구도자에게 민감하라"는 말은 한 번도 사용하지 않았지만 그는 분명 이 개념을 처음 창출한 사람이었다. 그는 불신자들 앞에 걸림돌을 두지 않는 것에 대해서 신경을 많이 썼다. 그는 고린도교회에게 "유대인에게나 헬라인에게나 하나님의 교회에나 거치는 자가 되지 말고"(고전 10:32)라고 말했다. 그는 또한 골로새교회에게는 "외인[불신자들]을 향하여서는 지혜로 행하여 세월을 아끼라"(골 4:5)고 충고했다.

당신은 손님을 저녁 식사에 초대했을 때 당신의 식구만 있을 때와는 다르게 행동하는가? 물론이다. 당신은 손님의 필요에 대해 신경을 쓸 것이며 그들에게 먼저 음식을 대접할 것이다. 같은 음식이라 할지라도 색다른 그릇을 사용할 것이며 더 신경을 써서 음식을 차려 놓을 것이다. 식사 대화도 더욱 정중하게 이루어질 것이다. 이것을 위선적이라고 말할 수 있겠는가? 그렇지 않다. 이렇게 함으로써 당신은 손님들에게 예의와 존중을 표하는 것이다. 구도자 중심의 예배에서도 마찬가지로 영적인 음식은 동일하나 그것을 나타내 보이는 방법은 보다 더 사려 깊고 참석한 손님들을 배려하는 것이 되어야 한다.

7. 구도자에게 민감한 예배가 되기 위해서 깊이가 없을 필요는 없다. 설교의 메시지를 타협할 필요는 없으며 단지 그들이 이해할 수 있으면 된다. 불신자들을 위해서 예배를 '편안하게' 만드는 것이 당신의 신학을 바꾸는 것을 의미하지는 않으며 단지 예배의 환경을 바꾸면 되는 것이다. 방문객들에게 인사하는 방법이나 찬양의 스타일, 설교 때 사용하는 성경 번역의 종류 및 예배시의 광고 등에 변화를 줌으로써 그들에게 편안한 환경을 만들어 줄 수 있다.

설교 자체는 항상 편안한 것은 아니다. 사실, 하나님의 진리의 말씀은 때로는 불편한 것이다. 그러나 우리는 "하나님의 뜻을 다"(행 20:27) 가르쳐야 한다. 구도자에게 민감하다는 것이 우리가 말하는 내용을 제한하는 것은 아니지만 그것을 어떻게 말하는가에는 영향을 미친다.

앞 장에서 내가 언급한 바와 같이 비교인들은 타협된 말씀을 요구하고 있지 않다. 그들이 교회에 나올 때는 성경 말씀을 들을 것을 기대한다. 그들이 진정 듣기를 원하는 것은 성경이 그들의 삶과 어떤 연관성을 가지고 있는가이며, 또 그것을 설교자가 자신들에 대한 존중심과 배려하는 마음이 있다는 것을 나타내 주는 방법으로 전달해 주기를 바란다. 그들은 꾸지람이 아니라 해결책을 찾고 있다.

불신자들도 믿는 자들이 가지고 있는 동일한 질문들을 가지고 씨름한다. 나는 누구인가? 어디서 왔는가? 어디로 가고 있는가? 삶이란 이해할 수 있는 것인가? 세상에는 왜 고통과 악이 존재하는가? 나의 삶의 목적은 무엇인가? 어떻게 하면 사람들과 좋은 관계를 맺을 수 있는가? 이것들은 분명 가벼운 질문들이 아니다.

8. 믿는 자들과 불신자들의 필요 사이에는 많은 공통점이 있다. 어떤 부분에서는 상당히 다르지만 많은 부분에서 아주 비슷하다. 구도자에게 민감한 예배에서

는 믿는 자와 불신자 사이의 공통적 필요에 초점을 맞춘다. 예를 들어 믿는 자와 불신자 모두 하나님이 참으로 어떤 분이신지를 알 필요가 있으며, 둘 다 삶의 목적을 이해해야 한다. 둘 다 왜 또는 어떻게 다른 사람을 용서해야 하는지를 배워야 하며, 둘 다 그들의 결혼 생활과 가정을 튼튼하게 다지는 데 있어서 도움이 필요하다. 둘 다 고통과 슬픔과 괴로움을 감당하는 방법을 알아야 하며, 둘 다 왜 물질주의가 그토록 파괴적인지를 알아야 한다. 그리스도인들이 구원을 받았다고 해서 그들의 필요가 사라지는 것은 아니기 때문이다.

9. 예배는 그 목적에 맞게 만드는 것이 가장 좋다. 대부분의 교회가 동일한 예배를 통해서 불신자들에게 전도도 하고 신자들도 가르치려고 한다. 이렇게 뒤섞인 신호를 보낼 때는 뒤섞인 결과가 나오게 마련이다. 총 한 자루로 두 개의 과녁을 겨냥하는 것은 좌절만 가져다 줄 뿐이다.

한 예배로는 믿는 자들을 양육하고, 다른 예배로는 교인들이 데려온 비교인 친구들에게 전도하도록 예배를 구성하라. 새들백에서는 믿는 자들을 위한 예배는 수요일 밤에 있으며, 구도자 중심의 예배는 토요일 밤과 주일 아침에 있다. 이렇게 함으로써 각각에 맞는 설교와 찬양과 기도의 형식을 사용할 수 있으며, 각각의 목표에 알맞은 다른 요소들을 첨가할 수 있다.

새들백교회를 시작했을 때 나는 비교인들에게 교회를 방문하기에 가장 좋은 때가 언제라고 생각하는지를 물었다. 모든 사람의 대답이 "만일 내가 교회에 간다면 그것은 주일 아침일 것이다"라고 대답했다. 나는 또한 우리 교인들에게 언제가 믿지 않는 친구들을 데려오기에 가장 쉬운 때인지를 물었다. 이번에도 대답은 주일 아침이었다. 오늘날의 문화에서도 사람들은 아직 주일 아침은 '교회에 가는 때'라고 생각하고 있는 것이다. 그렇기 때문에 우리는 주일 아침을 전도를 위해 사용하고, 수요일 밤을 양육을 위해서 사용하기로 결정한 것이다.

전도 예배는 전혀 새로운 것이 아니다. 단지 주일 아침 시간을 전도 예배의 목적으로 사용하는 것이 최근에 달라진 점이다. 금세기의 얼마 전까지만 해도 주일 저녁 예배가 일반적으로 '전도 예배'로서 인식되어 왔다. 몇몇 교회는 아직도 주일 저녁을 전도 예배로 광고하고 있다. 그러나 불신자들이 많이 올지는 의심스럽다. 심지어는 믿는 자들도 주일 저녁에는 교회에 가기를 좋아하지 않기 때문이다. 수십 년 동안의 그들의 출석률을 보면 그들의 의사를 분명히 알 수 있다.

10. 구도자 중심의 예배는 개인 전도와 함께 병용하기 위한 것이지 그것을 대신하기 위한 것은 아니다. 사람들은 여러 사람들이 그리스도를 믿기로 하는 그들의 결정을 지지해 줄 때 그 결정을 더 쉽게 내린다. 구도자 예배는 교인들의 개인 전도를 향상시키고 확신시켜 주기 위한 단체 전도의 기회를 제공한다. 불신자가 자신에게 전도한 친구와 함께 전도 예배에 참석했을 때, 그는 군중을 보고 "아하, 믿고자 하는 사람이 많이 있구나! 무언가 있는 모양인데"라고 생각하게 된다.

믿는 자의 무리가 함께 예배드리는 모습을 직접 보는 것은 엄청난 설득력이 있다. 따라서 구도자 예배가 더 커지면 커질수록 그것은 더욱 큰 전도의 도구가 될 수 있다.

11. 구도자 예배의 형식을 고안하는 데에는 정해진 방법이 없다. 이것은 불신자들이 모두 다 다르기 때문이다. 어떤 사람들은 그들이 예배의 일원으로 느껴지기를 원한다. 다른 사람들은 수동적으로 앉아 있기를 원한다. 어떤 사람들은 조용하고 명상적인 예배를 원하며, 다른 사람들은 활력이 넘치는 예배를 원한다. 남가주에서 가장 잘 맞는 형식이 뉴 잉글랜드에서는 잘 맞지 않을 수도 있으며, 그 반대도 마찬가지다. 모든 종류의 구도자에게 전도하기 위해서는 모든 종류의 예배가 필요하다.

구도자 예배에서 타협할 수 없는 것은 단지 세 가지밖에 없다. (1) 불신자들을 사랑과 존경으로 대하라. (2) 그들의 필요에 연관성 있는 예배가 되도록 하라. (3) 실제적이고 이해할 수 있는 방법으로 말씀을 전하라. 다른 모든 요소들은 교회가 매달릴 필요가 없는 부차적인 문제들이다.

나는 거의 이십 년 전부터 구도자 예배를 만들 것을 교회들에게 권하기 시작했다. 이제는 이런 형태의 예배를 위해서 전달 수단에 너무 많은 관심을 쓰는 나머지 때로는 사람들이 사소한 문제들을 너무 강조하고 있다는 생각이 든다. 그들은 강단을 없앨 것인가, 목사 가운을 입지 않을 것인가, 또는 매주 연극을 해야 할 것인가에 대해서 걱정하고 있다. 마치 이런 것들이 자동적으로 비교인들로 하여금 교회로 몰려들게 할 것처럼 말이다. 이것은 잘못된 생각이다. 만일 모든 구도자들이 찾고 있는 것이 질 높은 연출이라면 그들은 집에 앉아서 삼십 분짜리 프로 하나를 만들기 위해서 수백만 달러를 들이는 텔레비전을 볼 것이다.

**많은 수의 비교인들을
교회로 끌어들일 수 있는 요인은
변화된 삶을 보는 것이다.**

많은 수의 비교인들을 교회로 끌어들일 수 있는 진짜 요인은 변화된 삶, 즉 많은 사람들의 삶이 변화된 것을 보는 것이다. 사람들은 삶이 변화되고 상처가 치유되며 소망이 회복될 수 있는 곳으로 가기를 원한다.

새들백에서는 어디에 가나 변화된 삶을 볼 수 있다. 거의 모든 구도자 예배에서 우리는 그리스도의 능력과 사랑에 의해서 삶이 극적으로 변한 개인이나 부부의 실제 삶에 대한 간증을 포함시킨다. 이처럼 매주 "만족한 소비자"의 모습을 보여 주는 것에 대해서는 회의론자들도 뭐라고 트집잡기 힘들 것이다.

새들백교회는 가장 가능성 없어 보이고 어려운 상황에도 불구하고 수천 명의 비교인들을 그리스도께 인도함으로써 구도자에게 민감한 교회에 대한 통상적 개념을 뒤집어 놓았다. 예배의 장소가 계속 바뀌며, 겨울에는 춥고, 비오는 봄에는 축축하고 비가 새며, 여름에는 살이 익을 정도로 더우며, 가을에는 음산한 바람이 새어 들어오는 천막에 불신자들이 와서 앉아 있는 교회를 상상해 보라. 필요할 때는 3마일이나 떨어진 곳에 차를 주차하고 걸어오며, 천막 밖 빗속에서 우산을 쓰고 서서 예배에 참석하는 교회를 상상해 보라. 삶의 변화가 일어날 때에는 교회에게 있어서 감당하기 어려울 정도로 커 보일 수 있는 문제들도 단지 작은 불편함으로 여겨질 수 있다.

모든 예배에서 우리는 사람들에게 등록 카드를 써 낼 것과 예배 때 노래를 부를 것을 권한다. 헌금 시간을 갖고 설교 요지를 나누어 주고 개인적 헌신의 시간을 갖는다. 이렇게 하면 불신자들을 전도할 수 없다고 주장하는 것을 들은 적이 있지만 새들백에서는 7천 명이 넘는 불신자가 그리스도를 믿기로 결심하고 등록을 했으며, 수천 명의 또 다른 사람들이 그러한 결정을 고려하면서 교회에 나오고 있다. 중요한 차이는 이러한 일들을 어떠한 방법으로 하느냐에 있는 것이다.

새로운 방법과 기술들은 단지 도구에 불과하다. 불신자들을 전도하기 위해서 반드시 드라마와 멀티 미디어를 사용하고 멋진 교회 건물과 편리한 주차 시설을 갖추어야 하는 것은 아니다. 이러한 것들은 단지 더 쉽게 만들어 줄 뿐이다. 내가 다음 두 장에서 추천하는 것들은 일반적 지침으로서 새들백에서 성공한 지침에 불과하지 않다는 것을 인식해 주기 바란다. 그것들을 십계명처럼 여기지 말라. 내 자신도 내가 만일 다른 지역에 있다면 우리가 새들백에서 하는 모든 것을 그대로 하지 않을 것이다. 당신은 당신 지역의 상황 속에서 구도자들을 전도하는 데 가장 좋은 방법을 생각해 내야 한다.

12. 구도자에게 민감한 예배를 드리기 위해서는 이기적이지 않고 성숙한 신자들이 필요하다. 고린도전서 14장 19-20절에서 바울은 우리가 예배에서 우리 자신의 필요만을 생각한다면 우리는 어린아이와 같으며 미숙한 증거라고 말한다. 신

자들이 불신자들의 필요와 두려움, 싫어하는 것들에 대해서 신경을 써 주며, 예배에서 자신들의 필요보다는 이러한 필요를 더 우선적으로 여길 때 그들은 영적 성숙함을 보여 주는 것이다.

모든 교회에서는 "예배"(service)와 "우리를 섬기라"(serve us)의 개념 사이에 지속적인 갈등이 있다. 대부분의 교회가 예배보다는 신자들의 필요를 채우는 쪽으로 결국 기울게 되는데, 그 이유는 신자들이 교회 재정을 채우는 사람들이기 때문이다. 구도자 예배를 드리는 것은 의도적으로 그 반대쪽, 즉 불신자들을 위한 쪽으로 기우는 것을 의미한다. 이것은 신자들이 자신들이 선호하는 것이나 전통, 그리고 안락을 희생하여 불신자들이 편안하게 느끼는 환경을 조성할 마음이 있어야 한다. 편안한 상태에서 자발적으로 벗어나기 위해서는 엄청난 영적 성숙도가 요구된다.

예수님은 "너희의 태도는 내 자신의 태도와 같아야 하나니 메시아인 나도 섬김을 받으러 온 것이 아니고 오히려 섬기러 왔다"(마 20:28, LB)고 말씀하셨다. 이러한 이타적인 섬김의 태도가 당신 교회의 신자들의 생각과 가슴 속에 가득 차 있지 않다면 당신의 교회는 아직 구도자 예배를 시작할 준비가 되어 있지 않은 것이다.

14장. 구도자에게 민감한 예배를 고안하기

그러므로 온 교회가 함께 모여 다 방언으로 말하면
무식한 자들이나 믿지 아니하는 자들이 들어와서 너희를 미쳤다 하지 아니하겠느냐?
(고린도전서 14:23)

외인을 향하여서는 지혜로 행하여 세월을 아끼라. (골로새서 4:5)

기독교 가정에서 자라난 나는 믿지 않는 친구들을 교회에 데려올 때마다 자주 당혹스러워 하곤 했다. 내가 안 믿는 친구를 예배에 데려올 때에는 나의 아버지가 십일조에 대해서 설교를 하시거나 초청받은 선교사가 슬라이드를 보여 주거나 성만찬을 행하는 주일이었다. 아직 구원받지 못한 나의 친구들에게는 별로 유익을 주지 못하는 것이었다.

그런데 내가 친구를 교회에 데려오지 않은 주일에는 하나님의 구원 계획에 관한 말씀을 자주 전하셨다. 나는 번번이 "야, 오늘 내 친구들이 여기 왔으면 참 좋을 뻔했는데!"라고 생각했다. 매주 나는 그 주의 예배가 믿지 않는 친구들을 데려오기에 '안전한' 예배가 될 수 있을 것인지 예측할 수가 없었다. 설교가 전도에서 양육까지 늘 바뀌기 때문이었다. 내가 대학 시절에 다니던 교회에서도 이와 동일한 양상을 보였다. 결국 나는 불신자들을 교회에 초대하는 것을 포기하고 말았다. 그것은 의식적인 결정은 아니었다. 단지 더 이상 곤혹스러운 상황에 처하고 싶지 않았던 것이다.

대부분의 교회들은 불신자들을 예배에 끌어들이지 못하는데 그 이유는 신자들이 그들을 교회에 데려오기를 불편해 하기 때문이다. 목사가 얼마나 열심히 신자들에게 친구들을 데려오라고 격려를 하든 얼마나 많이 심방을 하든 상관이 없이, 대부분의 신자들은 믿지 않는 친구들을 한 번도 교회에 데려오지 않는다.

왜 그런가? 거기에는 세 가지 중요한 이유가 있다. 첫째, 내가 이미 언급한 바와 같이 설교의 대상이 예측 불허하기 때문이다. 신자들은 그 주일에 목사가 전도 메시지를 전할른지 양육에 관한 말씀을 전할른지 모른다. 둘째, 예배 자체가 불신자들을 위해서 고안되어 있지 않다. 믿지 않는 자에게는 예배의 너무나 많은 부분이 이해하기 어려운 것이다. 셋째, 신자들이 예배의 질에 대해서 부끄럽게 여기고 있을 수 있다.

만일 당신이 전형적인 신자에게 자신의 교회에 대해서 솔직히 이야기해 보도록 한다면 그는 아마 이렇게 말할 것이다. "나는 내 교회를 사랑하고 우리 목사님을 사랑합니다. 나는 우리 예배를 통해서 개인적으로 축복을 받습니다. 우리 예배는 나의 필요를 채워 주고 있습니다. 하지만 나는 나의 직장 동료들을 교회에 초대하는 일은 아예 생각지도 않는데 그것은 우리 예배를 그들이 이해할 수 없을 것이기 때문입니다. 말씀도 나를 위한 것이고, 찬양도 나를 위한 것이며, 기도도 내가 이해할 수 있는 말로 드려지며, 심지어는 광고도 나를 위한 것입니다. 나의 친구들은 우리 예배에 대해 잘 이해하지 못할 것입니다." 그러면서도 그는 그의 친구들을 초대하지 않는 것에 대해서 죄책감을 느낄지도 모른다.

교회가 성장하기 위해서는
단순히 더 많은 사람이 교회를 방문하게 만들면 된다.

당신의 교회가 성장하기 위해서 로켓 과학자의 지능이 필요한 것은 아니다. 단순히 더 많은 사람이 교회를 방문하게 만들면 된다. 아무도 먼저 교회를 방문해 보지 않고는 교회의 신자가 되지 않는다. 매년 방문객이 몇 명밖에 되지 않는다면 그 해 새 신자의 수는 그보다도 더 적을 것이다. 군중은 교회가 아니지만 더 큰 교회로 성장하기 위해서는 먼저 군중을 끌어들여야 한다.

당신의 교회로 오는 방문객의 수를 늘리는 가장 자연스러운 방법은 무엇일까? 신자들로 하여금 친구들을 초대하지 않는 것에 대해서 죄책감을 느끼게 만드는 것인가? 그렇지 않다. '방문객 환영'이라는 커다란 광고판을 세우는 것인가? 그렇지 않다. 당신 지역의 가정들에게 심방을 가는 것인가? 그렇지 않을 것이다. 출석률 경쟁 대회를 여는 것인가? 아마 아닐 것이다. 전화나 광고를 이용하는 것인가? 그것도 역시 아니다.

정답은 간단하다. 당신 교회의 신자들이 친구를 데려올 수 있도록 계획적으로 고안된 예배를 드리는 것이다. 또한 비교인들에게 매력적이고 호소력 있으며 그들의 필요와 연관성 있는 예배를 만들어서 당신 교회 신자들이 불신자들을 데려오고 싶어하도록 만들라.

새들백은 처음부터 그러한 예배를 드렸다. 다른 교회들도 이와 유사한 방법을 사용하기 시작하면서부터 "구도자에게 민감한 예배"(seeker-sensitive service)라는 용어가 이러한 종류의 예배를 지칭하는 데 사용되었다. 그리스도인들이 안 믿는 친구들을 데려오기 원하는 예배를 만들어 내면 더 이상 출석률을 증가시키기 위해서 어떤 대회나 캠페인 또는 죄책감에 호소하는 방법 등을 이용할 필요가 없다. 신자들은 매주 안 믿는 친구들을 초대할 것이고 당신의 교회에는 비교인 방문객들이 매주 꾸준히 있을 것이다. 이 장과 다음 장에서 나는 구도자에게 민감한 예배를 고안하는 데 있어서 실제적인 제안 사항을 나누고자 한다.

대상을 염두에 두고 예배를 계획하라

새들백에서는 매주 우리가 전도하고자 하는 사람이 누구인지 우리 자신에게 상기시키는데 그것은 새들백 샘과 그의 아내 사만다이다. 일단 대상을 알고 나면 그것이 구도자 예배의 구성 요소들, 즉 음악 형식, 말씀의 주제, 간증, 드라마 등과 그 외에도 많은 것들을 결정할 것이다.

대부분의 복음주의 교회들은 강단 초청으로 예배를 마친다. 이것은 기능적으로 볼 때 우리가 예배를 전도와 연결시키고 있다는 것을 보여 준다. 그러나 많은 목사들이 깨닫지 못하고 있는 것은 예배의 처음 58분을 믿는 자들에게 초점을 맞춘 후에 마지막 2분을 남겨 두고 갑자기 불신자들에게 초점을 바꾸는 것은 실패할 수밖에 없는 전략이라는 것이다. 불신자들이 자신들과 전혀 연관성이 없는 예배에 58분씩 앉아 있지 않을 것이다. 초청뿐 아니라 전체 예배가 비교인을 염두에 두고 계획되어야 한다.

될 수 있는 대로 예배에 참석하기 쉽게 만들라

미국인들은 편리한 것들을 기대하는 것이 습관처럼 되어 있다. 당신의 목표는 될 수 있는 한 많은 장벽들을 제거해 버림으로 비교인들이 예배에 참석하지 않는 이유를 갖지 못하게 하는 것이다.

예배를 여러 번 드리라. 이렇게 함으로 사람들에게 교회에 출석할 수 있는 기회를 많이 만들어 준다. 새들백에서는 수년간 매주말 네 번의 동일한 예배를 드려 왔다. 토요일 오후 6시, 주일 아침 8시, 9시 반, 그리고 11시 15분이다. 우리 교회에서는 불신자들이 예배에 참석했다가 설교 주제가 좋아서 집에 가서 친구들을 불러 나중 예배에 또 다시 참석하는 경우가 빈번하다.

충분한 주차장을 만들라. 미국에서 전도하기 위해서는 주차장이 꼭 필요하다. 가장 먼저 방문객들의 눈에 띄는 것 중의 하나가 주차와 교통이다. 나는 캘리포니아에서 가장 큰 교회의 목사들 여러 명에게 그들의 교회 건물 건축을 하는 데 있어서 가장 큰 실수가 무엇이냐고 물어 본 적이 있다. 모두가 동일한 대답을 했는데 그것은 주차장이 충분하지 못하다는 것이었다. 사람들은 교회에 올 때 자기 차를 가지고 오고 싶어한다. 만일 주차 장소가 부족하다면 그들을 위한 자리를 준비하지 않은 것이다. 당신 교회의 건물이 얼마나 크든지간에 주차장이 충분하지 못하다면 그 건물을 채울 수 없을 것이다.

성인 예배와 같은 시간에 어린이 주일학교를 계획하라. 비교인들은 그것이 자기 아이든 남의 아이든 옆에 앉아서 몸을 비틀어 꼬아 대는 아이들을 데리고 있는 것을 원치 않는다. 새들백에서는 네 번의 구도자 예배 시간과 동시에 네 번의 주일 학교를 제공한다.

모든 교회 광고에 교회 약도를 포함시키라. 약도 없이 어떤 장소를 찾으려고 하는 것처럼 곤혹스러운 일은 없다. 새들백은 교회로 들어오는 반 마일 길이의 4차선 도로를 소유하고 있다. 그것은 새들백 파크웨이라고 불리며 그 길 이름에 따른 주소는 우리 교회뿐이다. 그럼에도 불구하고 우리 교회를 찾다가 길을 잃은 사람들이 있다.

예배의 진행 속도와 흐름을 향상시키라

거의 대부분의 교회가 예배의 진행 속도를 더 빠르게 해야 한다. 텔레비전은 미국인들이 집중할 수 있는 시간을 영구히 줄여 버렸다. 월요일 밤 미식 축구 시합에서 작전 타임을 한 번 하는 동안에 텔레비전에서는 슬로우 모션 한 번, 광고 세 개와 간단한 뉴스를 보여 준다. 방청객들이 지루해 하지 않도록 말이다. MTV는 신세대들이 집중할 수 있는 시간을 더욱 짧게 줄여 버렸다. 3분짜리 비디오 하나가 수천 개의 이미지로 채워져 있다.

그와는 대조적으로 대부분의 교회 예배는 달팽이 속도로 진행된다. 순서와 순서 사이에 '죽은 시간'이 많이 있다. 음악 담당 목사가 찬양 인도를 마치고 나면 그는 천천히 걸어가서 앉는다. 15초 후에 목사는 일어날 생각을 한다. 결국 그는 천천히 강단으로 움직여서 사람들을 환영한다. 이 때쯤이면 불신자들은 이미 잠들어 있다. 순서의 전환 시간을 최소화하도록 노력하라. 하나의 순서가 끝나면 다른 순서가 바로 시작되어야 한다.

예배 시간을 아낄 수 있는 방법을 찾도록 노력하라. 우리 교회에서는 주기적으로 예배의 각 순서의 시간을 잰다. 기도와 찬양, 광고, 말씀, 폐회, 그리고 각 순서의 전환 시간을 잰다. 그리고 어떤 순서에 너무 많은 시간이 걸렸는지, 어떤 순서에 더 많은 시간을 투자할 필요가 있는지를 묻는다.

우리 예배는 대략 칠십 분이 걸린다. 그 시간을 지혜롭게 계획하면 많은 것을 이룰 수 있다. 예를 들어 헌금 시간은 헌금 위원의 수와 헌금 주머니의 수를 두 배로 늘림으로써 절반으로 단축될 수 있다.

목사의 기도는 구도자 예배에서는 짧게 하라. 이 시간은 한 성도의 아픈 발톱을 위해서 기도할 시간이 아니다. 비교인들은 긴 기도를 참지 못한다. 그들의 마음은 잡념에 빠지거나 잠들어 버린다. 목사들은 경건의 시간에 하지 못한 기도를 이 때 하려고 하지 말아야 한다.

평범한 예배와 훌륭한 예배와의 차이는
그 흐름에 있다.

예배 진행 속도를 빠르게 하는 것 외에도 그 흐름을 향상시키도록 노력하라. 평범한 예배와 훌륭한 예배와의 차이는 그 흐름에 있다.

새들백에서는 음악을 통해 만들어 내기 원하는 흐름을 우리에게 상기시켜 주기 위해서 "IMPACT"라는 단어를 사용한다.

개회송(Inspire Movement): 개회 송을 통해 우리가 이루고자 하는 것은 이것이다. 밝고 경쾌한 음율을 사용해서 사람들로 하여금 발로 박자를 맞추거나 박수를 치고 적어도 미소를 짓게 만든다. 경직되어 있는 방문객들의 굳어 있는 근육을 풀어 주기 위한 것이다. 몸이 풀어져 있을 때는 덜 방어적이 되기 때문이다.

예배를 시작하기 위해서 우리는 우리 자신의 몸을 깨움으로써 그리스도의 몸을 깨운다. 사람들은 오전 예배에 들어올 때 보통 몸이 굳어 있고 졸립고 소극적이다. 이렇게 경직된 몸을 풀어 주는 개회 송이 끝나고 나면 분위기는 항상 더 즐겁고 민첩해진다. 이 개회 송이 가져다 주는 차이란 실로 놀라운 것이다.

찬양(Praise): 그 다음에는 하나님에 대한 즐거운 찬양으로 옮겨 간다.

경배(Adoration): 더 명상적이며 친밀한 찬양을 하나님께 부른다. 여기서는 속도가 늦추어진다.

헌신(Commitment): 이 단계에서는 사람들에게 하나님에 대한 헌신을 다짐하거나 새롭게 할 수 있는 기회를 준다. 여기서 부르는 찬양은 주로 "주님 닮기 원합니다"와 같이 일인칭 단수로 노래한다.

마무리 송(Tie it all together): 마지막으로 우리는 또 하나의 짧고 밝은 노래로 예배를 끝낸다.

방문객들이 편안하게 느끼게 해 주라

방문객들은 당신의 교회에 들어와서 10분 이내에 당신의 교회에 대해 자기 판단을 하게 된다. 내가 12장에서 언급한 바와 같이 방문객들은 목사가 설교하기 전에 이미 그 교회에 다시 올 것인가를 결정하고 있다. 첫인상을 바꾸기란 매우 어려운 것이므로 방문객들이 어떠한 첫인상을 갖기를 원하는가를 당신은 생각해 보아야 한다. 옛 격언에도 있는 것처럼, 첫인상을 줄 수 있는 기회는 단 한 번밖에 주어지지 않는다.

방문객들을 대하는 데 있어서 중요한 것은 그들의 처음 감정적 반응이 '두려움'이라는 것을 이해하는 것이다. 만일 그들이 진짜 비교인들이라면 그들은 '여기서 내게 무슨 일이 일어날 것인가?'라는 생각을 하고 있다. 그들은 만일 당신이 처음으로 모슬렘 사원에 초대받아 갔다면 느낄 그런 동일한 느낌과 두려움을 갖고 있는 것이다. '그들이 문을 잠그지나 않을까?' '내가 무슨 말을 해

야 하는 것은 아닌가?' '혹시 창피한 일을 당하는 것은 아닌가?'

　방문객들은 불안과 걱정으로 가득 차 있기 때문에 당신의 첫 번째 목표는 그들의 긴장을 풀어 주는 것이다. 사람이 겁에 질려 있을 때는 말씀 전달이 안 된다. 만일 방문객들의 두려움의 정도를 감소시켜 준다면 그들은 복음을 훨씬 더 잘 받아들일 수 있을 것이다. 이것을 도와줄 수 있는 실제적 방법은 여러 가지가 있다.

　가장 좋은 주차 장소를 방문객들을 위해서 마련해 두라. 새들백교회 입구에는 표지판이 하나 서 있는데 그 표지판에는 처음 방문하는 방문객들에게 예배당에 가장 가까운 곳에 준비된 주차장에 주차하기 원하면 헤드라이트를 켜라고 써 있다. 방문객들을 위해 예비해 둔 주차장을 가지고 있다면, 방문객이 차에서 내리자마자 얼굴에 미소를 띠고 그들을 맞으며 안내해 줄 안내 위원들을 배치해 둘 수도 있다. 새들백에서는 모든 목사들과 직원들은 포장이 안 된 흙 위에 차를 주차한다. 방문객들만 특별 주차장을 사용할 수 있다.

　건물 밖에 안내 위원들을 배치하라. 우리는 방문객들을 환영하는 것은 매우 중요한 일이라고 믿기 때문에 우리 교회에는 네 가지 다른 종류의 안내 위원들이 있다. 주차 위원들, 환영 위원들, 접대 위원들과 안내 위원들이다. 주차 위원들은 교통을 정리한다. 이들이 방문객들이 만나게 되는 첫 미소이다. 환영 위원들은 주차장과 교회 뜰에 서서 사람들이 건물 쪽으로 걸어올 때 자연스럽게 그들을 맞는다. 접대 위원들은 안내 테이블에 배치되어 있다. 이들은 방문객들에게 길을 가르쳐 주는 대신에 직접 그들이 가야 하는 곳으로 인도해 간다. 안내 위원들은 예배당 내부에서 사람들을 맞으며 주보를 나누어 주고 개별적인 상황들을 도우며 헌금을 걷는다.

　어떤 조직에서든 가장 중요한 사람들은 소비자와 직접적인 접촉을 하는 사람들이다. 델타 항공사에서 내게 가장 중요한 사람들은 짐을 부치는 접수처에서 일하는 사람들과 스튜어디스들이다. 델타의 사장은 내게는 그렇게 중요하지 않다. 왜 그런가? 나는 그와 만날 일이 없기 때문이다. 당신의 교회에서는 그 교회의 안내 위원들이 방문객들에게 있어서 가장 중요한 사람들인 것이다. 그들이야말로 그 가장 중요한 처음 10분 동안에 방문객들과 접촉하는 사람들이기 때문이다. 반드시 따뜻한 인상을 풍기며 잘 미소 짓는 사람들을 배정하도록 하라.

또한 전도 대상에 잘 어울리는 환영 위원과 안내 위원들을 선택하는 것이 중요하다. 만일 당신이 청소년을 전도하기 원한다면 청소년을 배정하고 젊은 부부를 전도하기 원한다면 젊은 부부들을, 은퇴한 사람들을 전도하기 원한다면 은퇴한 사람들을 배정하라. 많은 교회의 경우 안내 위원은 주로 나이 많은 신자들이다. 만일 방문객이 처음 10분 동안 만나는 사람들이 모두 자신보다 사십 살이나 더 많은 사람들이라면, 그는 자신이 그 교회에 맞는 사람인지에 대해서 의문을 갖게 될 것이다.

마지막 한 가지는 건물 밖에 있는 환영 위원들의 가슴에 표를 달거나 하여서 그들을 나타내지 말라는 것이다. 표를 단 환영 위원들은 방문객들로 하여금 그들이 교회의 '직원'들인 것처럼 느끼게 만들기 때문이다. (우리 교회의 목사 중 한 명이 어떤 사람들에게 이렇게 잘못 말한 적이 있다. "우리는 환영 위원들에게 아무것도 입히지 않고 그냥 밖에 둡니다.") 환영 위원들에게 다정한 교인으로서의 자연스러운 자신들의 모습을 보이라고 말하라.

안내 테이블을 건물 밖에 설치하라. 이 테이블에 배치된 사람들은 가슴에 표시를 달아도 괜찮은데 그것은 방문객들이 어디에 가서 질문을 할지 알아야 하기 때문이다.

사방에 표지판을 달아 두라. 건물의 정문 입구, 유아실, 그리고 특히 화장실을 명확하게 표시하라. 방문객들이 화장실이 어디 있는지 물어 보게 만들어서는 안 된다.

사람들이 건물에 들어올 때 음악을 틀어 놓으라. 대부분의 공공 건물에서 음악을 내보내고 있다. 식료품점이나 병원, 전문회사 건물과 일부 승강기 등에서 음악이 흘러나오는 것을 쉽게 들을 수 있다. 심지어 비행기가 활주로에서 이륙을 대기하는 동안 음악을 틀어 놓는 항공사도 많다. 왜 그런가? 그것은 음악이 긴장감을 풀어 주기 때문이다.

정적은 안 믿는 방문객들에게 두려움을 준다. 당신이 이백 명의 사람들이 가득 차 있는 방에 들어갔는데 아무도 말을 하고 있지 않다면 당신은 무슨 일인가 하고 의아해 하지 않겠는가? '내가 모르는 무슨 일이 벌어지고 있는 것은 아닌가?' 하고 생각할 것이다. 그러나 모든 사람이 서로 말을 주고받고 있는 방으로 걸어 들어갔을 때는 전혀 자신을 의식하지 않을 것이다.

예배 중에 침묵해야 할 때가 있긴 하지만 구도자 예배를 시작할 때는 그런 때가 아니다. 예배당 입구에 "침묵하고 들어가시오"라고 써 있는 것을 본 적이 있는가? 그것은 구도자 예배에서는 가장 바람직하지 않은 것이다. 예배 전의 분위기는 생동감 있고 즐거우며 기쁨이 전염되는 분위기가 바람직하다.

우리는 재미있는 현상을 하나 보게 되었는데 그것은 배경 음악이 더 크면 클수록 사람들은 더 활발하게 이야기를 나눈다는 것이다. 음악을 조용히 틀면 사람들은 조용히 얘기한다. 방문객들이 건물로 들어왔을 때 사람들이 평상시처럼 서로에게 대화를 나누고 흥겨운 음악이 흘러나오고 있으면 그것은 그들의 두려움을 덜어 준다. 그들은 사람들이 서로 즐기며 거기 온 것을 만족해 하고 있다는 것을 보게 된다. 그들은 그 교회가 살아 있다는 것을 보게 되는 것이다.

방문객들로 하여금 조용히 예배를 드릴 수 있도록 방해하지 말라. 방문객들이 일단 자리에 앉으면 우리는 그들을 더 이상 괴롭히거나 지명하지 않는다. 우리는 그들로 하여금 자신을 밝히지 않은 채로 예배를 지켜볼 수 있게 해 준다. 우리는 그들이 환영받고 자신들이 오는 것을 교회에서 원한다는 것은 느끼게 하지만 그들을 지켜보고 있다는 느낌은 주지 않는다.

많은 교회가 방문객들을 환영하는 방법이 오히려 그들을 그냥 내버려 두는 것보다도 더 불편하게 만들고 있다. 이것은 역설적인 일이다. 방문객들은 대중 앞에 드러나는 것을 싫어한다. (교단의 임원으로서 방문하는 사람들은 예외이다!) 큰 교회들이 그토록 많은 방문객을 끄는 이유 중의 하나는 방문객들이 군중들 속에 숨는 것을 좋아하기 때문이다. 작은 교회에서는 모든 사람이 방문객이 누구인지를 알게 되며 방문객은 그들이 알아본다는 사실을 안다!

미국에서는 가장 공통적으로 느끼는 두려움이 모르는 사람들로 둘러싸이게 될 파티에 가는 것이다. 두 번째 공통적인 두려움은 군중들 앞에서 말해야 하는 것이며, 세 번째 공통적인 두려움은 대중 앞에서 개인적인 질문을 당하는 것이다.

많은 교회들이 방문객들을 환영하는 방법은 그들로 하여금 이 세 가지 큰 두려움을 모두 동시에 경험하게 만든다! 목사는 자신이 친절한 행동을 하고 있다고 생각하며 "일어나서 성함과 자신에 대해서 간단히 말씀해 주십시오"라고 말한다. 우리가 이렇게 할 때 방문객은 마음 속으로 말할 수 없는 고통을 겪고 있다는 것을 우리는 인식하지 못한다.

내가 텍사스 주 포트워스 시에 살고 있었을 때 내 아내와 나는 이것을 거꾸로 하기로 결정한 교회에 다녔다. 매주 그 교회에서는 방문객이 일어나서 자신을 소개하는 대신에 모든 교인들이 자리에서 일어났고 방문객은 그냥 앉아 있었다. 그리고는 교인들이 앉아 있는 방문객들을 향해 서서 환영곡을 부르도록 되어 있었다. 상상할 수 있겠는가? 우리가 처음 그 교회를 방문했을 때 우리 주위의 모든 교인들이 일어섰으며 내가 볼 수 있는 것이라곤 커다란 엉덩이들뿐이었다. 그들은 우리를 향해 노래를 부르기 시작했다. "여기 오셔서 참 반가워요. 우리 곁에 오셔서 참 좋군요…" 나는 그 자리에서 죽고 싶었다. 처음 보는 사람들에게서 노래를 받아 본 적이 있는가? 나는 내 아내가 나를 향해 노래해도 부끄러워한다. 이야기의 요점은 무엇인가? 모든 것을 방문객의 관점에서 보고 생각하도록 하라는 것이다.

비록 내가 새로 오는 사람들을 "방문객(Visitors)"이라고 부르기는 하지만 새들백에서 그들을 그렇게 부르는 것은 아니다. 우리는 그들을 "손님(Guest)"이라고 부른다. "방문객"이라는 말은 그들이 여기 머물지 않을 것이라는 것을 의미한다. "손님"이라는 말은 그들을 편하게 해 주기 위해서 우리가 최선의 노력을 기울이는 사람들이라는 것을 의미한다.

등록 카드를 사용하고 있다면 모든 사람으로 하여금 그것을 써 내게 하라. 모든 사람이 그것을 써 내면 방문객들만 따로 분별되지 않는다. 그들은 이 일이 모든 사람이 하는 것이라는 것을 보게 된다.

새들백의 '환영 카드'는 아주 중요한 자료가 된다. 우리는 그것을 적어도 열두 가지 다른 목적으로 사용한다. 몇 가지 예를 들면 출석률을 기록하고, 영적 결단에 대해 기록하며, 기도 제목을 거두고, 설문 조사에 사용하며, 교회 활동과 행사에 참가할 사람들의 서명을 받고, 지도자들을 뽑고, 예배를 평가하며, 교인들의 근황을 파악하고, 설교 아이디어를 모으고, 새로운 사역을 시작하는 데도 사용된다. 그것은 성장하고 있는 우리 교회의 맥박을 계속해서 잴 수 있게 해 주는 중대한 연결고리가 된다. 이 카드의 가치는 그 무게가 금의 무게와 같을 정도이다.

나는 매주 모든 카드를 일일이 읽었었다. 그 카드들은 나로 하여금 우리 교회의 신도 수가 삼천 명이 될 때까지 모든 사람들의 이름을 외우도록 도와주었다. 지금은 내게 구체적으로 무언가를 적은 카드만 읽는다. 그러나 아직도 그것은 내게 직접적인 연결고리가 되고 있다. 누구나 환영 카드를 통해서 내게 직접 메시지를 전할 수 있다는 것을 모든 사람이 다 알고 있다. 나는 사람들이 말로는 결코 하지 못할 말들을 글로는 표현한다는 것을 발견했다.

카드에는 또한 방문객들이 이것이 그들의 첫 번째, 두 번째, 또는 세 번째 방문인지를 나타내는 난이 있다. 그들은 몇번째 방문인지에 따라서 내게서 다른 감사 카드를 받는다.

환영합니다!   _____ 년 ___ 월 ___ 일

이름 _____ ☐ 새 주소
주소 _____ 전화(집) _____ (직장) _____

나는 이 예배에 ☐ 처음으로, ☐ 두 번째, ☐ 세 번째 참석했습니다.
나는 ☐ 예배 참석자, ☐ 등록 교인입니다. 나는 _____ 의 초청으로 참석했습니다.

학년
유치원 초등1 2 3 4 5 6
중1 2 3 고1 2 3 대학생

나이
18-22   23-30   31-35   36-40
41-45   51-60   61-70   71이상

☐ 독신   ☐ 결혼했음

자녀의 이름 _____   생일 _____

▶ **결심합니다**
☐ 나는 그리스도께 헌신을 다짐합니다
☐ 나는 침례를 받기 원합니다
☐ 나는 그리스도께 재헌신을 다짐합니다

▶ **아래의 반에 등록합니다**
☐ 새들백 새 교우반을 발견하기, 101반
☐ 영적 성숙을 발견하기, 201반
☐ 나의 사역을 발견하기, 301반
☐ 나는 도움이 필요한 곳에서 돕기를 원합니다
☐ 나는 목회자와 이야기하고 싶습니다

▶ **알고 싶습니다**
☐ 어떻게 하나님과 관계를 맺는가
☐ 어떻게 이 교회 가족에 참여하는가
☐ 양육 프로그램   ☐ 성인 소그룹
☐ 사업적, 전문적 활동   ☐ 독신들을 위한 활동
☐ 혼자서 자녀를 돌보는 사람들을 위한 활동
☐ 여성들을 위한 활동   ☐ 남성들을 위한 활동
☐ 상담 활동   ☐ 레크레이션 활동
☐ 음악 활동   ☐ 청년 활동(18-30세)
☐ 고등부 활동   ☐ 중등부 활동
☐ 어린이 활동   ☐ 어린이 사역 지원자

▶ **의견, 요구 사항, 기도요청**   ☐ 기도팀에게   ☐ 목회자에게

나는 옆으로 전달하며 모든 사람이 함께 기록하는 등록 명부를 사용하지 않을 것을 권한다. 그것은 개인의 프라이버시를 허용하지 않기 때문이다. 그 줄에 앉은 사람 모두가 방문객이 뭐라고 썼는지를 볼 수 있다. 또한 등록 장부에서 이름을 뽑아내는 것도 카드를 사용하는 것보다 더 어렵다. 우리는 헌금을 걷을 때 카드를 함께 걷는다. 그렇게 함으로써 모든 사람이 헌금 주머니에 무언가를 넣을 수 있도록 해 준다. 헌금이 걷히자마자 자료를 입력하는 사람들은 온갖 종류의 정보를 카드에서 분류해 내어 컴퓨터에 입력시킴으로써 교회 사역진이 사용할 수 있도록 해 준다.

사람들의 긴장을 풀어 주는 환영을 하라. 무대에서 하는 처음 몇 마디가 예배의 분위기를 결정한다. 우리 교회에서는 매주 목사들 중의 한 명이 다음과 비슷한 말을 한다. "새들백의 주일 예배에 오신 것을 환영합니다! 여기 오셔서 참 반갑습니다. 만일 오늘 이 곳에 처음 오셨다면 느긋하게 앉으셔서 긴장을 푸시고 우리가 마련한 예배를 즐기시기 바랍니다."

사람들에게 예배를 즐길 것을 기대할 수 있다는 것을 알게 하라. 그들에게 아무 말도 할 필요가 없고 누구도 그들을 괴롭히지 않을 것이라고 말하라. 헌금에 대해서는 다음과 같이 설명하라. "이 곳에 방문객이시라면 헌금하실 필요가 없습니다. 그것은 우리 교회 식구만을 위한 것입니다. 여러분은 우리의 손님이시기 때문에 이 예배를 통해서 무언가를 얻으시기를 원하지 드릴 것을 기대하지 않습니다."

사람들이 서로 인사를 나누게 함으로써 예배를 시작하고 마치라. 신약성경은 서로에게 문안하고 정감을 표시하라고 다섯 번이나 명령하고 있다. 그래서 우리는 모든 예배의 시작과 끝에 사람들에게 돌아서서 세 명(또는 열 명이나 스무 명)과 악수를 나누라고 말한다.

세월이 흐르면서 이 간단한 전통이 심지어 서로를 전혀 알지 못하는 사람들 사이에도 따뜻한 우애와 가족 의식을 갖게 해 주었다. 때로 나는 예배를 마칠 때 서로에게 이렇게 말하게 한다. "오늘 옆에 앉게 되어서 기뻤습니다." 어떤 사람들에게는 이 작은 친근한 행동이 일 주일 내내 그들이 받을 유일한 격려이다.

새들백의 초창기에 우리는 "3분 규칙"이라는 것을 만들어 실행했었다. 우리는 예배가 끝난 후 처음 삼분 동안 아직 한 번도 만나지 못했던 사람들과만 이야기를 나누기로 동의했었다. 이것은 예배가 끝나면 제일 먼저 가는 사람들이 방문객이라는 사실에 근거한 것이었다. 그래서 우리는 모든 방문객들이 떠난 후에야 서로와의 교제를 나누었다.

이름표를 사용하려면 모든 사람이 다 달도록 하라. 방문객들만 이름표를 달게 하거나 또는 그들만 빼놓은 다른 모든 사람들에게 달게 함으로써 그들을 구별하지 말라.

예배 때마다 다과를 준비하라. 방문객들에게 대접한 커피 한 잔과 도너츠가 예배 후 그들을 더 오래 머물게 만든다. 이것은 또한 교인들에게도 그들을 만날 기회를 제공한다. 음식은 교제하는 분위기에서 사람들의 긴장을 풀어 주는 역할을 한다. 왠지 모르지만 삼백 파운드나 나가는 거구도 조그만 커피잔 뒤에 자신을 숨길 수 있으면 친숙하지 않은 군중들 사이에서 더 안전하게 느끼는 법이다.

많은 경우에 예수님은 사람들과 함께 걷거나 먹으면서 그들을 가르치셨다는 사실이 항상 나를 매혹시켰다. 나는 예수님이 의도적으로 그렇게 하셨다고 확신한다. 함께 걷는 것과 먹는 것, 두 가지가 다 사람들의 긴장을 풀어 주며 대인 관계의 장벽을 해소시켜 준다. 사람들은 긴장이 풀려 있을 때, 다른 사람의 말을 더 잘 들을 수 있으며 변화에 대해 더 열리게 된다.

밝은 분위기를 조성하라

교회의 여러 가지 기구들이나 물리적 환경은 예배의 분위기와 밀접한 관계를 가지고 있다. 당신의 교회 건물이 당신의 예배의 성격을 좌우한다. 어떤 건물에 들어가면 기분이 즉시로 밝아진다. 어떤 건물은 우울하게 만든다. 실내의 모양이 기분을 즉시로 바꾸어 놓을 수 있듯이 실내 온도와 조명도 마찬가지다. 이러한 요소들을 염두에 두라. 당신의 예배가 어떠한 분위기로 조성되기를 원하는지를 미리 결정하고 그렇게 창출해 내라.

새들백교회의 구도자 예배에서 우리가 원하는 분위기는 "축제"라는 단어로 요약하고 있다. 새들백에서는 매주일이 부활절 주일이며, 우리는 밝고 경쾌하며 즐거운 환경을 조성하는 데 정신이 없다. 방문객들은 건물 안으로 들어오는 순간 이것을 느낀다.

방문객의 눈으로 교회 건물을 바라보고 그 건물이 어떠한 메시지를 보내고 있을지 상상해 보라. 당신의 교회 건물은 무엇을 말해 주고 있는가? 무겁고 어두운 빛의 나무문은 유리문과는 다른 메시지를 주는가? 물론이다.

예배가 시작하기 전부터 방문객들은 당신의 교회의 가치에 대한 판단을 내리고 있다. 그들이 주차장에서 내리는 순간부터 그들은 건물 주위의 대지를 바라보며 인상을 받기 시작한다. 교회 주위는 잘 정리되어 있는가? 잔디는 깎여 있으며 울타리는 잘 다듬어져 있는가? 쓰레기가 주위에 널려 있지는 않은가? 교회 표지판은 페인트칠이 벗겨져 있지는 않은가? 청결한 주위 환경은 매력적인 것이지만, 반대로 더럽고 산뜻하지 못한 주위와 건물은 혐오감을 일으킨다.

때로 건물이 주는 메시지가 당신의 교회에서 주려고 의도하는 메시지와는 다를 수도 있다. 당신은 "우리는 다정합니다!"라고 말할지 모르나 교회 환경은 "우리는 차갑고 사무적입니다"라고 말하고 있을 수 있다. 당신은 "우리는 시대에 맞게 일합니다"라고 주장할지 모르나 교회 환경은 "우리는 시대보다 오십 년은 뒤떨어졌습니다"라고 외치고 있을 수 있다. 당신의 교회 건물이 허물어져 가고 있다면 "우리는 모든 것을 갖추고 있습니다"라는 이미지를 주기는 어려운 것이다.

교회 환경을 유지하는 데 있어서 겪는 문제 중의 하나는 약 4주 정도가 지나고 나면 교회 건물의 결함을 그냥 지나쳐 버리게 되는 경향이 생긴다는 것이다. 교회 건물에 대해서 익숙해지고 나면 더 이상 그 건물의 문제가 눈에 들어오지 않게 된다. 빛 바랜 페인트칠, 낡은 바닥, 금이 간 강단, 구형의 책꽂이들, 찬송가에 끼워져 있는 옛날 주보들, 피아노 위에 쌓여 있는 악보들, 전구가 나간 환등기 등을 보지 못하게 된다. 불행히도 이러한 것들이 방문객들의 눈에는 즉시 띄게 된다. 그들은 이러한 세부 사항들을 보게 되기 때문이다.

이러한 경향에 빠지지 않는 방법 중의 하나는 당신의 교회에 대한 환경 보고서를 작성하는 것이다. 사진찍을 사람을 자원 받아 건물 주위를 돌며 방문객의 눈으로 사진을 찍게 하라. 그리고 이 사진들을 지도자들에게 보이고 무엇이 바뀌어야 하는지를 결정하라. 대부분의 목사들은 자기 교회의 예배당을 뒷줄에 앉아서 본 적이 한 번도 없다. 그 밖에도 자세히 신경을 써야 하는 환경적 요소 중에는 조명, 음향, 좌석, 예배 공간, 온도, 식물, 유아실, 화장실 등이 있다.

조명. 조명은 사람들의 기분에 깊은 영향을 끼친다. 적절하지 못한 조명은 예배 분위기를 죽인다. 말씀 전하는 자의 얼굴에 그림자가 생기게 되면 그것은 말씀의 영향력을 감소시킨다.

대부분의 교회는 너무 어둡다. 어쩌면 그것은 그리스도인들이 카타콤에서 오랜 세월 동안 예배를 드린 데서 비롯된 것인지도 모른다. 창문이 많이 달린 건물을 가진 교회에서도 창문을 가리기가 일쑤다. 어떤 이유에서인지 교회는 조명을 어둡게 하는 것이 더 영적인 분위기를 조성한다는 생각을 갖게 되었다. 나는 그와 정반대의 의견을 갖고 있다. 나는 교회 건물은 밝고 빛으로 가득 차야 한다고 믿는다. 하나님의 성품은 빛으로 표현되었다. 요한일서 1장 5절은 "하나님은 빛이시라. 그 안에는 어두움이 조금도 없으시니라"고 말한다. 빛은 하나님이 창조하신 것 중 첫 번째이다(창 1:3). 나는 오늘날 하나님께서 수많은 교회들에게 "빛이 있으라"고 말씀하고 싶어하실 것이라고 생각한다.

예배를 일깨우고 싶으면 교회의 환경을 밝게 하라. 창문에 달린 커튼을 걷어 버리라. 창문과 문들을 활짝 열라. 모든 불을 다 켜라. 이번 주에 몰래 예배당의 전구를 두 배로 밝은 것으로 갈아 끼워 두고 다음 주일 예배 때 분위기가 어떻게 바뀌는지를 지켜보라. 당신의 교회에 부흥이 일어날 수도 있다.

음향. 사정이 허락하는 한 최고 좋은 음향 장치를 사용하라. 경비를 아끼고 싶으면 다른 부분에서 하고 음향기기를 구비하는 데 인색하게 하지 말라. 새들백은 십오 년 동안 자체 건물 없이 성장했으나 우리는 항상 최신형의 음향 장치를 사용했다.

만일 사람들이 기분 좋게 들을 수 없다면 설교가 아무리 설득력이 있어도 무슨 유익이 있겠는가? 작고 잡음이 섞인 음향 장치는 최고의 재능을 가진 음악가나 아무리 심오한 설교자라도 무능하게 만들 수 있다. 마이크에서 울리는 날카로운 소음보다 거룩한 순간을 더 빨리 망쳐 버리는 것은 없다. 당신이 목사라면 옷에 달 수 있는 작은 마이크를 구입하도록 해서 당신이 강단에 묶여 있지 않아도 되게 하라.

좌석. 좌석의 편안함과 배치 구도가 예배의 분위기에 극적인 영향을 끼친다. 설교는 앉아 있는 자리가 견딜 수 있을 만큼밖에는 머리에 들어오지 않는다. 불편한 자리는 마귀가 매우 즐겨 사용하는 훼방 작전이다.

좌석을 바꿀 수 있는 방법이 있다면 나는 그렇게 하도록 권한다. 오늘날의 문화에서 사람들이 딱딱한 벤취에 앉아 있어야만 하는 곳은 오직 교회와 경기장의 값싼 좌석뿐이다. 사람들은 개별적인 의자에 앉을 것을 기대한다. 미국 사회에서는 개인적인 공간이 매우 중요하게 여겨지고 있다. 그렇기 때문에 경기장에서 칸막이 된 특별석을 사람들이 좋아하는 것이다. 사람들은 서로 너무 가깝게 앉게 되면 매우 불편해 한다. 의자를 사용하는 경우에는 사람과 사람 사이에 적어도 45센티 미터의 거리가 있어야 하며, 벤취를 사용하면 50센티 미터 이상 떨어져 앉을 수 있어야 한다.

움직일 수 있는 좌석을 사용하고 있다면 사람들이 다른 사람들의 얼굴을 볼 수 있도록 좌석을 배치하라. 예배에 대한 사람들의 반응을 극적으로 향상시킬 것이다. 만일 개척 교회를 시작했다면 항상 필요한 것보다 더 적은 수의 의자를 펴 두라. 사람들이 도착할 때 의자를 더 가져와야 할 필요가 있다는 것을 보는 것은 사람들에게 격려가 된다. 그러나 빈 의자에 둘러싸여 예배를 드리는 것은 매우 낙심되는 일이다.

  예배 공간. 예배 공간의 크기에 대한 유일한 해답은 이것이다. 너무 크거나 작아서는 안 된다. 이 양 극단은 교회의 성장을 막을 것이다. 예배당의 80% 정도가 차게 되면 추가 예배를 시작해야 한다. 많은 교회들의 성장이 정지되어 있는 이유는 아직 자리가 많이 남아 있으므로 또 다른 예배가 필요 없다고 생각하기 때문이다. 예배 공간이 모자라게 되면 피터 와그너가 말한 "사회적 질식" 현상을 경험하게 된다. 작은 건물은 교회의 성장을 질식시킬 수 있다.
  반대로 예배 공간이 너무 클 수도 있다. 많은 교회가 채우기 힘들 만큼 너무 큰 건물을 가지고 있다. 당신 교회의 교인 수가 200명이 된다 하더라도 만일 예배당이 750명이 앉을 수 있는 크기라면 아무도 없는 것처럼 느껴진다! 사람들의 수보다 빈 의자의 수가 더 많으면 따뜻하고 친밀한 느낌을 조성하는 것은 거의 불가능하다. 건물이 교인수에 비해서 너무 크면 성장할 수 있는 원동력이 상실된다.
  사람들의 수가 적을수록 말씀을 전하는 자는 그들과 더 가까운 거리에서 전해야 한다. 교인 수가 많아질수록 강단을 더 뒤쪽으로 옮기고 높일 수 있다. 교인 수가 오십 명밖에 되지 않는다면 첫 번째 줄에서 별로 멀지 않은 곳에 강단을 두고 단상은 아예 두지 말라.

  실내 온도. 수년 동안 에어컨 없는 체육관과 히터 없는 텐트에서 설교한 목사로서 나는 강한 확신을 가지고 이것을 말한다. 예배실의 온도는 가장 잘 준비된 예배조차도 단지 몇 분만에 망쳐 버릴 수 있다. 너무 덥거나 추울 때는 사람들은 더 이상 예배에 참여하지 않는다. 그들은 생각을 닫아 버리고 모든 것이 빨리 끝나기만을 고대한다.

　온도에 관해서 교회들이 가장 흔히 저지르는 실수는 너무 덥게 하는 것이다. 건물이 사람들로 가득 차면 체온이 실내 온도를 상당히 올려 놓을 것을 미처 생각지 못한 나머지 예배 전에 적당하다고 생각한 온도로 조절을 해 두는 실수를 하는 것이다. 에어컨이 겨우 실내 온도를 적당한 온도로 내려놓았을 때는 예배는 이미 거의 끝나 버린 후이다.

　예배가 시작되기 전에 온도를 편안한 온도보다 조금 낮게 맞추어 두라. 사람들이 오기 전에 실내 온도를 떨어뜨리라. 예배가 시작되면 온도는 매우 빨리 올라갈 것이다. 온도를 시원하게 맞추어 두는 것이 사람들로 깨어 있게 해 줄 것이다.

　식물. 나는 식물과 나무 등을 교회 장식으로 사용할 것을 권장한다. 수년간 우리는 식물과 작은 나무 등을 매주말 우리가 빌려서 사용하던 건물에 끌고 다녔다. 식물은 "이 장소에 살아 있는 것이 적어도 한 가지는 있다!"라고 말한다.

　사람들이 "나는 자연 속에 나가 있을 때 하나님을 더 가깝게 느낀다"라고 말하는 것을 들어 본 적이 있을 것이다. 이 말이 이해가 갈 만한 것인 이유는 하나님께서 아담과 이브를 만드셨을 때 그들을 아스팔트와 콘크리트로 둘러싸인 고층 건물에 넣어 두지 않으시고 동산에 두셨기 때문이다. 하나님의 창조물의 자연스러운 아름다움은 사람들을 고무시키고 긴장을 풀어 주며 회복시킨다. 시편 23편이 가장 사랑을 받는 시가 된 것은 우연한 일이 아니다. 사람들은 고요히 흐르는 물과 푸른 목장의 신선한 풍경을 쉽게 상상할 수 있다.

　한 가지 덧붙여 말하고 싶은 것은 교회에 신비적이고 종교적인 상징물들로 너무 많이 치장하지 않도록 주의하라. 십자가가 무엇인지는 누구나 알고 있지만 비교인들은 성만찬용 잔들이나 왕관들, 그리고 꼬리에서 불이 나오는 비둘기 등을 보면 혼동을 겪는다.

깨끗하고 안전한 유아실. 젊은 가족을 전도하기 원하면 반드시 위생적이고 안전한 유아실이 있어야 한다. 구석에 대걸레통이 있어서는 안 되며 장난감은 매주 씻어야 한다.

깨끗한 화장실. 방문객들은 설교는 잊어버릴지 모르나 고약한 냄새가 나는 화장실에 대한 기억은 계속…그리고 계속…그리고 계속 남는다. 화장실의 수준을 점검함으로써 그 교회의 정신 상태에 대하여 많은 것을 알 수 있다.

슬픈 사실은 많은 교회가 완전히 새 예배당을 필요로 하고 있다는 것이다. 현재 그들이 사용하고 있는 건물로는 결코 그들의 지역 사회를 전도하지 못할 것이다. 한 목사는 내게 건물 때문에 좌절한 나머지 "하나님, 불을 내려 주셔서 화재가 나게 해 주소서!" 라고 기도했다고 말했다.

내 친구 래리 드윗이 남가주에 있는 교회의 담임 목사로 초빙받았을 때 그는 그 교회가 고도로 발전된 도시에 위치한 작은 교회 건물을 가지고 있다는 것을 알게 되었다. 래리는 너무 낡은 교회 건물과 오래 된 건축 양식이 그 지역을 전도하는 데 있어서 장애물이 되고 있다는 것을 깨달았다. 그는 교회 지도자들에게 만일 그들이 그 건물에서 나와서 한 레스토랑에서 예배를 드리기 시작한다면 그 교회의 목사가 되겠다고 말했다. 그들은 동의했다.

여러 다른 장소로 옮겨 다닌 후 오늘날 그 교회는 수천 명의 출석률을 가지고 있다. 만일 그들이 그 처음 건물에 머물렀다면 그 교회는 결코 이렇게 크게 자라지 못했을 것이다. 내가 1장에서 말한 것처럼 신발의 크기가 발의 성장을 결정해서는 안 된다. 새들백은 13년 동안 구도자 예배를 위해서 고등학교 교정을 사용했다. 우리에게 주어진 환경을 가장 잘 이용하기 위해서 우리는 두 개의 관리 팀을 구성했다. 첫 번째 팀인 설치 팀은 아침 6시 이전에 들어와서 42개의 교실과 체육관을 정돈했다. 설치 팀은 물건들을 움직이기 전에 칠판에 각 교실의 원래 모습을 그려 두었다. 그러면 정리 팀이 모든 예배가 끝난 후 오후

1시에 들어와 모든 것을 원래 구조로 재배치할 수 있었다. 각 교실은 매주일 두 번씩(그 날 아침 일찍과 교실들을 사용한 후) 진공 청소기로 청소했다. 그것은 힘든 일이었으나 성장하기 위해서는 치러야 할 대가의 일부였다.

우리가 환경을 밝게 만드는 데 있어서의 목표는 바울이 디도서 2장 10절에서 말한 것과 같은 것이다. "…이는 범사에 우리 구주 하나님의 교훈을 빛나게 하려 함이라."

매력적인 분위기를 창출하라

분위기란 정의 내리기는 어렵지만 한 교회의 예배에 들어갔을 때 분명하게 느끼는 느낌이다. 이것은 흔히 예배의 '정신', '기분', 또는 '색채' 등으로 불린다. 뭐라고 부르든간에 분위기는 예배의 내용에 분명한 영향을 끼친다. 그것은 당신이 성취하고자 하는 목적을 돕든지 또는 방해하는 것이다.

만일 당신이 예배에서 창출해 내기 원하는 분위기의 종류를 의식적으로 결정하지 않으면 당신은 그것을 운에 맡기는 것이다. 새들백에서는 우리가 매주 창출하기 원하는 분위기를 설명하는 데 있어서 다섯 개의 단어를 사용한다.

기대감. 방문객들이 우리 교회의 예배에 대해서 자주 하는 말 중의 하나는 그들이 사람들로부터 일종의 기대감을 느낀다는 것이다. 예배가 시작될 때마다 "무언가 좋은 일이 일어날 것이다!"라고 말하는 분위기가 팽배해 있다. 교인들은 하나님이 우리와 함께 하시며 삶이 변화할 것이라는 것을 느낀다. 방문객들은 이 분위기를 종종 "전류가 흐른다"라고 표현한다.

무엇이 이러한 기대감을 야기시키는가? 그것은 여러 요소에 의해서 생성된다. 일 주간 내내 예배를 위해서 교인들이 기도하는 것, 예배 시간 내내 교인들이 기도하는 것, 열심 있는 교인들이 구원받지 못한 친구들을 교회로 데려오는 것, 삶을 변화시킨 우리 예배의 역사, 군중의 규모, 축제 분위기가 나는 음악, 그리고 예배를 인도하는 팀의 믿음이다.

당신의 개회 기도는 하나님께서 그 예배에 함께 하실 것이라는 것과 사람들의 필요가 채워질 것에 대한 기대가 항상 표현되어야 한다. 기대감은 믿음을 다른 말로 표현한 것에 지나지 않는다. 예수님은 "너의 믿음대로 될지어다"(마 9:29)라고 말씀하셨다.

축제. 시편 100편 2절은 "기쁨으로 여호와를 섬기며 노래하면서 그 앞에 나갈지어다"라고 말한다. 하나님께서 우리의 예배가 축제가 되기를 원하시기 때문에 우리는 기쁨과 반가움의 분위기를 만들려고 노력한다. 너무 많은 교회들의 예배가 축제보다는 장례식에 더 가깝다. 그 주된 이유는 종종 예배를 인도하는 사람들의 태도이다. 나는 예배 인도자에게 "웃어 본 적이 한 번이라도 있습니까?"라고 물어 보고 싶었던 예배에 몇 번 참석해 보았다.

예배는 의무가 아니라 기쁨이다. 우리는 하나님의 임재 앞에서 기쁨을 경험한다(시 21:6). 시편 42편 4절에서 다윗은 "내가 전에 성일을 지키는 무리와 동행하여 기쁨과 찬송의 소리를 발하며 저희를 하나님의 집으로 인도하였더니"라고 회상하고 있다. 그것이 당신 교회의 예배 분위기를 묘사하는가?

격려. 히브리서 10장 25절은 "서로 격려하여 그 날이 가까이 오는 것을 볼수록 더욱 힘써 모입시다"(표준 새번역)라고 말한다. 세상에는 너무도 나쁜 소식이 많기 때문에 사람들은 좋은 소식을 들을 수 있는 장소가 필요하다.

예배는 사람들에게 낙심이 아니라 격려가 되어야 한다. 우리는 말씀이 죄를 지적하는 내용이 될 때에도 예배는 긍정적으로 시작하고 긍정적으로 마친다. 사람의 행동은 비평보다는 격려로 훨씬 더 빨리 고칠 수 있다. 예수님의 사역을 연구하고 그분이 사람들 속에 있는 그들의 최선의 모습을 이끌어 내시는 데 있어서 격려를 어떻게 기술적으로 사용하셨는가를 보라.

일체감. 우리는 우리의 많은 교인수에도 불구하고 예배에 가족적인 분위기를 창출하기 위해서 열심히 노력한다. 우리가 모든 예배의 시작과 끝에 서로에게 인사하는 모습과 단 위에 올라오는 사람들이 서로에게 대하는 모습, 그리고 목사들이 군중에게 말하는 모습이 모두 "우리는 한 가족입니다. 우리는 같은 운명을 가지고 있습니다. 당신도 여기에 속합니다"라고 말한다.

나는 베드로전서 3장 18절을 매우 좋아한다. "여러분은 하나의 커다란 행복한 가족으로서 서로에게 대해서 정으로 가득하고 부드러운 마음과 겸손함으로 서로를 사랑해야 합니다"(LB). 점점 더 비인간적이 되어 가는 세상에서 사람들은 소속감을 느낄 수 있는 장소를 찾고 있다.

소생. 삶은 어려운 것이다. 매주말 나는 일 주일 내내 세상에서 지치고 찌든 수천의 얼굴을 들여다본다. 그들은 영적, 정서적 밧데리가 완전히 고갈된 상태로 교회에 도착한다. 나의 임무는 그들을 그리스도의 능력에 다시 연결시켜 영적으로 소생시켜 주는 것이다. 예수님은 "수고하고 무거운 짐진 자들아, 다 내게로 오라. 내가 너희를 쉬게 하리라. 나는 마음이 온유하고 겸손하니 나의 멍에를 메고 내게 배우라. 그러면 너희 마음이 쉼을 얻으리니 이는 내 멍에는 쉽고 내 짐은 가벼움이라"(마 11:28-29)고 말씀하셨다.

매주 드리는 예배의 목적 중의 하나는 앞으로 맞게 될 한 주간을 위해서 영적으로 소생되고 정서적으로 충전되는 것이다. 예수님은 "안식일은 사람을 위하여 있는 것이요, 사람이 안식일을 위하여 있는 것이 아니니"(막 2:27)라고 강조하셨다. 나는 말씀을 준비할 때 항상 "아버지, 제가 사람들을 월요일 아침을 위해서 준비시킬 수 있는 말씀을 주일 아침에 전하도록 도와주소서"라고 기도한다.

나는 교회를 메마른 사막의 한 중간에 있는 영적인 오아시스로 본다. 우리는 사방에서 갈증으로 죽어 가고 있는 사람들에게 신선한 생명의 물을 제공하도록 부르심을 받았다.

남가주에서는 특히 사람들이 치열한 경쟁으로부터의 휴식이 필요하다. 그래서 우리는 예배에 유머를 사용한다. "마음의 즐거움은 양약"이다(잠 17:22). 사람들을 기분 좋게 만들어 주는 것은 죄가 아니다. 사람들에게 자신들과 자신의 문제들에 대해서 웃게 만들어 줌으로 그들의 짐을 덜어 주고 변화하게 도울 수 있다.

나는 복음주의자들의 가장 커다란 문제 중의 하나가 우리가 반대로 되어 있다는 것이다. 우리는 우리 자신에 대해서는 너무 신중하게 받아들이고, 하나님에 대해선 별로 신중하게 받아들이지 않는다! 하나님은 완전하시고 우리는 그렇지 못하다. 유머(humor)와 겸손(humility)이라는 단어가 동일한 어근을 가지고 있다는 사실은 우연이 아니다. 어쨌든 만일 당신이 자신에 대해서 웃는 법을 배울 수 있다면, 당신은 언제든지 즐길 수 있는 것들을 얼마든지 찾을 수 있을 것이다.

자유. 성경은 "주는 영이시니 주의 영이 계신 곳에는 자유함이 있느니라"(고후 3:17)고 말한다. 우리 예배는 거드름이나 형식, 그리고 온갖 종류의 무게 잡는 것을 피한다. 대신 우리는 형식에 매이지 않고 긴장이 풀린 다정한 분위기를 만들려고 노력한다. 우리는 형식이 없고 무게 잡는 것 없는 예배가 비교인들의 두려움과 방어심을 제거해 준다는 것을 알게 되었다.

사람들은 항상 형식 없는 장소보다는 형식을 갖춘 곳에서 더 불안하게 느낀다. 당신이 삶을 변화시키는 데 관심을 가지고 있다면 이것을 기억하는 것이 매우 중요한 것이다. 형식적이고 의식적인 예배는 비교인 방문객들에게 혹시 그들이 실수나 하지 않을까 걱정하게 만든다. 그것은 그들로 자아를 의식하게 만든다. 당신도 낯선 공적인 장소에서 어떻게 행동해야 할지 모를 때 동일하게 느꼈을 것이다.

사람들이 자신을 의식하게 되면 그들은 자신들의 감정적 방어막을 높이게 된다. 우리는 비교인들에게 진리를 전달하기 원하므로 우리의 첫 번째 임무는 그들의 불안감을 해소시켜 주어서 그들의 방어막을 내리도록 도와주는 것이다. 일단 긴장을 풀게 되면 그들은 더 이상 자신에 대해서 생각하지 않고 말씀에 집중할 수가 있게 된다.

많은 미국인 비교인들에게 있어서 '형식 없는' 이라는 말은 '진짜' 라는 말과 동의어이고, '형식' 이라는 말은 진실되지 못하며 '가짜' 라는 것을 의미한다. 베이비 붐 세대는 특히 화려한 허식과 의식을 싫어한다. 이런 이유로 새들백에서는 목사들에게 경칭을 사용하지 않는다. 아무도 우리 교회에서 나를 "워렌 박사"라고 부르지 않고 단지 "릭"이라고 부른다.

우리는 또한 복장에 대한 아무런 규칙도 없다. 목사들도 다른 모든 사람들과 마찬가지로 양복을 입지 않는다. 〈지큐(GQ)〉 잡지가 근래 조사한 바에 의하면 미국 남자의 25%만이 양복을 가지고 있다. 나는 새들백에서 양복을 입고 설교한 지가 수년이 되었다(물론 푹푹 찌는 텐트와 체육관에서 설교해야 했던 것이 그 이유가 되었을지도 모르겠지만 말이다).

사람들이 교회에 무엇을 입고 가는가 하는 것은 문화적인 문제이지 신학적인 문제가 아니기 때문에 우리는 그것을 중요하게 여기지 않는다. 한 가지 분명한 것은 예수님은 한 번도 양복과 넥타이를 착용하신 적이 없다는 것이다. 그러므로 양복은 그리스도를 닮기 위한 조건은 아니다.

예배의 순서를 간단히 적으라

비교인들은 당신의 교회를 방문할 때 무엇을 기대해야 할지 모르고 있다. 이것은 그들을 불안하게 만든다. 이 때 주보는 "놀라실 일은 전혀 없습니다"라고 말해 준다. 비교인들에게 당신이 무엇을 할지에 대해서 미리 말해 주는 것은 그들의 긴장을 풀어 주며 방어막을 낮추게 만든다.

예배 순서에 전문 용어를 사용하지 말라. 만일 방문객들이 예배 순서를 이해하지 못하면 그것을 인쇄할 필요도 없다. 전형적인 교회 주보에는 기원문, 봉헌 찬송, 초청 찬양, 축도, 그리고 후주곡 등의 용어가 나타난다. 불신자에게 그것은 라틴어로 말하는 것과 다를 바가 없다.

새들백에서는 "기원문"이나 "축도" 대신에 단순히 "개회 기도"와 "폐회 기도"라고 써 있다. "예배로의 부름" 대신에 "노래"라고 써 있으며, "헌금" 대신에 "하나님께 드리기"라고 써 있다. 이 정도면 우리의 취지를 알 것이다. 우리는 리빙 바이블 형식의 주보지를 만든다. 우리는 전문 용어의 의미를 아는 사람들에게 인상 깊게 보이려고 노력하는 대신에, 비교인들이 이해하기 쉽게 만드는 데 더 관심이 있다.

부연 설명을 첨가하라. 이해하기 어려운 오페라나 연극을 보러 가면 프로그램 지에 설명서가 포함되어 있다. 사람들에게 당신의 예배에서 하는 일들을 왜 하는지를 설명해 주라. 우리 주보는 우리의 환영 카드, 헌금, 결단의 시간과 다른 순서들을 설명해 준다.

교회의 내부적 광고는 최소한으로 줄이라

교회가 커질수록 광고는 더 많아진다. 무엇이 공적인 광고이고 무엇이 그렇지 않은지에 대한 정책을 정해 두지 않으면 예배의 상당 부분을 교회의 내부적 광고를 하는 데 보내게 된다. 어떻게 하면 되겠는가?

교인들이 주보를 읽도록 훈련시키라. "이번 주에는 남자들과 독신들, 그리고 중학생들을 위한 특별 행사가 있습니다. 꼭 주보를 읽으셔서 어떠한 일들이 벌어지는지를 알아 내십시오." 그 이상은 말할 필요가 없다.

모든 사람에게 적용되는 행사만 광고하라. 교인의 일부에게만 적용되는 행사를 광고할 때마다 나머지 사람들은 듣지 않게 되고 조금만 지나면 아무도 듣지 않게 된다. 교인 중의 소수만의 관심을 끌 수 있는 행사를 광고하는 데 모든 사람의 시간을 낭비하지 말라.

강단에서 도움을 요청하는 일을 피하라. 구도자 예배에서는 강단에서 자원 봉사자를 구하는 일은 최소한으로 줄여야 한다. 개인적으로 접촉하여 구하는 것이 훨씬 더 효과적이기도 하다.

구도자 예배 때 교회의 내부적 사무 회의는 갖지 말라. 그런 일들은 교인 예배 때 하라. 나는 예배 후에 교인들이 사무 회의를 가질 수 있도록 모든 방문객들에게 퇴장해 달라고 말한 교회를 하나 알고 있다. 그것은 방문객에게 불친절한 행위이다.

지속적으로 평가하고 향상시키라

매주 월요일 아침 시합 후에 미식 축구 연맹의 선수들은 그 전 일요일의 시합 때 찍은 필름을 보며 다음 주에는 어떻게 시합을 더 잘할 수 있는지를 상의한다. 우리는 매주일 예배 때 일어나는 일들에 대해서 더욱 더 깊은 관심을 보여야 한다. 선수들에게는 단지 시합에 불과하지만 우리는 그렇지 않다.

성장하는 교회는 항상 "어떻게 하면 좀더 잘할 수 있을까?"라는 질문을 한다. 그들은 그들의 예배와 사역을 평가하는 데 있어서 인정 사정이 없다. 평가는 뛰어남의 비결이다. 당신은 예배의 각 부분을 지속적으로 검토하며 그 영향력을 측정해야 한다.

새들백에서 평가를 돕는 세 가지 도구는 첫인상 카드, 환영 카드, 그리고 예배 평가지이다. 이 셋이 모두 그들의 반응에 대한 귀중한 자료를 제공해 주며 그것이 지속적인 향상의 비결이다.

첫인상 카드는 처음 방문하는 방문객들의 반응에 대한 자료로서 예배를 그들의 관점에서 볼 수 있게 해 준다. 환영 카드는 정규 출석 인원과 교인들의 반응을 제공해 준다. 우리는 군중에 속해 있는 사람들로부터 제안 사항과 아이디어를 꾸준히 공급받는다. 예배 평가지는 우리 사역진들의 반응이다. 이것은 주차로부터 시작해서 주보, 다과 테이블 및 음악과 설교에 이르기까지 모든 것에 대한 평가를 포함하고 있다.

고린도전서 14장 40절에서 바울은 구도자에게 민감한 예배에 대해 "모든 것을 적당하게 하고 질서대로 하라"고 지시하고 있다. 이 구절은 우리가 예배를 계획하고, 평가하고, 향상시키는 것이 합당한 일이라는 것을 암시한다. 하나님에 대한 예배와 사람들에 대한 전도, 둘 다 우리의 최선의 노력을 기울이기에 마땅한 것이다.

당신이 누구를 섬기고 있는가를 기억하라

당신은 구도자 예배를 준비하는 데 있어서 내가 지금까지 제안한 모든 것들에 의해서 압도당하는 느낌을 받을 수도 있다. 이것들은 중요한 아이디어들이긴 하지만 구도자 예배를 만드는 데 있어서 절대적으로 중요한 것은 아니다. 내가 앞서 언급한 바와 같이 구도자 예배에 있어서 유일하게 타협할 수 없는 요소는 불신자들을 사랑과 존경으로 대하는 것과 예배를 그들의 필요에 연관성 있게 만드는 것과 실제적이고 이해하기 쉬운 방법으로 말씀을 전하는 것이다.

구도자에게 민감한 예배를 만드는 것은 힘든 일이다! 매주 계속해서 그런 예배를 드려 나가는 일은 엄청난 에너지와 창조력, 헌신, 시간, 돈, 그리고 준비가 드는 일이다. 왜 애써 고생하는가? 왜 교회와 비교인 사이에 문화적 다리를 놓으려고 애쓰며 이 모든 수고를 하는가? 그 이유는 바울과 같이 우리도 "예수를 위하여" 모든 것을 하기 때문이다(고후 4:5).

당신은 당신이 하는 일을 왜 하는지를 알아야만 한다. 그렇지 않으면 낙심하여 패배하게 될 것이다. 나는 수년 전 한 주일 아침을 기억한다. 우리는 주말 예배를 위해서 고등학교 건물에서 예배를 위한 장비를 설치하고 있었다. 이런 저런 이유로 예배 설치반의 절반이 나타나지를 않았다. 유아실 기구들을 짐차에서 내려 교정을 지나서 교실 안으로 나르면서 나는 철저히 낙심에 빠지고 말았다.

사탄은 내게 자기 연민의 화살을 던지기 시작했다. 다른 목사들은 그냥 나타나기만 하면 되는데 너는 왜 이 모든 설치를 하고 다시 나르고 하는 수고를 해야 하는가? 다른 목사들은 그냥 자기 예배당으로 걸어 들어가면 된다. 그들은 이 모든 고생을 할 필요가 없는데 너는 벌써 수년 동안 이 고생을 했어야 했다!

내가 신나게 자기 연민에 빠져들기 시작했을 때, 성령님은 내 어깨를 두드리시며 물어 보셨다. "릭, 너는 누구를 위해서 이 일을 하느냐?" 나는 고등학교 주차장 한가운데 그만 멈추어 서서 울기 시작했다. 그리고 내 자신에게 내가 이 모든 것을 하는 것은 예수님을 위해서라는 것을 상기시켰다. 내가 하는 것은 그분이 나를 위해서 하신 것에 비하면 아무것도 아니다.

"무슨 일을 하든지 마음을 다하여 주께 하듯 하고 사람에게 하듯 하지 말라. 이는 유업의 상을 주께 받을 줄 앎이니 너희는 주 그리스도를 섬기느니라"(골 3:23-24).

15장. 음악을 선정하기

새 노래 곧 우리 하나님께 올릴 찬송을 내 입에 두셨으니 많은 사람이 보고
그를 예배하리로다. 그리고 주님을 신뢰하리로다.
(시편 40:3, NCV)

나는 종종 만일 새들백교회를 다시 시작할 수 있다면 무엇을 다르게 하겠느냐는 질문을 받는다. 나의 대답은 이렇다. 새롭게 시작하는 교회의 첫 날부터 나는 우리의 전도의 대상이 되는 사람들에게 맞는 일류급 수준의 음악 사역을 갖추기 위해서 더 많은 에너지와 돈을 투자할 것이다. 새들백을 개척한 첫 해에 나는 음악의 위력을 과소평가하는 실수를 범해서 우리 예배에서 음악의 사용을 최소한으로 제한했었다. 지금은 그렇게 한 것을 후회한다.

음악은 우리 삶의 일부분이다. 우리는 음악과 함께 먹고 음악과 함께 운전하고 음악과 함께 쇼핑하며 음악과 함께 쉬고 또 침례 교인이 아닌 일부 사람들은 음악에 맞추어 춤을 추기도 한다. 미국에서 가장 즐겁게 보내는 시간은 야구가 아니라 음악이며, 음악에 대한 우리의 의견을 나누는 것이다.

음악은 설교가 할 수 없는 방법으로 사람들을 자주 감동시킨다. 음악은 지적인 장벽을 초월해서 메시지를 마음 속에 와닿게 할 수도 있다. 음악은 전도를 위한 강력한 도구인 것이다. 시편 40편 3절에서 다윗은 "새 노래 곧 우리 하나님께 올릴 찬송을 내 입에 두셨으니 많은 사람이 보고 그를 예배하리로다. 그리고 주님을 신뢰하리로다(NCV)"라고 말한다. 음악과 전도 사이에 존재하고

있는 분명한 연결을 보라. "그리고 주님을 신뢰하리로다."

아리스토텔레스는 "음악은 인격을 빚는 위력을 가지고 있다"라고 말했다. 사탄은 오늘날 분명히 음악을 사용해서 그렇게 하고 있다. 1960년대와 70년대의 록 음악의 가사는 지금 삼십, 사십, 오십대에 있는 대부분의 미국인들의 가치관을 형성했다. 오늘날에는 MTV가 십대와 이십대 대부분의 사람들의 가치관을 빚고 있다. 음악은 젊은 세대에게 가치를 전달해 주는 주된 도구이다. 만일 우리가 경건한 가치를 전파하는 데 현대 음악을 사용하지 않는다면 사탄은 젊은 세대의 모든 사람들을 독점할 것이다. 음악은 무시할 수 없는 세력인 것이다.

새들백을 시작했을 때 나는 음악의 위력만 과소평가한 것이 아니라 모든 사람의 구호에 다 맞추려고 노력하는 실수도 저질렀다. 우리는 '바하에서 록엔롤까지' 모든 종류의 음악을 한 예배 시간에 다 포함시켰다. 우리는 전통적 찬송가와 성가 합창과 현대 기독교 음악을 함께 섞었다. 클래식과 컨트리 음악, 재즈, 록, 레게(서인도 제도 자마이카 기원의 록 뮤직), 경음악과 심지어 랩송도 사용했다. 사람들은 다음에는 어떤 음악이 나올지 전혀 예측하지 못할 정도였다. 그 결과는? 우리는 아무도 만족시키지 못했고 반대로 모든 사람을 실망시켰던 것이다! 우리는 마치 모든 종류의 음악을 틀어서 모든 사람을 끌려고 했던, 내가 9장에서 언급한 그 라디오 방송과도 같았던 것이다.

다시 말하지만 모든 사람의 음악적 기호에 다 맞출 수는 없다. 음악은 세대와 한 국가의 다른 지방들, 다른 성격들, 심지어는 한 가족들까지도 서로 갈리게 만드는 분열적인 요소이다. 그렇기 때문에 교회에서도 음악에 대한 의견의 차이가 있을 때 놀라서는 안 된다. 당신은 먼저 누구를 전도하려고 하는지를 결정하고 그들이 선호하는 음악의 종류를 파악한 후에 그 종류의 음악을 유지해야 한다. 만일 당신 교회의 모든 사람이 동의하는 음악을 찾으려 하고 있다면 당신은 시간만 허비하고 있는 것이다.

당신의 음악 스타일을 선택하기

예배에서 사용할 음악을 선택하는 일은 당신이 내릴 가장 중요한(그리고 논란을 만들게 될) 결정 중의 하나이다. 그것은 또한 당신의 교회가 그리스도를 위해서 어떤 사람들을 전도할 것인가와 당신의 교회가 과연 성장할 것인가를 결정하는 데 있어서 가장 중요한 결정일 수도 있다. 당신은 하나님께서 당신의 교회에게 전도의 대상으로 정해 주신 종류의 사람들에게 맞는 음악을 선택해야 한다.

당신의 교회에서 사용하는 음악은 당신의 지역에서 당신의 교회가 차지할 자리를 정해 준다. 그것은 당신이 누구인지를 정의해 주기 때문이다. 예배에서 사용할 음악을 일단 결정하게 되면 당신은 자신이 깨닫는 것보다 훨씬 더 많은 면에서 당신의 교회의 방향을 결정한 것이다. 그것은 교회로 인도될 사람들과 교회에 남게 될 사람들, 그리고 잃게 될 사람들이 누구인지를 결정할 것이다.

만일 당신이 현재 예배에서 사용하고 있는 음악의 종류를 내게 말해 주면 나는 당신의 교회를 방문해 볼 필요도 없이 당신의 교회로 전도되고 있는 사람들이 어떤 사람들인지를 설명할 수 있다. 나는 또한 당신의 교회가 결코 전도하지 못할 사람들의 종류도 말해 줄 수 있다.

나는 음악의 스타일이 '좋은' 또는 '나쁜' 음악이라고 판단될 수 있다는 의견에 반대한다. 누가 이것을 결정하는가? 당신이 좋아하는 음악은 당신의 배경과 문화에 의해서 결정된다. 어떤 음률과 음계는 동양 사람들의 귀에 좋게 들리고 다른 음률과 음계는 중동 사람들의 귀에 좋게 들린다. 아프리카인들은 남아메리카인들과는 다른 리듬을 즐긴다.

모든 좋은 음악은 2백 년 전 유럽에서 작곡되었다고 주장하는 것은 문화적 우월주의이다. 이 견해에 대한 성경적 근거는 물론 없다. 당신이 어디서 자랐는가에 따라서 당신은 켄터키 블루그래스나 딕시랜드 재즈, 시카고 블루나 밀워키 폴카 또는 내쉬빌 컨트리와 웨스턴을 좋아할 수 있다. 이 중 어떤 것도 다른 것보다 더 좋은 것은 아니다.

> "크리스천 음악"이라는 것은 없다.
> 크리스천 가사가 있을 뿐이다.

교회도 마찬가지로 어느 한 특정한 음악 스타일이 '신성한' 것이 아니라는 것을 인정해야 한다. 음악을 신성하게 만드는 것은 그것이 전하는 메시지이다. 음악은 음표와 리듬의 배열에 지나지 않는다. 노래를 영적으로 만드는 것은 그 가사이다. "크리스천 음악"이라는 것은 없다. 단지 크리스천 가사가 있을 뿐이다. 만일 내가 가사 없이 어떤 음률을 연주한다면 당신은 그것이 크리스천 노래인지 아닌지 알 수 없을 것이다.

노래의 신성한 메시지는 아주 다양한 음악 스타일을 통해서 전달될 수 있다. 2천 년 동안 성령님은 온갖 종류의 음악을 사용해서 하나님께 영광을 돌리셨다. 온갖 종류의 사람들을 전도하기 위해서는 온갖 종류의 교회가 온갖 종류의 음악 스타일을 사용하는 것이 필요하다. 한 특정한 스타일의 음악만이 신성하다고 하는 것은 우상 숭배이다.

나는 현대 기독교 음악을 거부하는 그리스도인들이 "우리는 우리의 음악적 근원으로 되돌아 가야 한다"라고 말하는 것이 흥미롭게 여겨진다. 나는 그들이 얼마만큼 과거로 돌아가기를 원하는지 궁금하다. 그레고리 때의 성가로? 예루살렘 교회의 유대적 멜로디로? 보통의 경우, 그들은 겨우 오십 년이나 백 년 전으로 돌아가기를 원한다.

어떤 사람들은 골로새서 3장 16절에서 언급되는 "노래"(hymn)가 우리가 오늘날 "찬송"이라고 부르는 음악과 같은 스타일의 노래라고 생각한다. 사실 우리는 그들의 찬송이 어떤 종류의 것인지 모른다. 우리가 아는 것은 신약의 교회가 그 당시의 악기와 문화에 맞는 스타일의 음악을 사용했다는 것이다. 그 당시에는 피아노나 오르간이 없었기 때문에 그들의 음악은 오늘날 우리가 사용하는 음악과는 달랐을 것이다.

시편을 통해서 우리는 그들의 예배에서 드럼과 심벌즈, 요란한 나팔과 탬버린, 그리고 현악기가 사용되었다는 것을 본다. 그것이 그 시대의 현대 음악이 아니면 무엇이겠는가!

새 노래를 부르라

교회의 역사를 통해서 위대한 신학자들은 하나님의 진리를 그 시대의 음악 스타일에 맞추어 작곡해 왔다. 마틴 루터의 "내 주는 강한 성이요"는 그 시대의 유행가에서 빌어 온 것이다. (오늘날 같았으면 루터는 어떤 노래방에서 흘러나오는 곡을 사용했을 것이다.) 찰스 웨슬리는 영국의 주막과 오페라 극장으로부터 여러 개의 유행가 곡을 빌어서 사용했다. 존 칼빈은 그의 신학을 음악으로 표현하기 의해서 두 명의 유행가 작곡가를 고용했다. 영국 여왕은 이러한 '천한 곡'에 대해서 격분해서 그 노래들을 칼빈의 "제네바 지그"(Geneva jigs)라고 경멸적으로 불렀다.

우리가 오늘날 신성한 클래식이라고 여기는 노래들도 한때는 오늘날 현대 기독교 음악이 비평을 받는 것과 마찬가지로 비평을 받았다. "고요한 밤"이 처음 출판되었을 때, 조지 웨버라고 하는 메인즈 성당의 음악 담당자는 그것을 "천한 장난이며 종교적 그리고 기독교적 느낌이 완전히 결여된 것"이라고 평했다. 또한 영국의 위대한 목사였던 찰스 스펄전은 그 시대의 현대적 예배 찬송들을 경멸했었는데 그것들은 오늘날 우리가 신성하게 여기는 바로 그 찬송들이다.

아마 가장 믿기 어려운 사실은 핸델의 "메시아"가 그의 시대 기독교인들로부터는 "천한 연극"으로서 널리 비난받았다는 사실일 것이다. 오늘날의 현대 복음성가의 가사에 대한 비평과 마찬가지로 "메시아"도 너무 반복이 많고 내용이 충분하지 못하다는 이유로 혹평을 받았다. "메시아"는 "할렐루야!"를 거의 백 번이나 반복한다.

찬송가를 부르는 것이 성스럽게 여겨지는 전통 자체도 한때는 침례 교단에서는 '세상적'인 것으로 여겨졌었다. 17세기 침례교 목사였던 벤자민 키이취(Benjamin Keach)는 영국 침례 교회에 찬송가 부르는 것을 소개한 사람으로서 인정을 받고 있다. 그는 처음에는 아이들에게 노래하는 것을 가르치기 시작했는데 그 이유는 아이들이 노래를 매우 좋아했기 때문이었다. 그러나 부모들은 찬송가 부르는 것을 좋아하지 않았다. 그들은 노래는 '복음주의적 예배와는 어울리지 않는 것'이라고 확신하고 있었다.

키이취 목사가 호슬리 다운이라는 곳에서 교인 전체에게 찬송가 부르는 것을 소개하려고 했을 때는 심각한 논쟁이 벌어졌다. 결국 1673년에 그는 마가복음 14장 26절에 있는 선례를 따라서 적어도 성만찬 후에는 찬송을 하나 부르기로 교인들의 동의를 얻어내는 데 성공했다. 그러나 키이취는 찬송 부르는 것에 반대하는 사람들은 찬송을 부르기 전에 먼저 갈 수 있도록 허락했다. 6년 후인 1679년에 교회는 공적으로 감사드리는 날에는 찬송을 부르기로 동의했다.

그 교회가 찬송을 부르는 것이 예배에 합당하다고 동의하기까지는 14년이 더 걸렸다. 찬송가에 대한 논쟁은 비싼 값을 치른 것이었다. 벤자민 키이취가 다니던 교회의 교인 중에서 22명이나 되는 사람들이 교회를 떠나서 '노래하지 않는' 교회로 갔다. 그러나 찬송을 부르는 것은 유행처럼 다른 교회들로 퍼져 나가기 시작했고, 그 '노래하지 않는' 교회는 찬송을 부르겠다는 조건하에 한 목사를 초빙하기에 이르렀다. 세상은 얼마나 변하는가? 진보를 늦출 수는 있으나 멈출 수는 없는 것이다.

이러한 과정에서 나를 놀라게 하는 것은 키이취 목사의 믿기 어려운 인내심이다. 그의 교인들의 예배 스타일을 변화시키는 데 22년이라는 기간이 걸렸다. 일반적으로 교회에서 예배의 순서를 바꾸는 것은 그 교회의 신학을 바꾸는 것보다 더 어려울 것이다.

우리 복음주의자들의 약점 중의 하나는 우리가 교회의 역사를 모른다는 것이다. 그렇기 때문에 우리는 우리의 현재 가지고 있는 전통을 보수 교리로 알고 있다. 찬송가와 피아노, 파이프 오르간, 강단 초청, 주일학교 등과 같이 오늘날 교회에서 사용하고 있는 많은 방법과 도구들이 한때는 세상적이며 심지어는 이단적인 것으로 여겨졌던 것들이다. 이제 이러한 도구들이 예배를 향상시키기 위한 하나님의 선물로 널리 받아들여지자 새로운 블랙 리스트가 생겼다.

어떤 음악 스타일이 예배에 사용되어야 하는가에 대한 논쟁은 앞으로 수년 동안 지역 교회들에서 가장 중요한 쟁점 중의 하나가 될 것이다. 모든 교회가 언젠가는 이 문제를 다루어야 할 것이다. 열띤 논쟁이 벌어질 것에 대해서 미리 준비하라. 제임스 답슨(James Dobson)은 그의 "포커스 온 더 패밀리"(Focus on the Family)라는 방송 프로그램에서 "유산에서부터 포르노를 포함하여 우리가 이 라디오 방송에서 다룬 모든 주제 중에서 가장 논쟁이 컸던 주제는 음악입니다. 다른 어떤 것보다도 사람들을 더 빨리 화나게 만들 수 있는 주제가 바로 음악입니다"라고 말한 적이 있다. 음악 스타일에 대한 논쟁은 많은 교회 사이에 분쟁과 분열을 가져왔다. 아마 그래서 스펄전이 그의 음악 사역을 "전쟁 부서"라고 불렀을 것이다!

왜 사람들은 예배 스타일에 대한 의견 차이를 그토록 개인적인 것으로 받아들이는가? 왜냐하면 당신이 어떻게 예배를 드리는가는 하나님께서 당신을 어떻게 만드셨는가와 밀접하게 연관되어 있기 때문이다. 예배는 하나님의 사랑에 대한 당신의 개인적 표현이다. 누군가가 당신의 예배드리는 방법에 대해서 비평을 하면 당신은 자연스럽게 그것을 개인적인 공격으로 받아들이게 된다.

새들백은 현대 음악을 사용하는 교회이며 이에 대해서 변명하지 않는다. 사람들은 자주 우리 교회를 "록을 좋아하는 무리"로 지칭했었다. 우리 교회 사람들의 대다수는 라디오에서 듣고 있는 종류의 음악 스타일을 사용한다. 수년 전 모든 사람을 기쁘게 하려다가 좌절한 후에 나는 우리 교인들에 대해 설문 조사를 하기로 결정했다. 나는 군중 예배에 온 모든 사람에게 조그만 종이를 돌리고 자신들이 듣는 라디오 방송국의 이름을 적으라고 말했다.

이 조사에서 우리가 발견한 것은 우리 교인의 96%가 중도의 성인 현대 음악을 듣는다는 것이었다. 마흔 살 아래의 대부분의 사람들은 1965년 이전의 음악에는 전혀 공감하지 못한다. 그들에게 클래식은 엘비스 프레슬리식의 음률이다. 그들은 강한 박자를 가진 밝고 기쁘고 즐거운 음악을 좋아하며 그들의 귀는 강한 베이스와 리듬이 있는 음악에 익숙해져 있다.

역사상 처음으로 세계 어느 나라에 가더라도 들을 수 있는 범우주적 음악 스타일이 존재하게 되었다. 그것은 현대 팝/ 록이라고 불린다. 똑같은 노래가 나이로비와 도쿄, 그리고 모스코바의 라디오에서 흘러나온다. 대부분의 텔레비전 광고는 현대 팝/ 록 스타일을 사용한다. 심지어는 컨트리 음악과 서부 음악까지도 거기에 맞추게 되었다. 이것이 새들백에서 우리가 사용하기로 선택한 주요 음악 스타일이다.

우리가 전도하려고 하는 사람들을 대상으로 설문 조사를 한 후에 우리는 구도자 예배에서는 찬송가를 더 이상 부르지 않기로 하는 전략적 결정을 내렸다. '우리의 소리'가 무엇이 될 것인가를 결정한 지 일 년도 안 되어서 새들백은 폭발적 성장을 기록했다. 우리가 사용한 음악 스타일 때문에 우리는 수백 명의 가능성 있는 교인들을 놓쳤다는 것을 인정한다. 반면에 우리는 우리의 음악 때문에 수천 명이나 더 끌어들일 수 있었다.

음악 스타일을 선택하는 데 있어서의 원칙

자칫하면 터질 수 있는 논쟁의 지뢰밭으로 걸어 들어간다는 것을 인식하면서 나는 음악에 대한 몇 가지 제안을 하고 싶다. 당신의 교회가 어떤 음악을 선택하든지간에 당신이 따라야 할 몇 가지 원칙이 있다고 믿는다.

당신이 사용할 모든 음악을 사전에 검토하라

예배에서는 어떤 깜짝 쇼도 하지 말라. 나는 이 교훈을 어려운 방법으로 배웠다. 나는 당신에게 눈물이 날 정도로 우스운 이야기도 여러 개 들려줄 수 있다. 예를 들면 초청한 복음성가 가수가 핵무기 해제에 대한 이십 분짜리 노래를 불렀을 때처럼 말이다. 당신이 음악을 조절하지 않으면 음악이 당신의 예배를 조절할 것이다. 음악이 예배의 목적을 돕는 데 사용되고, 예배에 역효과를 가져오지 않도록 제한 범위를 세워 놓으라.

당신이 사용하려고 하는 음악을 사전에 점검할 때 가사와 곡을 둘 다 고려하라. 가사가 교리적으로 건전한지, 비교인들이 이해할 만한지, 또는 불신자가 이해하지 못할 용어나 표현은 없는지를 물어 보라. 항상 노래의 목적을 파악하라. 이 노래는 양육, 예배, 교제 또는 전도 중 무엇을 위한 노래인가?

새들백에서는 우리의 전도 대상에 따라서 노래를 분류한다. 군중 예배의 목록에 들어 있는 노래는 불신자들이 구도자 예배에 참석했을 때 적합한 노래들이다. 등록 교인 목록에 있는 노래는 믿는 자에게는 의미가 깊으나 비교인들은 이해하지 못할 노래들이다(우리는 주중 예배 때 이 노래들을 부른다). 핵심 멤버 목록에 있는 노래는 섬김과 사역에 관한 노래들이다(우리는 우리의 "SALT" 집회 때 이 노래들을 부른다).

예배가 어떤 분위기를 갖기를 원하는지를 결정하고
그 분위기를 만드는 음악 스타일을 사용하라.

"이 곡이 나로 어떻게 느끼게 만드는가?"를 물어 보라. 노래는 인간의 감정에 커다란 영향을 끼친다. 잘못 선택된 노래는 예배의 정신과 분위기를 죽일 수 있다. 모든 사람을 우울하고 자살하고 싶은 느낌을 받게 만든 음악 후에 예배를 다시 살려 보려고 애쓰는 고뇌를 목사라면 누구나 경험해 보았을 것이다. 당신의 예배가 어떤 분위기를 갖기를 원하는지를 결정하고 그 분위기를 만드는 음악 스타일을 사용하라. 새들백에서는 예배는 축제라고 믿기 때문에 우리는 경쾌하고 밝고 즐거운 스타일을 사용한다. 우리는 단조로 된 노래를 부른 적이 거의 없다.

유명한 복음성가 가수들을 새들백에 초청할 때도 우리는 그들이 부르기로 한 모든 노래를 우리가 사전에 점검해 볼 것을 고집한다. 구도자 예배에서 우리가 유지하려고 하는 분위기는 어떤 가수의 자존심보다 훨씬 더 중요하기 때문이다.

빠른 템포를 사용하라

14장에서 지적한 바와 같이 성경은 "기쁨으로 여호와를 섬기며 노래하면서 그 앞에 나갈지어다"(시 100:2)라고 말하고 있다. 그러나 많은 예배는 축제보다는 장례식처럼 보인다. 텍사스 주 휴스턴에 있는 1만 5천 명의 교인 수를 가진 제일 침례교회의 목사인 존 비생고(John Bisango)는 "장송곡과 같은 찬송가와 경직된 찬양 인도자는 세상의 어떤 것보다 더 빨리 교회를 죽일 것이다."라고 말했다.

새들백에서 우리는 우리의 노래가 에어로빅 노래와 같다고 말하며 농담을 한다. 우리 노래는 기운이 넘친다. 최근에 81세 된 방문객과 그의 아내로부터 "우리 늙은 몸에 생기를 불어넣어 주셔서 감사합니다!"라고 쓴 첫인상 카드를 받았다. 새들백에서 노래할 때 조는 일은 불가능하다. 우리는 우리의 음악이 사람들에게 영적인 그리고 감정적인 영향을 끼치기를 원한다. 내가 앞 장에서 말한 IMPACT의 각각의 첫 글자에서 I(Inspire), M(Movement), P(Praise) 와 T(Tie it all together)는 모두 경쾌한 템포를 가진 노래들이다. A(Adoration) 와 C(Commitment) 노래들은 더 느리고 더 명상적이다. 불신자들은 주로 사색적 음악보다는 축제 분위기의 음악을 더 좋아하는데 그것은 그들이 아직 그리스도를 알지 못하기 때문이다.

가사를 새롭게 하라

불신자들이 이해할 수 있도록 가사에서 한두 개의 단어를 바꾸어 줌으로써 구도자 예배에서 사용할 수 있는 좋은 노래들이 많이 있다. 노래에 들어 있는 성경적 표현이나 신학적 용어는 번역하든지 말을 바꿀 필요가 있을 것이다. 성경이 구도자들을 위해서 17세기 영어로부터 새로 번역될 필요가 있다면 오래된 노래들의 가사도 마찬가지일 것이다.

만일 당신이 찬송가를 사용하고 있다면 때로 많은 교정이 필요할 것이다. "여기서 나의 에벤에셀을 세우네", "안식의 땅", "그룹과 스랍", "천사가 엎드려 절하네", "어린 양의 피로 죄 씻음 받았네" 등은 비교인들에게는 이해하기 어려운 말들이다. 그들은 당신이 무엇에 대해서 노래하는지 전혀 알지 못한다. 비교인은 "길르앗의 기름"이 테러리스트에 관한 노래라고 생각하기 쉽다!

일부 신자들은 옛날 찬송가들에 좋은 신학이 담겨 있다고 주장할 것이다. 나도 동의한다. 우리의 고전적 용어 대신에 그 가사를 현대적 음률에 맞추어 부르는 것은 어떤가? 음악 자체는 신성한 것이 아니라는 것을 기억하라. 그 옛 친구들에게 새 옷을 입혀 단장하라. 만일 당신이 주보지에 예배 때 부르는 노래를 인쇄하고 있다면, 저작권이 없는 노래들은 가사를 변경해서 사용할 수 있다는 사실을 주지하라.

일부 현대 복음성가 중에는 그 가사가 용어의 사용에 있어서 찬송가와 마찬가지로 이해하기 어려운 것이 있다. 불신자는 "여호와 이레"가 무슨 말인지 알 길이 없다. "수리수리 마수리"라고 노래를 부르는 것과 차이가 없는 것이다.

교인들에게 새 노래를 작곡할 것을 권장하라

모든 교인에게 예배 송을 작곡하도록 권장해야 한다. 교회 역사를 공부하면 모든 진정한 부흥에는 항상 새로운 음악이 동반되었다는 것을 발견할 것이다. 새 노래는 "하나님은 단지 백년 전뿐 아니라 지금 여기서도 역사하신다"고 말한다. 모든 세대에는 그 믿음을 표현하기 위한 새로운 노래가 필요하다.

시편 96편 1절은 "새 노래로 여호와께 노래하라"고 말한다. 슬프게도 대부분의 교회는 아직도 똑같은 옛날 노래를 부르고 있다. 컬럼비아 레코드 회사는 어떤 조사를 통해서, 사람들은 한 노래를 오십 번을 부르고 나면 더 이상 그 노래의 가사는 생각하지 않고 외워서 부르게 된다는 것을 발견했다.

우리가 옛날 노래들을 좋아하는 이유는 그 노래들이 우리 안에서 불러일으키는 감상적인 추억들 때문이다. "예수 안에서 승리", "내게 있는 모든 것을", 그리고 "너를 보내노니"와 같은 찬송들은 내 눈에 저절로 눈물이 고이게 하는데 그 이유는 그 노래들이 나의 삶에서의 중요한 영적 전환점들을 기억나게 해 주기 때문이다. 그러나 이런 노래들이 불신자들이나 다른 믿는 자들에게도 동일한 영향을 끼치는 것은 아니다. 그들은 나와 동일한 추억을 가지고 있지 않기 때문이다.

많은 교회가 목사나 음악 인도자의 개인적 선호도에 따라서 일정한 노래들을 너무 많이 사용하고 있다. 그 교회에서 부르는 노래의 선택은 지도자에게 달려 있는 것이다. 음악 목사나 담임 목사가 좋아하는 노래가 교회에서 사용하는 음악 스타일을 결정하는 데 있어서 결정적인 요소가 되어서는 안 된다. 그보다는 당신의 전도 대상이 그 결정 요소가 되어야 한다.

당신이 정말 예배에서 낡아빠진 노래를 사용하고 있는지를 알고 싶다면 다음 주일에 이런 실험을 해 보라. 예배 시간에 사람들의 노래를 하는 모습을 비디오 테입에 담아 보라. 사람들이 똑같은 노래를 계속 부를 때는 무감정과 지루함이 그들의 얼굴에 나타날 것이다. 다른 어떤 요소보다 더 예배를 죽이고 있는 요소는 너무 틀에 박힌 예배 내용이다.

사람들이 자신들이 부르고 있는 노래의 가사에 대해서 생각하고 있지 않다면 그 노래는 간증적인 힘을 잃은 것이다. 그러나 사람들이 깊은 감동을 가지고 부르는 노래는 불신자들에게 위력적인 간증이 될 수 있다.

금세기 상반기의 복음 성가들 중 많은 것들이 그리스도보다는 그리스도인의 경험을 영화롭게 하는 경향이 있다. 그와 대조적으로 요즈음의 가장 영향력 있는 예배 송은 직접 하나님을 '향해서' 부르는 사랑 노래들이다. 이것이 성경적 예배이다. 성경은 적어도 17번씩이나 "주께 노래하라"고 명령하고 있다. 반대로 대부분의 찬송은 하나님에 '관해서' 부르는 노래이다. 많은 현대 예배 송의 장점은 그것이 인간 중심이 아니라 하나님 중심이라는 것이다.

오르간을 MIDI 밴드로 대신하라

현대의 발전된 기술 덕분에 전문적으로 만들어진 앨범에서 들을 수 있는 고음질의 음악을 어떤 교회든 가질 수 있다. MIDI 키보드와 몇 개의 MIDI 디스크만 있으면 된다. MIDI를 사용하는 것의 큰 장점은 악기를 연주할 사람이 부족할 때 그것을 '대타'로 사용할 수 있다는 것이다. 예를 들면 키보드 연주자, 트럼펫 연주자, 기타 연주자는 있는데 베이스와 드럼을 칠 사람이 없으면 그 파트는 연주자 대신에 MIDI를 대신 틀어 놓으면 된다. 교회에서 아무도 MIDI 기술을 사용할 줄 모르면 아무 악기점에나 가서 사용법을 배울 수 있다.

새들백은 규모가 크기 때문에 이제 완전한 팝/록 오케스트라가 있지만 대부분의 교회는 그렇게 하기에는 아직 어려울 것이다. 만일 내가 오늘 새 교회를 개척한다면 나는 MIDI에 대해서 아는 사람을 찾아서 그에게 키보드를 하나 줄 것이다. MIDI는 내가 새들백을 시작했을 때에는 없었으며 나는 만일 우리가 우리 초창기 예배 때 MIDI수준의 음악을 가지고 있었다면 얼마나 더 많은 사람들을 전도할 수 있었을까 하고 생각해 본다.

우리 교회의 음악 선호도 설문 조사를 해 보았을 때 "나는 라디오에서 오르간 연주를 듣습니다"라고 말하는 사람은 한 명도 없었다. 파이프 오르간을 아직도 들을 수 있는 곳은 아마 교회밖에는 없을 것이다. 그것이 무엇을 말해 주는가? 이것을 생각해 보라. 우리는 비교인들을 교회로 초대해서 17세기 의자

(우리가 교인석이라고 부르는 것)에 앉게 하고, 18세기 노래(우리가 찬송가라고 부르는 것)를 부르게 하며, 19세기 악기(파이프 오르간) 연주를 듣게 한다. 그리고는 왜 그들이 우리를 시대에 뒤떨어졌다고 생각하는지 의아해 한다. 일부 교회가 20세기 악기를 사용하기 시작할 때는 이미 21세기에 들어선 지 한참 후가 되지나 않을까 두렵다.

당신의 교회가 소수를 위한 음악 저장고가 될지, 또는 일반 교인들이 구원받지 못한 친구들을 데려와서 그들이 이해하고 즐길 수 있는 음악을 듣게 해 주는 장소가 될지를 당신은 결정해야 한다. 새들백은 음악을 예술(art)을 위해서가 아니라 가슴(heart)을 위해서 사용한다.

불신자들에게 노래할 것을 강요하지 말라

구도자 예배에서는 회중 찬양보다는 음악 연주를 더 많이 사용하라. 방문객들은 자기가 모르는 음과 이해하지 못하는 가사를 부르는 것을 불편하게 느낀다. 또한 비교인들이 그리스도를 믿기도 전에 그리스도에게 찬양과 헌신에 대한 노래를 부를 것을 기대하는 것은 비현실적이다. 그것은 소를 구하기 전에 먼저 수레를 구하는 것과도 같다.

비교인 방문객들은 예배의 회중 찬양 순서 동안 종종 어색하게 느낀다. 그들은 노래를 모르고 또 노래가 예수님에 대한 찬양과 헌신에 대한 것이므로 그들은 다른 모든 사람들이 노래하는 동안 그냥 서 있어야 한다. 이것이 작은 교회에서는 특히 부끄러운 일이 될 수 있는데 이는 노래하지 않고 있다는 것을 다른 사람들이 알 수 있기 때문이다. 반면에 비교인 방문객들은 음악 연주를 듣는 것은 그것이 자신들이 공감하는 스타일이라면 매우 편하게 느낀다. 그러므로 구도자 예배에서는 연주 음악에 초점을 맞추고 회중 찬양은 믿는 자 예배 때 하도록 하라. (우리 교회의 믿는 자 예배에서는 삼십 분이나 사십 분 동안 중단하지 않고 찬양과 경배를 드린다.)

당신의 교회가 커질수록 구도자 예배에서 회중 찬양을 더 많이 사용할 수 있다는 것을 인지하라. 그 이유는 비교인 방문객이 수천 명의 다른 사람들로 둘러싸여 있으면 아무도 그가 노래를 하는지 안하는지 상관하지 않기 때문이다. 그는 군중 속에 숨어서 누가 지켜보고 있다는 느낌 없이 들으면서 찬양하는 순간 회중 가운데 흐르는 감정을 흡수할 수 있다.

**구도자 예배에서는
회중 찬양을 없애지는 말고 짧게 하라.**

비록 구도자 예배에서 회중 찬양을 너무 오래 하지 않는 것이 더 좋지만 반대로 그것을 구도자 예배에서 완전히 없애는 것 또한 실수라고 생각하는데 그 이유는 찬양이야말로 위력 있고 감동적인 요소이기 때문이다. 믿는 자들이 함께 화음으로 노래할 때 그것은 거대한 모임에서까지도 하나의 친밀감을 형성해 준다. 이 친밀감은 비교인들에게 좋은 인상을 주며 그들은 비록 설명할 수는 없지만 무언가 좋은 일이 일어나고 있다는 것을 느끼게 된다.

'화합하다' 라는 말은 '서로 동의하다' 라는 의미를 가지고 있다. 믿는 자들이 서로 화음으로 노래할 때 그것은 지체의 단결과 교제에 대한 소리로 들리는 것이다. 각 사람은 자기의 파트를 부르면서 동시에 다른 파트와 잘 어울리기 위해서 다른 파트를 듣는다. 믿는 자들이 함께 진실되고 마음에서 우러나오는 찬양을 부를 때 거기에는 무언가 깊은 매력이 있다. 그것은 이 평범하게 보이는 사람들이 정말로 그리스도와 그리고 서로와 교제하고 있다는 것에 대한 증거이다.

음악의 영향력을 사용하라

비록 음악이 구도자 예배에서 가장 논란의 여지가 큰 요소이긴 하지만 그것은 또한 무시되어서는 안 되는 매우 중대한 요소이기도 하다. 우리는 음악의 엄청난 위력을 이해하고, 우리의 개인적 선호를 접어 두고 비교인들을 그리스도께로 가장 잘 인도할 수 있는 음악을 사용해서 그 위력을 활용해야 한다.

16장. 비교인에게 설교하기

그리스도인이 아닌 사람들에게는 지혜롭게 대하십시오
…그들이 동의할 만하게 또 재치 있게 말하고, 각 사람의 필요에 알맞게 대답하도록
노력하십시오. (골로새서 4:5-6, Ph)

오직 덕을 세우는 데 소용되는 대로 선한 말을 하여 듣는 자들에게
은혜를 끼치게 하라 (에베소서 4:29)

내가 새들백을 시작했을 때 나는 순회 집회자로서의 이전 사역으로부터 약 10년 정도 설교할 수 있는 준비가 되어 있었다. 나는 처음 몇 년 동안은 이미 써 놓은 설교를 사용할 수 있어서 거의 설교 준비를 하지 않고도 여유 있게 지낼 수 있었다. 그러나 우리 지역의 비교인들에 대한 조사를 해 본 후 나는 그러한 생각을 즉시 버렸다.

우리 지역 비교인들 사이의 가장 큰 불평이 "지겹고 나와 무관한 설교"라는 것을 발견했을 때 나는 나의 설교에 대해 심각하게 재검토해 볼 필요가 있다고 생각했다. 나는 단 한 가지 질문을 던지며 10년 동안의 설교 자료를 점검했다. "이 설교를 전혀 교회에 나가고 있지 않는 사람이 이해할 수 있을까?"

내가 그 설교를 좋아하건 말건 그것은 문제가 되지 않았다. 또한 설교가 교리적으로 옳고 설교학적으로 건전한 것만으로도 충분하지 않았다. 만일 내가 철저히 불신자들을 인도해서 교회를 시작할 작정이라면 나의 설교는 그들이 공감할 수 있을 만한 것이어야 했다. 나는 결국 지난 10년간 쓴 설교를 단 두 개

를 제외하고는 모두 버리게 되었다.

　밑바닥에서부터 다시 시작하면서 나는 완전히 새로운 설교 기술을 키워야 했다. 이미 12장에서 예수님이 어떻게 군중을 끌어들이셨는가에 대한 말을 하며 설교에 대한 나의 확신을 언급한 바 있다. 만일 당신이 설교 준비와 전달에 대한 나의 스타일에 대해 자세히 알고 싶다면 "격려의 말씀"(Encouraging Word)이라고 하는 테입 사역부를 통해 "삶을 변화시키기 위한 의사 전달" 시리즈를 주문하면 된다. 팩스와 전화 번호는 이 책의 맨 끝에 있다.

당신의 설교 스타일을 청중에게 맞추라

　내가 우리 구도자 예배에서 사용하는 설교 스타일은 믿는 자를 가르치는 데 사용하는 스타일과는 매우 다르다. 대부분의 교인들이 익숙해져 있는 전달 방법은 대부분의 비교인들을 인도하는 데는 비효과적이다.

　믿는 자들에게 설교할 때는 나는 성경을 한 구절 한 구절씩 해석하며 가르치는 것을 좋아한다. 실제로 새들백의 성장 기간 중 한때는 믿는 자 예배에서 로마서를 가르치는 데 2년 반이 걸린 적도 있다. 이와 같이 가르치는 본문 강해 또는 책별 강해는 그리스도의 지체를 양육하는 데 유익하다. 하나님의 말씀의 권위를 받아들이고 성경을 배우려는 의욕을 가진 사람들에게는 그것이 아주 잘 맞는다. 그러나 성경을 공부할 동기 부여가 아직 되어 있지 않은 불신자들은 어떤가? 나는 비교인들을 전도하는 데 책별 강해를 통해 성경을 가르치는 것은 효과적인 방법이라고 생각하지 않는다. 그보다는 바울이 아테네의 아레오바고에서 불신자 청중들에게 그렇게 했듯이 그들이 공감할 수 있는 공통적인 주제에서 먼저 시작해야 한다. 구약에서 시작하는 대신에 바울은 그들의 주의를 끌고 공감대를 형성하기 위해서 그들이 잘 아는 한 시인의 말을 인용했다.

'커뮤니케이션'(communication)이라는 영어 단어는 '공통적'이라는 의미를 가진 '코뮤니스'(communis)라는 라틴어에서 온 것이다. 무언가 공통점을 갖기 전에는 다른 사람들과 의사 소통을 할 수가 없는 것이다. 비교인들에게는 "성경의 이사야서 14장을 펴시고 이 훌륭한 책을 계속 공부해 나가겠습니다"라고 말하는 것으로는 공통점을 만들 수가 없다.

우리가 불신자와 공통적으로 가지고 있는 주제는 성경이 아니라 인간의 공통적인 필요와 고통과 관심사이다. 성경 본문을 가지고 시작해서 비교인들이 거기에 매혹되리라고 기대해서는 안 된다. 먼저 그들의 관심을 사로잡은 후에 하나님의 말씀의 진리로 연결해야 하는 것이다. 비교인들의 관심을 끄는 주제를 가지고 시작한 후에 성경이 그것에 대해서 무엇이라고 말하는지를 보여 줌으로써 당신은 그들의 주의를 사로잡을 수 있고, 편견을 버리게 할 수 있으며, 성경에 대해 전에 없던 관심을 갖게 할 수 있다.

매주 나는 사람들의 필요나 고통이나 관심사에서 시작해서 하나님이 거기에 대해서 무엇이라고 말씀하시는가를 그분의 말씀을 통해 바라본다. 한 가지 본문에 집중하는 것보다는 나는 그 주제에 대해서 언급하는 많은 구절을 사용한다. 이런 종류의 설교는 주제별 강해라고 부른다(신학교에서는 관계되는 성구를 뽑아서 가르치는 주제별 강해를 조직 신학이라고 부른다).

나는 솔직히 우리가 성경을 가르치는 한, 책별로 가르치든 주제별로 가르치든 하나님은 전혀 상관하지 않으신다고 생각한다. 하나님은 우리가 본문에서 시작해서 그것을 사람들의 필요에 적용하든 또는 사람들의 필요에서 시작해서 본문으로 연결하든 상관하지 않으신다.

오늘날 '사람들이 느끼는 직접적인 필요'에 대해 설교하는 것은 일부 그리스도인들부터 복음을 값싸게 만들고 소비주의에 타협하는 것이라고 비평과 조롱을 받는다. 나는 이것을 가장 분명하게 말하고 싶다. 사람들이 느끼는 필요를 가지고 설교를 시작하는 것은 마케팅 도구에서 그치는 것이 아니다. 그것은 하나님이 우리의 필요에 의해서 자신을 나타내시기로 선택하셨다는 신학적 사실에 근거한 것이다. 신약과 구약, 모두 이에 대한 예로 가득 차 있다.

심지어는 하나님의 여러 가지 이름들조차도 하나님이 우리가 느끼는 필요를 어떻게 채우시는가에 대한 계시다. 역사를 통해서 볼 때 사람들이 하나님께 "당신의 이름은 무엇입니까?"라고 물었을 때, 하나님의 대답은 그 당시 그들이 필요했던 것에 의해서 자신을 나타내시는 것이었다. 기적이 필요했던 자들에게 하나님은 자신을 "여호와 이레"(나는 너희의 공급자이다)로서 나타내셨다. 위로가 필요했던 자들에게 하나님은 "여호와 샬롬"(나는 너희의 평화이다)으로 자신을 나타내셨다. 구원이 필요한 자들에게는 하나님은 "여호와 치드케누"(나는 너희 의로움이다)로 자신을 나타내셨다. 이런 예는 얼마든지 더 있다. 하나님은 우리가 처한 곳, 우리의 필요점에서 우리를 만나 주신다. 사람들이 느끼는 필요에 대해서 설교하는 것은 사람들을 하나님께 소개하는 데 있어서 신학적으로 건전한 방법인 것이다.

삶을 변화시키는 설교는 하나님의 말씀의 진리와 사람들의 실제적 필요를, 적용을 통해서 하나로 묶어 준다. 그 둘 중에서 무엇을 먼저 시작하느냐는 청중에 따라 다른 것이다. 더 중요한 것은 어디서 설교가 시작하든간에 적용을 통해서 궁극적으로 하나님의 진리와 사람들의 필요를 하나로 묶는 것이다.

하나님의 말씀 ──────▶ 적용 ◀────── 사람들의 필요

본문 혹은 책별 강해와 주제별 강해는 건강한 교회를 키우는 데 있어서 둘 다 필요하다. 책별 강해는 양육에 가장 좋으며, 주제별 강해는 전도에 가장 좋다.

불신자들이 성경을 가까이 할 수 있게 만들라

불신자들은 보통 성경에 대해 겁을 먹는다. 성경은 이상한 이름과 호칭들로 가득 차 있으며, 그들이 읽어 본 다른 책들과는 전혀 다르다. 킹 제임스역(King

James Version)은 특히 비교인들에게는 어려운 번역이다. 또한 성경은 그들이 본 책들 중에서 각 문장 앞에 번호를 달아 놓고 가죽으로 표지를 만든 유일한 책이다. 이것은 보통 많은 불신자들로 하여금 성경을 읽거나 심지어는 그냥 손에 드는 것에 대해서도 미신적인 두려움을 갖도록 만들게 된다.

하나님의 말씀은 '생명의 말씀' 이므로 우리는 비교인들이 성경을 접하고 읽는 것에 대해서 편하게 느끼도록 우리가 할 수 있는 모든 일을 해야 한다. 비교인들의 불안을 없애 주고 성경에 대한 관심을 불러일으키기 위해서 당신이 할 수 있는 일이 여러 가지 있다.

새로 나온 성경 번역을 사용하라. 오늘날 우리가 구할 수 있는 훌륭한 성경 번역과 의역이 많이 있기 때문에 복음의 복된 소식을 사백 년 된 영어로 복잡하게 만들 정당한 이유란 있을 수 없다. 킹 제임스역을 사용하는 것은 불필요한 문화적 장벽을 만든다. 제임스 왕이 새 번역을 만들도록 명령한 이유는 그가 자신의 시대에 맞는 최근의 번역을 원했기 때문이라는 것을 기억하라. 나는 만일 제임스 왕이 오늘날 살아 있다면 그는 뉴 인터내셔널 버젼(New International Versioin)을 읽을 것이라고 주장한 광고를 본 적이 있다. 아마 진짜 그럴 것이다. 시적인 것보다 더 중요한 것은 명확성이다.

교인석에 성경을 비치해 두라. 새들백의 초창기 때 우리는 값싸고 딱딱한 표지의 성경을 구입해서 모든 의자 위에 올려 놓았다. 비교인들은 성경을 모르므로 본문의 페이지를 그냥 말해 주면 된다. 이렇게 함으로 방문객들이 본문을 찾기 위해서 많은 시간을 소모하면서 부끄러워하는 일이 일어나지 않게 해 준다. 자신은 아직 본문이 어디 있는지를 목차에서도 찾지 못했는데 옆에 앉은 사람은 벌써 본문을 펴게 되면 기가 죽지 않을 수 없다.

비교인들을 염두에 두고 성경 본문을 선택하라. 모든 성경이 다 하나님의 영감으로 쓰여진 것이기는 하지만 모두가 다 불신자들에게 적용될 수 있는 것은 아니다. 구도자 예배에 더 적합한 구절들은 분명히 있다. 예를 들어 구도자 예배에서 시편 58편에 나오는 다윗의 기도를 읽고 싶지는 않을 것이다. "하나님이

여, 저희 입에서 이를 꺾으소서…소멸하여 가는 달팽이 같게 하시며 만기되지 못하여 출생한 자가 일광을 보지 못함 같게 하소서…의인은…기뻐함이여 그 발을 악인의 피에 씻으리로다." 이 구절은 당신의 개인 경건의 시간이나 그 지역 목사들 조찬 모임 때를 위해서 남겨 두라.

어떤 본문은 다른 것들보다 더 많은 설명을 필요로 한다. 이것을 염두에 두고 새들백에서는 다른 사전 지식이 없이도 이해할 수 있는 구절들을 사용하기를 좋아한다. 우리는 또한 그리스도를 아는 것으로부터 오는 유익을 보여 주는 구절들을 즐겨 사용한다.

성경 구절을 적은 설교 개요를 제공하라

나는 내가 사용할 모든 성경 구절이 적힌 설교 개요를 인쇄해서 배부한다. 내가 이렇게 하는 데는 여러 가지의 이유가 있다.

- 비교인들은 성경을 가지고 있지 않다.
- 성경 구절을 찾느라고 겪는 당혹감을 없애 준다.
- 더 적은 시간에 더 많은 내용을 다룰 수 있다. 나는 유명한 목사가 그의 설교 시간에 "이 구절을 펴세요"라고 말한 회수를 세어 본 적이 있다. 또 그 구절들을 찾는 데 시간이 얼마나 걸리는지도 재어 보았다. 그는 그 구절들을 찾는 데만 설교 시간에서 7분을 소모했다.
- 모든 사람이 동일한 번역을 가지고 있기 때문에 구절을 함께 소리내어 읽을 수 있다.
- 여러 번역을 사용하고 비교할 수 있다.
- 사람들이 중요한 단어에 동그라미나 밑줄을 칠 수 있고 옆에 기록도 할 수 있다.

- 사람들이 설교를 기억하도록 돕는다. 사람들은 듣는 것의 90-95%를 72시간내에 모두 잊어버린다. 즉 필기를 하지 않으면 수요일쯤에는 당신이 주일에 말한 것의 5%밖에는 사람들이 기억하지 못한다는 말이다.
- 노트를 냉장고에 붙여 둠으로써 그 구절들을 다시 복습해 볼 수 있다.
- 소그룹 모임의 토의 주제가 될 수 있다.
- 교인들이 그 설교 노트를 가지고 다른 사람들을 가르칠 수 있다. 새들백에는 전 주일의 설교 노트를 가지고 회사에서 성경 공부를 인도하는 사업인들이 여러 명 있다.

설교 노트가 가져다 주는 지속적인 가치는 계속해서 나를 놀라게 한다. 최근에는 고등학교 생물 교사가 어떻게 하나님께서 그의 삶을 통해서 설교 노트를 사용하셨는가에 더해서 내게 말한 적이 있다. 그는 교통 사고를 당한 십대 딸로부터 전화를 받았다. 딸아이는 괜찮았지만 차는 완전히 못쓰게 되었으며 사고는 딸의 잘못으로 일어났다. 그는 딸을 데리러 갔고 견인차를 기다리는 동안 보도에 걸터앉아 있는데 딸아이의 부주의에 대해서 자신이 얼마나 화가 났는지가 생각나기 시작했다.

점점 더 화가 치밀고 있을 때 그는 도랑에 종이 조각이 하나 떨어져 있는 것을 보았다. 그것이 나의 설교 노트인 것을 보고 그는 그것을 주워 들었다. 설교 개요와 성경 구절들이 적혀 있었는데 "분노를 녹이기"라는 주제에 관한 것이었다. 그는 지금은 그 노트를 자기 지갑에 간직하고 다닌다.

이 방법에는 너무도 많은 유익이 있어서 나는 노트를 나누어 주지 않고는 말씀을 전하지 않는다. 우리가 새들백에서 사용하는 설교 개요 노트 스타일을 지금은 수천 명의 목사가 채택해서 사용하고 있다. 샘플을 원하면 내게 편지만 하면 된다.

비교인의 관심을 끌 수 있는 설교 제목을 찾으라

토요일 신문에서 교회면을 훑어보면 대부분의 목사들은 설교 제목으로 비교인의 관심을 끌려고 노력하고 있지 않다는 것을 알 수 있다. 〈로스앤젤레스 타임스(Los Angeles Times)〉신문에 실렸던 설교 제목 중에서 몇 가지 예를 보면 다음과 같다. "폭우 전야", "여리고로 가는 길목에서", "베드로가 낚시하러 가다", "강한 성", "걷기에 대한 교훈", "디도가 되기", "고무 시계라는 것은 없다", "피바다", 그리고 "구멍 뚫린 냄비 사역" 등이다.

이 설교 제목 중에서 어느 하나라도 침대를 박차고 일어나서 교회로 달려가고 싶게 만드는 것이 있는가? 신문을 훑어보고 있는 비교인의 관심을 끌 만한 것이 하나라도 있는가? 목사들은 무슨 생각을 하고 있는 것인가? 왜 그들은 이런 광고를 내며 돈을 낭비하는 것인가?

나는 〈리더스 다이제스트(Reader's Digest)〉의 기사처럼 들리는 설교 주제를 구도자 예배에서 사용한다고 비평을 들은 적이 있다. 하지만 그것은 의도적이었다. 〈리더스 다이제스트〉는 아직까지 미국에서 가장 많이 구독되고 있는 잡지이며 그 이유는 그 기사들이 사람들의 필요와 고통과 관심사에 호소하고 있기 때문이다.

예수님은 "그렇다 세상 사람들이 자기와 같은 세상 사람들을 대하는 데 있어서는 영적인 사람들보다 더 똑똑하다"(눅 16:8, NCV)라고 말씀하셨다. 그들은 무엇이 사람들의 관심을 끄는지 알고 있다. 예수님은 우리도 전도하는 데 있어서 그들 못지않게 감수성이 있으며 전략적이기를 원하신다. "보라 내가 너희를 보냄이 양을 이리 가운데 보냄과 같도다. 그러므로 너희는 뱀같이 지혜롭고 비둘기같이 순결하라"(마 10:16).

나의 설교 제목들은 다른 교회의 교인들에게 좋은 인상을 주려는 의도로 만들어진 것이 아니다. 만일 새들백을 설교 제목만 가지고 평가한다면 당신은 우리 교회를 매우 깊이 없는 교회라고 결론 지을 것이다. 그러나 그리스도인들이 우리의 전도 대상이 아니므로 우리는 깊이 없는 것이 아니라 전략적인 것이다. '느끼는 필요'를 중심으로 하는 설교 제목 밑에는 확실한 성경 말씀이 담겨 있다. 다른 그리스도인들로부터 받는 오해는 수천 명을 그리스도께로 전도하기 위해서 치르는 작은 희생이다.

시리즈 설교를 하라

움직이는 동력의 위력을 깨닫고 있는 목사는 거의 없다. 설교 시리즈를 하는 것은 움직이는 동력을 이용하는 것의 한 예이다. 각 메시지는 그 바로 전의 메시지에서 연결되므로 기대감을 갖게 해 준다. 시리즈는 또한 사람들의 입을 통해서 전달되는 광고 효과도 보게 된다. 사람들은 당신이 다루고 있는 시리즈가 무엇에 대한 것인지를 정확하게 알고 있으며, 당신이 설교 제목을 미리 광고하면 그들은 자기 친구들의 필요에 가장 잘 맞는 설교를 하는 주일에 친구들을 데려올 것이다. 나는 항상 부활절과 같이 많은 방문객이 올 것으로 예상되는 날에 새로운 시리즈를 광고한다. 그것은 많은 첫 방문객들을 다음 주에 다시 오게 만드는 요인이 된다. 시리즈의 가장 적당한 길이는 4주에서 8주이다. 8주보다 더 긴 것은 교인들로 하여금 관심을 잃게 만든다. 그들은 당신이 다른 것에 대해서는 아는 것이 있는지를 궁금해하기 시작한다. 한번은 한 여자가 "우리 목사님은 다니엘의 70주에 대한 설교를 다니엘보다 더 길게 하고 있어요!"라고 불평하는 것을 들은 적이 있다.

설교 스타일을 일정하게 하라

같은 종류의 예배에서 설교의 대상을 구도자와 믿는 자 사이에서 왔다 갔다

하면 안 된다. 예를 들면 "스트레스를 해소하는 법"이라는 주제의 설교 시리즈에서 "레위기의 보배들"이 나와서는 안 되고, "하나님이 성(姓)에 대해서 어떻게 생각하시는가"라는 주제의 설교 시리즈에서 "요한계시록의 짐승의 정체를 밝힌다"라는 제목의 설교가 나와서는 안 된다. 그러면 정신분열증 교인들을 만들어 낼 것이고 아무도 언제 비교인 친구를 데려와야 안전한지 모를 것이다.

나는 구도자 예배에서 그리스도인의 성장에 대한 설교를 할 수 없다고 말하는 것이 아니다. 나는 할 수 있다고 믿으며 또 그런 설교를 한다. 내가 앞에 말했듯이 나는 비교인들에게 신학이나 교리가 무엇인지 말하지 않고 또 종교적 용어를 사용하지 않으면서 그들에게 신학과 교리를 가르치는 것을 매우 좋아한다. 그러나 영적 성장에 대한 시리즈 설교를 할 때는 반드시 불신자의 필요와 연결되는 방법으로 그것을 전달해야만 한다.

초청 강사를 주의 깊게 선택하라

우리는 나의 짐을 덜어 줄 설교 팀을 사역자 중에서 구성했기 때문에 초청 강사를 많이 쓰지 않는다. 자체의 사역자들을 쓰는 것의 장점은 그들은 당신의 교회 사람들을 가장 잘 알고 그들을 사랑한다. 그리고 가장 중요한 것은 그들은 당신의 목회 철학에 일치하는 설교 스타일을 사용할 것이라는 것이다.

당신이 수개월 동안 조심스럽게 가르쳐 오던 사람들을 잃게 되는 것은 단 한 명의 색깔이 다른 초청 강사로 인해 충분히 일어날 수 있다. 비교인들이 나쁜 경험을 한번 갖게 되면 그들을 다시 얻는다는 것은 극히 어렵다. 만일 그들이 이제 막 당신의 교회에서 편안함을 느끼고 방어막을 내려놓고 있을 때 어떤 초청 강사가 와서 그들을 박살내 버리면 교회에 대해서 그들이 품었던 최악의 의심이 사실로 판명되는 것이다.

우리는 초청 강사들이 우리의 믿음이나 스타일에 맞지 않아 첫 예배 후에 집회를 취소해 버린 적이 있다. 한번은 내가 휴가 갔을 때 유명한 기독교 강사를 초청한 적이 있다. 불행히도 그의 메시지는 하나님은 모든 그리스도인들이 부자가 되기를 원하신다는 것이었다. 그 첫 예배가 끝나자 우리교회 협동 목사들이 그를 대면하고는 "고맙습니다만 앞으로 남은 세 번의 예배에는 목사님을 세우지 않겠습니다"라고 말했다. 우리의 청소년 담당 목사가 설교를 대신했다. 목사들은 자신의 양들을 이단으로부터 지켜야 한다.

헌신을 이끌어내는 것을 목표로 설교하라

우리는 구도자 예배에서 항상 불신자들에게 그리스도께 헌신할 수 있는 기회를 주어야 한다. 그들은 결단을 하지 않을 수도 있으며 우리는 그들에게 압력을 주지 말고 그들의 의견을 존중해야 한다. 그러나 결단할 수 있는 기회는 항상 제공되어야 한다. 너무 많은 목사들이 낚시하러 가서는 낚싯대를 들어올리지도 않고 그물을 걷어들이지도 않는다.

> 많은 목사들이 낚시하러 가서
> 낚싯대를 들어올리지도 않고 그물을 걷어들이지도 않는다.

그물을 걷어들이는 데는 여러 가지 방법이 있다. 새들백에서 첫 번째 예배를 계획할 때 나는 처음에는 예배 후 전통적으로 사용해 온 방법인 "앞으로 나오라"는 강단 초청을 하려고 생각했었다. 남침례교 부흥 강사로서 나는 항상 그렇게 해 왔던 것이다.

그러나 라구나 힐스 고등학교 강당에서 첫 번째 설교를 마쳤을 때 나는 갑자기 두 가지 문제를 깨달았다. 하나는 그 건물에 중앙 통로가 없다는 것이었다. 의자들은 서로 붙어 있었고 그 건물은 옆에 있는 문으로 나가도록 설계되어 있었다. 또 하나는 그들이 만일 앞으로 나올 수 있다 하더라도 앞에 있는 유일한 공간은 무대 바로 앞에 푹 파인 오케스트라를 위한 자리였다. 나는 "앞으로 나오셔서 예수님을 위해서 구덩이로 뛰어드십시오!"라고 말할까를 생각하며 거의 웃음을 터뜨릴 뻔했다. 나는 정말 어떻게 해야 할지 몰랐다. 사람들이 앞으로 나오지 않으면 어떻게 그리스도에 대한 그들의 헌신을 나타내게 할 수 있을까?

다음 몇 주 동안 우리는 사람들이 그리스도께 대한 그들의 헌신을 나타내게 할 수 있는 여러 가지 방법을 실험해 보았다. 우리는 사람들이 예배 후에 찾아갈 수 있는 상담실을 설치해 보았다. 그러나 사람들이 예배당 밖으로 나간 후에는 그대로 그들의 차로 가 버린다는 것을 발견했다. 만일 개별적인 방을 사용하기로 결정한다면 그것을 "상담실"이라고 부르지 말라. 비교인에게는 그것이 정신병실처럼 들리기 때문이다. 대신에 "방문객 센터"나 "영접실"과 같이 위협적으로 들리지 않는 이름을 사용하라.

여러 번의 실험 후에 우리는 "등록/ 헌신 카드"라는 아이디어를 떠올렸다. 우리는 우리의 환영 카드의 뒷면을 헌신 카드로 사용했다. 예배가 시작될 때 우리는 모든 사람에게 카드 앞면을 쓰도록 권했다. 예배가 끝날 무렵 나는 모든 사람에게 고개를 숙이라고 말하고, 내가 폐회 기도를 하는 동안 불신자들이 그리스도께 헌신할 수 있는 기회를 주었다. 그 다음에는 그들에게 보여 주기 위해서 내가 초청 기도를 했으며 그들에게 그들의 결심을 헌신 카드를 통해서 알려 달라고 했다. 우리 예배에서 하는 마지막 일은 특별송을 하며 카드를 걷는 것과 헌금을 동시에 하는 것이다. 카드는 곧바로 다음 양육 단계를 위해서 분석된다. 다음 예배가 드려지는 동안, 이전 예배에서 걷힌 카드에 적힌 정보는 컴퓨터에 곧바로 입력된다.

이 방법은 너무도 좋은 결과를 가져다 주어서 우리는 강단 초청을 할 수 있는 건물로 옮긴 이후에도 계속 그 방법을 사용했다. 우리의 예배에는 백 명, 이백 명, 삼백 명, 그리고 한번은 사백 명의 불신자가 그리스도께 삶을 헌신하고 그것을 카드에 기록한 적이 있다.

"공적인 신앙 고백은 어디서 하는가?"라고 묻는 사람이 있을 것이다. 세례(침례)가 바로 그것으로서, 그리스도에 대한 믿음을 공적으로 선언하는 것이다. 일부 교회에서는 너무 강단 초청을 강조한 나머지 세례(침례)는 거의 클라이맥스의 반대 효과를 가져오기도 한다.

헌신의 시간을 주는 것은 구도자 예배에서 중요한 요소이다. 사람들이 결단을 하도록 인도하는 데 대한 몇 가지 제안이 있다.

어떻게 그리스도께 응답하는 것인지를 명확하게 설명하라. 너무 많은 구원 초청이 오해를 불러일으키고 있다. 비교인들은 도대체 무슨 일이 진행되고 있는지 전혀 모를 때가 자주 있다.

결단의 시간을 계획하라. 어떤 일이 일어나기를 원하는지를 의도적으로 세심하게 미리 생각해 두라. 그리스도께 나올 수 있는 기회를 주는 것은 미리 계획하지 않고 설교 뒤에 그냥 가져다 붙이기에는 너무도 중요한 일이다. 사람들의 영원한 운명이 거기에 달려 있기 때문이다.

사람들에게 그리스도를 영접하라고 초청함에 있어서 창조적이 되라. 만일 당신이 매주 똑같은 말을 계속한다면 사람들은 지겨워서 듣지 않을 것이다. 관례적인 습관에 빠지지 않도록 하는 가장 좋은 방법은 설교를 쓸 때마다 매번 구원 초청의 말씀을 함께 쓰도록 자신을 훈련시키는 것이다.

불신자들로 하여금 영접 기도를 따라 하게 하라. 비교인은 하나님께 무슨 말을 해야 할지 모르기 때문에 따라할 수 있도록 본을 보여 주어야 한다. "이런 식으로 기도하시면 됩니다…" 기도를 간단하게 마음 속으로 당신을 따라서 하라고 말하라. 이것은 그들로 하여금 그들의 믿음을 말로써 표현하게 도와준다.

절대로 불신자들에게 결단을 내리라고 압력을 주지 말라. 성령님께서 역사하실 것을 믿으라. 10장에서 말했듯이 만일 열매가 익었으면 그것을 억지로 딸 필요가 없다. 너무 오랜 시간 동안 구원 초청을 하는 것은 역효과를 낸다. 그것은 마음을 부드럽게 만드는 대신에 오히려 강퍅하게 굳어지도록 만든다. 나는 사람들에게 자신들의 결단을 생각해 볼 시간을 가지라고 말한다. 나는 그들이 자신들에 대해서 정직하다면 그들이 올바른 결정을 내릴 것이라고 믿는다.

당신은 사람들에게 그들의 삶에서 가장 중요한 결단을 내릴 것을 요구하고 있다는 사실을 염두에 두라. 전도는 사람들을 복음에 반복해서 노출시키는 과정이다. 삼십 분짜리 설교 하나로 마흔이 된 사람이 완전히 그의 삶의 방향을 바꿀 것을 기대하는 것은 비현실적이다. 만일 당신이 어떤 식료품점에 우유를 사러 갈 때마다 점원이 스테이크 고기를 사라고 압력을 주면 그 가게에 계속 가겠는가? 점원이 당신에게 "오늘은 스테이크의 날입니다! 지금이 스테이크의 시간입니다! 오늘 스테이크를 사셔야만 합니다. 내일은 스테이크를 못 살지도 모르기 때문입니다!"라고 말하는 것을 상상해 보라. 사람들은 우리가 생각하는 것처럼 그렇게 닫혀 있지는 않다. 그들은 단지 우리가 그들에게 내리라고 요구하는 결정에 대해서 생각해 볼 시간이 필요한 것이다.

그리스도에게 대한 헌신을 나타낼 수 있는 다양한 방법을 제공하라. 만일 당신이 지금 전통적인 강단 초청을 사용하고 있다면 그것을 바꾸는 대신에 카드 작성 방법을 더하는 것을 시도해 보라. 그것은 물에 낚싯바늘을 하나 더 담그는 것과도 같다. 앞으로 나가기 수줍어하는 사람들에게는 카드가 그 대신 택할 수 있는 선택이 된다. 예수님은 교회에서 믿음을 고백하기 위해서는 어느 지점에서 다른 지점까지 걸어가야 한다고 말씀하신 적이 없다는 것을 기억하라.

강단 초청은 사실상 현대에 와서 행해지고 있는 일이다. 아사헬 네틀톤(Asahael Nettleton)이 1817년에 처음 사용하기 시작했으며, 찰스 피니(Charles Finney)가 그것을 대중화시켰다. 신약 시대의 교회들은 강단 초청을 하지 않았다. 왜냐하면 첫 삼백 년 동안은 교회 건물이 없었으며 따라서 걸어나갈 수 있는 통로나 서 있을 수 있는 강단도 물론 없었다.

내가 사용했던 것 중에서 가장 효과적이었던 방법은 예배의 마지막에 '영적 설문 조사'를 하는 것이다. 하나님의 구원 계획을 소개하고 헌신의 기도를 인도한 후에 나는 이렇게 말한다. "여러분의 영적인 여행에 대해서 여러분 한 분 한 분과 개인적인 대화를 나누는 것보다 지금 더 하고 싶은 것은 없습니다. 여러분을 각각 개인적으로 모시고 파이와 커피를 사 드리면서 지금 여러분의 삶에서 어떤 일이 일어나고 있는지 알았으면 참 좋겠습니다. 불행히도 우리 교회와 같은 크기에서는 그것이 불가능합니다. 그렇기 때문에 저는 여러분이 제게 호의를 베풀어 주셔서 개인적 조사에 참여해 주시기를 부탁드립니다. 예배를 시작할 때 쓰신 환영 카드를 꺼내서서 그 뒷면에 제가 지금 설명드리는 것에 근거해서 A, B, C, 또는 D라고 써 주십시오.

이 예배 이전에 이미 여러분의 삶을 그리스도께 헌신하셨다면 'A'라고 써 주십시오. 만일 오늘 그리스도를 처음으로 믿기로 결단하셨다면 'B'라고 써 주십시오. 만일 '릭, 나는 아직 그 결정을 내리지 않았어요. 하지만 그것에 대해서 생각해 보고 있으며 내가 생각해 보고 있다는 것을 알아 주시기 바랍니다'라고 말하신다면 'C'라고 써 주십시오. 만일 여러분의 삶을 그리스도께 헌신할 의도가 전혀 없다고 느끼시면 솔직하게 'D'라고 카드에 써 주시면 감사하겠습니다."

이에 대한 결과는 항상 나를 놀라게 한다. 어떤 주일에 우리는 거의 400개의 'B', 즉 그리스도에게 대한 신앙 고백을 받았다. 우리는 800개나 되는 "C"도 받아 보았으며, 그것은 우리에게 커다란 기도 제목을 주었다. 'D'는 17개 이상을 받아 본 적이 없다.

사람들이 그리스도께 응답할 것이라고 기대하라. 나는 어떻게 내 믿음이 사람들의 영혼을 위해서 치러지는 영적 전쟁에 있어서 영향을 끼치는지 정확히 모르지만, 한 가지 아는 것은 내가 불신자가 그리스도께 응답할 것이라고 기대할 때는 내가 사람들이 구원받을 것이라고 기대하지 않을 때보다 더 많은 사람들이 그리스도를 믿기로 결단한다는 것이다.

한번은 젊은 신학 대학원생이 찰스 스펄전에게 불평했다. "나는 이해가 가지 않습니다. 제가 설교할 때는 아무도 그리스도께 나오지 않습니다. 그러나 목사님께서 설교하실 때는 항상 사람들이 그리스도께 나옵니다." 스펄전은 "당신은 매번 설교할 때 사람들이 그리스도께 나올 것이라고 기대하십니까?"라고 물었다. 젊은이는 "물론 아닙니다"라고 대답했다. 그러자 스펄전은 "그게 바로 당신의 문제입니다"라고 지적했다.

나는 자주 이렇게 기도한다. "아버지, 아버지께서 '너희의 믿음대로 이루어질지니라'고 말씀하셨습니다. 저는 설교를 하면서 아버지께서 저의 설교를 사용하지 않으실 것이라고 기대한다면 시간만 낭비하게 된다는 것을 압니다. 그러므로 삶이 변화될 것에 대해서 미리 감사를 드립니다."

설교가 차지하는 중요한 위치

이 장은 설교에 대한 나의 철학을 모두 다 설명하려고 의도된 것이 아니다. 그것 자체로도 책이 한 권은 될 것이다. 여기서 나의 목적은 당신의 설교 스타일에 관계 없이 비교인에게 설교하는 데 있어서 커다란 변화를 가져다 줄 수 있는 몇 가지 실제적인 제안을 강조하는 것이었다.

설교는 많은 교단에서 유행을 타고 있는 것 같다. 문명이 고도로 발달한 현대 사회에서 설교는 유행에 뒤떨어지고 재미없는 전달 수단이라는 비평을 받고 있다. 나는 이전에는 효과가 있던 많은 설교 스타일이 더 이상 불신자들에게 효율적으로 의사 전달을 하지 못하고 있다는 데 동의한다. 그렇다 할지라도 개인의 삶에서 일어나는 극적인 변화를 보는 데 있어서는 성령님이 기름 부으신 설교의 자리를 대신할 것은 아무것도 없다. 구도자 예배에서 아직까지도 설교는 가장 중요한 요소인 것이다. 새들백이 무더운 체육관과 비가 새는 텐트 속에서, 그리고 부족한 주차장에도 불구하고 15년간 성장을 계속해 왔다는 사실은, 만일 설교가 진정으로 그들의 필요를 채워 준다면 사람들은 여러 가지 불편과 제약도 견디어 낸다는 것을 증명해 준다.

| 제5부 |
교회를 세우기

THE PURPOSE DRIVEN CHURCH

17장. 예배 출석자들을 교인으로 만들기

여러분은 더 이상 하나님을 모르는 자들이 아니고 천국에 대해 외국인들이
아니며 하나님 자신의 가족의 일원입니다…그리고 다른 모든 그리스도인들과
함께 하나님의 가족에 속해 있습니다. (에베소서 2:19, LB)

이와 같이 우리 많은 사람이 그리스도 안에서 한 몸이 되어 서로 지체가
되었느니라. (로마서 12:5)

예배에 출석하는 군중을 모은 다음에는 그들을 교인으로 형성하는 중요한 일을 시작해야 한다. 군중이 교회가 되어야 하는 것이다. 우리의 "평생 개발 과정" 도표에서는 이것을 "사람들을 1루에 보내기"라고 부르며, 합병이나 동화 과정을 통해서 이것을 성취한다. 동화란 사람들로 우리 교회에 대해 관심을 갖게 하는 것으로부터 교회에 출석하게 만들고, 더 나아가 적극적으로 활동하는 교인으로 만드는 임무이다. 지역 사회는 '그 교회'에 대해서 이야기하고, 군중은 '이 교회'에 대해서 이야기하지만, 교인은 '우리 교회'에 대해서 이야기한다. 교인은 주인 의식을 가지고 있다. 그들은 소비자에 그치지 않고 공헌하는 자가 된다.

미국의 많은 그리스도인들은 내가 "떠돌아 다니는 신자"라고 부르는 그런 사람들이다. 어떤 나라에서는 믿는 자가 된다는 말은 특정 지역의 믿는 자들의 공동체에 연결된다는 것과 같은 말이다. 다른 나라에서는 황야의 무법자 같은 그리스도인은 찾기 어렵다. 그러나 많은 미국 그리스도인들은 정체성이나 책

임감 또는 헌신이 없이, 이 교회에서 저 교회로 떠돌아 다닌다. 이것은 미국에서 난무하는 개인주의의 적나라한 모습이다. 그들은 그리스도인의 삶이란 단지 믿는 것에 그치는 것이 아니고 속하는 것도 포함한다는 것을 배우지 못했다. 우리는 다른 그리스도인들과의 관계 속에 있을 때 믿음 안에서 자라가는 것이다. 로마서 12장 10절은 "형제를 사랑하여 서로 우애하고 존경하기를 서로 먼저 하며"라고 말한다.

루이스(C.S.Lewis)는 교회의 멤버에 대한 수필에서 '멤버십'(membership)이라는 말이 원래는 기독교에서 처음 유래된 말인데 지금은 세상이 차지하게 되었고 그 원래의 의미를 모두 상실했다고 말했다. 오늘날 대부분의 사람들은 멤버십이라는 말을 생각하면 회비를 내는 것, 의미 없는 의식, 어리석은 규칙과 악수, 그리고 먼지 앉은 등록부에 자기 이름이 적히는 것을 연상한다. 그러나 바울은 멤버십에 대한 전혀 다른 개념을 가지고 있었다. 그에게 있어서 교회의 멤버가 된다는 말은 어떤 기관에 사무적으로 속하게 되는 것이 아니라 살아 있는 몸의 한 중요한 기관이 되는 것을 의미했다(롬 12:4-5; 고전 6:15; 고전 12:12-27). 우리는 이런 개념을 회복해야 한다. 몸에서 분리된 어떤 기관도 원래의 창조된 목적을 상실할 뿐 아니라 빠른 시간내에 말라 죽게 된다. 특정한 교회에 헌신되지 않은 그리스도인도 마찬가지이다.

새 교우를 당신 교회의 교제권내로 합병하는 일은 자동적으로 되는 것이 아니다. 만일 당신이 전도한 사람들을 동화하고 또한 계속 유지하게 만들 수 있는 제도를 갖추고 있지 않으면, 그들은 당신의 교회에 남아 있지 않을 것이다. 당신의 교회는 앞문으로 들어오는 사람의 수만큼 뒷문으로 빠져나갈 것이다.

많은 교회가 일단 개인이 그리스도를 영접하고 나면 교회의 임무는 끝났으며, 이제 그가 교회의 교인이 되는 것은 그의 헌신에 달렸다고 생각한다. 이것은 전적으로 틀린 생각이다. 아기 신자(Baby Christians)들은 그들에게 무엇이 필요한지 알지 못한다. 새로운 사람들을 회중으로 동화하는 데 있어서 먼저 행동을 취하는 것은 교회의 책임이다.

나는 하나님께서 아기 그리스도인들을 출생시키기 원하실 때는 가장 따뜻한 인큐베이터를 찾으신다고 믿는다. 새 교우를 동화하는 일을 우선 순위로 정하고 그것을 위한 계획을 가지고 있는 교회가 일반적으로 성장의 축복을 받게 된다. 반대로 새 교우들에 대해서 신경을 쓰지 않거나 그들을 동화하는 데 있어서 서투른 교회들은 성장하지 않는다. 이 장에서는 새들백에서 교인들을 동화하고 유지하는 데 사용하는 전략을 함께 나누려 한다.

새 교우들을 동화할 수 있는 계획을 세우라

당신의 교회는 그 고유의 역사와 문화와 성장률을 가지고 있기 때문에 당신은 몇 가지 중요한 질문을 해 보아야 한다. 그에 대한 대답이 당신의 상황에 가장 잘 맞는 동화 계획을 결정해 줄 것이다. 잠언 20장 18절은 "무릇 경영은 의논함으로 성취하나니"라고 말한다. 새들백에서 묻는 열두 가지 질문은 다음과 같다.

1. 하나님께서 그분의 교회 교인들로부터 무엇을 기대하시는가?
2. 지금 당장 우리가 우리 교인들로부터 기대하는 것은 무엇인가?
3. 어떤 종류의 사람들이 이미 우리의 등록 교인을 구성하고 있는가?
4. 앞으로 5년에서 10년 사이에 그것이 어떻게 바뀔 것인가?
5. 우리 교인들은 무엇을 가치 있게 여기는가?
6. 새 교우들의 가장 큰 필요는 무엇인가?
7. 무엇이 우리의 장기적 교인들의 가장 큰 필요인가?
8. 어떻게 하면 소속을 더 의미 있게 만들 수 있는가?
9. 어떻게 하면 교인들이 더 사랑과 돌봄을 받는다고 느낄 수 있도록 해 줄 수 있는가?

10. 우리의 교인들에 대한 의무는 무엇인가?
11. 우리는 교인들에게 무엇을 주고 어떻게 섬길 수 있는가?
12. 우리가 이미 제공하고 있는 것을 어떻게 더 가치 있게 만들 수 있는가?

그 다음에는 잠재 교인들도 자신들 나름대로의 질문을 가지고 있다는 것을 깨달아야 한다. 이 질문들도 또한 당신이 동화 계획을 고안하는 데 있어서 영향을 끼칠 것이다. 사람들은 당신 교회의 등록 교인이 되기에 앞서 다섯 가지 질문을 마음 속에 가지고 있다.

내가 여기에 맞는 사람인가? 이것은 '용납'에 대한 질문이다. 이 질문에 대해 가장 잘 답하는 방법은 교회내에 동질의 그룹을 만들어서 비슷한 나이, 관심사, 문제 또는 배경을 가진 사람들이 서로 만나 관계를 형성하도록 돕는 것이다. 모든 사람이 교회 안에서 자신이 처할 자리가 필요한 것이며 소그룹은 이 필요를 채우는 데 있어서 결정적인 역할을 한다. 사람들에게 그들을 위한 자리가 있다는 것을 반드시 보여 주어야 한다.

나에 대해 알고 싶어하는 사람이 있는가? 이것은 '우정'에 대한 질문이다. 이 질문은 사람들에게 다른 교인들과 관계를 형성할 수 있는 기회를 제공함으로써 답할 수 있다. 이것을 할 수 있는 방법은 무한히 많지만 그것을 하기 위해서는 계획이 필요하다. 사람들은 친절한 교회보다는 친구를 더 찾고 있다는 것을 기억하라. 사람들은 개인적인 관심을 받을 자격이 있다.

나를 필요로 하는가? 이것은 '가치'에 대한 질문이다. 사람들은 자기의 삶으로 무언가 공헌을 하고 싶어한다. 그들은 자신이 중요하다고 느끼고 싶어한다. 사람들에게 당신의 교회에 속함으로써 자신들의 재능과 은사를 사용하여 의미 있는 공헌을 할 수 있다는 것을 보여 주면 그들은 참여하기 원한다. 당신의 교회를 성가대원과 안내 위원, 그리고 주일학교 교사들만 필요한 것이 아니라 온갖 재능과 능력이 표현될 수 있는 창조적인 장소로 만들라.

이 교회의 교인이 됨으로써 얻는 유익이 무엇인가? 이것은 '혜택'에 대한 질문이다. 당신 교회의 교인이 되는 것이 좋은 이유와 그에 대한 혜택을 간단명료하게 설명할 수 있어야 한다. 소속의 성경적, 실제적, 그리고 개인적 이유를 설명하라.

교인에게 요구되는 것이 무엇인가? 이것은 '기대'에 대한 질문이다. 당신은 교인이 되는 것의 혜택만큼 분명하게 그 책임도 설명할 수 있어야 한다. 사람들은 그들이 교인이 되기 전에 교회가 그들에게 무엇을 하기를 기대하는가를 알 권리가 있다.

소속의 가치를 말해 주라

교인이 되는 것은 미국 사회에서 하나의 체제에 순응하는 행위였다. 모든 사람이 그렇게 하기 때문에 자기도 교인이 되는 것이었다. 이제는 그것이 바뀌어서 체제 순응은 더 이상 교회에 속하는 동기가 아니다. 사실 조지 갤럽 조사에 의하면 대다수의 미국인들이 지역 교회에 속하지 않고도(또는 심지어 출석도 하지 않고도) '좋은 그리스도인'이 될 수 있다고 믿고 있다.

교인이 되는 것은 이제는 헌신의 행위이다. 그러므로 오늘날 사람들에게 교인이 되도록 동기를 부여하는 방법은 그들의 헌신의 행위 하나 하나로 인해서 그들이 받을 수 있는 혜택을 보여 주는 것이다. 새들백에서는 사람들이 교인이 되는 것의 의미와 가치를 이해하게 될 때 그것에 대해서 매우 기뻐한다는 것을 발견했다.

교인이 되는 것에는 여러 가지 혜택이 따른다.
1. 그것은 개인을 진정한 신자라고 말해 주는 것이다(엡 2:19; 롬 12:5).
2. 그것은 그리스도와 동행하는 삶을 살아가는 데 있어서 지원과 격려를 해 주는 영적 가족을 제공해 준다(갈 6:1-2; 히 10:24-25).
3. 그것은 그들의 영적 은사를 발견하게 해 주며, 사역에서 그것을 사용하게

해 준다(고전 12:4-27).
4. 그것은 그들을 경건한 지도자들의 영적 보호 아래 있게 해 준다(히 13:17; 행 20:28-29).
5. 그것은 그들이 자라는 데 필요한 책임감을 갖게 해 준다(엡 5:21).

6장에서 나는 당신이 교회의 목적을 개인화할 것을 제안했다. 이것은 예배 출석자들로 하여금 교회의 교인으로서 속하도록 설득하는 데 있어서 특히 중요하다. 교회는 세상 어디에서도 찾을 수 없는 혜택을 제공해 준다는 점을 강조할 필요가 있다.

- 예배는 하나님께 초점을 맞추게 해 준다. 교회는 다음 주를 위해 영적으로 감정적으로 준비를 시켜 준다.
- 교제는 다른 그리스도인들의 지원과 격려를 통해서 삶의 문제를 해결해 나갈 수 있게 해 준다.
- 제자화는 하나님의 진리를 배우고 성경적 원리를 개인의 삶에 적용하게 함으로써 믿음을 강화시켜 준다.
- 사역은 재능을 발견하여 다른 사람들을 섬기는 데 사용할 수 있게 해 준다.
- 전도는 친구와 가족을 그리스도께 인도해야 하는 당신의 사명을 이루어 준다.

교회에서 격리되어 있는 그리스도인을 묘사할 수 있는 말은 많이 있다. 팀이 없는 축구 선수, 소속 부대가 없는 병사, 오케스트라가 없는 튜바 연주자, 무리에 속하지 않은 양 등등. 그러나 가장 이해하기 쉬우며 성경적인 모습은 가족이 없는 아이다.

디모데전서 3장 15절은 교회를 "…하나님의 가족이다. 그 가족은 살아 계신 하나님의 교회이며 진리의 받침이며 기초이다"(NCV)라고 말한다. 교회 가족이 없는 그리스도인은 고아와 같다.

교회를 기관보다는 가족으로 만드는 것이 중요하다. 1960년대 이후로 미국인들은 점점 더 기관을 싫어하게 되었다. "조직화된 종교"(organized religion)라는 말은 경멸적으로 사용되고 있다. 그러나 사람들은 또한 가족과 공동체 의식을 갈망하고 있다.

오늘날 문명의 여러 요소가 핵가족을 깨뜨려 놓았다. 높은 이혼율, 늦추어진 결혼 연령, 개인성의 강조, 서로 '다른' 삶의 방식과 가정 외 직장에서 일하는 여성들이 그 이유 중에 속한다. 높은 사망률도 그 중의 하나이다. 우리의 유동적 사회 속에서 사람들에게는 뿌리가 거의 없다. 사람들은 삼촌과 고모, 이모, 조부모, 형제, 자매와 같이 전 세대에게 안전망을 구축해 주었던 대가족에 더 이상 둘러싸여 있지 않다.

오늘날 미국의 독신 남녀의 수는 기록을 이루고 있다. 밴스 패커드(Vance Packard)는 미국을 "이방인의 나라"라고 부른다. 그 결과 우리는 사회에서 외로움의 질병을 겪고 있다. 어떤 갤럽 조사에 의하면 미국 사람 열 명 중에서 네 명이 '극심한 외로움'을 자주 느끼고 있다고 인정했다. 실제로 미국인들은 세상에서 가장 외로운 사람들이다.

어디를 둘러보더라도 사람들이 교제와 공동체, 그리고 가족 의식에 굶주려 있다는 신호가 보인다. 예를 들어 맥주 선전은 맥주 대신에 교제를 팔고 있다. 아무도 혼자서 술을 마시고 있는 모습으로 나오지 않는다. 항상 여러 사람들이 서로 함께 있음을 즐기는 모습으로 묘사하고 있다. "이보다 더 좋을 수는 없어요!"라는 말이 광고에 나타난다. 광고 회사들은 독립적 사고 방식을 가진 베이비 부머들이 중년기에 접어들면서 갑자기 다른 사람들과 연결되고 싶은 갈망을 느낀다는 것을 발견했다.

이 '소속에의 갈망'이 교회에게는 적절한 기회를 제공해 준다. 교회를 대가족으로 만들어 '돌봄을 받을 수 있는 장소'로 보여 줄 때 많은 외로운 가슴을 움직일 것이다.

새 교우반을 필수 과정으로 만들라

사람들이 어떻게 조직에 속하게 되는가가 그들이 거기에 속한 후 어떻게 기능하는가에 큰 영향을 미친다는 것을 여러 연구가 입증했다. 이것은 교회에 속하는 것에 있어서도 마찬가지이다. 사람들이 당신의 교회에 어떤 방법으로 속하는가가 앞으로 그들이 교인으로서 얼마나 활약할 것인가를 결정할 것이다.

나는 교회에서 가장 중요한 반은 '새 교우반'이라고 생각하는데 그 이유는 그것이 그 다음에 따라오는 모든 것에 대한 성격과 기대치를 결정하기 때문이다. 당신의 교인들이 강한 헌신을 할 수 있게 만드는 가장 좋은 시간은 그들이 교인이 되는 순간이다. 만일 교인이 되는 데 있어서 요구되는 것이 거의 없다면 그 후 교인들로부터 기대할 수 있는 것은 거의 없다.

약한 새 교우반이 약한 회중을 만드는 것과 마찬가지로 강한 새 교우반은 강한 회중을 형성해 줄 것이다. 새들백의 새 교우반(101반)은 단지 네 시간밖에 안 되며 하루에 다 가르치지만 새 교우반을 통해서 우리 교인들에게 깊은 헌신을 자아내게 하는데, 그것은 그 반을 통해서 사람들은 교인으로서 자신들에게 무엇이 기대되는지를 정확하게 알게 되기 때문이다. 새 교우반의 가르침의 강도는 그 내용과 헌신에의 부름으로 결정되는 것이지 시간의 길이로 결정되는 것이 아니다.

여러 가지 이유로 인해서 나는 담임 목사가 이 반을 전부 가르치든지 또는 적어도 그 일부를 가르쳐야 한다고 믿는다. 새 교우들에게는 교회에 대한 담임 목사의 비전을 보며, 교인들에 대한 그의 사랑을 느끼며, 그들을 돌보고 양육하며 인도함에 대한 그의 헌신을 보고 듣는 것이 매우 중요하다. 여기 소개하는 한 새 교우가 쓴 메모는 많은 사람들이 새들백 새 교우반에 대해서 쓴 내용을 나타내 주고 있다.

릭 목사님,

새 교우반(101반)을 직접 가르쳐 주셔서 감사합니다. 목사님의 양들에 대한 사랑과 헌신을 보고 또한 우리의 미래에 대한 목사님의 비전을 보고 매우 감동을 받았습니다. 더 빨리 이 반에 들어왔었더라면 얼마나 좋았을까 하는 아쉬운 마음이 듭니다. 이 교회의 철학과 전략, 그리고 비전에 대해 이제 이해하고 보니 처음 우리가 새들백에 왔을 때 가졌던 교회에 대한 이의 사항은 사소한 것으로 보입니다. 목사님의 지도력을 따르며 목사님의 돌보심 아래 있게 된 것이 저희에게는 특권입니다. 새들백에서 우리가 섬길 수 있는 자리를 발견하게 된 것이 우리에게는 큰 기쁨입니다.

어떤 교회들의 새 교우반은 잘못된 것을 가르치고 있다. 그들이 가르치고 있는 내용은 영적 성장이나 기초적 교리에 근거를 두고 있다. 이런 주제들은 매우 중요한 것이기는 하지만 그것들은 새 신자반이나 기독교 교리반에서 다루는 것이 더 적합하며 이 두 반 모두 필수적인 반들로서 새 교우반과는 분리되어야 한다. 새 교우반에서는 다음의 질문들에 답해 주어야 한다.

- 교회란 무엇인가?
- 교회의 목적은 무엇인가?
- 교인이 되는 것의 혜택은 무엇인가?
- 교인이 되기 위한 요구 사항은 무엇인가?
- 교인의 책임은 무엇인가?
- 이 교회의 비전과 전략은 무엇인가?
- 교회는 어떻게 조직되는가?
- 나는 사역에 어떻게 참여할 수 있는가?
- 이제 교인으로서 나는 무엇을 해야 하는가?

만일 당신의 교회가 비교인들을 전도 대상으로 하고 있는 교회라면 당신은

101반의 개요:
새들백의 교인이 되는 것의 의미

I. 우리의 구원
A. 당신이 그리스도인임을 확신하기
B. 구원의 상징들
　1. 세례(침례)
　2. 성찬식

II. 우리의 선언
A. 우리의 목적 선언: 우리는 왜 존재하는가
B. 우리의 비전 선언: 우리는 무엇을 하려고 하는가
C. 우리의 믿음 선언: 우리는 무엇을 믿는가
D. 우리의 가치 선언: 우리는 무엇을 행하는가

III. 우리의 전략
A. 새들백의 역사 개요
B. 우리는 누구를 전도하려고 하는가(우리의 전도 대상)
C. 당신이 성장하도록 돕기 위한 우리의 "평생 개발 과정"
D. S.A.D.D.L.E.B.A.C.K.(새들백) 전략

IV. 우리의 구조
A. 우리 교회는 성장을 위하여 어떻게 조직되었는가
B. 우리가 속한 교단
C. 교인이 되는 것의 의미
D. 교인이 된 후 나의 다음 단계는 무엇인가

V. 새들백 퀴즈

새 교우반에서 구원에 대한 분명한 설명도 포함시켜야 하는데, 그 이유는 아직 믿지 않는 사람들도 교인이 되기를 원하기 때문이다. 우리는 항상 그리스도를 신뢰하는 것이 교인이 되는 것의 첫 번째 요구 사항이라고 설명하며, 모든 새 교우반에서 그리스도께 삶을 헌신하는 사람들이 나온다.

새 교우반을 재미있고 대화식으로 유지하기 위해서 사용할 수 있는 것들은 많이 있다. 짧은 비디오 상영, 빈칸 채우기식의 노트, 소그룹 토의, 그리고 함께 식사를 나누는 것 등이다. 당신의 교회의 역사, 가치와 방향을 개인적인 것으로 만들 수 있도록 이야기를 많이 포함시킬 것을 잊지 말라. 새들백에서는 새 교우반 끝에 항상 간단한 시험을 보게 해서 교인이 될 사람들이 우리 교회의 목적과 다른 중요한 개념들을 얼마나 잘 서술할 수 있는지를 평가한다.

교인이 되기 위해서는 새 교우반을 마치는 것을 의무화해야 한다. 당신의 교회의 목적과 전략, 소속의 의미에 관심이 없는 사람들은 교인이 되는 것이 의미하는 종류의 헌신을 보여 주지 못하고 있는 것이다. 만일 교인이 되는 것의 책임을 알기조차 원치 않는다면 그들은 교인이 된 후에도 그러한 책임을 이수하리라고 생각할 수 없으며 따라서 교인이 되도록 허락해서는 안 된다. 그들이 속할 수 있는, 의미 없는 교인 자격을 허락하는 교회는 얼마든지 있다.

새 교우반을 가르칠 때 또한 생각해야 할 중요한 문제는 다양한 연령 차이이다. 새들백은 세 가지 종류의 새 교우반을 제공한다. 초등학교 상급생 아이들을 위한 아이들 반(유년부 목사가 가르침), 중고등학생들을 위한 반(중고등부 목사가 가르침), 그리고 성인반이 있다.

교인 서약을 만들라

왜 교인들 중에 그리스도인다운 헌신이 없거나 심지어는 구원받았다는 증거조차 거의 보이지 않는 사람들이 그토록 많은가? 왜 그토록 많은 교회가 자기 교인들에게 드리고 섬기며 기도하고 믿음을 나누도록 동기부여하기를 어려워하는가? 그것은 많은 교회들이 사람들에게 어떠한 기대나 헌신도 없이 교인으로 등록할 수 있도록 허락하기 때문이다.

바울은 고린도후서 8장 5절에서 "저희가 먼저 자신을 주께 드리고 또 하나님의 뜻을 좇아 우리에게 주었도다"라고 하며 두 가지 종류의 헌신에 대해서 언급하고 있다. 새들백에서는 이들을 "1루의 헌신"이라고 부른다. 구원을 받기 위해서 자신을 그리스도께 헌신하며, 그 다음에는 우리 교회 가족의 교인이 되기 위해서 다른 그리스도인들에게 헌신하는 것이다. 우리 교회에서는 코이노니아(교제)를 "우리가 예수 그리스도에게 헌신되어 있듯이 서로에게 헌신되는 것"이라고 정의한다.

예수님은 서로에 대한 우리의 사랑이 제자됨의 표시라고 말씀하셨다(요 13:34-35을 보라). 나는 대부분의 그리스도인들이 요한복음 3장 16절은 암송할 수 있으나 요한일서 3장 16절은 암송하지 못하는 것을 바로 기독교에 대한 고발이라고 생각한다. "그가 우리를 위하여 목숨을 버리셨으니 우리가 이로써 사랑을 알고 우리도 형제들을 위하여 목숨을 버리는 것이 마땅하니라." 당신이 이 구절에 대한 설교 말씀을 마지막 들어 본 것이 언제였는가? 대부분의 교회는 서로에 대한 그처럼 깊은 헌신에 대해서는 침묵하고 있다.

"서로"라는 말은 신약에서 50번 이상 사용되고 있다. 성경은 우리에게 서로를 사랑하고, 서로를 위해서 기도하고, 서로를 격려하고, 서로를 권면하며, 서로에게 문안하고, 서로를 섬기고, 서로를 가르치며, 서로를 용납하고, 서로를 높이 여기며, 서로의 짐을 지고, 서로를 용서하며, 서로에게 노래하고, 서로에게 순복하며, 서로에게 헌신하라고 명령한다. 이 모든 계명들이 지역 교회의 교인이 된다는 의미인 것이다. 이것이 교인의 책임인 것이다. 새들백에서는 성경이 모든 믿는 자에 대해서 분명하게 가지고 있는 기대만을 우리 교인들로부터 기대한다. 우리는 이러한 기대를 우리의 교인 서약에서 요약하고 있다.

결혼 서약에 있어서 가장 중요한 부분은 남자와 여자가 서로 서약을 주고받

새들백 교인 서약

나는 그리스도를 나의 주인이요 구세주로 받아들이고 침례를 받았으며 새들백의 선언과 전략과 구조에 동의하기 때문에 이제 나는 새들백교회 가족에 속하라는 성령님의 인도하심을 느낀다. 그렇게 함으로써 나는 하나님과 다른 교인들에게 다음 사항들에 대해서 내 자신을 헌신하는 바이다.

1. 나는 나의 교회의 하나됨을 굳게 지킬 것이다.
　　다른 교인들을 사랑으로 대함으로써
　　수근덕거리지 않음으로써
　　지도자들을 따름으로써

"그러므로 함께 조화를 이루는 일과 우리의 교제가 성장해 가도록 힘씁시다" (롬 14:19, Ph).
"다른 신도들에 대하여 신실한 사랑을 가지고 여러분의 온 마음을 다해서 서로를 열심히 사랑하십시오" (벧전 1:22, TEV).
"무릇 더러운 말은 너희 입 밖에도 내지 말고 오직 덕을 세우는 데 소용되는 대로 선한 말을 하여 듣는 자들에게 은혜를 끼치게 하라" (엡 4:29).
"너희를 인도하는 자들에게 순종하고 복종하라. 저희는 너희 영혼을 위하여 경성하기를 자기가 회계할 자인 것같이 하느니라. 저희로 하여금 즐거움으로 이것을 하게 하고 근심으로 하게 말라. 그렇지 않으면 너희에게 유익이 없느니라" (히 13:17).

2. 나는 나의 교회의 책임을 나누어 질 것이다.
　　교회의 성장을 위해서 기도함으로써
　　비교인들을 교회로 초대함으로써
　　방문하는 자들을 따뜻하게 환영함으로써

"교회에게…우리는 여러분으로 인해 항상 하나님께 감사드리고 항상 여러분을 위해서 기도합니다" (살전 1:1-2, LB).
"주인이 종에게 말했다. 큰 길과 시골길로 나가서 거기 있는 사람들에게 오라고 청해서 나의 집을 가득 채우라" (눅 14:23, NCV).
"그러므로 그리스도께서 여러분을 따뜻하게 환영하셨듯이 여러분도 서로를 따뜻하게 교회로 환영하십시오. 그러면 하나님께서 영광을 받으실 것입니다" (롬 15:7, LB).

3. 나는 나의 교회를 섬길 것이다.
　　나의 은사와 재능을 발견함으로써
　　목사님들을 통해서 섬기는 훈련을 받음으로써
　　섬기는 자의 마음을 키움으로써

"하나님께서 여러분 각자에게 주신 특별한 은사를 가지고 서로를 섬기십시오" (벧전 4:10, Ph).
"[하나님께서] 혹은 사도로, 혹은 선지자로, 혹은 복음 전하는 자로, 혹은 목사와 교사로 주셨으니 이는 성도를 온전케 하며 봉사의 일을 하게 하며 그리스도의 몸을 세우려 하심이라" (엡 4:11-12).
"아무 일에든지 다툼이나 허영으로 하지 말고 오직 겸손한 마음으로 각각 자기보다 남을 낫게 여기고, 각각 자기 일을 돌아볼 뿐더러, 또한 각각 다른 사람들의 일을 돌아보아 나의 기쁨을 충만케 하라. 너희 안에 이 마음을 품으라, 곧 그리스도 예수의 마음이니…종의 형체를 가져…" (빌 2:3-5, 7).

4. 나는 나의 교회의 간증을 유지할 것이다.
　　충실하게 출석함으로써
　　경건한 삶을 삶으로써
　　규칙적으로 드림으로써

"모이기를 폐하는 어떤 사람들의 습관과 같이 하지 말고 오직 권하여…더욱 그리하자" (히 10:25).
"어떤 일이 생기든지간에 여러분의 매일의 삶이 반드시 그리스도의 복음에 합당하게 하십시오" (빌 1:27, Ph).
"여러분 각자가 매주 첫 날에, 자신이 번 돈의 비율에 따라서 구체적인 액수의 돈을 모아 두었다가 헌금으로 사용해서야 합니다" (고전 16:2, LB).
"[여러분의 모든] 수확의 십분의 일은…주님의 것이며 거룩한 것입니다" (레 27:30, NCV).

으며 증인들과 하나님 앞에서 특정한 약속을 하는 것이다. 그들 사이의 이러한 서약이 바로 결혼의 핵심인 것이다. 이와 마찬가지로 소속의 본질은 교인 서약에 헌신할 용의에 포함되어 있다. 이것은 우리 새 교우반에서 가장 중요하게 여기는 요소이다.

성경과 교회 역사를 통해서 상호간의 양육과 책임을 위해서 사람들은 서로 간에 영적인 서약을 해 왔다. 새들백에서는 교인이 되는 데 있어서 네 가지 요구 사항이 있다. (1) 그리스도를 구세주와 주인으로서 개인적으로 고백하는 것, (2) 믿음의 공적인 표시로서 물에 잠기는 침례를 받는 것, (3) 새 교우반을 마치는 것, 그리고 (4) 새들백의 교인 서약을 준수하기로 지면으로 서약하는 것이다.

나는 당신의 교회도 아직 교인 서약을 가지고 있지 않다면 기도하며 교인 서약을 준비하여 채택할 것을 강력히 권한다. 그것은 당신의 교회에 개혁을 일으킬 수 있다. "만일 우리가 교인 서약을 만들면 그것 때문에 교회를 떠나는 사람이 있을 텐데"라고 걱정할지 모른다. 떠나는 사람이 있을 수 있다. 그러나 당신이 무엇을 어떻게 하든지간에 교회를 떠나는 사람들은 있기 마련이다. 사람들이 떠나는 것을 두려워하지 말라. 사람들은 심지어 예수님으로부터도 떠났다. 당신의 교회가 교인 서약을 채택하게 되면 적어도 어떤 종류의 사람이 남으리라는 것은 당신이 선택할 수 있다.

교인들이 자신들을 특별한 사람들이라고 느끼게 만들어 주라

새 교우반을 마치는 것이 자동적으로 사람들로 하여금 그들이 이제 이 교회에 속했다는 소속감을 주는 것은 아니다. 그들이 당신의 교회에 속하게 되면 그들을 마음껏 환영해 주고 그들이 있는 것을 교회가 원한다는 것을 느끼게 해 주어야 한다. 그들은 자신들이 특별한 사람들이라는 것을 느끼고 싶어한다. 작은 교회에서는 이것을 비공식적으로 할 수 있겠으나, 교회가 성장함에 따라 공적으로 "당신은 우리 중의 한 사람입니다."라고 말하는 일종의 입단식과 같은 것을 만들어야 할 필요가 있다.

물론 새 신자를 위한 세례(침례)가 이러한 목적에 알맞는 행사이다. 우리 교회의 매달 있는 침례식은 항상 거대한 축제 행사로서 웃음과 박수와 기쁨의 외침 소리가 가득하다. 우리는 전문적인 사진사에게 각 사람이 침례를 받기 직전에 사진을 찍도록 한다. 후에 침례받은 사람들에게 그들의 침례 증서와 침례식 때 찍은 사진을 함께 아름다운 가죽 커버에 담아서 주며 그들은 그것을 자랑스럽게 자기 집에 진열해 둔다.

새들백이 훨씬 더 작은 규모였을 때, 우리는 미션 비죠 컨트리 클럽을 석 달에 한 번씩 빌려서 새 교우들을 위한 연회를 열었으며 기존의 교인들이 새 교우들의 식사비를 내주었다. 각각의 새 교우가 소개되고 모든 사람 앞에서 2분 동안 간증을 했다. 나는 변화된 삶의 감동적 이야기들을 눈물을 흘리지 않고 끝까지 들어본 적이 한 번도 없다.

수년 동안 내 아내 케이와 나는 매달 네 번째 주일에 우리 집에서 비공식적으로 커피를 대접했었다. 그것은 "목사와의 담화"라고 불렸으며 단순히 새 교우들과 지난 달의 방문객들에게 직접 우리의 얼굴을 맞대고 이야기를 하며 어떤 질문도 할 수 있는 기회를 제공해 주는 시간이었다. 우리는 주일 예배 전에 본당 입구에 명단부를 가져다 두어서 선착순 삼십 명이 올 수 있도록 했다. 담화는 저녁 일곱 시부터 열 시까지 계속되었다. 이 간단한 접대를 통해서 수백 명의 새 교우가 생겼으며, 오늘날 케이와 내가 소중하게 여기는 좋은 관계들을 형성하게 해 주었다. 접대하는 마음은 건강한 교회로 자라가게 만들어 준다.

교인들에게 자신이 특별하다는 느낌을 갖게 해 주는 방법은 그 외에도 많이 있다. 생일에 카드를 보내 주거나 교인이 된 지 만 1년이 되는 날 또는 다른 특별한 날들(생일, 결혼, 기념일들, 졸업 등)을 교회 소식에 넣어 줄 수도 있고,

새 교우들을 위한 환영회를 열어 줄 수도 있으며, 예배 시간에 그들에게 간증을 하도록 할 수도 있고, 기도 제목을 받을 때 "당신을 위해서 기도했습니다"라는 답장을 보낼 수도 있다. 요점은 이것이다. 사람들이 정말 여기에 속했다는 느낌을 받도록 하기 위해서는 예배 후에 따뜻한 악수 정도로는 부족하다는 것이다.

서로의 관계를 형성할 수 있는 기회를 만들어 주라

교인들이 교회 안에서 우정을 키워 나가도록 돕는 것의 중요성은 아무리 강조해도 부족하다. 서로의 관계야말로 교회를 하나로 묶는 접착제와 같다. 우정은 교인들을 교회에 남아 있게 만드는 열쇠인 것이다.

나의 한 친구가 자신이 교회에서 조사한 결과에 대해서 내게 말해 준 적이 있다. "왜 당신은 이 교회의 교인이 되었습니까?"라는 그의 질문에 93%가 "목사님 때문입니다"라고 대답했다. 그의 다음 질문은 "만일 목사님이 떠나면 당신도 떠날 것입니까?"였다. 93%가 아니라고 대답했다. 왜 떠나지 않겠느냐는 질문에 대한 대답은 "여기 친구들이 있기 때문입니다!"였다. 서로를 하나로 묶어 주는 결속력이 목사로부터 다른 교인들에게로 옮겨 간 것을 보라. 이것은 정상적이고 건전한 것이다.

라일 쉘러(Lyle Schaller)는 폭넓은 연구 결과, 한 개인이 교회 안에 친구가 더 많으면 많을수록 비활동적이거나 교회를 떠날 확률이 적다는 결론을 내렸다. 이와 반대로 나는 교회를 떠난 400명에게 왜 그들이 자기 교회를 떠났는가를 묻는 설문 조사의 결과를 읽은 적이 있다. 75%가 "내가 거기 있든지 말든지 아무도 상관하는 것 같지 않았습니다"라고 대답했다.

교회에서 소속감을 느끼기 위해서는 그 교회의 모든 사람을 다 알아야 한다고 믿는 것은 잘못된 관념이다. 일반 교인이 자기 교회에서 아는 사람의 수는 평균 67명인데 그것은 그 교회의 신자 수가 이백 명이든 이 천명이든 마찬가지이다. 교인들이 어떤 교회를 자기 교회처럼 느끼기 위해서 모든 사람을 다 알아야 하는 것은 아니다. 그러나 적어도 몇 사람은 알아야 한다.

어떤 관계는 저절로 자라가지만 군중을 동화하는 데 있어서 우정이라는 요소는 그냥 우연에 맡겨 두기에는 너무 중요한 문제이다. 교인들이 교회에서 친구를 사귈 것을 단지 바라고만 있어서는 안 된다. 격려하고 계획하며 구도를 만들고 그것을 활용해서 서로 친밀한 관계를 형성해 가도록 도와야 한다.

관계적으로 생각하라. 사람들이 서로를 만나고 알게 될 수 있는 기회를 될 수 있는 대로 많이 만들라. 너무나 많은 교회의 모임이 오직 강의("내가 주입시키는 동안 가만히 앉아 있으시오")로만 구성되어 있으므로, 교인들은 일 년 동안 교회를 왔다 갔다 하면서도 친구 한 명도 못 사귈 수도 있다. 전 교인이 모일 때마다 어떤 관계적인 활동을 포함하도록 노력하라. 단순히 "돌아서서서 한 사람에게 자기를 소개하고 그 사람에 대해 재미있는 것 한 가지를 알아내십시오"라고 말할 수도 있다.

새들백에서는 우리 교회 가족내에서 친밀한 관계를 키워 나가기 위해 온갖 종류의 행사를 사용해 보았으나(식사 클럽, 스포츠, 게임의 밤, 소풍 등등) 가장 효과가 있었던 프로그램은 주말 수련회였다. 이것을 생각해 보라. 한 사람이 다른 교인들과 48시간짜리 수련회에 한 번 가서 함께 보낼 시간은 그가 일 년이 넘는 기간 동안 주일날 그들과 함께 보낼 시간보다 더 긴 것이다. 만일 당신이 교회를 개척하는 중이고 당신 교회 안에서 서로의 관계가 빨리 형성되기를 원한다면 모든 사람을 수련회에 데리고 가라.

대부분의 사람들은 다른 사람의 이름을 기억하는 것을 어려워하며 특히 큰 교회에서는 더욱 그러하므로 가능한 한 자주 이름표를 사용하라. 수년 동안 교회에서 보았던 사람의 이름을 모르는 것보다 더 부끄러운 일은 없다.

모든 교인들에게 소그룹에 소속될 것을 권장하라

　교회성장에 대해서 교인들이 가지고 있는 가장 큰 두려움 중의 하나는 자기 교회가 성장하게 되면 어떻게 '작은 교회'에서 느끼는 친밀한 교제를 유지할 수 있겠는가 하는 것이다. 이 두려움을 제거하는 방법은 소그룹을 만드는 것이다. 동질의 소그룹은 교회가 얼마나 커지든 상관 없이 모든 교인에게 개인적인 돌봄과 관심을 제공할 수 있다.

　비슷한 목적, 관심사, 연령, 주거지 또는 다른 것들을 중심으로 만들어진 소그룹망을 형성하라. 솔직히 말해서 소그룹을 시작하는 데는 어떠한 이유를 사용해도 상관 없다. 계속 만들어 내기만 하라. 그 많은 새 교우들이 모두 이미 현존하고 있는 그룹에 가입하지는 않을 것이다. 새 교우들은 새로운 그룹에 동화되는 것이 가장 좋다. 새 교우반에서부터 새로운 그룹들을 시작할 수도 있다. 새 교우들은 공통적으로 그들만의 '새로움'을 가지고 있기 때문이다.

**교회는 항상 더 크게 성장하고
동시에 더 작게 성장해야 한다.**

　내가 우리 교회의 사역자들과 평신도 지도자들에게 거듭해서 하는 말은 "우리 교회는 항상 더 크게 성장하고 동시에 더 작게 성장해야 합니다"라는 말이다. 그 말의 의미는 큰 그룹 축제와 작은 세포 그룹 사이에는 균형이 이루어져야 한다는 것이다. 교회의 건강을 위해서는 둘 다 중요한 것이다.

　큰 그룹 축제는 사람들에게 그들이 무언가 중요한 것의 일부라는 느낌을 준다. 그러한 축제는 불신자들에게는 깊은 인상을 주며 교인들에게는 힘이 되는 것이다. 그러나 군중 속에서는 개인적인 기도 제목은 나눌 수 없다. 작은 동질 그룹은 그와 반대로 친밀감과 가까운 교제의 분위기를 창출하기에 안성맞춤이다. 모든 사람이 한 개인의 이름을 아는 곳이 바로 그 곳이다. 또한 그가 빠질 때에는 모든 사람이 알게 된다.

새들백은 오랫동안 자체 건물이 없었기 때문에 성인 교육과 교제를 위해서 소그룹 모임에 많이 의존해야 했다. 비록 우리가 지금은 72만 4천8백 평 크기의 대지를 소유하고 있지만 소그룹 모임을 위해서는 계속해서 가정을 사용할 계획이다.

소그룹 모임의 장소로 가정을 사용하는 데는 네 가지 이점이 있다.
- 가정의 수를 무한정으로 확장할 수 있다(가정은 어디에나 있기 때문이다).
- 가정은 지역적으로 무제한적이다(더 넓은 지역의 사람들에게까지 사역할 수 있다).
- 가정을 모임의 장소로 사용하는 것은 지혜로운 자원 활용이다(다른 사람들이 그 값을 지불하고 있는 장소를 사용함으로써 그로부터 절약된 돈을 사역에 더 쓸 수 있다).
- 가정은 더 가까운 관계를 이룰 수 있게 해 준다(사람들은 가정에서 더 편안하게 느낀다).

교회가 더 커 갈수록 교인들의 필요를 채우는 데 있어서 소그룹 모임은 더욱 중요해진다. 소그룹은 특히 비상시에 사람들이 필요로 하는 개인적인 관심과 사랑을 제공해 준다. 새들백에서는 교회 전체는 커다란 선박이며, 소그룹은 구조 보트라고 말하는 것을 좋아한다.

우리의 소그룹 전략과 구조를 자세히 설명하기에는 지면이 허락지 않기 때문에 한마디만 하겠다. 소그룹은 당신의 교회의 뒷문을 닫아 주는 가장 효과적인 방법이다. 우리는 소그룹에 연결되어 있는 사람들에 대해서는 그들을 놓칠까 봐 전혀 걱정하지 않는다. 그들은 이미 효과적으로 동화되었다는 것을 알기 때문이다.

의사 소통의 창구를 열어 놓으라

당신의 교회에 분명한 의사 소통 창구를 열어 놓는 것은 매우 중요한 일이다. 사람들은 잘 알고 있지 못한 일에 대해서는 별로 활동을 하지 않으며 소극적인 경향이 있다. 교회의 돌아가는 일을 알고 있는 교인들은 효율적으로 일을 할 수 있고, 교회의 사정을 잘 모르는 교인들은 아무리 재능이 많다 하더라도 할 수 있는 일이 별로 없다. 교인들에게 정보를 알리는 데 있어서 여러 통로를 만들어서 반복적인 정보 전달 체계를 구성하라.

새들백에서는 교인들에게 중요한 내용을 전달하기 위해서 우리가 할 수 있는 모든 방법을 사용한다. 팩스, 전화, 우편, 비디오, 교회 신문, 카셋 테입, 기도 체인, CARE 전화 연락자들, 신문 기사, 엽서, 심지어는 인터넷까지 사용한다! (인터넷을 사용하는 사람들은 http://www.saddleback.com에서 우리의 홈페이지를 볼 수 있다.)

사역자들로부터 교인들에게 가는 전달 통로만큼 중요한 것이 교인들로부터 사역자에게로 가는 전달 통로이다. 전달 통로는 양쪽으로 다 열려 있어야 한다. 잠언 27장 23절은 "네 양 떼의 형편을 부지런히 살피며 네 소 떼에 마음을 두라"고 한다. 가장 중요한 양 떼는 하나님의 양 떼이므로 우리는 그들이 어떻게 지내는지에 특별한 관심을 갖는다. 우리는 환영 카드, CARE 전화 연락자들과 평신도 목회자 보고서를 사용해서 우리 교회 가족의 심장의 고동을 관찰하고 있다.

환영 카드. 나는 우리가 구도자 예배에서 이것을 어떻게 사용하고 있는지에 대해서 이미 거론했다. 그것은 단순한 도구에 불과하지만 믿기 어려울 정도로 효율적인 의사 전달 수단이다. 어느 누구라도 원하는 때에 내게 메모를 보낼 수 있다. 우리 교인들은 우리가 이 카드들을 읽고 신중하게 받아들인다는 것을 알기 때문에 그들은 계속적으로 정보를 보내 준다. 우리가 받는 모든 카드를 처리하는 데는 두 명의 전임 비서와 열두 명 정도의 자원봉사 팀이 필요하지만 이 카드들은 우리 교회의 목사와 직원들이 교인들과 가깝게 지낼 수 있도록 도와준다.

CARE 전화 연락자들. CARE는 '연락'(Contact), '도움'(Assist), '관계'(Relate), 그리고 '격려'(Encourage)를 상징하고 있다. 이 평신도 사역은 조직적인 방법으로 교회 명단에 있는 번호로 전화를 걸어서 우리 교인들의 삶에서 어떤 일들이 일어나고 있는지를 알아낸다. 그들은 저녁에 전화를 걸어 세 가지 질문을 한다. (1) 어떻게 지내십니까? (2) 기도 제목이 있습니까? (3) 릭 목사님이나 다른 사역자에게 우리가 전해 주었으면 하는 사항이 있습니까? 각 CARE 전화 연락자는 정확한 정보를 준비된 양식에 기록한다. 그리고 나서 전화한 사람에게 앞으로 다가오는 행사나 다른 교회 소식을 알려 준다. 이것은 우리 교인들에게 "우리는 당신을 소중하게 생각합니다"라고 말하는 여러 방법 중의 하나이다.

평신도 사역자 보고서. 이것은 우리 교회의 소그룹 모임을 인도하는 평신도 사역자들로부터 우리가 받는 서면 보고서이다. 이 보고서는 그 그룹의 건강 상태와 개인들의 삶에서 어떤 일이 일어나고 있는지에 대해서 알려 준다.

우리는 운명을 같이 하는 사람들이다

교인에 대한 이 장을 마치면서 나는 당신의 교인들에게 그리스도인의 삶의 공동체적인 성격을 '지속적으로' 강조하는 것이 얼마나 중요한지를 역설하고 싶다. 그것을 설교하고 가르치고 의논하라. 우리는 함께 속한 사람들이다. 우리는 서로가 필요하다. 우리는 한 몸의 지체로서 서로 연결되어 있다. 우리는 가족이다. 나는 우리 교회에 와서 코이노니아의 치유적인 능력을 경험한 사람들로부터 거의 매일 편지를 받는다. 최근의 편지를 하나 소개하면서 이 장을 마치고자 한다.

릭 목사님,

저는 수년 동안 육체적 학대의 고통을 남몰래 지녀 왔습니다. 일 년 전에 너무도 충격적인 사별 후에 저는 이 곳 남가주로 이사를 했습니다. 모든 것으로부터 고립되었던 저는 너무도 외로웠습니다. 3주 동안을 계속 울었습니다.

마지막으로 교회에 나가 봐야겠다고 마음 먹었습니다. 새들백에 첫발을 들여놓은 순간부터 저는 이 곳이 내가 속해야 할 곳이구나 하는 느낌을 받았습니다.

짧게 말씀드려서 그리스도가 제게 현실로 다가왔으며 저는 이 교회의 교인이 되었고, 지금은 제게 있어서 매우 만족감을 느끼게 하는 사역을 통해서 섬기고 있습니다. 저는 이 교회의 일원이 된 것이 너무나 기쁩니다!

각자의 고통은 다르지만 모든 사람이 하나님을 필요로 한다는 것을 알고 있습니다. 저의 고통은 교회 가족이 없이는 거의 견딜 수 없는 것이었습니다. 제가 새 교우반에 들어갔을 때 목사님께서 새들백이 어떻게 한 가족인가에 대해서 설명하시는 것을 들으면서 저는 기쁨의 눈물을 참아야 했습니다. 정말 그렇습니다! 저는 여기 있는 저의 형제 자매들과 제가 우리 집이라고 부를 수 있는 이 교회가 너무도 감사합니다.

18장. 성숙한 교인으로 키우기

…그리스도의 몸인 교회를 건강하고 성숙하게 세우려 함입니다.
(에베소서 4:12, LB)

우리의 가장 큰 바램과 기도는 여러분이 성숙한 그리스도인이 되는
것입니다. (고린도후서 13:9, LB)

모든 믿는 자에 대한 하나님의 뜻은 영적인 성숙이라는 것에 대해서 신약은 매우 분명하다. 하나님은 우리가 자라가기를 원하신다. 바울은 에베소서 4장 14절에서 이렇게 말한다. "우리는 온갖 교리의 풍조에 그 운명이 달린 어린아이로 남아 있도록 만들어지지 않았습니다…우리는 사랑 안에서 진실을 말하며 모든 면에서 머리 되신 그리스도에게로 자라가도록 만들어진 것입니다" (Ph).

영적 성장의 궁극적 목표는 예수님처럼 되는 것이다. 태초부터 있었던 우리에게 향하신 하나님의 계획은 우리가 그의 아들처럼 되는 것이다. "하나님이 미리 아신 자들로 또한 그 아들의 형상을 본받게 하기 위하여 미리 정하셨으니 이는 그로 많은 형제 중에서 맏아들이 되게 하려 하심이니라" (롬 8:29). 하나님은 모든 믿는 자가 그리스도의 성품을 갖게 되기를 원하신다.

그렇다면 중대한 질문은 이것이다. 영적 성장은 어떻게 이루어지는가? 우리는 어떻게 그리스도 안에서 성숙하게 되는가?

영적 성숙에 대한 왜곡된 견해들

믿는 자들을 성숙하게 키우기 위해서 새들백에서 사용하고 있는 전략들을 나누기 이전에, 나는 먼저 영적 성장과 성숙에 대해서 흔히 잘못 알려진 개념을 지적하고 싶다. 어떠한 전략도 정확한 지식에 근거하는 것이 중요하다.

왜곡된 견해 1: 영적 성장은 일단 거듭나면 자동적으로 이루어진다

많은 교회가 새 신자들을 계속 양육하기 위해 짜여진 계획을 가지고 있지 않으며, 교인들을 성숙하게 키우기 위한 종합적인 전략도 가지고 있지 않다. 그들은 그리스도인들이 예배에 참석하면 자동적으로 성장하게 될 것이라고 가정하면서 모든 것을 우연에 맡기고 있다. 그들은 사람들에게 모임에 참석하도록 권장하기만 하면 자기들의 임무는 끝나는 것으로 생각한다.

물론 이것은 잘못된 생각이다. 영적 성장은 구원받았다고 해서, 또 예배에 규칙적으로 참석한다고 해서 저절로 이루어지는 것이 아니다. 교회는 평생 동안 예배에 참석했으나 아직도 영적 갓난 아이로 남아 있는 사람들로 가득 차 있다. 동화된 교인과 성숙한 교인은 같은 말이 아니다. 우리의 "평생 개발 과정" 도표에서는 영적 성숙에 필요한 습관을 사람들에게 갖게 만들어 주는 임무를 "사람들을 2루로 보내기"라고 부른다.

영적 성장은 시간이 흐른다고 자동적으로 이루어지는 것도 아니다. 히브리서 저자는 슬프게도 "때가 오래므로 너희가 마땅히 선생이 될 터인데 너희가 다시 하나님의 말씀의 초보가 무엇인지 누구에게 가르침을 받아야 할 것이니"(히 5:12)라고 했다. 수백만 명의 그리스도인들이 조금도 성장하지는 않으면서 나이만 먹어 간다.

사실은 이렇다: 영적 성장은 의지적인 것이다. 성장하기 위해서는 헌신과 노력이 필요하다. 자라기 원해야 하며, 자라려고 결심해야 하며, 자라기 위해 노력

해야 하는 것이다. 제자도는 결심으로 시작되는 것이다. 그것은 복잡한 결심일 필요는 없으나 신실해야 한다. 제자들도 그들이 그리스도를 따르기로 결심했을 때 거기 포함된 모든 의미를 다 이해하지는 못했다. 그들은 단지 그를 따르고 싶다는 마음을 표현했을 뿐이다. 예수님은 단순하지만 신실한 결심을 바탕으로 그들을 성장시키셨다.

빌립보서 2장 12-13절은 "항상 복종하여 두렵고 떨림으로 너희 구원을 이루라. 너희 안에서 행하시는 이는 하나님이시니 자기의 기쁘신 뜻을 위하여 너희로 소원을 두고 행하게 하시나니"라고 말한다. 바울은 "구원을 받기 위해서 노력하라"고 말하지 않고 "너희 구원을 이루라"고 말하고 있음을 주목하라. 그리스도께서 우리의 구원을 위해서 하신 일에 우리가 더할 수 있는 것은 아무것도 없다. 바울이 여기서 말하고 있는 것은 이미 구원받은 사람들의 영적인 성장이다. 중요한 것은 하나님이 우리의 성장에 있어서 중요한 역할을 하시지만 우리도 또한 해야 할 역할이 있다는 것이다.

그리스도를 닮는다는 것은 우리가 드리는 헌신의 결과이다. 우리는 우리가 되겠다고 결심하는 그런 사람이 되게 되어 있다. 위대한 계명과 위대한 명령에 헌신하는 것이 위대한 교회로 성장하게 해 주듯이, 그것은 또한 위대한 그리스도인으로 성장하게 해 주는 길이다. 성장하려는 헌신이 없이는 어떠한 성장도 환경에 의한 것이지 의지적인 것이 아니다. 영적 성장은 환경에 맡기기에는 너무 중요한 것이다.

성숙으로 인도하는 영적 성장은 로마서 6장 13절에 설명된 종류의 헌신으로써 시작된다. "여러분 자신의 모든 부분을 하나님께 완전히 드리십시오. 여러분은 죽음에서 돌아왔으며 하나님의 선한 목적으로 사용받기 위해서 하나님의 손에 들린 도구가 되기를 원하기 때문입니다"(LB). 어떻게 사람들로 하여금 이러한 종류의 헌신을 하게 인도할 수 있는지에 대해서 나중에 설명할 것이다.

왜곡된 견해 2: 영적 성장은 신비한 것이며 성숙은 선택받은 소수만이 이룰 수 있는 것이다

오늘날 "영성"이라는 용어를 언급하면 많은 사람들은 하얀 긴 옷을 입고 요가 형태로 앉아서 향료를 피우며 눈을 감고 주절주절 주문을 외는 사람을 머리 속에 떠올린다. 어떤 사람들은 현실 세상에서 자신을 격리시키고 가난과 정절, 그리고 홀로 있음으로 자신을 엄격히 훈련시키는 기독교 신비주의자들을 떠올린다.

불행히도 많은 그리스도인들이 영적 성장은 자신의 힘으로 성취하기에는 너무도 멀리 떨어져 있는 것이라고 느껴서 아예 시도해 보려고 하지도 않는다. 그들은 성숙한 그리스도인이 어떤 모습을 가지고 있는가에 대하여 이처럼 신비주의적이며 이상적인 개념을 가지고 있다. 그들이 믿기에 성숙은 오직 '수퍼 성자들' 만을 위한 것이다. 일부 그리스도인 전기문들이 이러한 왜곡된 사실에 대해 부분적인 책임이 있다. 이러한 책들은 경건한 사람들의 인간적인 면은 다루지 않은 채 하루에 열 시간씩 기도하고 정글로 이사하며 순교자로서 죽을 계획을 하고 있지 않으면 성숙한 그리스도인이 되려는 생각은 아예 잊어버리라고 암시하고 있다. 이것은 보통 신자들에게는 상당히 기운이 빠지는 일이며, 그들은 '이류' 그리스도인으로서 만족해야 한다는 생각을 갖게 된다.

사실은 이렇다: 영적 성장은 매우 실제적인 것이다. 어떤 그리스도인도 영적 성장에 필요한 습관을 키우기만 하면 성숙하게 자라갈 수 있다. 우리는 영적 성장의 요소를 실제적인 매일의 습관으로 보고 영적 성장에 대한 왜곡된 사실을 수정해야 한다.

바울은 그리스도인으로서의 삶을 위한 훈련을 운동 선수들이 체력을 단련하는 방법에 자주 비유했다. 나는 디모데전서 4장 7절을 아주 좋아한다: "네 자신의 영적 건강을 유지하기 위해서 필요한 시간과 수고를 아끼지 말라"(Ph). 영적 건강을 유지하는 방법은 육체적 건강만큼이나 실제적인 것이다.

누구나 규칙적으로 운동하고 건강을 위한 좋은 습관들을 유지하면 육체적으로 건강해질 수 있다. 마찬가지로 영적 건강도 단순히 일정한 영적 훈련을 받고 그것이 습관이 될 때까지 그것을 지속적으로 하도록 자신을 만드는 것이다. 인격은 우리가 형성하는 습관으로 인해서 빚어지는 것이다.

새들백에서는 영적 습관을 형성하는 일에 큰 비중을 두고 있다. 우리는 영적 성장의 개념을 실제적인 단계들과 일상 생활의 습관을 통해 가르쳤을 때 엄청난 성장이 일어나는 것을 보았다.

왜곡된 견해 3: 영적 성숙은 올바른 '열쇠'만 찾으면 그 즉시로 일어난다

이것은 널리 퍼져 있는 잘못된 생각이다. 베스트 셀러가 된 일부 기독교 책들의 제목을 보면 많은 그리스도인들이 이것이 사실이기를 바라고 있다는 것이 분명하다. '성숙을 위한 네 가지 쉬운 단계'나 '인스턴트 영적 성숙의 열쇠'를 약속하는 책은 그리스도인의 인격이 하룻밤 사이에 생길 수 있다는 왜곡된 사실을 옹호하는 역할을 한다.

많은 신실한 그리스도인들이 자신들을 성숙한 그리스도인으로 즉시 변화시켜 줄 경험이나 집회, 부흥회, 책, 테입 또는 한 가지 진리를 찾는 데 일평생을 보낸다. 그들의 추구는 부질없는 것이다. 비록 인스턴트 커피, 인스턴트 감자, 이제는 심지어 즉시로 체중을 감소시키는 방법도 나왔지만 인스턴트 영적 성숙이라는 것은 없다.

사실은 이렇다: 영적 성장은 시간이 걸리는 과정이다. 하나님께서 여호수아와 이스라엘 사람들에게 약속의 땅을 "조금씩 조금씩"(신 7:22) 소유하도록 허락하신 것처럼 하나님은 우리를 그리스도의 형상으로 만드시는 데에도 점차적인 변화의 과정을 사용하신다. 성숙에 이르는 지름길은 없다. 그것은 느린 과정이다. 에베소서 4장 13절은 "…우리가 진정한 성숙, 즉 '그리스도의 충만함'이라는 말이 의미하고 있는 성숙에 도착할 때까지"(Ph)라고 말한다. 성숙이 우리가 도착해야 하는 목적지라 함은 거기에 여행이 포함되어 있음을 말해 주는 것이

다. 그 과정을 더 단축하고 싶어하는 우리의 마음에도 불구하고 영적 성장은 평생이 걸리는 여행이다.

믿는 자들은
자랄 수 있는 방법을 제공해 주면 더 빨리 자란다.

나는 이 과정에 있어서 구성 요소들을 이해하고 그것을 우리 교인들이 깨닫고 기억할 수 있는 간단한 방법으로 전달하는 방법을 찾는 데 많은 시간을 보냈다. 믿는 자들은 자랄 수 있는 방법을 제공해 주면 더 빨리 자란다는 것이 나의 확신이다. 그 결과 새들백의 양육 철학이 나왔으며, 우리는 그것을 "평생 개발 과정"이라고 부른다.

"평생 개발 과정"은 성장에 대한 유추로서 "야구의 내야 사각형"을 사용하는데 그 이유는 미국에서는 누구나 그것을 알고 있기 때문이다. 사람들이 각 베이스에 지정된 영적 성장의 이정표를 볼 때 우리가 어떻게 그들이 성장하기를 원하는지를 쉽게 이해할 수 있게 된다. 우리는 우리 교인들에게 우리의 목표는 인생의 베이스를 돌도록 돕는 것이라고 설명한다. 우리는 "새들백 샘"이 점수를 내기를 원한다!

내가 8장에서 말했듯이 한 회가 끝났을 때 베이스에 남아 있는 주자들은 점수를 따지 못한다! 그러므로 우리는 각 베이스에 목사를 한 명씩 지명했다. 교인 등록, 성숙, 사역, 그리고 선교 베이스로 되어 있다. 각 목사는 "베이스 코치", 즉 주자들이 다음 베이스로 안전하게 뛰도록 도와주는 사람들이다.

만일 사람들에게 점수를 따는 것의 중요성에 대해 확신을 심어 주고 각 베이스에 코치를 배치해 준다면 사람들이 홈으로 돌아오기가 훨씬 더 쉬워질 것이다. 마찬가지로 사람들이 영적으로 성장하도록 인도해 주고 기본적인 습관을 가르쳐 주며, 베이스를 돌며 성장해 갈 때 필요한 지침을 알려 준다면 당신은 그들이 성장할 것을 기대해도 될 것이다.

왜곡된 견해 4: 영적 성장은 지식으로 측정된다

많은 교회가 사람들이 얼마나 성경의 인물들을 잘 알고 성경 구절을 해석할 수 있으며 성경 구절을 몇 개나 암송하고 성경신학을 제대로 설명할 수 있는지로만 영적 성장을 평가한다. 어떤 사람들은 교리에 대해서 설명할 수 있는 능력을 영적 성숙도의 궁극적인 증거로 여긴다. 그러나 성경 지식이 영적 성숙에 있어서 토대가 되는 것이기는 하지만 그것만이 측정 기준의 전부는 아니다.

사실은 이렇다: 영적 성숙은 믿음의 지식보다는 행함으로 더 많이 증명되는 것이다. 그리스도인의 삶은 신조와 신념이 전부가 아니며 행실과 인격도 포함하는 것이다. 우리의 믿음은 행함으로써 뒷받침되어야 한다. 우리의 행함이 우리의 신조와 일치해야 하는 것이다.

신약성경은 거듭해서 우리가 믿고 있는 것보다는 우리의 행동과 태도가 우리의 성숙도를 더 많이 나타내는 것이라고 가르치고 있다. 야고보서 2장 18절은 "행함이 없는 네 믿음을 내게 보이라. 나는 행함으로 내 믿음을 네게 보이리라"고 말하며 행함의 중요성에 대해서 노골적으로 표현하고 있다. 야고보는 또한 "너희 중에 지혜와 총명이 있는 자가 누구뇨? 그는 선행으로 말미암아 지혜의 온유함으로 그 행함을 보일지니라"고 말했다. 만일 당신의 믿음이 당신의 삶의 방식을 변화시키지 않았다면 당신의 믿음은 별 가치가 없는 것이다.

바울도 믿음과 행함을 연결시켜야 한다고 믿었다. 그의 모든 서신에서 바울은 우리가 믿는 것을 실천으로 옮기는 것의 중요성을 강력히 주장했다. 에베소서 5장 8절은 "비록 여러분의 마음이 어둠으로 가득 찼었지만 이제는 주님으로부터 받은 빛으로 가득 찼으며 여러분의 행동이 그것을 나타내고 있습니다!"(LB)라고 말했다.

예수님이 그것에 대해 가장 분명하게 말씀하셨다. "그의 열매로 그들을 알지니"(마 7:16). 개인의 성숙도를 증명하는 것은 지식이 아니라 열매인 것이다. 만일 우리가 아는 것을 실천으로 옮기지 않는다면 우리는 어리석게도 "모래 위에 집을 짓는 자"과 같다(마 7:24-27을 보라).

내가 앞에서 언급했듯이 성경 지식은 영적 성장의 여러 측정 방법 중 하나이다. 그 외에도 우리는 관점, 신념, 기술 또는 인격으로 성숙도를 측정할 수 있다. 이 '다섯 단계의 학습'은 새들백에서 사용하는 영적 성장의 건축 구조이다. 이 장의 뒷부분에서 나는 우리 교회에서 이 다섯 가지 면에 강한 제자들을 키우고 있는 방법을 설명할 것이다.

성숙도를 측정하는 다섯 가지 방법:
지식, 관점, 신념, 기술, 인격

다른 네 가지 면에서의 성장 없이 지식만 갖는 것의 위험성은 그들을 교만하게 만들 수 있다는 것이다. 고린도전서 8장 1절은 "지식은 교만하게 하며 사랑은 덕을 세우나니"라고 말한다. 지식은 인격으로 나타나야 한다. 내가 알고 있는 일부 육적인 그리스도인들은 성경 지식에 있어서 백과사전이라고 할 수 있는 사람들이었다. 그들은 어떤 성경 구절에 대해서도 설명할 수 있으며 어떤 교리도 변호할 수 있었으나 사랑이 없고 스스로 의롭다고 여겼으며 남을 정죄하는 사람들이었다. 영적 성숙과 교만은 동시에 가질 수 없는 것이다.

지식을 갖는 것의 또 다른 위험은 그것이 책임을 증가시킨다는 것이다. "이러므로 사람이 선을 행할 줄 알고도 행치 아니하면 죄니라"(약 4:17). 말씀을 더 깊이 알게 되면 그것을 적용하지 않을 때 더 강한 심판을 받게 된다. 그렇기 때문에 우리는 우리가 아는 것을 실천하기 위해서 신념과 인격을 가져야 하는 것이다. 믿는 자들을 양육하기 위해서 당신의 교회가 갖고 있는 어떠한 전략도 말씀을 배우기만 하는 것이 아니라 그것을 또한 사랑하고 실천하도록 도와야 한다.

왜곡된 견해 5: 영적 성장은 개인적이며 사적인 문제이다

미국 문화가 가지고 있는 개인주의의 우상화는 우리의 영적 성장에 대한 생각에까지도 영향을 끼쳤다. 대부분의 영적 성장에 대한 가르침은 다른 그리스도인들에 대한 우리의 관계에 대해서는 조금도 언급하지 않고 자기 중심적이고 자기에게만 초점이 맞추어져 있는 경향이 있다. 이것은 전적으로 비성경적이며 신약의 많은 부분을 무시하는 것이다.

사실은 이렇다: 그리스도인은 성장하기 위해서 서로의 관계가 필요하다. 우리는 다른 사람들과 분리된 상태에서는 자라지 않는다. 우리는 교제의 환경 속에서 자란다. 신약에서 우리는 이것을 거듭 거듭 발견한다. 히브리서 10장 24-25절은 "서로 돌아보아 사랑과 선행을 격려하며 모이기를 폐하는 어떤 사람들의 습관과 같이 하지 말고 오직 권하여 그 날이 가까움을 볼수록 더욱 그리하자"라고 말한다. 우리가 믿음의 가족 안에서 성장하는 것이 하나님께서 의도하신 것이다.

앞 장에서 나는 서로의 관계는 사람들을 당신의 교회에 남아 있게 만들어 주는 "접착제"와 같다는 것을 지적했다. 그러나 관계는 사람들을 성숙하게 만드는 데 있어서는 이보다 더 중요한 역할을 한다. 관계는 영적 성장을 위해 절대적으로 필수적인 것이다. 성경은 교제란 그리스도인에게 있어서 선택의 여지가 있는 것이 아니라고 가르친다. 다른 그리스도인들과 사랑의 교제가 없는 그리스도인들은 하나님의 말씀이 주는 "서로"의 계명들을 불순종하는 것이다.

요한은 우리가 빛 가운데 걷고 있다는 것의 증거는 우리 안에 "서로 사귐"이 있다는 것이라고 말한다(요일 1:7). 만일 당신이 다른 믿는 자들과 정기적인 교제를 갖고 있지 않다면 당신은 자신이 정말로 빛 가운데 걷고 있는지를 심각하게 물어 보아야 한다.

요한은 또한 우리가 다른 믿는 자들을 사랑하지 않으면 우리가 정말로 구원받았는지를 질문해야 한다고 말한다. "우리가 형제를 사랑함으로 사망에서 옮겨 생명으로 들어간 줄을 알거니와 사랑치 아니하는 자는 사망에 거하느니라"(요일 3:14). 만일 다른 믿는 자들과의 관계가 이토록 중요하다면 왜 교회들은 이에 대해서 더 많이 강조하지 않는가?

그리스도에 대한 당신의 관계는 다른 믿는 자에 대한 당신의 관계에서 나타난다. "보는 바 그 형제를 사랑치 아니하는 자가 보지 못하는 바 하나님을 사랑할 수가 없느니라"(요일 4:20). 요한이 "할 수가 없느니라"고 말한 것을 주목하라. 하나님의 자녀를 사랑하지 않는다면 하나님을 사랑하는 것은 불가능한 것이다.

예수님도 만일 당신이 형제와의 관계가 잘못되어 있다면 당신의 예배는 쓸모없는 것이라고 가르치셨다(마 5:23-24를 보라). 그리스도인이 하나님과 교제를 나누면서 다른 믿는 자들과 전혀 교제를 갖지 않을 수는 없는 것이다.

많은 그리스도인들이 한 번도 전도를 하지 않는 이유는 그들이 사람들과 어떻게 관계를 형성해야 할지를 모르기 때문이다. 그들이 한 번도 소그룹에서 활동해 보거나 교제를 나누어 보지 않았기 때문에 그들은 관계를 형성하는 기술이 거의 없다. 그들은 불신자들과 관계를 맺지 못하는데 그 이유는 그들이 믿는 자들과도 관계를 맺지 못하기 때문이다. 사람들에게 어떻게 관계를 형성하는 것인가를 가르쳐 주어야 한다. 이 사실이 자명해 보이는데도 교인들에게 어떻게 서로와 관계를 맺는지를 가르치는 교회는 매우 드물다.

왜곡된 견해 6: 성장하기 위해서 성경만 있으면 된다

많은 복음주의적 교회가 이런 잘못된 사실을 근거로 하고 있다. 나는 이런 교회들을 "교실 교회"라고 부른다. 교실 교회는 왼쪽 두뇌 중심적이고 인지적 지식에 초점이 맞추어져 있다. 그들은 성경 내용과 교리를 가르치는 것을 강조하지만 믿는 자의 감정적, 체험적, 그리고 대인 관계의 발달에 대해서는 거의 아무런 강조도 하지 않는다. 영적으로 성숙하기 위해서 필요한 유일한 것은 머리 속에 교리를 갖는 것이라고 한 유명한 교실형 교회는 말한다.

사실은 이렇다: 영적 성숙을 이루기 위해서는 하나님과의 다양한 영적 체험이 필요하다. 진정한 영적 성숙은 하나님을 경배하고 찬양하며, 사랑하는 관계들을 형

성하고 즐기며, 남을 섬기는 데 자신의 재능과 은사를 사용하며, 구원받지 못한 자들에게 자신의 믿음을 나누고자 하는 마음을 갖는 것이다. 사람들을 성숙하게 돕고자 하는 어떠한 교회 전략도 예배, 교제, 성경공부, 전도, 그리고 사역이라는 경험들을 모두 다 포함해야만 한다. 다른 말로 하면 영적 성장은 교회의 다섯 가지 목적에 모두 참여함으로써 이루어지는 것이다. 성숙한 그리스도인은 그리스도인의 삶에 대해서 공부하는 것으로 그치지 않는다. 그는 그것을 체험한다.

일부 그리스도인들이 감정적 체험을 너무 강조한 나머지 건전한 성경 교리를 무시하는 과오를 범했기 때문에 많은 복음주의적 교회들은 영적 성장에 있어서의 체험의 역할을 약화시켰다. 그들은 다른 그룹들이 체험을 너무 추구하는 것에 과민하게 반응한 나머지, 신앙 체험에 대한 모든 것을 의심의 눈초리로 바라보았다. 특히 그것이 감정을 움직이는 것이면 더욱 그러했다.

슬프게도 이것은 하나님께서 인간을 창조하셨을 때 지성뿐 아니라 감정도 함께 넣어서 창조하셨다는 사실을 부인하는 것이다. 하나님은 우리에게 느낌을 주셨을 때는 거기에 대한 목적이 있기 때문이었다. 그리스도인의 성장 과정에서 모든 경험을 제거해 버리게 되면 우리는 공부는 할 수 있으나 그것을 즐기고 실행할 힘이 없으며, 메마르고 지적인 교리밖에는 남는 것이 없게 된다.

신명기 11장 2절은 "여러분이 경험을 통해서 하나님에 대해 배운 것을 기억하십시오"(TEV)라고 한다. 경험은 위대한 선생이다. 사실 우리가 경험으로밖에는 배울 수 없는 교훈도 있다. 나는 잠언 20장 30절을 매우 좋아한다: "우리가 변화받기 위해서 때로 고통스러운 경험이 필요하다"(TEV).

나는 유명한 성경 강사인 진 게츠(Gene Getz)가 "성경 공부 그 자체만 가지고는 영적 성숙이 이루어지지 않는다. 만일 그것이 적용되고 실행되지 않는다면 그것은 육신적 마음을 갖게 만든다"라고 말하는 것을 들었다. 나는 이것이 사실이라는 것을 알게 되었다. 섬김 없는 공부는 비판적 태도와 영적으로 교만한 그리스도인들을 만들어 낸다.

만일 기독교가 철학이었다면 우리의 주요 활동은 공부일 것이다. 그러나 기독교는 관계이며 생활이다. 기독교적 삶을 묘사하는 데 자주 사용되는 말은 '사랑하다', '주다', '믿다' 와 '섬기다' 이다. 예수님은 "인자가 온 것은 너희로 공부하게 하기 위함이라"고 하지 않으셨다. 사실 '공부' 라는 말은 신약에서 두 번밖에는 나타나지 않는다. 그러나 많은 교회의 일 주일 스케줄을 보면 공부에 참석하는 것이 그리스도인의 유일한 의무라는 인상을 받게 될 것이다.

많은 신자들에게 있어서 그들에게 가장 필요하지 않은 일은 또 다른 성경공부 반에 들어가는 것이다. 그들은 이미 자신들이 실천에 옮기고 있는 것보다 훨씬 더 많이 알고 있다. 그들이 지금 필요한 것은 자신들이 이미 알고 있는 것을 적용할 수 있는 사역과 전도의 경험, 그들이 아는 것에 대하여 책임을 지게 되는 소그룹과 같은 관계에 따르는 경험, 그리고 그들이 아는 것에 대하여 하나님께 감사를 표현할 수 있는 의미 있는 예배의 경험이다.

야고보는 초대 교회 그리스도인들에게 이렇게 경고할 수밖에 없었다. "그의 말씀을 듣기만 함으로써 자신들을 속이지 마십시오. 그 대신 그것을 실천에 옮기십시오"(약 1:22, TEV). 물을 받아들이기만 하고 내놓지는 않아서 썩고 있는 연못에 대한 오래된 이야기가 있다. 어떤 그리스도인이 만일 그의 스케줄이 성경 지식을 받아들이는 것으로만 짜여 있고 사역이나 전도를 통해서 흘러나가는 것이 없다면 그의 영적 성장은 멈추게 된다. 나누어 주는 것이 없이 받아들이기만 하는 것은 침체를 낳게 한다.

교인들로 하여금 다음 성경공부에 참석하기에 바쁘게 만드는 것은 그들에게 큰 손해를 끼치는 일인데 그것은 전번에 참석한 성경공부에서 배운 것을 적용할 시간을 주지 않게 되기 때문이다. 사람들은 배운 내용들을 소화해서 실천에 옮길 수 있기 전에 그것을 접어 두고는 잊어버리게 되지만 자신들의 공책이 점점 더 두꺼워지는 것을 보고 자신들이 성장하고 있다고 생각한다. 이것은 어리석은 일이다.

내가 성경공부를 가치 있게 여기지 않는다고는 생각하지 말라. 사실은 그 반대이다. 나는 성경공부의 방법에 대해서 교재도 한 권 썼으며, 그 제목은 「역동적인 성경공부 방법(Dynamic Bible Study Methods)」이다. 우리는 그리스도의 제자가 되기 위해서 말씀에 거해야 한다. 내가 말하는 것은 단지 성경공부만이 그리스도인을 성숙하게 만들 것이라고 가정하는 것은 실수라는 것이다. 그것은 성숙 과정의 한 부분에 지나지 않는다. 사람들은 성장하기 위해서 공부 이외에 경험이 필요하다. 교회는 제자를 양육하는 데 있어서 균형 잡힌 전략을 사용해야만 한다.

전략을 짜기

제자를 양육하기 위한 새들백의 전략은 내가 성숙에 대한 여섯 가지의 왜곡된 견해에 대조해서 나열했던 사실에 근거한 것이다. 우리는 영적 성장은 헌신으로 시작되며, 점차적인 과정이고, 습관을 형성하는 것이 요구되며, 다섯 가지 요소로써 측정되고, 서로의 관계를 통해서 촉진되고, 교회의 다섯 가지 목적에 모두 참여하는 것이 요구된다고 믿는다.

헌신의 수준을 높이라

나는 엘톤 트루블러드(Elton Trueblood)가 교회를 지칭할 때 쓰는 "헌신된 자들의 무리"라는 이름을 항상 좋아해 왔다. 모든 교회가 그 교인들의 헌신으로 인해서 널리 알려진다면 얼마나 좋을까? 그러나 불행히도 교회는 흔히 헌신(commitment)보다는 위원회(committees)를 통해서 유지되고 있다.

당신의 교회가 영적으로 성숙하고 있는가를 측정하는 방법 중의 하나는 시간이 지남에 따라 지도력의 수준이 점점 더 높아지며 그리스도와 영적 성장에 대한 더 깊은 헌신을 요구하는가를 보는 것이다. 예를 들어 새들백이 처음 시작됐을 때는 어린이 주일학교에서 섬기기 위한 조건은 살아 숨 쉬는 사람이면 되었다. 시간이 흐르면서 우리는 그 사역에 대한 요구 사항을 상당히 높였다. 우리의 평신도 사역자와 음악 담당자들, 그리고 다른 사역의 위치도 마찬가지이다.

지도자의 기준을 높일 때마다 당신은 교회에 있는 다른 모든 사람들의 수준도 조금씩 끌어올리는 것이다. 옛말에 있듯이 "밀물은 항구에 있는 모든 배를 들어올린다." 근중 가운데서 가장 헌신이 되지 않은 사람들이나 또는 심지어 교인 중에서 반 정도 헌신된 사람들이 아니라, 지도자들의 헌신도를 높이는 데 초점을 맞추라. 가장 눈에 띄는 위치에 있는 지도자들의 헌신의 수준을 높일 때마다 그것은 모든 사람들의 기대치를 높인다는 것을 발견하게 될 것이다.

**문제는 사람들이 헌신할 것이냐가 아니라
누가 그들의 헌신을 받아 내느냐이다.**

어떻게 사람들로 하여금 영적 성장의 과정에 헌신하게 만들 수 있는가?

사람들에게 헌신을 요구해야 한다. 만일 사람들에게 헌신을 요구하지 않으면 사람들은 헌신하지 않을 것이다. 또한 만일 당신이 교인들의 헌신을 요구하지 않는다면 사회 단체, 봉사 단체, 정치 단체 또는 선교 단체 등과 같은 다른 그룹들이 반드시 그들의 헌신을 요구할 것이라는 것을 명심하라. 문제는 사람들이 헌신할 것이냐가 아니라 누가 그들의 헌신을 받아 내느냐이다. 만일 당신의 교회가 사람들에게 헌신을 요구하고 그것을 기대하지 않는다면 그들은 교회가 하는 일은 그들의 다른 활동들만큼 중요한 것이 아니라는 결론을 내릴 것이다.

많은 지역 단체들이 지역 교회보다 더 많은 것을 회원들로부터 요구하고 있다는 사실은 실로 놀라운 일이다. 만일 당신이 꼬마 운동 선수단의 부모가 되어 본 적이 있다면, 당신의 아이가 시합하는 날에는 당신은 시합에 참석하는 것 이외에도 다과, 교통편, 트로피, 승리 파티를 제공해야 하는 커다란 헌신이 요구된다는 것을 알 것이다. 거기 참여하는 것은 조금도 자발적인 것이 아니다!

교회가 사람들을 위해서 할 수 있는 가장 도움이 되는 일들 중 하나는 어떤 일에 헌신하고 어떤 일은 거절할 것인가를 분명히 알도록 돕는 것이다. 오늘날 이토록 많은 약한 그리스도인이 있는 이유는 그들이 가장 중요한 일들에 전적으로 헌신되기보다는 많은 일들에 헌신되지 않은 채로 참여하고 있기 때문이다. 많은 사람들의 영적 성장에 장애가 되고 있는 것은 헌신의 부족이 아니라 잘못된 일에 너무 많이 헌신되어 있는 것이다. 사람들이 지혜로운 헌신을 하도록 가르쳐야 한다.

큰 헌신을 자신 있게 요구하라. 예수님은 항상 분명하고 자신 있게 헌신을 요구하셨다. 그는 사람들에게 모든 것을 버리고 그를 따르라고 요구하는 데 있어서 조금도 주저하지 않으셨다. 재미있는 현상은 더 큰 헌신을 요구할수록 더 큰 반응을 얻는다는 것이다.

사람들은 자신들의 삶에 무언가 의미를 주는 것에 헌신하고 싶어한다. 그들은 삶에 의미를 주는 일에 반응하고 도전을 주는 비전에 끌린다. 반대로 사람들은 약한 호소와 도와 달라는 불쌍한 요청에는 보통 반응하지 않는다. 예수님은 누가복음 14장 33절에서 "이와 같이 너희 중에 누구든지 자기의 모든 소유를 버리지 아니하면 능히 내 제자가 되지 못하리라"고 하셨을 때 이 사실을 아셨다. 예수님은 절대적인 헌신을 요구하셨던 것이다.

한번은 주일 예배를 마치면서 나는 사람들에게 자기의 삶 전체, 즉 그들의 시간, 돈, 야망, 습관, 관계, 직장, 가정과 에너지를 모두 예수 그리스도께 헌신할 것을 요구하는 "특별한 삶 헌신 카드"를 나누어 주었다. 내가 놀랐던 것은 우리가 수천 장의 카드를 되돌려 받았다는 사실보다도 그 중에서 177장은 수년 동안 우리 교회를 다녀 왔으나 한 번도 정규 등록 카드를 써 내지 않았던 사람들이 서명했다는 것이다. 그들은 매주 등록 카드를 쓰는 것이 시간을 들일 만한 가치가 없는 것이라고 생각해 왔던 것이다. 때로는 작은 헌신보다는 큰 헌신을 받아 내는 것이 더 쉽다.

**사람들은 큰 헌신 뒤에 큰 목적이 있다면
헌신의 요구를 싫어하지 않는다.**

어떤 목사들은 큰 헌신을 요구하면 그것이 사람들을 오히려 도망가게 만들까 봐 두려워한다. 그러나 사람들은 큰 헌신 뒤에 큰 목적이 있다면 그런 요구를 받는 것을 싫어하지 않는다. 기억해야 할 점은 사람들이 필요가 아니라 열정적인 비전에 반응한다는 것이다. 그것이 바로 왜 많은 청지기 캠페인이 효과를 거두지 못하는지에 대한 해답이다. 청지기 캠페인은 교회의 비전이 아니라 필요에 초점을 맞추고 있기 때문이다.

헌신을 요구할 때는 구체적이어야 한다. 헌신을 키우는 또 하나의 열쇠는 구체적이어야 한다는 것이다. 사람들에게 정확하게 무엇이 그들에게 기대되는지를 말해 주라. 새들백에서는 "그리스도께 헌신하십시오"라고 말하는 대신에 구체적으로 그것의 의미를 설명한다. 우리는 사람들에게 그리스도에게 헌신하고, 그 다음에는 침례를 받고, 그 다음에는 교인 등록을 하며, 그 다음에는 성숙의 습관을 형성하고, 그 다음에는 사역에 임하고, 그리고 마지막으로 그들의 삶의 사명을 이루라고 요구한다. 내가 앞에서 말한 바와 같이 우리는 이 각각의 헌신이 무엇을 포함하는지를 정확하게 설명한 네 가지 서약을 만들었다.

헌신이 주는 유익을 설명하라. 사람들로 하여금 헌신하게 만드는 또 다른 열쇠는 헌신함으로 얻는 유익을 가르쳐 주는 것이다. 하나님은 성경에서 거듭 반복해서 그렇게 하고 계신다. 성경에 있는 수많은 계명들이 풍성한 약속을 포함하고 있다. 우리가 순종할 때마다 우리는 항상 축복을 받게 마련이다.

영적 성장에 대한 헌신이 가져다 주는 개인적 유익과 가족적 차원의 유익,

그리스도의 몸의 유익과 일반 사회의 유익, 그리고 영원한 유익을 반드시 설명하라. 사람들은 실제로 배우고 자라며 향상하려는 본성적인 욕구를 가지고 있으나, 때로는 그들이 생각하는 가치와 유익을 사용하여 배움의 목적과 성장의 목표를 설명해 줌으로써 그들의 그러한 욕구를 일깨워 주어야 한다.

나는 때로 광고 회사들이 체취 방지제와 빨래 비누 그리고 세제 등 일상적인 상품들을 마치 그것이 삶에 새로운 의미와 에너지와 기쁨을 줄 것처럼 광고하는 것을 보며 감탄한다. 교회는 삶의 의미와 그 중요성과 만족에 대한 진정한 비밀을 가지고 있음에도 불구하고 흔히 그것을 그토록 싱겁고 매력 없는 방법으로 소개하는 것이 얼마나 모순적인가! 교회 광고의 수준과 다른 것들의 광고 수준을 비교해 보면 당장 그 차이를 알 수 있을 것이다.

기초 성경공부반 101, 201, 301, 401반에서 우리는 "이 반이 여러분께 이런 유익을 줄 것입니다"라고 말함으로써 그 반들의 가치와 유익을 설명한다. 우리는 또한 네 가지 서약에 대한 헌신이 가져다 주는 유익도 분명하게 설명한다.

헌신을 목표로 하지 말고, 헌신을 기초로 삼으라. 비록 사람들에게 커다란 헌신을 하도록 도전함으로써 어디로 그들을 이끌고 가는지를 말해 준다 하더라도, 또 하나 중요한 것은 그들이 할 수 있는 헌신이 얼마나 작은 것이든간에 그것에서부터 시작해야 한다는 것이다.

우리는 사람들에게 우선 헌신을 한 다음에 그 헌신에 맞게 자라가라고 도전한다. 그것은 마치 부모가 되기로 선택하는 것과도 같다. 첫 아기를 갖기 전에 부모가 되는 데 대해서 자신 있는 부부는 거의 없다. 그러나 그 결정을 내리고 아기가 태어나면 어떻게 해서든 그 부부는 부모의 역할을 감당하게 된다.

커다란 헌신을 작은 단계로 나누어서 사람들을 점차적으로 인도하는 것도 좋다. 이미 앞에서 본 바와 같이 이것이 우리의 평생 개발 과정 뒤에 숨어 있는 아이디어이다(야구에서의 내야 사각형). 우리는 사람들이 하룻밤 사이에 새 신자에서부터 빌리 그래함이나 테레사 수녀의 수준의 헌신으로 자랄 것을 기대하지 않는다. 우리는 그들이 어린 아기의 걸음마를 걷도록 허용한다. 영적 발전에 대한 가시적 예화로 야구의 내야 사각형을 사용함으로써 사람들은 그들이 얼마나 많이 왔으며 얼마나 더 가야 하는지를 볼 수 있다.

사람들이 다음 베이스로 나가는 헌신을 할 때마다 그것을 축하하는 것이 중요하다. 헌신을 하고 그것을 지키는 능력은 성숙의 표시로서 그것을 인정해 주고 보상해 줄 가치가 있는 것이다. 축하 행사를 만들어서 그러한 성장을 공적으로 인정해 주라. 우리는 연말마다 성숙 서약에 서명한 사람들과 한 해 동안 또 다른 헌신을 한 모든 사람들을 축하하는 파티를 연다.

축하 행사는 사람들에게 성취감을 주며 그들로 하여금 계속해서 진보하도록 동기를 부여한다. 한번은 어떤 사람이 내게 "나는 30년이 넘도록 성경공부반을 다녔습니다. 저는 언제쯤에나 졸업을 하게 되나요?"라고 말했다. 축하 행사 때 사람들로 하여금 더 깊은 헌신이 자기들의 삶을 어떻게 축복했는가에 대한 간증을 하도록 만들라.

나는 베이비 부머와 베이비 버스터 세대가 아무것에도 헌신하지 않으려고 한다는 것에 대한 여러 기사와 책을 읽었다. 이것은 결코 사실이 아니다. 그들은 그들의 헌신에 합당한 가치가 있는 것을 기대하고 있다. 그들은 오늘날 훨씬 더 많은 선택의 여지가 주어졌기 때문에 헌신을 하는 데 있어서 더 선택적이다. 베이비 부머와 베이비 버스터들은 그들의 삶을 헌신할 가치가 있는 무언가를 간절히 찾고 있다.

사람들로 하여금 영적 성장의 습관을 형성하도록 도우라

믿는 자들로 하여금 영적 성숙의 방향으로 향하게 만드는 가장 실제적이고 강력한 방법은 영적 성장의 습관을 형성하도록 돕는 것이다. 흔히 영적 훈련이라고 불리지만 우리는 습관이라는 말을 사용하는데 그 이유는 그것이 새 신자들에게 덜 위협적으로 들리기 때문이다. 물론 제자가 되는 것은 훈련이 필요하다는 것을 우리가 가르치기는 하지만 우리는 이 습관들은 견디는 것보다는 즐기는 것이라고 믿는다. 우리는 사람들이 자신들을 강하게 만들어 주고 발전시킬 영적 훈련들을 두려워하는 것을 원하지 않는다.

도스토예프스키는 "사람의 일생의 후반기는 그가 상반기 때 얻은 습관들로 이루어진다"라고 말한 적이 있다. 또 파스칼은 "사람의 덕망의 수준은…그의 습관적 행위들로써 측정된다"고 했다. 인간은 습관의 동물이다. 만일 우리가 좋은 습관을 갖지 않으면 우리는 나쁜 습관을 갖게 된다.

우리가 영적으로 성숙하기 위해서는 수십 가지의 좋은 습관을 형성할 필요가 있다. 201반을 계획할 때 나는 자라기 위해서 먼저 배워야 하는 기초적인 습관들에 대해서 생각하는 데 많은 시간을 투자했다. 최소한의 요구 사항은 무엇인가? 다른 모든 습관을 낳게 만드는 중심적 습관들은 무엇인가? 내가 이에 대해 공부하면서 나는 우리의 시간과 돈, 그리고 관계에 영향을 끼치는 습관들에게로 거듭해서 돌아오게 되었다. 만일 그리스도의 주인 되심이 삶의 이 세 가지 영역에서 인식된다면 그는 진정으로 우리 삶을 주관하시게 될 것이다.

201반인 "영적 성숙을 발견하기" 반은 제자의 네 가지 기본적 습관을 형성하는 방법에 초점을 맞추는데 그것은 하나님의 말씀을 읽는 데 시간을 보내는 습관, 기도하는 습관, 십일조를 드리는 습관, 그리고 교제하는 습관이다. 이들은 제자도에 대하여 정의를 내리신 예수님의 말씀에 근거한 것이다. 제자는 하나님의 말씀을 따르고(요 8:31-32를 보라), 기도하고 열매를 맺으며(요 15:7-8을 보라), 자기 소유물에 의해서 소유되지 않고(눅 14:33을 보라), 다른 믿는 자에 대한 사랑을 표현한다(요 13:34-35를 보라).

이 네 가지 습관의 무엇, 왜, 언제, 어떻게를 가르친 다음에는 이 반은 다른 습관들을 시작하고 유지할 수 있는 실제적인 단계도 가르친다. 느헤미야 9장 38절에서는 국가 전체가 함께 영적인 서약을 맺고 그것을 지면에 적어서 자신들의 지도자들에게 증인으로서 서명해 달라고 부탁했다. 201반의 마지막 시간에는 모든 사람이 성숙 서약에 서명함으로써 수업을 마친다. 서명한 서약 카드는 거두어서 내가 증인으로서 서명하고 그것을 코팅해서 사람들이 지갑에 넣어서 가지고 다닐 수 있도록 돌려준다. 매년 우리는 우리의 헌신을 새롭게 하고 새로운 카드를 만든다. 우리는 매년 재헌신을 하도록 하는 것이 중간에 낙심하거나 중단한 사람들로 하여금 새롭게 시작할 수 있도록 도와준다는 것을 알게 되었다.

사람들이 201반을 마치고 나면 성숙한 그리스도인이 되는가? 물론 아니다. 그렇기 때문에 그 반이 "영적 성숙을 발견하기"라고 불리는 것이다. 그 반의

1992년 나의 성장 서약

■ **매일의 경건의 시간** (막 1:35)   개인적으로 말씀을 읽고 기도한다.

■ **매주 십일조** (고전 16:2)   수입의 1/10을 드린다.

■ **소그룹 모임** (히 10:25)   소그룹에서 다른 신자들과 교제한다.

사인   목사

망령되고 허탄한 신화를 버리고 오직 경건에 이르기를 연습하라 육체의 연습은 약간의 유익이 있으나 경건은 범사에 유익하니 금생과 내생에 약속이 있느니라.
(딤전 4:7-8)

이름 : _____
주소 : _____

목적은 사람들로 하여금 그 길에 오르게 해 주는 것이다. 그들은 성장에 필요한 과정과 기초적 습관들에 헌신하게 됨으로 그 반을 마치는 것이다. 비록 중간에 힘들어 하기는 하겠지만 사람들은 변화되어 그 반을 나오게 된다. 각 반에서 사람들이 그들의 시간과 돈과 인간 관계에 대하여 그리스도께 헌신하게 되는 것은 항상 매우 감동적인 순간들이다. 그들의 얼굴에는 성장하고자 하는 기대와 소망으로 가득 차 있으며 또 실제로 그렇게 성장한다.

균형 잡힌 기독교 교육 프로그램을 짜라

나는 앞서 영적 성장에는 다섯 가지 측정 도구가 있다고 믿는다고 말했으며 그것들은 지식, 관점, 신념, 기술과 인격이라고 했다. 이 다섯 단계의 배움은 영적 성숙의 기둥과 같다.

새들백에서는 이 다섯 개의 배움의 단계를 토대로 기독교 교육 프로그램이 짜여져 있다. 우리의 평생 개발원에서 제공되는 모든 종류의 훈련 과목을 다 설명하기에는 지면이 허락지 않으나 우리가 각 배움의 단계를 활용할 수 있는 중심적 프로그램을 어떻게 만들게 되었는지에 대해서는 설명하고자 한다.

말씀의 지식. 영적 성장 커리큘럼을 만들기 위해서는 두 가지 질문을 해야 한다. "사람들이 이미 알고 있는 것이 무엇인가?"와 "성장하기 위해서는 무엇이 필요한가?"이다. 자연적 성장(교인의 자녀들이 구원받음으로써)이나 수평적 성장(다른 교회의 교인들이 옴으로써)이 그 성장의 주요 원인이 된 교회에는 이미 성경에 대한 충분한 지식을 가지고 있는 교인들이 많이 있을 수 있다. 그러나 비교인들을 인도하는 목표로 지어진 교회는 그렇지 못하다. 새 교우들은 성경에 대해서 조금이라도 안다고 가정할 수가 없다. 완전히 밑바닥부터 시작해야 하는 것이다.

최근에 우리는 월례적으로 행하는 침례식에서 63명의 새 신자에게 침례를 주었는데 그 중에는 이전에 불교신자와 몰몬교도도 있었으며, 유대교 배경을 가진 사람과 천주교 수녀도 있었다. 거기에다 뉴 에이지 운동 신봉자와 그냥 불신자들을 포함하면 매우 혼합적인 그룹인 것이다. 성경에 대한 무지는 불신자들 사이에서는 거의 공통적인 사실이다. 그들은 성경의 가장 유명한 이야기나 인물들에 대해서도 아는 것이 없다.

성숙 팀을 인도하는 우리 교회의 목사 탐 할러데이(Tom Holladay)는 삶의 역경으로 고생하고 있던 새 신자와 최근에 나누었던 대화에 대해서 내게 말해 주었다. 탐은 야고보서 1장을 펴고 시험의 목적에 대해서 설명했다. 그는 만족해 하는 것처럼 보였다. 그는 탐의 사무실을 나서면서 이렇게 말했다. "저는 제 삶에서 당하는 시험이 전생에 지었던 죄 때문이 아닌가 하고 생각했었습니다." 탐은 그 사람은 시험에 대한 설명만 가지고는 부족하고 삶에 대한 성경적 관점을 이해할 필요가 있다는 것을 깨달았다.

'지식'의 단계에서는 주기적으로 "새 신자" 성경공부와 신구약 개론 공부를 제공해야 한다. 우리 교회에서는 신약 27권을 공부하기 위해서 27주의 수요일 저녁을 할애한 적이 있다. 널리 알려진 "WTB"(Walk Thru the Bible)* 세미나를 포함해서 훌륭한 성경공부 교재가 요즘에는 많이 있다.

새들백에서 말씀에 대한 지식을 키우기 위해서 사용하는 가장 큰 프로그램은 우리 교회의 평신도 교사들이 쓴 9개월용 귀납적 성경공부 과목이다. 그것은 "WORD"(말씀) 공부라고 불린다. WORD는 성경공부의 네 가지 활동을 가리키는 약자인데 그것은 궁금해 하는 것(Wonder)과 관찰하는 것(Observe), 묵상하는 것(Reflect), 그리고 행하는 것(Do it)이다. 그것은 나의 책 「역동적인 성경공부 방법」에서 설명한 방법에 기초한 것이다. 매수업은 자기 발견과 강의와 숙제에 대해 토의하기 위한 소그룹 모임을 포함한다. 과목은 매년 9월에 시작해서 다음 해 6월에 끝난다. 여자들을 위한 WORD 반은 일 주일에 두 번 있고, 남자들을 위한 반은 일 주일에 한 번 있다.

성경의 모든 책이 다 중요하지만 새들백에서는 우리 교인들이 다른 책들을

---

* Walk thru the Bible 세미나는 한국에서는 디모데성경연구원에서 개최하는 구약, 신약의 파노라마로 알려져 있다. 자세한 내용은 www.worldteach.co.kr 참조.

공부하기 이전에 다섯 개의 중심 되는 책들을 공부하기 원한다. 이들은 창세기, 요한복음, 로마서, 에베소서, 그리고 야고보서이다.

관점(Perspective). 관점이란 무언가를 더 큰 차원에서 봄으로써 그것을 이해하게 되는 것을 말한다. 그것은 사물이 어떻게 서로 연관되어 있는지를 파악하고 그들의 상대적인 중요성을 판단하는 능력이다. 영적인 의미에서 그것은 삶을 하나님의 시각으로 보는 것을 의미한다. 성경에서 이해, 지혜, 분별이라는 말은 모두 관점과 관계 있는 말이다. 관점과 반대되는 것은 강퍅한 마음, 닫힌 눈, 둔함이다.

시편 103편 7절은 "[하나님께서] 그 행위(ways)를 모세에게, 그 행사(deeds)를 이스라엘 자손에게 알리셨도다"라고 말한다. 이스라엘 사람들은 하나님이 하신 '일'을 보게 되었으나 모세는 '왜' 하나님이 그것을 하셨는지를 이해하게 되었다. 이것이 지식과 관점의 차이이다. 지식은 하나님이 말씀하신 것과 행하신 것을 배우는 것이다. 관점은 왜 하나님이 그 말씀을 하셨으며 그 일을 하셨는가를 이해하는 것이다. 그것은 삶의 "왜"라는 질문에 대한 답을 준다.

성경은 불신자들은 영적인 관점이 없으며 관점의 결여는 영적 미성숙의 증거라고 가르친다. 하나님이 이스라엘 백성에 대해서 계속해서 가지고 계셨던 불만은 그들이 관점이 결여되어 있다는 것이었으며, 많은 선지자들은 사람들의 이러한 약점을 꾸짖었다. 이와 반대로 관점을 갖는 것은 영적 성숙의 특징이다. 히브리서 5장 14절은 "단단한 식물은 장성한 자의 것이니 저희는 지각을 사용하므로 연단을 받아 선악을 분별하는 자들이니라"고 말한다. 모든 것을 하나님의 관점에서 보는 것에는 많은 혜택이 있으나 여기서는 네 가지만 언급하기로 한다.

첫째, 관점은 우리로 하여금 하나님을 더 사랑하도록 만든다. 우리가 하나님의 성품과 방법을 더 잘 이해할수록 우리는 그분을 더 사랑하게 된다. 바울은 "여러분이 모든 하나님의 자녀가 그래야 하듯이 그의 사랑이 얼마나 길고 얼마나 넓으며 얼마나 깊고 얼마나 높은지를 느끼고 이해할 수 있게 되기를 바랍니다"

(엡 3:18, LB)라고 기도했다.

둘째, 관점은 우리로 하여금 유혹을 물리치도록 돕는다. 우리가 어떤 상황을 하나님의 관점으로 볼 때 우리는 죄의 장기적 결과는 죄가 제공하는 어떠한 단기적 쾌락보다도 더 크다는 것을 깨닫게 된다. 관점이 없이는 우리는 우리의 본성적 경향을 따르게 된다. "어떤 길은 사람의 보기에 바르나 필경은 사망의 길이니라"(잠 14:12).

셋째, 관점은 우리로 하여금 시험을 감당하도록 돕는다. 우리가 삶에 대한 하나님의 관점을 가지고 있을 때 우리는 "하나님을 사랑하는 자, 곧 그 뜻대로 부르심을 입은 자들에게는 모든 것이 합력하여 선을 이룬다"(롬 8:28)는 것을 깨달으며, "믿음의 시련이 인내를 만들어 내는 줄"(약 1:3)을 알게 된다. 관점은 예수님이 십자가를 견디어 내실 수 있었던 요인 중의 하나였다(히 12:2). 예수님은 고통을 넘어 그분의 앞에 놓인 기쁨을 보셨던 것이다.

넷째, 관점은 우리를 오류로부터 보호해 준다. 만일 그리스도인들이 진리에 뿌리를 박아야 할 필요가 있다면 그것은 바로 오늘날이다. 우리는 절대적 진리를 부인하고 모든 의견을 동등하게 받아들이는 사회에 살고 있다. 다원론은 매우 혼동적인 문화를 만들어 냈다. 문제는 우리 문화가 아무것도 믿지 않는다는 것이 아니라 오히려 모든 것을 믿는다는 것이다. 회의주의가 아니라 통합주의가 우리의 가장 큰 적이다.

오늘날 절실히 필요한 것은 일, 돈, 쾌락, 고통, 선, 악, 관계, 그리고 다른 모든 삶의 중심적인 문제들에 대한 하나님의 관점을 분명하게 가르칠 목사와 교사들이다. 우리가 확실한 관점을 갖게 될 때 "우리는 더 이상 어린아이와 같이 누가 우리에게 그렇게 얘기했다고 해서, 또는 교활하게 거짓말을 사실처럼 들리게 말한 것으로 인해서 우리가 무엇을 믿는지에 대해서 끝없이 마음을 바꾸지 않게 될 것입니다"(엡 4:14, LB). 관점은 사람들의 삶에 안정감을 가져다 주는 것이다.

삶의 관점 I

교리	주요 관점
하 나 님	하나님은 내가 상상할 수 있는 것보다 더 크시고 좋으시다.
예 수 님	예수님은 하나님이 자신을 우리에게 나타내 보이시는 분이시다.
성 령 님	하나님이 지금 내 안에서, 나를 통해서 사신다.
계 시	성경은 삶에 대한 하나님의 무오한 지침서이다.
창 조	아무것도 '그냥 생긴 것' 은 없다. 하나님께서 모든 것을 창조하셨다.
구 원	하나님과 관계를 맺을 수 있을 수 있는 유일한 길은 은혜뿐이다.
성 화	우리를 향하신 하나님의 뜻은 그리스도의 모습으로 자라는 것이다.
선 과 악	하나님은 선택의 기회를 주시기 위해서 악을 허락하셨다. 하나님은 악한 사건들을 통해서도 선을 이루실 수 있다.
죽음 이후	죽음은 끝이 아니라 시작이다. 천국과 지옥은 실제로 존재하는 곳들이다.
교 회	세상의 유일하고 진정한 '초월적인 권세' 는 교회에 있다. 교회는 영원히 존속하기 때문이다.
기 도	기도는 하나님이 하실 수 있는 모든 일을 할 수 있게 한다.
재 림	예수님은 세상을 심판하시고 그분의 자녀를 모으시기 위해서 다시 오신다.

관점을 가르치기 위한 새들백의 프로그램은 "삶의 관점"이라고 불린다. 그것은 나의 아내 케이와 영적 성숙 담당 목사 탐 할러데이가 쓴 조직 신학 과목이다. "삶의 관점"은 열두 가지의 핵심적인 기독교 교리를 가르치며 일 주일에 두 번씩 27주 동안 케이와 우리 교회의 평신도 교사들이 가르친다. 수업 형태는 강의와 그룹 토의의 혼합이다.

신념(Conviction). 사전에는 신념이 보통 "굳어진 혹은 강한 믿음"이라고 정의되어 있으나 실은 훨씬 그 이상이다. 신념은 가치관과 헌신과 동기를 포함한다. 나는 하워드 헨드릭스(Howard Hendricks)가 그것에 대해 정의를 내리는 것을 들었는데 나는 그 정의를 좋아한다. "믿음은 그것을 위해서 논쟁을 벌일 준비가 되어 있는 것이고, 신념(확신)은 그것을 위해서 목숨을 바칠 준비가 되어 있는 것이다." 관일 당신이 그것을 실제로 하도록 동기를 부여해 주는 신념을 가지고 있지 않다면, 무엇을 해야 하는지 아는 것(지식)과 왜 해야 하는지 아는 것(관점), 그리고 어떻게 하는지를 아는 것(기술)은 모두 쓸모없는 것이다.

처음 그리스도인이 되었을 때는 흔히 주위에 있는 다른 그리스도인이 그것을 권하기 때문에 또는 그렇게 하기 때문에 그것을 따라 하게 된다. 기도하고 성경을 읽고 예배에 참석하는 것도 남이 하기 때문에 따라 할 수 있는 것이다. 이렇게 하는 것이 새 신자에게는 괜찮은 일이다. 어린아이들도 이와 같은 방법으로 배운다. 그러나 성장하면서 우리는 우리가 하는 일에 대하여 우리 자신의 이유를 가져야 한다. 이 이유들이 바로 신념이다. 성경적 신념은 영적 성장과 성숙을 위해서 필수적인 것이다.

1980년대에 가장 크게 히트했던 노래 중의 하나는 보이 조지의 "카마 카멜레온"이었다. 그 노래의 한 중요한 가사가 모든 것을 말해 준다. "나는 신념이 없는 남자라네." 슬프게도 많은 사람들의 가치관이 흐려져 있고 우선 순위가 뒤바뀌어 있으며 헌신은 분산되어 있다. 제임스 고든(James Gordon)은 "신념이 없는 사람은 돌쩌귀가 하나밖에 달려 있지 않은 문만큼이나 약한 사람이다"라고 말했다.

신념이 없는 사람은 환경의 지배를 받게 된다. 만일 당신이 무엇이 중요하며 어떻게 살 것인가를 결정하지 않으면 다른 사람들이 당신 대신 그것을 결정해 줄 것이다. 신념이 없는 사람들은 흔히 아무 생각 없이 군중을 따라간다. 나는 로마서 12장 2절에서 바울이 신념에 대해서 말하고 있다고 믿는다. "세상으로 하여금 여러분을 그 주형에 끼워 맞추게 하지 말고 하나님으로 하여금 여러분을 새로 만들게 하셔서 여러분의 마음의 자세가 완전히 바뀌게 하십시오"(Ph).

교회는 믿는 자들이 지속적으로 노출되고 있는 세속적인 가치관에 대처하기 위해서 성경적 신념을 가르쳐야만 한다. 옛말에도 있듯이 "만일 당신이 무언가를 위해서 일어서지 않는다면 당신은 아무것에나 빠지게 될 것이다." 사람들이 사소한 문제들(축구, 유행 등)에 대해서는 강한 신념을 가지고 있으면서 중대한 문제들(옳고 그른 것)에 대하여는 약한 신념을 가지고 있는 것은 모순이 아닐 수 없다.

성장에 대한 신념이 없이는 사람들은 낙심하고 포기하게 된다.

신념은 우리로 하여금 영적으로 자라는 데 부지런하도록 돕는다. 성장은 시간과 노력이 필요하다. 성장에 대한 신념이 없이는 사람들은 낙심하고 포기하게 된다. 그럴 만한 이유가 있다는 것에 대한 확신이 없으면 아무도 어려운 과제를 계속 감당하려 하지 않는다. 교회는 사람들에게 어떻게 기도하고 성경을 공부하며 전도하는지에 대해서 가르칠 수는 있어도, 만일 그에 합당한 신념을 가르치지 않는다면 사람들은 그것을 위해 계속해서 정진하지 않을 것이다.

선한 일이든 악한 일이든간에 이 세상에서 가장 커다란 영향을 끼친 사람들은 가장 똑똑하거나 가장 부유하거나 또는 가장 좋은 교육을 받은 사람들이 아니라 반드시 가장 강하고 깊은 신념을 가진 사람들이었다. 마르크스, 간디, 부처, 콜럼버스와 루터는 그들의 신념 때문에 이 세상을 변화시킨 사람들 중의 소수에 불과하다.

1943년에 그 당시 세계에서 가장 큰 운동장이었던 독일 뮤니히에 있는 올림픽 운동장을 밤색 셔츠를 입은 10만 명의 젊은이가 가득 채웠다. 그들은 강단 뒤에 서 있는 한 광적인 사람을 위해서 그들의 몸으로 표시를 만들고 있었다. 그 표시는 "히틀러여, 우리는 당신의 것입니다"라고 말했다. 그들의 헌신이 그들로 하여금 유럽을 정복하게 해 주었다. 수년 후 젊은 중국 학생들의 집단이 "모 주석의 말씀들"이라는 제목의 빨간 소책자에 담긴 철학을 암기하고 삶으로 실천하기로 헌신했다. 그 결과는 오늘날까지 세계에서 가장 큰 나라의 10억 인구를 공산주의의 노예로 만들게 된 문화 혁명이었다. 이것이 신념의 위력이다.

예수님의 삶은 자신이 하나님의 뜻을 이루기 위해서 보내심을 받으셨다는 신념으로 지배되었다. 이 신념은 다른 사람들의 목적에 의해서 흔들리지 않도록 그분을 지켜 준, 자신의 삶의 목적에 대한 깊은 인식을 갖게 해 주었다. 예수님이 가지셨던 신념에 대하여 통찰력을 얻기 원한다면 그분이 "나는…해야 한다"라고 말씀을 사용하신 곳을 모두 찾아 연구하라. 사람들이 그리스도를 닮은 신념을 형성하게 될 때 그들도 또한 삶의 목적 의식을 갖게 된다.

신념은 그 자체에 매력적인 면이 있으며 그것이 많은 이단 종교가 왜 그토록 인기를 얻는지를 설명해 주는 것이다. 이단 종교의 신앙은 잘못되었으며 흔히 비논리적이지만 거기 속한 교도들은 강렬한 신념을 가지고 그것을 믿는다. 분명하고 강한 신념이 없는 교회는 그리스도께서 당연히 받으셔야 하는 수준의 헌신을 결코 받아 내지 못할 것이다. 우리는 하나님의 나라가 이 세상에서 가장 큰 목적이라는 신념을 불태워야 한다. 밴스 해브너(Vance Havner)는 "예수님은 세상에 살았던 어떤 독재자보다도 더 큰 충성을 요구하신다. 그들과 예수님과의 차이는 예수님에게는 그렇게 하실 권리가 있다는 것이다!"라고 말했다.

새들백에서는 성경적 신념을 모든 프로그램과 수업, 세미나와 설교를 통해서 가르치지만 신념은 가르침을 통해서 배워지는 만큼 관찰을 통해서 깨달아지는 것이다. 신념은 관계를 통해서 가장 잘 전달된다. 신념은 전염된다. 신념은 그것을 가진 사람들 주위에 있음으로써 생기게 된다. 이것이 우리가 우리의 평생 개발 과정에서 소그룹 모임을 강조하는 주된 이유인 것이다. 신념을 가진 사람들과 가깝게 지내는 것이 신념을 가지고 전달하는 설교를 듣는 것보다 흔히 더 큰 영향을 가져다 준다.

기술(Skills). 기술은 어떤 일을 쉽게 그리고 정확하게 할 수 있는 능력이다. 기술은 강의를 듣는 것을 통해서가 아니라 연습과 경험을 통해서 형성된다. 그리스도인이 성숙하기 위해서 발전시켜야 하는 기술들이 몇 가지 있는데 그것 중에는 성경공부 기술, 사역 기술, 전도 기술, 대인 관계 기술, 시간 활용 기술과 다른 많은 것들이 있다.

**기술은 영적 성장의
"단계적 방법들"이다.**

기술은 영적 성장의 "단계적 방법들"이다. 지식과 관점은 아는 것에 주요 관심이 있다. 신념과 인격은 됨됨이에 주요 관심이 있다. 기술은 하는 것에 관련된 것이다. 우리는 "말씀을 듣기만 하는 자가 아니라 행하는 자"(약 1:22)가 되어야 한다. 우리의 행동이 우리가 하나님의 가족에 속했다는 것을 증명해 주는 것이다. 예수님은 "내 모친과 내 동생들은 곧 하나님의 말씀을 듣고 행하는 이 사람들이라"(눅 8:21)고 하셨다.

많은 믿는 자들이 무엇을 할 것인가는 알지만, 어떻게 그것을 하는지에 대해서는 한 번도 배운 적이 없기 때문에 좌절되어 있다. 그들은 성경을 공부하는 것의 중요성에 대해서는 여러 번 설교를 들었으나 아무도 그들에게 어떻게 하는지는 가르쳐 주지 않았다. 그들은 힘이 없는 기도 생활에 대해서 죄책감을 느끼게 되는 설교를 듣지만 아무도 그들에게 시간을 내어서 어떻게 기도 제목을 만들고, 어떻게 하나님의 이름을 사용해서 하나님의 성품을 찬양하며, 어떻게 다른 사람들을 위해서 중보 기도를 하는지는 가르쳐 주지 않았다. 설명 없는 권면은 좌절을 낳게 만든다. 우리가 사람들에게 무엇을 하라고 권면할 때마다 우리에게는 어떻게 그것을 하는지 정확히 설명할 책임이 있는 것이다.

당신의 교회가 효율적인 그리스도인들을 키우기 원한다면 당신은 그리스도인의 삶과 사역에 있어서 필요한 기술들을 반드시 가르쳐야 한다. 기술은 효율성의 비결이다. 내가 2장에서 말한 구절을 기억하라. "무딘 철 연장날을 갈지 아니하면 힘이 더 드느니라. 오직 지혜는 성공을 가져오느니라"(전 10:10).

기술을 발전시켜 주는 새들백의 프로그램은 "삶의 기술 세미나"라고 불린다. 이 세미나들은 주로 네 시간에서 여덟 시간이 걸리며 하루에 마친다. 우리는 사람들이 일 주일에 한 시간씩 6주 동안 출석하는 것보다 하루에 장시간을 내는 것을 더 쉽게 생각한다는 것을 발견했다. 그러나 때로는 삶의 기술 세미나를 여러 주에 걸쳐서 가르치기도 하는데 그 이유는 하루에 다 가르치기에는 너무 많은 내용이 있기 때문이다.

각 세미나는 성경공부 방법, 더 효과적으로 공부하는 방법, 유혹을 감당하는 방법, 사역을 위하여 시간을 내는 방법, 그리고 다른 사람들과 어울리는 방법과 같은 구체적인 기술 하나 하나에 초점을 맞춘다. 우리는 모든 그리스도인에게 필요하다고 믿는 아홉 가지의 기본적 기술을 정해 놓고 있지만 우리 교회에서 구체적인 필요를 느낄 때는 다른 기술에 대한 세미나도 연다.

인격(Character). 그리스도를 닮은 인격은 기독교 교육의 궁극적 목표이다. 이보다 낮은 목표를 가지는 것은 영적 성장의 목적을 상실하는 것이다. "온전한 사람을 이루어 그리스도의 장성한 분량이 충만한 데까지 이르리니"(엡 4:13).

그리스도의 인격을 형성하는 것은 삶의 가장 중요한 과제인데 그 이유는 그것이 우리가 영원히 소유할 유일한 것이기 때문이다. 예수님은 산상수훈에서 천국에서의 영원한 보상은 우리가 이 세상에서 형성하고 증명할 인격에 근거한 것이라는 것을 매우 분명하게 말씀하셨다.

이 말의 의미는 우리의 모든 가르침의 목표가 단지 정보를 제공하는 것이 아니라 삶을 변화시키는 것이어야 한다는 것이다. 바울은 디모데에게 그의 가르침의 목적은 배우는 자들의 인격을 형성하는 것이라고 말했다. 그는 "경계의 목적은 청결한 마음과 선한 양심과 거짓이 없는 믿음으로 나는 사랑"(딤전 1:5)이라고 말했다. 바울은 디도에게도 같은 말을 했다. "너는 건전한 가르침에서 우러나오는 그런 인격에 대해서 말해 주어야 한다"(딛 2:1, Ph).

인격은 절대로 교실에서 만들어지는 것이 아니다. 그것은 삶의 여러 가지 상황 속에서 형성된다. 교실에서 하는 성경공부는 단순히 인격의 요소가 무엇이며, 어떻게 인격이 형성되는지에 대해서 배우는 것이다. 하나님이 인격을 형성시키기 위해서 어떻게 환경을 사용하시는지를 이해하게 되면, 우리는 하나님이 우리의 인격을 형성시키기 위해서 우리를 어떤 상황 속에 두실 때 그에 대해 올바로 반응할 수 있다. 인격 형성은 항상 선택을 포함한다. 우리가 올바른 선택을 내릴 때 우리의 인격은 더 그리스도처럼 성장하는 것이다.

우리가 어떤 상황에 대하여 우리의 본성적인 경향을 따르는 대신에 하나님의 방법으로 반응하기로 선택할 때마다 우리의 인격은 자라게 된다. 나는 이 개념을 더 자세히 설명하는 「당신의 삶을 변화시키는 하나님의 능력(The Power to Change Your Life, 디모데)」이라는 제목으로 성령의 열매에 대한 책을 쓴 적이 있다.

만일 그리스도를 닮은 인격이 어떤 것인지를 알고 싶다면 먼저 바울이 갈라디아서 5장 22-23절에 나열한 성품의 목록을 보라. "성령의 열매는 사랑과 희락과 화평과 오래 참음과 자비와 양선과 충성과 온유와 절제니…" 성령의 열매는 그리스도를 완벽하게 나타내 보여 주는 것이다. 그분은 이 아홉 가지의 성품을 모두 지니셨다. 만일 당신이 그리스도와 같은 인격을 형성하려면 당신의 삶에도 이 성품들이 나타나야 한다.

  하나님께서 어떻게 우리의 삶에서 성령의 열매를 맺게 하시는가? 바로 우리가 선택을 내릴 수 있도록 정반대되는 상황에 두심으로써 그렇게 하신다. 하나님은 우리를 사랑스럽지 않은 사람들 주위에 두심으로써 우리에게 진정으로 사랑하도록 가르치신다. (모든 것을 갖춘 사람을 사랑하는 것은 아무런 인격 없이도 할 수 있는 일이다.) 하나님은 슬픔의 시간에 기쁨을 가르치신다. (기쁨은 내적인 것이다. 행복은 일어나는 일들에 근거한다. 그러나 기쁨은 상황과는 무관한 것이다.) 하나님은 우리를 혼란 속에 두셔서 우리가 그분을 신뢰하는 것을 배우게 하시고 평강을 가르치신다. (모든 것이 원하는 대로 되어질 때 평화를 느끼는 것은 아무런 인격도 필요하지 않다.)

  하나님은 우리의 편안함보다는 우리의 인격에 훨씬 더 관심이 있으시다. 그분의 계획은 우리를 애지중지 키우시는 것이 아니라 우리를 완전하게 만드시는 것이다. 그렇기 때문에 하나님은 온갖 인격을 형성하는 상황을 허락하신다. 갈등, 실망, 어려움, 유혹, 메마른 시간과 기다림 등등. 당신의 교회의 기독교 교육 프로그램의 중요한 책임은 사람들이 이러한 상황들을 감당하는 데 필요한 지식, 관점, 신념과 기술을 준비시켜 주는 것이다. 만일 그렇게 한다면 사람들의 인격은 점점 그리스도를 닮아 갈 것이다.

  1세기 전에 새뮤얼 스마일즈(Samuel Smiles)는 이러한 것을 관찰했다.

> 생각을 심으면 행동을 거두고,
> 행동을 심으면 습관을 거두고,
> 습관을 심으면 인격을 거두고,
> 인격을 심으면 운명을 거둔다.

  지식, 관점, 신념, 기술, 인격을 형성하는 데에는 논리적인 순서가 있다. 먼저 지식의 기초로 시작해야 한다. 영적 성장이 하나님의 말씀에 기초한 것이므로 배움의 첫 번째 단계는 성경에 대한 올바른 지식을 얻는 것이다. 관점과 신념은 성경에 근거해야 한다.

말씀의 지식 위에 관점이 더해져야 한다. 하나님의 말씀을 더 잘 알게 되면 될수록 삶을 하나님의 시각에서 보게 되기 시작한다. 신념은 관점에서 자연적으로 자라게 된다. 사물을 하나님의 관점으로 보기 시작하면 성경적 신념을 형성하기 시작하게 된다. 하나님의 목적과 계획을 이해하는 것은 당신의 동기를 변화시킨다.

신념은 영적 습관을 유지하려는 동기를 부여한다. 또한 이러한 습관들은 계속 반복됨에 따라 기술이 된다. 이제는 이것들을 행하는 데 있어서 더 이상 의식적으로 집중할 필요가 없게 된다.

지식과 관점과 신념과 그에 따른 기술을 더하게 되면 그 결과는 인격으로 나타나는 것이다. 우선은 알아야 하고, 그 다음에는 이해해야 하며, 그 다음에는 온 마음으로 믿어야 하고, 그 다음에는 행해야 한다. 이 네 가지의 결과는 인격이다.

여기에 당신의 교회의 기독교 프로그램에 대해서 물어 보아야 할 다섯 가지의 질문이 있다.

- 사람들이 성경의 내용과 의미를 배우고 있는가?
- 사람들이 자신과 삶, 그리고 다른 사람들을 하나님의 관점에서 더 분명히 보고 있는가?
- 사람들의 가치관이 하나님의 가치관과 더 일치되고 있는가?
- 사람들이 하나님을 섬기는 데 있어서 기술이 더 늘어가고 있는가?
- 사람들이 그리스도를 더 닮아 가고 있는가?

새들백에서는 이 목표들을 향해서 항상 노력하고 있다. 바울이 골로새서 1장 28절에서 말했듯이 "그러므로 우리는 계속해서 각 사람에게 그리스도를 전파하며, 모든 지혜를 사용해서 모든 사람들에게 경고하고 가르치는데 그것은

성숙한 교회를 위한 새들백의 2020년도 비전

- **우리는 성숙 서약에 헌신된 15,000명의 교인을 꿈꾼다.** 하나님과 매일 시간을 가지며, 매주 하나님께 십일조를 드리며, 하나님을 위한 주중 팀(소그룹)에 참여하는 사람들이다.

- **우리는 1,000개의 소그룹 연결망을 꿈꾼다.** 이 소그룹들은 우리 교인들이 그리스도를 닮은 모습으로 자라려고 노력하는 데 있어서 그들에게 지원과 격려를 주고, 그리고 책임감을 갖게 해 준다.

- **우리는 우리의 평생 개발원을 꿈꾼다.** 이것은 우리 교인들이 지식, 관점, 신념, 기술, 인격을 형성하도록 성경공부, 다양한 과목, 주제별 세미나와 연중 집회의 균형 잡힌 프로그램을 제공한다. 우리는 2020년까지 7,500명이 이 평생 개발원을 수료하기를 기대한다.

- **우리는 5,000명이 나오는 주중 믿는 자 예배를 꿈꾼다.** 이것은 소그룹에 속해 있지 않은 성인, 어린이들, 청소년들이 대상이다.

- **우리는 250명의 은사를 받은 평신도 교사를 꿈꾼다.** 이들은 우리의 양을 먹일 수 있는 비전과 인격, 지식과 전문 지식을 갖춘 사람들이다. 우리는 성경의 각 권, 교리, 변증법, 그리스도인의 성장에 대한 각 분야의 전문가들을 양성하는 교사 훈련 프로그램을 꿈꾼다. 우리는 "미국에서 가장 훌륭한 성경 교사들은 새들백에 있는 평신도 교사들이다"라는 말이 나올 날을 꿈꾼다.

- **우리는 연령별 평생 개발 과정을 꿈꾼다.** 이것은 우리의 어린아이들과 청소년들이 예수님과 그분의 교회를 사랑하고, 영적으로 성장하며, 사역에 있어서 자신들의 은사를 발견하고, 세상에서 자신들의 삶의 사명을 이해하도록 인도하는 과정이다.

- **우리는 기독교 교육의 모델로서의 새들백을 꿈꾼다.** 이 교육은 단지 이해에 그치는 것이 아니라 삶의 변화에 초점을 맞추는 교육이며, 우리는 다른 목적이 이끄는 교회들에게 자료와 도구, 그리고 훈련을 제공하려고 한다.

- **우리는 목사들을 위한 교회 중심의 훈련 프로그램을 이룩하기 위해서 신학 대학원들과 함께 일하는 것을 꿈꾼다.** 우리는 목적이 이끄는 교회를 어떻게 시작하고 발전시키며 인도하는지에 대해서 21세기 교회의 지도자들을 양성하려고 한다.

이 비전의 목표는 우리 주님이 다시 오시기 전에 그리스도를 닮은 제자들을 가능한 대로 많이 키워 냄으로써 하나님께 영광을 돌리기 위함이다(골 1:28)!

각 사람을 그리스도 안에서 성숙한 사람으로 하나님께 인도하기 위해서입니다"(NCV).

영적 성숙을 위한 우리의 비전은 그리스도께서 다시 오시기 전에 그리스도를 닮은 제자들을 할 수 있는 대로 많이 예수 그리스도 앞에 드림으로써 하나님께 영광을 돌리는 것이다.

19장. 교인을 사역자로 세우기

우리는 그의 만드신 바라. 그리스도 예수 안에서 선한 일을 위하여 지으심을 받은 자니 이 일은 하나님이 전에 예비하사 우리로 그 가운데서 행하게 하려 하심이니라. (에베소서 2:10)

이는 성도를 온전케 하며 봉사의 일을 하게 하며 그리스도의 몸을 세우려 하심이라. (에베소서 4:12)

나폴레옹은 중국 지도를 가리키며 이렇게 말한 적이 있다. "여기 잠자는 거인이 있다. 만일 그가 깨어나면 아무도 그를 멈추게 하지 못할 것이다." 나는 교회도 잠자는 거인이라고 생각한다. 매주 일요일 교회 교인석은 자기 믿음을 '간직' 하는 것 외에는 그 믿음으로 아무것도 하지 않는 교인들로 가득 찬다.

대부분의 교회에서 '적극적인' 교인이라는 말의 의미는 꾸준히 출석하며 재정적으로 돕는 사람들이라는 것이다. 그보다 별로 더 기대하지 않는다. 그러나 하나님은 모든 그리스도인들에 대해서 훨씬 더 큰 기대를 가지고 계신다. 그분은 모든 그리스도인이 자신의 재능과 은사를 사역에 사용하기를 기대하신다.

만일 우리가 전형적인 지역 교회 속에 잠자고 있는 엄청난 재능과 자원, 창조력과 에너지를 깨워서 사용한다면 기독교는 전례 없는 속도의 폭발적 성장을 보게 될 것이다.

복음주의 교회에서 가장 필요한 일은 교인들을 사역에 참여시키는 것이다. 갤럽 조사에 따르면 미국 교회 교인의 10%만이 어떤 종류이든 개인적인 사역에 참여하고 있으며, 50%는 어떤 사역이든 섬기는 일에는 관심이 없다. 생각해 보라. 교회가 평신도 사역을 아무리 많이 권장한다 하더라도 교인의 절반은 구경꾼으로 남아 있을 것이다. 이들은 "나는 단지 사역에 참여하라는 인도하심을 느끼지 못한다"라고 말하는 사람들이다.

갤럽 조사를 통해서 발견한 것 중 격려가 되는 소식은 이것이다. 교인 전체의 40%가 사역에 종사하는 것에 대한 관심을 표현했으나 한 번도 부탁을 받아 본 적이 없거나 어떻게 해야 하는지를 모른다고 했다. 이들은 아직 캐내지 못한 금광인 것이다. 만일 우리가 이 40%를 동원해서 현재 섬기고 있는 10%에 더하면 당신의 교회는 교인의 50%가 사역에 적극적으로 참여하게 된다. 당신 교회의 교인의 절반이 평신도 사역자로서 일하고 있다면 기쁘지 않겠는가? 대부분의 목사들은 만일 그런 일이 자기 교회에서 일어난다면 자신은 죽어서 이미 천국에 가 있을 것이라고 생각할 것이다.

큰 교회가 작은 교회보다 많은 장점이 있는 반면, 큰 교회의 단점은 재능을 가진 사람들이 군중 속으로 숨어 버리기 쉽다는 것이다. 재능 있는 교인들이 자신들의 은사나 전문 분야를 먼저 자발적으로 나타내지 않는 이상 그들의 재능을 당신이 전혀 알지 못한 채로 그들은 매주 군중 속에 섞여 앉아 있기만 할 수 있다. 이 사실은 나로 하여금 심히 걱정이 되고 염려스럽게 만드는데 그것은 선반에 그냥 놓여져 있는 재능은 사용하지 않으면 썩어 버리게 되기 때문이다. 근육과 마찬가지로 재능은 사용하지 않으면 잃게 된다.

한번은 예배 후 교회 앞에서 사람들과 이야기를 나누면서 나는 어떤 행사를 위해서 멀티미디어 비디오 테입을 만들 사람이 꼭 필요하다는 말을 했다. 내 말을 듣고 있던 사람이 "저 여자분께 말씀해 보시지 그러세요?"라고 말하며 몇 미터 떨어져 서 있는 한 여자를 가리켰다. 나는 그녀에게 가서 그의 이름과 직업을 물었다. 그녀는 "저는 월트 디즈니 회사의 비디오 프로덕션 총 책임자입니다"라고 대답했다. 그녀는 우리 교회에 나온 지 이미 일 년이 되었다.

또 한번은 어머니날 행사를 위해 우리의 예배 장소인 텐트를 장식할 꽃꽂이 전문가가 필요하다는 말을 했다. 누군가 내게 군중 속에 있는 한 사람을 손으로 가리키면서 "저 남자분이 장미꽃 퍼레이드에서 상을 받은 꽃수레를 많이 디자인해 본 사람입니다"라고 말했다. 나의 무지로 인해 그런 재능이 사용되지 않고 지나쳐 버릴 수 있다는 생각이 나를 겁나게 한다.

당신의 교회는 교회의 다양한 사역을 수행하는 핵심적 평신도 사역자들의 헌신 이상으로 더 강해질 수는 없다. 각 교회는 교인들의 재능을 발견하고 활용하며 지원할 수 있는 의도적이고 잘 계획된 제도가 필요하다. 당신은 사람들이 그리스도께 더 깊이 헌신하며 그분을 더 열심히 섬길 수 있도록 그들을 인도할 훈련 과정을 만들어야 한다. 그것은 곧 교인들을 헌신된 군중으로부터 교회의 핵심 평신도 사역자로 바꾸어 가는 과정이다. 우리의 평생 개발 과정 도표에서 우리는 이것을 "사람들을 3루로 보내기"라고 부른다.

대부분의 복음주의 교회는 모든 교인이 사역자라는 개념을 믿는다. 많은 교회는 심지어 설교와 가르침을 통해서 이것을 중점적으로 강조하기까지 한다. 그러나 아직 대부분의 교인은 출석과 헌금 이외에는 아무것도 하지 않는다. 관중을 군대로 만들려면 무엇이 필요한가? 구경꾼들을 어떻게 하면 참여자들로 변화시킬 수 있는가? 이 장에서는 우리 교인들을 사역을 위해서 준비시키고, 능력을 키워 주며, 적절한 곳에 배치시키기 위해서 우리가 고안한 제도에 대해서 설명하고자 한다.

전 교인 사역의 성경적 근거를 가르치라

나는 이 책에서 우리가 하는 모든 것에 대한 성경적 기초를 닦는 것의 중요성을 강조하려고 노력했다. 사람들은 "어떻게"에 대해서 가르치기 전에 먼저

"왜"에 대해서 알 필요가 있다. 평신도 사역에 대한 성경적 근거를 당신의 교인들에게 가르치는 데 시간을 투자하라. 강의, 설교, 세미나, 가정 성경공부, 그 외의 다른 어떤 방법으로라도 그것을 강조할 수 있는 것이면 사용하라. 사실 당신은 모든 그리스도인이 사역에 참여하는 것의 중요성을 가르치는 것을 중단해서는 안 된다.

우리는 사역에 대해서 우리가 무엇을 믿고 있는가를 우리의 "사역 선교 선언"에 요약해 놓았다. 로마서 12장 1-8절에 근거하여 우리는 교회가 평신도 사역의 네 가지 기둥을 기초로 세워진다고 믿는다. 우리는 이 네 가지 기둥이 되는 진리를 우리 교인들의 마음 속에 새겨질 때까지 거듭해서 가르친다.

기둥 1: 모든 믿는 자는 사역자다

모든 믿는 자가 다 목사는 아니지만 모든 믿는 자는 다 사역에 부르심을 받았다. 하나님은 모든 믿는 자를 세상과 교회에서 사역하도록 부르신다. 몸 된 교회를 섬기는 것은 그리스도인에게 있어서는 선택의 여지가 있는 것이 아니다. 하나님의 군대에는 자원군이란 없다. 하나님은 우리를 모두 현역으로 징용하셨다.

그리스도인이 된다는 말은 예수님을 닮아 간다는 말이다. 예수님은 "인자의 온 것은 섬김을 받으려 함이 아니라 도리어 섬기려 하고 자기 목숨을 많은 사람의 대속물로 주려 함이니라"(막 10:45)고 하셨다. 섬김과 드림은 모든 믿는 자가 당연히 갖추어야 할 그리스도를 닮은 삶을 정의해 주는 특징인 것이다.

새들백에서는 모든 그리스도인은 사역을 위해서 창조되었고(엡 2:10을 보라), 사역을 위해서 구원받았으며(딤후 1:9를 보라), 사역으로 부르심을 받았고(벧전 2:9-10을 보라), 사역을 위해서 은사를 받았으며(벧전 4:10), 사역을 위한 권세를 받았고(마 28:18-20), 사역을 하라고 명령을 받았으며(마 20:26-28), 사역을 위해서 준비되어야 하고(엡 4:11-12), 사역을 위해서 필요하며(고전 12:27), 사역을 할 책임이 있고 자기가 한 사역에 따라서 보상을 받을 것(골 3:23-24)이라고 가르친다.

기둥 2: 모든 사역이 다 중요하다

그리스도의 몸에는 '사소한 사람'은 없으며 '중요하지 않은' 사역은 없다. 모든 사역이 다 중요하다.

> 그러나 이제 하나님이 그 원하시는 대로 지체를 각각 몸에 두셨으니… 눈이 손더러 내가 너를 쓸데 없다 하거나 또한 머리가 발더러 내가 너를 쓸데 없다 하거나 하지 못하리라. 이뿐 아니라 몸의 더 약하게 보이는 지체가 도리어 요긴하고(고전 12:18-22).

어떤 사역은 가시적이며 다른 사역은 배후에 가려져 있으나 모두가 동등하게 귀중한 것이다. 우리의 월례 사역 훈련인 SALT에서는 우리는 우리의 모든 사역의 중요성을 강조하고 인식시킨다.

작은 사역이 흔히 가장 큰 변화를 가져다 준다. 우리 집에서 가장 중요한 전등은 식당에 있는 커다란 샹들리에가 아니고 밤에 화장실에 갈 때 발가락이 다치지 않게 비춰 주는 작은 종야등이다. 그것은 작고 보잘것 없이 생겼지만 우리에게 있어서는 멋진 조명들보다 훨씬 더 유용한 것이다. (내 아내가 좋아하는 전등은 냉장고를 열 때마다 비춰 주는 조그만 전구다.)

기둥 3: 우리는 서로에게 의존하고 있다

모든 사역이 다 중요할 뿐만 아니라, 모든 사역은 다른 모든 사역과 서로 연결되어 있다. 어떤 사역도 다른 사역과 무관하게 독립적인 것은 없다. 어떤 사역도 홀로 교회의 모든 사명을 다 감당할 수는 없으므로 우리는 서로에게 의존하며 서로와 협동해야 한다. 그림 퍼즐 게임과도 같이 각 그림을 완성하기 위해서는 모든 조각이 다 필요하다. 가장 먼저 눈에 띄는 것은 없어진 조각인 것이다.

우리 몸의 한 부분이 정상적으로 기능하지 않을 때는 다른 부분들도 제대로 기능을 하지 못한다. 현대 교회에 있어서 우리가 잃어버린 요소 중의 하나가 상호 의지에 대한 이해이다. 우리는 함께 일해야만 한다. 개인주의와 독립주의가 팽배해 있는 우리의 문화적 사고 방식이 상호 의지와 상호 관계라는 성경적 개념으로 대치되어야 한다.

기둥 4: 사역은 우리의 SHAPE(모습)의 표현이다

이것은 사역에 대한 새들백의 특징적인 가르침이다. SHAPE은 수년 전 내가 한 개인의 사역이 어떤 것이 되어야 하는지를 결정해 주는 다섯 가지 요소[영적 은사(Spiritual gifts), 마음(Heart), 능력(Abilities), 성격(Personality), 경험(Experiences)]를 설명하기 위해서 각 단어의 앞 글자를 따서 만든 말이다.

하나님이 동물들을 창조하셨을 때 그분은 그들 각각에게 독특한 장기를 주셨다. 어떤 동물들은 뛰고 어떤 것들은 깡총거리며, 어떤 것들은 헤엄을 치고 어떤 것들은 굴을 파며 어떤 것들은 날아 다닌다. 각각의 동물은 하나님이 어떤 SHAPE(모습)으로 만드셨는가에 따라서 특정한 역할을 가지고 있다. 인간도 마찬가지이다. 우리 각자는 하나님이 특정한 일을 위해서 독특한 모습으로 지어 주신 피조물이다.

당신의 삶을 지혜롭게 사는 것은 당신의 SHAPE을 이해함으로써 시작된다. 당신은 다른 사람들과는 다르게 만들어진 독특하고 놀랍도록 복잡한 복합체이다. 하나님께서 당신을 어떤 사람으로 만드셨는가를 보면, 그분이 당신에게 무엇을 하기를 의도하셨는가를 알 수 있다.

만일 당신이 당신의 SHAPE을 이해하지 못한다면 당신은 하나님께서 당신을 향해서 의도하시고 당신을 만드신 것과는 전혀 상관 없는 일을 하게 된다. 당신의 재능이 당신이 삶 가운데서 하는 역할과 서로 맞지 않을 때 당신은 동그란 구멍에 끼워진 네모란 쐐기처럼 느끼게 된다. 이것은 당신 자신에게나 다른 사람들에게나 실망스러운 일이다. 이것은 당신의 삶을 제한시키는 결과를 가져올 뿐 아니라 당신의 재능과 시간과 에너지를 낭비하는 일이다.

하나님은 당신이 태어난 날부터
사역을 위해서 당신을 빚으시고 만들어 오셨다.

하나님은 우리의 삶에 대한 그분의 계획에 있어서 변함이 없으시다. 우리에게 선천적인 능력과 기질, 재능과 영적 은사, 그리고 삶의 경험을 주신 하나님이 그것을 사용하지 않은 채 버려 두지는 않으신다! 다섯 가지 SHAPE의 요소들을 파악하고 이해함으로써 우리는 우리 삶에 대한 하나님의 뜻, 즉 우리 각자가 독특하게 하나님을 섬길 수 있는 방법을 발견할 수 있게 된다. 사역에 있어서 당신의 역할은 하나님이 당신을 어떤 모양으로 만드셨는가에서 찾을 수 있다. 사실 하나님은 당신이 태어나기 전부터 당신을 빚기 시작하신 것이다.

주는 나의 몸의 모든 정교한 내부를 나의 어머니의 뱃속에서 만드시고 하나로 엮으셨습니다. 나를 이토록 멋지고 복잡하게 만들어 주셔서 감사합니다. 생각해 보면 참으로 놀랍습니다. 주의 솜씨는 훌륭하시다는 것을 절실히 깨닫습니다. 내가 완전히 숨겨진 곳에서 만들어질 때 하나님은 거기 계셨습니다. 내가 태어나기도 전에 주는 나를 보셨고 내가 숨을 쉬기 시작하기도 전에 나의 삶의 하루 하루를 미리 다 짜 놓으셨습니다 (시 139:15-16, LB).

영적 은사(Spiritual gifts). 성경은 하나님께서 각각의 믿는 자에게 사역에서 사용할 수 있도록 영적인 은사를 주셨다고 분명하게 가르친다(고전 12장, 롬 8장, 엡 4장을 보라). 그러나 영적 은사는 한 부분에 지나지 않는다. 흔히 너무 영적인 은사만 강조하다가 그와 동등하게 중요한 다른 요소들을 소홀히 하게 된다. 우리가 가지고 태어난 천성적인 재능도 하나님이 주신 것이다. 우리 개인의 경험과 성격도 마찬가지이다. 영적 은사는 당신의 사역에 대한 하나님의 뜻을 부분적으로는 나타내 보여 주지만 전체를 다 보여 주는 것은 아니다.

대부분의 교회가 "당신의 영적 은사를 발견하면 당신이 어떤 사역을 해야 되는지를 알게 될 것입니다"라고 말한다. 이것은 앞뒤가 뒤바뀐 것이다. 나는 그와 정반대라고 믿는다. 여러 가지 다른 사역을 시험해 보면 당신의 은사를 발견하게 될 것이다! 당신이 섬기는 일에 실제로 참여해 보기 전에는 당신은 자신이 무엇을 잘하는지 알 수 없다. 당신이 세상에 출판되어 있는 모든 책을 다 읽어 본다 하더라도 당신의 은사가 무엇인지에 대해서는 잘 모를 수 있다.

나는 오늘날 많이 사용되고 있는 "영적 은사 목록"이나 테스트를 크게 신뢰하지 않는다. 그 이유는 첫째, 목록이나 테스트는 각 개인의 삶에서 하나님이 역사하시는 고유한 방법이 있다는 것을 부인하게 되는 표준화를 요구한다. 우리 교회에서 전도에 은사를 가진 사람들은 빌리 그래함이 그의 전도의 은사를 표현하는 것과는 아주 다른 방법으로 그것을 표현할 수 있다. 둘째, 신약에 기록된 영적 은사의 대부분에 대해서는 구체적인 정의가 내려져 있지 않다. 따라서 오늘날 사용되는 정의는 임의적이고 상당히 추측적이며 보통 교단적인 편견을 반영하고 있다. 셋째, 믿는 자가 더 성숙해질수록 그는 여러 가지 은사의 특징을 그의 삶에서 나타내 보일 확률이 높다. 그는 섬기는 자세를 나타내 보이거나 풍성히 드리는 모습도 보일 수 있으나 이것은 은사보다는 성숙함에서 비롯되는 것일 수 있다.

나는 십대 소년이었을 때 영적 은사 테스트를 하고는 내가 가진 유일한 은사는 순교라는 것을 발견했다! 나는 '이건 딱 한 번밖에는 사용할 수 없는 은사잖아' 라고 생각했다. 나는 수백 개의 다른 은사 테스트를 거치고도 아마 내가 설교와 가르치는 은사가 있다는 것을 발견하지 못했을 것이다. 왜냐하면 한 번도 설교와 가르치는 것을 해 보지 않았기 때문에 내게 그런 생각이 들 리가 없었기 때문이다. 내가 말씀을 전할 기회를 갖기 시작했을 때에야 나는 그 결과를 보게 되었고, 다른 사람들로부터 확증의 말을 들었을 때 비로소 '하나님께서 내게 이것을 하도록 은사를 주셨구나!' 라고 깨닫게 되었다.

마음(Heart). 성경은 '마음' 이라는 말을 우리의 동기, 소원, 관심과 성향의 중심을 나타내는 말로 사용한다. 왜 우리가 어떤 말을 하는지(마 12:34를 보라), 왜 우리가 어떤 느낌을 느끼는지(시 37:4를 보라), 그리고 왜 우리가 어떤 행동을 하는지(잠 4:23)를 결정하는 것은 바로 우리의 마음이다.

생리학적으로 우리 각자는 독특한 맥박을 가지고 있다. 각 사람의 맥박은 약간 다른 유형을 가지고 있다. 마찬가지로 우리의 관심을 끄는 활동이나 주제 또는 상황을 만나게 될 때 우리의 마음 속에서 뛰는 독특한 감정의 "맥박"은 하나님이 우리 각자에게 고유하게 만들어 주신 것이다. 우리는 어떤 일들에 대해서는 본능적으로 매우 중요하게 여기며, 다른 것들에 대해서는 그렇지 않다. 마음의 또 다른 말은 '열정' 이다. 어떤 주제에 대해서는 당신이 열정적으로 느끼지만 어떤 주제는 전혀 상관하지 않는다. 그것은 당신의 마음의 표현인 것이다.

하나님이 당신에게 주신 성향은 당신의 삶에 있어서 내적인 지침의 역할을 한다. 그것은 당신의 관심을 끄는 것이 무엇이며, 당신에게 가장 큰 만족과 성취감을 느끼게 해 주는 것이 무엇인지를 결정한다. 그것은 또한 당신으로 하여금 특정한 활동과 주제, 그리고 환경을 추구하도록 동기를 부여하는 것이다. 당신이 자연적으로 느끼는 관심사들을 무시하지 말라. 사람들은 자기가 즐기지 않는 일을 뛰어나게 하는 경우가 드물다. 큰 성과를 거두는 사람들은 흔히 자신이 하는 것을 즐기는 사람들인 경우가 많다.

하나님이 당신에게 타고난 관심사를 주신 것은 목적이 있기 때문이다. 당신의 감정의 맥박은 당신의 삶에 대한 하나님의 의도를 이해하는 데 있어서 매우 중요한 열쇠를 제공한다. 하나님은 당신에게 당신의 마음을 주셨으나 그것을 선하게 쓰거나 악하게 쓰는 것, 이기적인 목적에 쓰거나 또는 하나님과 남을 섬기는 데 사용하는 것은 당신에게 달린 것이다. 사무엘상 12장 20절은 "…너희 마음을 다하여 여호와를 섬기라"고 말한다.

능력(Abilities). 능력은 당신이 가지고 태어난 천부적 재능이다. 어떤 사람들은 말하는 데 천부적 재능을 가지고 있다. 그들은 뱃속에서 나올 때부터 말을 하며 나온다. 다른 사람들은 천부적으로 운동에 소질이 있다. 그들은 육체적인 활동에 남보다 뛰어나다. (당신이 이 세상에서 가장 훌륭한 농구 코치를 받는다고 하더라도 마이클 조던의 재능은 따라가지 못할 것이다.) 어떤 사람들은 숫자에 천부적인 재능을 가지고 있다. 그들은 수학적으로 생각하며 왜 당신이 적분을 이해하지 못하는지를 이해하지 못한다.

출애굽기 31장 3절은 하나님께서 자신의 목적을 성취하시기 위해서 사람들에게 "지혜와 총명과 지식과 여러 가지 재주"를 주신 것에 대한 한 예를 말해 주고 있다. 이 경우에는 장막을 짓는 데 사용될 예술적 재능이었다. 음악적 재능이 "영적 은사" 중에 포함되지 않은 것이 흥미롭게 여겨지지만 그것은 분명히 하나님이 예배에서 사용하시는 천부적인 능력이다. 하나님께서 사람들에게 돈을 벌 수 있는 능력을 주신다는 것도 또한 흥미롭다. "네 하나님 여호와를 기억하라. 그가 네게 재물 얻을 능을 주셨음이라"(신 8:18).

사람들이 사역에 참여하지 않는 것에 대한 가장 흔한 핑계는 자신들이 공헌할 수 있는 재능이 없다는 것이다. 이 말보다 더 사실과 먼 것은 없다. 전국적으로 조사한 많은 연구들이 일반적인 사람들은 오백 개에서 칠백 개 사이의 기술을 가지고 있다는 것을 증명했다. 진짜 문제는 두 가지이다. 첫째, 사람들은 자신의 기술을 파악할 수 있는 과정이 필요하다. 대부분의 사람들은 자신이 가지고 있다는 사실도 모르는 체 능력을 사용하고 있다. 둘째, 그들의 능력에 맞는 사역을 찾도록 돕는 과정이 필요하다.

당신의 교회에는 실제로 사용하고 있지 않은 온갖 능력을 가지고 있는 사람들이 많이 있을 것이다. 사람들을 모집하는 일, 촉진하는 일, 연구, 글 쓰기, 조경, 인터뷰, 장식, 계획, 예능, 수선, 화술, 요리 등등. 이러한 능력들은 낭비되어서는 안 된다. "직임은 여러 가지나 주는 같으며"(고전 12:5).

성격(Personality). 하나님께서 인간을 만드실 때 한 가지 주형을 사용하지 않으신다는 것은 분명하다. 하나님은 다양성을 좋아하신다. 내성적인 사람들과 외향적인 사람들을 만드셨고, 규칙적인 삶을 좋아하는 사람들과 변화를 좋아하는 사람들을 만드셨다. 어떤 사람은 '생각하는 사람'으로 만드셨고, 다른 사람은 '느끼는 사람'으로 만드셨다. 어떤 사람은 혼자서 하는 일을 잘하게 만드시고, 어떤 사람은 팀으로 일하는 것을 잘하게 만드셨다.

성경은 하나님이 온갖 종류의 성격을 사용하신다는 것에 대해서 많은 증거를 보여 주고 있다. 베드로는 다혈질적인 성격을 가졌고, 바울은 담즙질의 사람이었다. 그리고 예레미야는 분명히 사색적이었다. 예수님이 선택하신 열두 제자의 성격 차이를 보면 그들에게 왜 때로 서로간에 갈등이 있었는지 이해하기 쉬울 것이다.

사역에 '맞는' 또는 '틀리는' 기질은 없다. 우리는 교회의 균형을 맞추고 특징을 주기 위해서 모든 종류의 성격이 필요하다. 우리가 모두 바닐라향을 가지고 있다면 세상은 매우 지루한 장소가 될 것이다. 다행히도 사람들은 아이스크림 맛의 종류보다 더욱 다양하다.

당신의 성격은 당신이 가진 영적 은사와 능력을 어디서 어떻게 활용할 것인가에 영향을 끼친다. 예를 들어 두 사람이 같은 전도의 은사를 받았을 수 있으나 만일 한 사람은 내성적이고 다른 사람은 외향적이라면 그들의 은사는 다르게 표현될 것이다.

목공들은 나무결의 방향을 따라 나무를 자르는 것이 다른 방향으로 하는 것보다 더 쉽다는 것을 알고 있다. 마찬가지로 당신이 당신의 기질과 맞지 않는 사역을 하게 되면 그것은 갈등과 불편함을 가져오고 더 많은 노력과 에너지를 소모하게 되며 그 결과는 오히려 떨어진다. 이것이 바로 다른 사람의 사역을 흉내내는 것이 성공하지 못하는 이유이다. 당신은 그 사람의 성격을 가지고 있지 않기 때문이다. 하나님은 당신을 당신 자신이 되도록 만드셨다. 다른 사람들의 예를 통해서 배울 수는 있으나 그것을 당신 자신의 SHAPE이라는 필터를 사용해서 교훈을 뽑아 내야 한다.

하나님이 당신에게 주신 성격과 맞는 사역을 하게 되면 당신은 성취감과 만족감과 열매를 맛볼 것이다. 하나님이 당신을 만드신 바대로 그 목적에 맞는 일을 하는 것은 기분 좋은 일이다.

경험(Experiences). 하나님은 경험을 낭비하시는 일이 없으시다. 로마서 8장 28절은 "우리가 알거니와 하나님을 사랑하는 자 곧 그 뜻대로 부르심을 입은 자들에게는 모든 것이 합력하여 선을 이루느니라"고 상기시켜 준다.

새들백에서는 사람들이 가장 자신의 모습에 맞는 종류의 사역을 찾는 데 영향을 미칠 경험의 다섯 가지 영역에 대해서 생각해 보도록 도와준다. (1) 교육 경험: 학교에서 당신이 좋아했던 과목은 무엇인가? (2) 직업 경험: 당신은 어떤 직업을 즐겼으며 그 직업에서 어떠한 성과를 올렸는가? (3) 영적 경험: 당신의 삶에서 하나님과 의미 깊은 또는 결정적인 시간을 가진 적은 언제인가? (4) 사역 경험: 과거에 하나님을 섬긴 적이 있는가? 그리고 (5) 고통스러웠던 경험: 당신이 교훈을 얻게 된 문제와 아픔과 시련은 무엇인가?

당신의 모습은 하나님의 목적에 따라서 하나님이 주권적으로 결정하신 것이기 때문에 당신은 그것을 원망하거나 거부해서는 안 된다. "인간으로서 당신이 하나님을 심문할 권리가 어디 있습니까? 그릇이 토기장이에게 '왜 나를 이런 모습으로 만들었나요?'라고 말할 권리는 없습니다. 토기장이가 진흙을 가지고 무엇이든지 만들 권리가 있지 않겠습니까?"(롬 9:20-21, Ph). 당신을 다른 사람의 모습으로 다시 만들려고 노력하지 말고 하나님이 당신에게 주신 모습을 즐겨야 한다.

당신의 성격과 경험을 가장 잘 표현하는 방법으로, 당신의 마음의 소원이 있는 곳에서 당신의 영적 은사와 능력을 사용할 때 당신은 사역에서 가장 효율적이 될 것이고 성취감을 얻을 것이다. 열매는 잘 맞는 사역을 선택한 결과이다. (만일 당신이 SHAPE에 대해 더 자세한 설명을 원한다면 "당신은 의미 있는 모습으로 지어졌다"라는 제목의 테입 시리즈를 들으면 된다.)

당신의 조직 구조를 능률화하라

당신이 평신도 사역의 성경적 기초를 가르친 후 그것을 세우는 다음 단계는 당신의 조직 구조를 능률화하는 것이다. 많은 교인들이 사역에 적극적으로 참여하고 있지 않은 이유는 그들이 모임에 참여하느라고 너무 바빠서 진짜 사역에는 쓸 시간이 없기 때문이다. 나는 때로 만일 기독교에서 모든 모임을 없애 버리면 무엇이 남을까 하고 궁금해한다. 예수님은 "인자가 온 것은 너희로 하여금 모임을 갖게 하려 함이라"고 말씀하지 않으셨다. 그러나 만일 대부분의 비교인들에게 그들의 그리스도인 이웃의 어떤 점이 가장 눈에 띄느냐고 물어본다면 그는 "그들은 모임에 많이 가더군요"라고 대답할 확률이 높다. 우리가 정말 이런 식으로 알려지기를 원하는가?

내 추측으로는 평균적으로 교회가 만일 그들이 사역과 전도를 위해서 시간을 내도록 모임을 반으로 줄여 버린다면 교회가 더 건강해질 것이다. 교인들이 이웃에게 전도하지 않는 이유 중의 하나는 그들이 이웃을 모르기 때문이며 그것은 그들이 항상 교회에서 모임에 참석하고 있기 때문이다.

몇 년 전에 로퍼 기관(Roper Organization)은 미국에서의 여가 시간에 대해서 조사를 했다. 그들은 미국인들은 1970년대보다 1990년대에 더 자유 시간이 적다는 것을 발견했다. 1973년도에는 미국인에게 평균 일 주일에 26.2시간의 여가 시간이 있었다. 1987년도에 와서는 일 주일에 16.6시간으로 10시간이 줄었다. 오늘날은 그보다도 더 적다.

사람들이 당신의 교회에 줄 수 있는 가장 귀중한 재산은 그들의 시간이다. 사람들이 자유 시간이 더 없기 때문에 우리는 그들이 우리에게 시간을 줄 때 그것을 가장 잘 사용하도록 확실히 해야 한다. 만일 평신도가 내게 와서 "목사님, 저는 우리 교회 사역에 일 주일에 네 시간을 쓸 수 있습니다"라고 말한다면 나는 절대로 그를 어떤 위원회에 넣지는 않을 것이다. 나는 그를 사무가 아니라 사역에 참여시킬 것이다.

당신의 교인들에게 사무와 사역의 차이를 가르치라. 사무는 '교회에 대한 일'로서 예산, 건물, 조직 등을 담당한다. 사역은 '교회가 하는 일'이다. 사람들이 사무 결정에 더 많이 참여하면 할수록 당신은 그들의 시간을 더 많이 낭비하며 그들을 사역에 참여하지 못하게 하고 갈등이 생길 기회를 만들어 주는 것이다. 사무일은 사람들로 하여금 자신의 책임은 교회 업무에 대한 투표를 함으로써 다했다고 생각하게 만든다.

많은 교회가 저지르고 있는 공통적인 실수는 가장 똑똑하고 훌륭한 사람들을 데려다가 여러 모임에 참여하게 만들어서 그들을 관료로 만들어 버린다는 것이다. 수많은 위원회 모임들에 참석하게 만들면 사람들의 기운이 다 빠져 버리게 될 수도 있다. 새들백에는 위원회가 없다. 그러나 우리는 79개의 평신도 사역이 있다.

위원회와 평신도 사역의 차이는 무엇인가? 위원회는 의논하지만 사역은 실천한다. 위원회는 논쟁하지만 사역은 행동한다. 위원회는 유지하지만 사역은 사역한다. 위원회는 얘기하고 고려하지만 사역은 섬기고 보살핀다. 위원회는 필요에 대해 논하지만 사역은 필요를 채운다.

위원회는 또한 자신들이 내리는 결정의 실천은 다른 사람들이 할 것으로 기대한다. 새들백에서는 실천하는 사람들이 또한 결정을 내리는 사람들이다. 사역을 하는 사람들은 그 사역에 대해서 자신들이 결정을 내린다. 우리는 권한과 책임을 구분하지 않고 둘을 함께 준다. 따라서 위원회는 불필요해진다. 우리는 사역하지 않는 사람들에게 결정을 내릴 권한을 주지 않는다.

그렇다면 새들백에서는 누가 사무를 보는가? 전임 사역자들(즉, 월급을 받는 사역자들)이 한다. 이렇게 함으로써 우리는 우리 교인들의 귀중한 시간을 낭비하지 않는다. 우리 교인들은 자신들이 교회를 위해서 내는 시간을 실제 사역에 쓸 수 있는 것에 대해서 매우 감사하고 있다.

이러한 방법이 얼마나 과격적인가를 알고 있을 것이다. 새들백은 대부분의 교회와는 완전히 정반대의 구조를 가지고 있다. 전형적인 교회에서는 교인들이 교회의 사무(행정)를 처리하고, 목사가 모든 사역을 하도록 되어 있다. 교회가 성장하지 않는 것은 당연하다. 목사라는 한 사람에게로 병목현상이 일어나기 때문이다. 한 사람이 교회의 모든 필요를 다 채운다는 것은 절대로 불가능한 일이다. 그는 결국 과로로 쓰러지든지 또는 휴식을 위해서 다른 교회를 찾아야 한다.

성경적 교회 구조에 대한 나의 모든 신념을 다 말하려면 이 책의 공간이 부족하다. (세부적인 내용은 "단순한 구조"라는 제목의 테입에 담겨 있다.) 그러나 이 한 가지만 당신이 고려해 보기 바란다. 위원회, 선거, 다수 의견 존중, 이사회, 이사, 의회 절차, 투표라는 말들이 가진 공통점은 무엇인가? 이런 것들 중 하나도 신약에 나오는 것은 없다는 것이다. 우리는 교회에 미국의 정부 형식을 강요해서 그 결과 대부분의 교회는 우리의 정부처럼 관료주의가 되어 버렸다. 무슨 일을 하려고 해도 한없는 시간이 걸린다. 인간이 만든 조직 구조는 우리가 상상할 수 있는 것보다 더 많은 교회의 건강한 성장을 방해했다.

교회가 어떤 구조를 가지고 있는가가 교회의 성장을 가져다 주는 요인이 되지는 않는다. 그것은 성장의 속도와 크기를 조종한다. 모든 교회는 조종하기 위한 구조를 가질 것인지, 아니면 성장을 위한 구조를 가질 것인지를 결정해야 한다. 이 것은 당신의 교회가 내려야 할 가장 중대한 결정 중의 하나인 것이다. 당신의 교회가 성장하기 위해서는 목사와 교인들이 조종하는 일을 포기해야 한다. 교인들은 지도력에 대한 조종을 포기해야 하고 목사는 사역에 대한 조종을 포기해야 한다. 그렇지 않으면 둘 다 성장을 저해하는 결과를 초래한다.

교회가 500명 이상으로 성장하게 되면 어떤 개인이나 위원회도 교회에서 일어나는 일을 모두 알 수는 없다. 나는 수년째 새들백에서 일어나는 모든 일을 다 알지 못하고 있다. 내가 모든 일을 다 알 필요가 없는 것이다! 당신은 "그렇다면 어떻게 교회를 조종합니까?"라고 물어 볼 것이다. 나의 대답은 이것이다. "저는 조종하지 않습니다. 교회를 조종하는 것은 저의 임무가 아닙니다. 저의 임무는 교회를 인도하는 것입니다." 인도하는 것과 조종하는 것 사이에는 커다란 차이가 있다. 우리의 목사들과 사역진은 교회를 교리적으로 건전하게 유지하고 올바른 방향으로 향하도록 만들 책임이 있으나 매일 매일 내리는 결정은 교회의 사역을 실제로 하는 사람들이 내린다.

사역을 극대화하고 사무를 극소화하기 위해서 교회의 구조를 효율화시켜야 한다.

당신이 교인들을 사역에 동원시키는 것을 진지하게 받아들인다면 당신은 사역을 극대화하고 사무를 극소화하기 위해서 교회의 구조를 효율화시켜야 한다. 당신의 교회가 더 많은 조직 구조를 만들수록 그것을 유지하기 위해서 더 많은 시간과 에너지와 돈이 들게 된다. 사람들에게 사역을 하는 데 사용할 수 있었던 귀중한 시간과 에너지와 돈이 말이다.

만일 당신이 교인들을 사무에서 해방시켜 주고 사역에 참여할 수 있게 해 준다면 훨씬 더 행복하고 화목하며 사기가 높은 교회가 될 것이다. 성취감은 사무가 아니라 사역에서 얻어지는 것이다. 하나님께서 삶을 변화시키는 데 당신을 사용하시도록 내드린다면 그것은 당신의 태도를 완전히 바꾸어 줄 것이다.

전쟁에서 가장 높은 사기와 전우애는 항상 전선에서 싸우는 병사들 사이에서 발견된다. 날아오는 총알을 피하고 있을 때는 서로 논쟁하고 불평할 시간이 없기 때문이다. 그러나 전선으로부터 십 마일쯤 떨어진 곳에서는 병사들은 음식과 샤워 시설에 대해 투덜거리고 오락 시설이 없다고 불평한다. 그들의 시설은 전선에 있는 자들의 시설과는 비교할 수 없을 만큼 좋지만 그들의 마음이 전투에 쏠려 있지 않기 때문에 그들은 비판적이다. 싸우기 좋아하고 비판적인 그리스도인들을 만날 때 나는 그들이 보통 사역에 참여하고 있지 않다는 것을 발견한다. 어느 교회든지 가장 많이 불평을 하는 자들은 보통 아무 일도 하지 않고 있는 위원회 위원들이다.

무언가를 연구하기 위해서 정말 위원회가 필요할 경우에는 구체적인 과제를 가지고, 시작하는 날과 끝나는 날이 분명한 특별 위원회를 구성하라. 위원회가 해체될 시간도 정해 놓으라. 대부분 지속적인 위원회들은 불필요하게 짜여 있는 회의들에서 엄청난 두뇌 에너지를 낭비한다.

직임 맡을 자를 투표로 결정하지 말라

새들백에서는 평신도 사역의 직임을 맡을 자들을 투표로 선출하지 않는 이유가 여러 가지 있다.

성격 콘테스트를 피할 수 있다. 사역에서 섬기는 사람을 선출하기 위해서 투표를 사용하면 당신은 거절을 두려워하는 모든 사람들을 제외시킬 것이다. 수줍어하고 자신감이 부족한 사람들은 자신들이 회중이나 위원회에서 거절당할까 봐 두려워 결코 섬기기로 자원하지 않을 것이다.

새로운 사역은 보통 천천히 진전되어야 한다. 만일 새로운 사역을 그 초기에 대중 앞에서 조명을 비추면 그것을 죽여 버릴 수도 있다. 사역에 대한 아이디어가 싹을 피울 기회도 가져 보기 전에 뿌리째 뽑혀지는 것은 단 한 명의 영향력 있는 사람의 부정적 목소리로도 충분하다.

　새 교우들이 비교적 빨리 사역에 참여할 수 있다. 투표를 통해서 직임자들을 선출하는 것은 새 교우들에게는 불리한 조건이 된다. 교우들 중에는 그 사역에 적임자임에도 불구하고 투표를 총괄하는 위원회 멤버들에게 잘 알려지지 않아 제외되는 수가 있다. 나는 재능을 가지고 있으면서도 그 교회의 오랜 멤버들의 그룹 안에 들지 못해서 수년 동안 사역에 참여하지 못하고 있는 교인들을 보아 왔다.

　권력이나 특권 때문에 직위에 관심을 보이는 사람들을 피할 수 있게 된다. 투표를 없애면 명칭만 원하는 사람들이 아니라 진정으로 다른 사람들을 섬기는 일에 관심이 있는 사람들을 끌 수 있게 된다. 한번은 내게 "나는 교회를 떠납니다. 운영 위원회의 회장이 되고 싶은데 새들백은 운영 위원회가 없어요."라고 말한 사람이 있었다. 적어도 그는 정직했다. 그는 멋진 명칭을 가지고 작은 연못에서 큰 고기가 될 수 있는 작은 교회를 발견했다. 그는 사역에는 전혀 관심이 없고 권력에 관심이 있었던 것이다.

　만일 실패했을 경우, 해임하기가 더 쉽다. 공적으로 사람들을 선출하게 되면 그들이 일을 할 수 없게 되거나 도덕적으로 실패했을 경우, 그들을 공적으로 해임해야 한다. 오늘날에는 그런 종류의 공적 해임은 정치적, 관계적, 법적으로 뜨거운 감자가 될 수 있다. 일부 육적인 사람들은 직위를 포기하느니 차라리 교회를 갈라 놓는 쪽을 선택한다. 그들은 한판 승부를 위해서 사람들을 자기편으로 포섭하기 위한 작전을 쓸 수도 있다. 직임을 맡을 자를 투표로 선출하지 않는다면 실패는 사적으로 처리될 수 있다.

　성령님의 인도하심에 더 빨리 반응할 수 있다. 어떤 교인이 사역에 대한 훌륭한 아이디어를 내놓았을 때 교회는 그것을 시작하기 위해 다음 사무회의 때까지 기다려서는 안 된다. 우리 교회에서는 때로 내가 설교 중에 한 말을 듣고 예배가 끝나자마자 즉시로 사역이 형성된 적도 있다. 관심이 있는 사람들이 예배당 앞에 모이고 일은 즉시로 시작된다.

한번은 한 여자 성도가 내게 "우리는 기도 사역이 필요합니다"라고 말했다. 나는 "동의합니다. 당신이 하십시오."라고 말했다. 그녀는 "제가 선출되거나 어떤 승인 절차를 거쳐야 하지 않나요?"라고 말했다. 그녀는 자신이 먼저 온갖 종류의 행정적 절차를 거쳐야 한다고 생각했던 것이다. 나는 "물론 아닙니다. 게시판에 창립 모임을 공고하시고 바로 시작하십시오"라고 말했고 그녀는 그렇게 했다.

한번은 한 사람이 내게 와서 "우리는 말기 암환자들이 서로 힘이 되어 줄 수 있는 모임이 필요합니다"라고 말했다. 나는 "훌륭한 생각입니다. 당신이 그냥 시작하십시오"라고 말했고 그는 그렇게 했다. 또 한번은 한 남자 성도가 내게 "저는 가르치거나 노래는 잘 못하지만 집을 보수하는 일이나 작은 목공 일은 잘합니다. 저는 '가정을 돌봅니다' 라는 사역을 시작해서 우리 교회의 과부들을 위해서 무료로 집을 보수해 주고 싶습니다"라고 말했다. 내가 말하는 요점은 개인이 그리스도의 몸 안에서 하나님이 그에게 주신 재능을 사용할 수 있는가를 결정하기 위해서 투표를 해서는 안 된다는 것이다. 누구나 사역을 하겠다는 소원을 표현할 때마다 우리는 즉시로 배치 과정을 통해서 사역을 시작하게 한다.

사역 배치 과정을 만들라

교인들을 사역에 참여시키는 것은 가끔 강조하는 것이 아니라 지속적인 과정이 되어야 한다. 새들백 사역 개발 센터(Ministry Development Center)는 세 개의 핵심 부분을 가지고 있다.

월례 수업. 매달 우리는 "나의 사역을 발견하기"라는 301반을 가르친다. 이 과목은 사람들에게 사역에 대한 성경적 근거와 "SHAPE" 개념, 그리고 새들백에 있는 다양한 사역 기회에 대해 알려 준다. 그것은 매월 둘째 주일 오후 4시부터 8시 반까지 실시되며 수업을 듣는 사람들에게 삼십 분 동안 식사도 무료로 제공된다. 이 과목은 101반(새 교우반)과 201반(성숙반)과 동일한 시간에 열린다. 우리는 이 과목들에 대해 많은 광고와 강조를 한다.

배치 과정. 우리의 배치 과정은 여섯 단계를 포함한다. (1) 301반을 듣는 것, (2) 사역에서 섬기기로 헌신하고 새들백 "사역 서약"에 서명하는 것, (3) 자신의 "SHAPE"에 대한 사항을 기재하는 것, (4) 서너 가지 정도 가능한 사역을 찾아내기 위해서 사역 자문과 개인적 인터뷰를 하는 것, (5) 자신이 관심이 있는 사역을 관할하고 있는 사역자나 평신도 지도자와 만나는 것, 그리고 (6) "SALT" 모임에서 공적으로 임명받는 것이다.

배치 과정은 직위를 채우는 것이 아니라 사람들에게 능력을 주는 것에 초점을 맞추어야 한다. 만일 당신이 기관의 필요보다는 사람 개개인의 모습에 더 초점을 맞춘다면 당신은 사역에 참여시키는 사람들을 통해서 성공할 확률이 훨씬 높을 것이다. 사역이란 사람을 상대로 하는 것이지 프로그램이 아니라는 것을 기억하라.

사역 배치 과정 담당자. 사람들이 자신의 모습에 맞는 사역을 발견해 가는 동안 개인적인 관심과 지도가 필요하다. 단지 수업만을 통해서는 이것을 성취할 수 없다. 각 교인은 개인적 상담을 받을 자격이 있다.

새들백의 사역 개발 센터는 우리의 사역을 담당하는 목사와 자원 봉사자 팀에 의해서 운영된다. 그들은 "SHAPE" 기재 사항을 적어 낸 교인들과 인터뷰를 하고 그들이 섬길 수 있는 가장 좋은 사역을 찾도록 도와준다. 그들은 또한 새로운 사역을 시작하기 원하는 교인들도 돕는다. 만일 내가 오늘 새로운 교회를 시작한다고 하면 내가 가장 먼저 할 일 중의 하나는 사람들을 인터뷰하는 재능을 갖춘 지원자를 찾아서 이 중대한 임무를 수행하도록 그를 훈련시킬 것이다.

사역 서약

나는 등록 교인으로, 그리고 영적 성숙을 위한 습관들을 키우기로 헌신하고, 새들백 사역 선언에 동의하기에 다음의 사항들에 헌신합니다.

◘ 나의 독특한 모습을 발견하고 하나님이 나를 만드신 목적에 가장 잘 맞는 사역에서 섬긴다.
◘ SALT와 성경공부반에 참여해서 사역을 준비한다.
◘ 몸된 교회가 나를 필요로 하는 일에 봉사함으로써 종의 마음을 나타낸다.
◘ 다른 사역들과 협조하여 한 몸으로서의 교회의 유익을 나의 사역의 필요보다 우선적으로 여긴다.

사인 :   날짜 :

이 증서는
_____ (이) 가
새들백교회 안에서 예수 그리스도의 위임받은 사역자로
그에 상당한 책임과 특권이 부여되었음을 증명합니다.

_____ 릭 워렌 목사

이것은 전담 사역자의 직책일 필요는 없으나 거기에 맞는 성격과 재능을 가진 사람을 찾을 필요는 있다.

실습 훈련을 시키라

사람들이 사역에서 일단 섬기기 시작하면 실습 훈련이 필요하다. 실습을 통한 훈련은 사역 전에 하는 훈련보다 훨씬 더 중요하고 또 효과적이다. 새들백에서는 사역 이전의 훈련에 대한 요구 조건을 최소한으로 하는데 그 이유는 사람들이 실제로 사역에 참여하기 전에는 어떤 질문을 해야 하는지조차도 잘 모른다고 생각하기 때문이다.

우리가 사역전 훈련을 하지 않는 또 다른 이유는 사람들을 실제 사역에 될 수 있는 대로 빨리 참여시키기 원하기 때문이다. 길게 연장되는 사역전 훈련은 대부분의 사람들로 하여금 그들이 처음에 가졌던 열심을 식게 만든다. 사역을 시작도 하기 전에 그들을 지치게 만들기 때문이다! 나는 섬기는 사역 전에 52주 동안 훈련을 받는 것을 꺼려하지 않는 사람들은 드디어 섬기기 시작하면 별로 효율적이지 못하다는 것을 발견했다. 그들은 사역을 하는 것보다는 사역 자체에 대해서 배우는 것을 즐기는 전문적인 학생인 경향이 많다. 우리는 사람들이 바로 물 속에 뛰어들어가서 젖기를 원하는데 바로 그 때에야 그들은 수영하는 방법을 배우려는 높은 의욕을 가질 것이기 때문이다. 사역을 시작하는 가장 좋은 방법은 곧 바로 사역을 시작하는 것이다.

우리의 평신도 사역 훈련 프로그램의 중심적인 것은 "SALT" 이다. 이것은 우리 교회의 핵심 교인들을 위해서 매월 첫째 주일 저녁에 열리는 두 시간짜리 훈련 과정이다. "SALT" 에서 훈련하는 내용은 긴 시간에 걸친 초점 있는 예배, 모든 사역의 인식, 현지에서 섬기는 사람들의 간증, 새로운 평신도 사역자들 임명, 그룹 기도, 내부인을 위한 교회 소식, 사역 훈련, 그리고 우리의 가치, 비전, 사역에 필요한 인격과 기술에 대한 나의 "비전" 에 대한 설교이다. 우리의 평신도 지도자들에게 주는 이 매달의 설교는 "지도자를 고무하기" 라고 불리며 "SALT" 에 참석하지 못한 사람이 나중에 들을 수 있도록 카세트 테입에 녹음된다. 우리는 또한 "격려의 말씀" 테입 사역을 통해서 이 설교들을 다른 교회들도 구입할 수 있게 한다. "SALT" 에서 우리는 또한 지난 달에 가장 큰 문제에 도전한 평신도 사역자에게 우리가 매달 주는 "자이언트 킬러" 상을 수여한다.

"SALT" 이외에도 우리는 우리의 "평생 개발원"을 통해서 구체적 사역을 위한 다양한 훈련 과목을 제공한다. 300단계 과목들은 다양한 사역 기술을 가르치며 사람들이 우리 교회의 다양한 사역을 통해서 섬길 수 있도록 준비시킨다. 예를 들어 302반은 "소그룹 지도자가 되고 싶으시다구요"라고 불린다. 유년 사역, 청소년 사역, 음악 사역, 상담 사역, 평신도 목회 등 다른 훈련 과목들도 많이 있다.

사역자 없이는 절대 사역을 시작하지 말라

우리는 절대로 사역 직책을 만들어 놓고 그 자리를 채우려고 하지 않는다. 그것은 불가능한 일이다. 새로운 사역에 있어서 가장 중대한 요소는 아이디어가 아니라 지도력이다. 각 사역은 지도력에 따라 성패가 결정된다. 올바른 지도자가 없이는 사역은 억지로 유지될 것이며 또한 유익보다는 해를 더 많이 끼칠 수도 있다.

하나님의 시간을 믿으라. 새들백의 사역진은 결코 새로운 사역을 시작하지 않는다. 우리는 아이디어를 제안할 수는 있으나 하나님께서 그것을 인도할 올바른 사람을 제공하실 때까지 우리는 그 아이디어를 계속 품고 기다린다. 나는 앞에서 우리 교회의 출석 인원이 거의 500명이 될 때까지 우리는 청소년 사역이 조직되지 않았고 거의 1,000명이 될 때까지 독신들을 위한 조직된 사역이 없었다고 언급한 바 있다. 왜 그랬는가? 그 때까지 하나님께서 지도자를 주시지 않았기 때문이다.

사람들을 억지로 사역에 참여시키지 않는 것이 중요하다. 만일 그렇게 하면 그 사역의 생사가 달린 동기의 문제를 안게 될 것이다. 대부분의 작은 교회들은 서둘러서 너무 많은 일을 하려고 한다. 그렇게 하는 대신에 특정한 사역을 인도하기에 가장 잘 맞는 사람을 하나님께서 보내 주실 때까지 기도하고 기다리라. 그리고 나서는 그들로 하여금 시작하게 하라. 어떤 사역에 대해서 교인들이 아무런 관심을 보이지 않는 것에 대해서 걱정하지 말라. 교회 지도자들은 교회의 발전에 대한 장기적 안목을 가지고 있는 것이 중요하다. 견고한 성장은 시간이 걸리는 법이다.

사도행전을 공부해 보면 어떤 조직도 먼저 성령님이 하시는 일을 따랐다는 것을 발견하게 될 것이다. 사도행전에서 단 한 번도 사람들이 먼저 사역을 조직한 후에 "하나님, 이제 우리의 아이디어를 축복해 주십시오"라고 기도하는 것을 보지 못한다. 그 대신 하나님께서 먼저 사람들의 마음 속에서 역사하시고, 사역이 조그맣게 자연스럽게 생겨나게 되며 그것이 자라면서 그들이 거기에 구조를 더하는 것을 본다.

이것이 새들백에서 우리의 모든 사역이 생겨난 방법이다. 한 예로 우리의 여전도회 사역은 나의 아내 케이가 우리 집에서 가르친 성경공부의 결과로 시작되었다. 그것은 결국 조직과 사역자가 더해질 때까지 계속해서 자라고 확장되었던 것이다. 이러한 유형이 계속해서 반복되어 왔다.

최소한의 규정과 지침을 설정하라

사역에 대한 최소한의 규정을 만드는 것이 중요한데 그것은 인간을 대상으로 일할 때는 선한 의도만으로는 불충분하기 때문이다. 새들백에서는 사역에 요구되는 시간이 얼마나 되며, 제공되는 자원은 무엇이 있는지, 어떤 제한이 있으며, 지시 체계와 의사 전달 통로는 어디이며, 어떤 종류의 결과가 기대되는지를 분명하게 해 주는 '임무 설명서'를 각 사역의 각 직책마다 가지고 있다.

규정 사항을 명확하고 간단하게 만들라. 절차와 위원회 속에 사람들이 묻히게 하지 말라. 가능한 한 많은 자유를 허용하라. 우리 교회에서는 301반을 마쳤으며 "SHAPE" 인터뷰를 한 교인이면 누구나 세 가지 기본적 지침에 따르기로 동의하기만 한다면 새로운 사역을 시작할 수 있다.

지침 1: 담당자가 당신의 사역을 해 줄 것으로 기대하지 말라. 사람들은 흔히 "나는 우리 교회를 위해서 아주 좋은 아이디어를 가지고 있습니다"라든가 "우리는…에 대해서 무언가를 해야 합니다"라는 말을 한다. 나는 항상 "우리"가 무슨 뜻인지 설명해 달라고 말한다. 사람들이 "교회는…을 해야 합니다"라고 말할 때 그들은 보통 목사나 사역자가…을 해야 한다는 의미로 말한다.

한번은 누군가 내게 이렇게 말했다. "저는 감옥에 있는 사람들에 대해서 상당히 마음에 짐을 느껴서 그 동안 거기 가서 성경공부를 인도해 왔습니다. 저는 교회가 그 사람들을 위해서 무언가 해야 한다고 생각합니다!" 나는 그에게 "제게는 교회가 무언가 한 것으로 들립니다. 당신이 바로 교회입니다." 다음 주 나는 전 교인에게 이렇게 말했다. "나는 여러분 모두가 감옥에 있는 사람들을 찾아가고 배고픈 사람을 먹이며 가난한 자에게 옷을 입히고 집 없는 자에게 살 곳을 마련해 주도록 허락해 드리겠습니다. 제게 물어 보실 필요도 없습니다. 그냥 하십시오. 예수님의 이름으로 교회를 대표하십시오." 이 사역은 어떤 사역진의 감독도 필요하지 않았다. 사람들로 하여금 자신들이 교회임을 깨닫도록 도우라.

지침 2: 그 사역이 우리 교회의 믿음, 가치관, 그리고 목회 철학과 맞아야 한다. 만일 당신의 교회가 가는 방향과는 다른 방향으로 나가는 사역을 시작하도록 허락한다면 당신은 갈등을 자청하는 것이다. 그러한 사역은 교회를 돕는 대신 실제로 당신이 하려고 하는 일을 방해하며 당신의 교회의 명예도 실추시킬 수 있다.

새들백에서는 우리 지역 교회 외부 단체들이 함께 후원하는 사역들에 대해서 특히 조심스럽다. 이 단체들은 우리 교회의 목적과는 매우 다른 목적을 갖고 있어서 분열된 충성심을 초래할 때가 많다.

지침 3: 어떤 자금도 모으는 것이 허락되지 않는다. 만일 모든 사역으로 하여금 그들의 자금을 모으도록 허용하게 되면 당신의 교회 정문 앞은 시장 바닥으로 변하게 될 것이다. 여기 저기서 세차와 쿠키 판매가 벌어질 것이다. 돈을 벌려는 경쟁은 치열해질 것이며 교인들은 모든 호소 편지와 판매 전략에 염증을 느끼게 될 것이다. 단합된 교회를 갖기 위해서는 단합된 예산을 갖는 것이 필수적이다. 각 사역의 지도자는 자신의 재정적 필요를 교회 전체의 예산에서 고려해 줄 것을 청구해야 한다.

사람들이 은혜스럽게 사역을 중단하거나 바꿀 수 있도록 허용하라

어떤 교회에서는 사역을 그만두려면 죽거나 교회를 떠나거나 심한 죄책감을 안고 살 각오를 해야 한다. 우리는 사람들에게 죄책감 느낄 필요 없이 안식년을 갖거나 사역을 바꾸도록 해 줄 필요가 있다. 때로 사람들은 어떤 사역에서 메마르게 된다. 또는 그들은 변화가 필요할 수도 있다. 또는 그냥 쉴 시간이 필요할 수도 있다. 어떤 이유이든간에 그 자리를 대신 채울 수 있는 사람들이 준비되어 있어야 한다.

우리는 사람들을 사역에 묶어 두지 않는다. 특정한 사역에서 섬기기로 하는 결정을 돌에 새겨 놓지 않는다. 누구든지 어떤 사역을 즐거움으로 하지 못하거나 그 사역에 잘 맞지 않으면 그에게 수치심이나 부끄러움 없이 다른 사역으로 바꾸도록 권장한다.

사람들에게 실험해 볼 자유를 주라. 그들에게 여러 다른 사역을 시도해 보도록 하라. 내가 앞에서 언급한 바와 같이 우리는 다른 여러 사역을 실험해 보는 것이 자기 은사를 발견하는 가장 좋은 방법이라고 믿는다. 비록 우리가 보통 한 사역에 일 년은 헌신할 것을 부탁하지만 절대로 강요하지는 않는다. 만일 사람들이 자기와 맞지 않는 사역에 배치되었다는 것을 깨달으면 우리는 그들이 그만두는 것에 대해서 죄책감을 느끼게 하지 않는다. 그것을 "실험"이라고 부름으로써 우리는 그들에게 다른 사역을 시도해 볼 것을 권장할 수 있다. 매년 우리의 "평신도 사역의 달" 동안 우리는 모든 사람에게 만일 현재 섬기고 있는 사역에 만족하지 않으면 새로운 사역을 시도해 볼 것을 권장한다.

사람들을 신뢰하라: 권위와 책임을 위임하라

사람들이 오랜 시간 동안 섬기도록 동기를 부여하는 비결은 그들에게 주인의식을 주는 것이다. 나는 이 말을 가능한 한 많이 반복하기 원한다. 당신은 각 사역의 지도자에게 어떤 위원회나 상임회의 간섭 없이 그들 자신이 결정을 내릴 수 있도록 허용해야 한다. 예를 들어 유아 사역에 있는 사람들에게 유아실이 어떻게 꾸며질 것인지, 어떤 종류의 아기 침대를 사용할 것인지, 몇 개나 구입해야 하는지, 그리고 아기들을 맡기고 다시 찾아가는 데 어떤 제도를 도입할 것인지를 결정하도록 허용하라. 사역에 실제로 참여하고 있는 사람이 멀리서 모든 것을 조종하려고 하는 어떤 위원회보다도 더 정확한 정보에 근거한 결정을 내릴 것이다.

> **사람들은 항상 구조가 허락하는 만큼 창조적이 된다.**

사람들은 책임에 반응한다. 그들은 당신이 그들을 신뢰해 줄 때 자신의 기량을 발휘하고 성장한다. 그러나 당신이 사람들을 아무것도 못하는 아기들처럼 대하면 당신은 평생 동안 그들의 기저귀를 갈아 주고 먹여 주어야 할 것이다. 권위와 책임을 위임하면 당신은 당신의 사람들의 창조력에 대해 감탄하게 될 것이다. 사람들은 항상 구조가 허락하는 만큼 창조적이 된다. 새들백의 각 평신도 사역에는 목회자 한 명이 지정되어 있지만 가능한 한 우리는 그 사역에 간섭하지 않는다.

사람들로부터 그들의 최선을 기대하고 사역을 맡기라. 많은 교회는 산불이 무서워서 교회를 뜨겁게 해 줄 모든 작은 캠프 파이어를 끄느라고 시간을 다 쓰고 있다. 만일 당신이 목사라면 당신 혼자 모든 실수를 다 저지르지 말고 다른 사람들도 실수를 나누어서 하도록 하라. 당신은 그들을 도전하고 인도하고 신뢰해 줌으로써 그들의 최선을 발휘하도록 할 수 있다.

새들백의 초창기에 케이와 나는 교회의 모든 일을 도왔다. 장비를 설치하고 다시 정리하는 일, 주보를 인쇄하는 일, 화장실 청소, 커피 끓이는 일, 이름표 만드는 일 등등. 나는 우리 교회의 모든 장비(아기 침대와 음향 시설 등)를 우리 집 차고에 보관했다. 매주일 아침 나는 우리가 빌려 사용하고 있던 학교로 장비를 옮기기 위해서 트럭을 임대했었다. 첫해에 나는 하루에 열다섯 시간씩 일하던 때가 많았다. 물론 그 모든 시간을 진심으로 즐기며 했다.

그러나 새들백을 시작한 지 몇 년 되지 않아 나는 점점 힘에 겨워하는 자신을 발견하게 되었다. 교회는 수백 명으로 성장했는데 나는 아직도 사역의 모든 면과 세부 사항에 일일이 간섭하려고 하고 있었던 것이다. 나는 육체적으로 그리고 심적으로 녹아떨어지고 있었다.

주중 예배에서 나는 우리 교인들에게 내가 완전히 지쳐 있으며 앞으로 계속해서 교회를 인도하고 동시에 모든 사역에 참여할 수는 없다고 고백했다. 나는 또한 하나님께서 내가 모든 사역을 다 할 것을 기대하지 않으신다고 말했다. 성경은 목사의 임무가 교인들을 그들의 사역을 위해서 준비시키는 일이라는 것에 대해 매우 분명했다. 나는 "여러분과 계약을 맺겠습니다. 여러분이 이 교회의 사역을 하시기로 동의하신다면 저는 여러분을 확실히 영적으로 잘 섭취하게 해 드리겠습니다." 사람들은 그 계약을 마음에 들어 했고 그 날 밤 우리는 그 날부터 그들이 사역을 하고 나는 그들을 먹이며 인도하겠다는 서약에 서명했다. 그 결정을 내린 후에 새들백은 폭발적으로 성장했다.

새들백의 초기부터 나의 계획은 항상 사역을 위임하는 것이었다. 새 교회가 시작될 때마다 초창기에는 주로 목사가 교회의 사역을 주관한다. 그러나 목표는 될 수 있는 대로 빨리, 사역을 목사에게 의존하는 것으로부터 자립할 수 있도록 하는 것이어야 한다. 우리 교회가 자라면서 나는 책임을 하나 둘씩 모두 평신도 사역자들과 사역진에게 위임했다. 오늘에 와서는 나는 단지 두 가지의 주요 임무만 가지고 있다. 인도하고 먹이는 일이다. 심지어 이 책임들도 여섯 명의 다른 목사와 함께 나누고 있다. 우리의 목사 관리 팀이 교회를 인도하는 데 있어서 나를 도우며 우리의 설교 팀이 말씀 전하는 책임을 분할한다. 왜 그런가? 교회는 결코 한 사람의 수퍼 스타가 원맨쇼를 하도록 의도되지 않았다고 굳게 믿기 때문이다.

우리는 유망한 사역이 한 개인을 중심으로 이루어질 때 어떤 일이 일어나는가를 모두 보아 왔다. 그 사람이 죽거나 옮겨 가거나 도덕적으로 실패하면 사역은 무너져 내린다. 만일 내가 오늘 죽는다면 새들백은 계속해서 성장할 것이다. 왜냐하면 새들백은 인물에 의해 움직이는 교회가 아니라 목적에 의해 움직이는 교회이기 때문이다. 우리는 아마 내가 "복음 팬"이라고 부르는 사람들, 즉 내가 설교하는 것을 듣기 좋아하는, 군중의 외곽에 속하는 출석자들을 잃게 될 것이다. 그러나 아직 수천 명의 열심 있는 교인들과 헌신된 사람들, 그리고 핵심 멤버들이 남아 있을 것이다.

필요한 지원을 해 주라

지원 없이 사역이 성공할 수 있으리라고 기대하지 말라. 모든 평신도 사역은 어떤 형태로든 투자를 필요로 한다.

물질적 후원을 제공하라. 평신도 사역은 복사기, 종이, 다양한 자료와 자원, 전화, 그리고 분명히 모일 수 있는 장소를 필요로 한다. 우리가 앞으로 짓고자 하는 교회 건물에는 우리의 "사역 인큐베이터"를 위한 커다란 공간을 하나 만들려고 계획 중이다. 그것은 평신도 사역을 이끄는 사람들이 자신들의 사역을 위해서 테이블, 전화, 컴퓨터와 팩스를 둘 수 있는 그들의 작은 공간들을 말한다. 아르키메데스는 "내가 설 곳을 주면 나는 세상을 움직일 것이다"라고 말했다. 우리는 평신도 사역자들을 전임 사역진만큼 중요하게 여긴다. 공간을 제공해 주는 것은 사람들에게 "당신이 하고 있는 일은 우리에게 중요한 일입니다"라고 말하는 것과 같다.

의사 전달을 할 수 있도록 지원을 하라. 평신도 사역자들과 계속 의사 전달을 할 수 있는 길을 만들라. 새들백에서는 교인들과 의사 전달을 하는 데 사용되는 도구들(환영 카드, "CARE" 연락자들, 평신도 목회자 보고서)이 여기서도 유용하게 사용된다.

광고 지원을 하라. 사역들이 계속해서 교인들의 눈에 띄게 해 주는 것이 중요하다. 당신의 교회의 사역을 선전해 줄 수 있는 길은 수없이 많다. 여기 몇 가지 제안을 소개한다.
- 예배당 밖이나 또는 입구에 매주일 테이블을 설치해 두어서 각각의 사역을 소개하여 사람들이 어떤 사역들에 참여할 수 있는지를 보게 해 주라. 만일 공간이 문제가 된다면 다른 사역들이 번갈아 가면서 테이블을 설치할 수 있게 하라.
- 각 평신도 사역자에게 이름표를 달아 주어서 교인들이 누가 어떤 사역에 참여하고 있는지를 볼 수 있게 하라.
- 사역 전시회를 열라. 적어도 일 년에 두 번씩 우리는 사역 전시회를 열어서 각 사역의 초점과 프로그램, 그리고 행사들을 선전하게 한다.
- 각 사역을 소개하는 팜플렛을 만들고 또한 교회 신문이 있으면 거기에 여

러 가지 사역에 대한 기사를 실으라.
- 설교 시간에 다양한 사역에 대해서 언급하라. 특정한 사역이 어떤 변화를 일으켰는가에 대한 간증을 사용하라.

정신적 후원을 하라. 교회에서 섬기는 사람들에게 공적, 사적으로 계속해서 감사를 표현하라. 감사 연회나 지도자 수양회 등과 같은 특별 행사를 통해서 핵심 되는 사역자들에게 상을 주라. 훌륭히 섬긴 사람들에게는 매달 "자이언트 킬러" 상을 주라.

이 장에서 나는 독자들이 내가 전임 사역자에 대해서 얘기하고 있다고 생각하지 않도록 "평신도 사역"이라는 말을 거듭해서 사용했다. 실제로 나는 "평신도 사역자"라는 말을 좋아하지 않는데 그 이유는 그 말이 이류 계급의 시민과 수준이라는 의미를 줄 수 있기 때문이다. 당신은 '이류 의사'에게 수술을 받고 '이류 변호사'에게 변호를 받고 싶은가?

성경적 교회에서는 평신도라는 것은 없으며 모두 사역자이다. 성직자와 평신도라는 두 종류의 그리스도인의 개념은 로마 카톨릭 전통이 만들어 낸 것이다. 하나님의 눈에는 자원 사역자와 전임 사역자 사이에 아무런 차이도 없다. 우리는 봉급을 받지 않고 섬기는 사람들을 봉급을 받고 섬기는 사람들만큼 존경해 주어야 한다.

비전을 주기적으로 새롭게 하라

항상 사역의 비전을 사람들 앞에 펼쳐 두라. 그들의 사역의 중요성을 구두로 표현하라. 사역을 위해서 사람들을 구할 때 항상 예수님의 이름으로 사역하는 것의 영원한 중요성에 대해서 강조하라. 결코 사람들을 사역에 참여시키기 위해서 죄책감이나 압력을 사용하지 말라. 동기를 부여하는 것은 비전이며 죄책감과 압력은 사람들을 더 피하게 만든다. 하나님의 나라보다 더 중요한 일은 없다는 것을 사람들이 볼 수 있도록 도우라.

느헤미야의 원리
비전은 26일마다 한 번씩 새롭게 해야 한다.

내가 6장에서 언급했었던 느헤미야의 원리를 기억하고 있는가? 그것은 비전은 26일마다 한 번씩 새롭게 해야 한다는 것이며 그것은 약 한 달에 한 번 꼴이다. 그래서 바로 우리의 핵심 멤버들을 위해서 매달 갖는 "SALT" 모임이 그토록 중요한 것이다. 바로 이 모임에서 우리의 평신도 사역자들이 그들에게 필요한 비전과 가치를 거듭해서 듣는다. 내가 아플 때는 나는 10,000명의 군중에게 설교하는 것을 포기하기를 주저하지 않는다. 그러나 "SALT" 모임에서 우리의 핵심 멤버들과 함께 하는 시간은 내가 죽어 가고 있지 않는 한 빠지지 않는다. 그것은 그리스도를 섬기는 것의 특권을 재강조할 수 있는 나의 기회이기 때문이다.

나는 우리 교인들에게 이런 말을 자주 했다. "여러분이 죽었다고 상상해 보십시오. 오십 년 후에 천국에서 누군가 여러분께 와서 '감사드리고 싶습니다'라고 말합니다. 여러분이 '죄송하지만 누구신지 모르겠는데요?'라고 대답하면 그는 이렇게 설명합니다. '당신은 새들백의 평신도 사역자였습니다. 당신이 섬기고, 희생하고, 세운 교회를 통해서 나는 그리스도를 믿게 되고 구원을 받았습니다. 나는 당신 때문에 천국에 왔습니다.' 여러분의 노력이 가치가 있었다고 생각하십니까?"

만일 내 삶을 투자하는 데 예수 그리스도를 섬기는 것보다 더 중요한 일이 있다고 한다면 나는 그것을 할 것이다. 더 중요한 일은 아무것도 없다. 그래서 나는 사람들에게 그들이 일생을 투자해서 할 수 있는 가장 중요한 일이 새들백의 교인이 되어서 사역에 참여하고 다른 사람들을 섬김으로써 그리스도를 섬기는 것이라고 달하는 데 대해서 잘못이라고 생각하지 않는다. 그리스도를 위한 그들의 사역의 영향력은 그들의 직장이나 취미 또는 다른 무엇보다도 훨씬 더 오래 지속될 것이다.

교회에서 가장 잘 숨겨져 있는 비밀은 사람들이 그들의 삶을 가지고 무언가를 공헌하기를 간절히 원하고 있다는 것이다. 우리는 사역을 위해서 만들어진 자들이다. 이것을 이해하고 모든 교인에게 사역을 통해서 자신의 SHAPE을 표현하도록 해 주는 교회는 놀라운 활력과 건강, 그리고 성장을 경험할 것이다. 잠자는 거인이 깨어날 것이고 그를 멈추게 할 수 없을 것이다.

20장. 당신의 교회를 향한 하나님의 목적

교회 안에서와 그리스도 예수 안에서 영광이 대대로 영원 무궁하기를
원하노라. 아멘. (에베소서 3:21)

다윗은 자기 세대에서 하나님의 '목적'을 좇아 섬기다가 '죽었다'.
(사도행전 13:36)

나의 취미 중의 하나는 정원을 가꾸는 것이다. 내가 그것을 그토록 즐기는 이유 중의 하나는 그것이 하나님께서 나의 성격을 만드신 SHAPE와 맞기 때문이라고 생각한다. 나는 무엇이 자라는 것을 지켜보는 일을 매우 좋아한다. 나는 식물들이 자라는 다양한 방법을 보며 항상 매혹된다. 어떤 두 개의 식물도 똑같은 모습이나 속도 또는 크기로 자라지 않는다. 각 식물의 성장 유형은 독특하다. 교회도 마찬가지이다. 어떤 두 개의 교회도 동일한 방법으로 성장하지 않는다. 하나님은 당신의 교회를 독특하게 만드셨다.

정원을 가꿔 본 사람으로서 내가 관찰한 모든 성장 유형 중에서 내게 가장 놀라운 것은 중국 대나무의 성장이다. 대나무 싹을 땅에 심으면 4-5년(때로는 더 길게) 동안은 아무런 일도 일어나지 않는다! 물을 주고 거름을 주고, 또 물을 주고 거름을 주고, 또 물을 주고 거름을 주지만 어떤 조그만 변화가 있다는 증거도 전혀 보이지 않는다. 아무런 변화도 말이다. 그러나 약 5년쯤 되면 극적인 변화가 일어난다. 6주만에 중국 대나무는 깜짝 놀랄 만하게 90피트의 크기로

자라나는 것이다!「월드 북 백과사전(*World Book Encyclopedia*)」에는 한 대나무과 식물은 24시간만에 3피트가 자랄 수 있다고 기록하고 있다. 수년 동안 아무런 변화가 없던 식물이 갑자기 폭발적으로 성장한다는 것이 믿어지지 않는 일이지만 대나무에게는 예외 없이 일어나는 일이다.

**당신의 교회의 성장에 대해서 걱정하지 말라.
당신의 교회의 목적을 이루는 것에 초점을 맞추라.**

이 책을 결론지으면서 나는 이 마지막 충고를 하고 싶다. 당신의 교회의 성장에 대해서 걱정하지 말라. 당신의 교회의 목적을 이루는 것에 초점을 맞추라. 계속해서 물을 주고 거름을 주며 경작하고 잡초를 뽑고 잔가지를 쳐 주라. 하나님께서 자신의 교회를 하나님께서 원하시는 크기로, 그 교회의 상황에 가장 잘 맞는 속도로 키우실 것이다.

하나님께서는 거의 눈에 띄는 결과도 없이 당신으로 하여금 수년 동안 수고하도록 허용하실 수도 있다. 낙심하지 말라. 표면적인 일들 속에는 당신이 볼 수 없는 일들이 일어나고 있다. 앞으로 올 일들에 대비하여 뿌리가 아래로 그리고 밖으로 자라고 있다. 하나님이 하시는 일들의 지혜를 이해하지 못할 때에도 당신은 하나님을 신뢰해야 한다. 하나님은 자신이 무엇을 하시는지를 아신다는 확신 속에 사는 법을 배우라.

잠언 19장 21절을 기억하라. "사람의 마음에는 많은 계획이 있어도 오직 여호와의 뜻이 완전히 서리라." 만일 당신이 하나님의 영원하신 목적 위에 사역을 이루어 가고 있다면 당신은 실패할 수가 없다. 낙심될 때에도 당신이 옳다고 알고 있는 일을 계속하라. "우리가 선을 행하되 낙심하지 말지니 피곤하지 아니하면 때가 이르매 거두리라"(갈 6:9). 대나무와 마찬가지로 적당한 시기가 오면 하나님은 하룻밤 사이에 상황을 바꾸어 놓으실 수 있다. 가장 중요한 것은 당신이 하나님의 목적에 충실하게 따르는 것이다.

목적이 이끄는 사람이 되라

목적이 이끄는 교회는 목적이 이끄는 지도자가 이끈다. 사도행전 13장 36절은 다윗이 목적에 의해 움직인 사람이었다고 말한다. "다윗은 자기 세대에서 하나님의 [목적]을 좇아 섬기다가 [죽었다]." 나는 이보다 더 위대한 비문은 생각할 수 없다. 이 말이 당신의 묘비에 새겨졌다고 상상해 보라. "그는 자기 세대에서 하나님의 목적을 섬겼다." 나의 기도는 내가 죽었을 때 하나님께서 나에 대해서 그렇게 말씀하시는 것이다. 이 책을 쓰는 나의 목적은 당신이 죽었을 때 하나님께서 당신에 대해서도 이 말씀을 하실 수 있도록 하기 위함이다. 효율적 사역의 비결은 이 두 가지를 모두 성취하는 것이다.

하나님의 목적을 섬겼다

이 책의 주요 주제는 교회에 대한 하나님의 목적을 정의하고 그 목적의 실제적 적용 사항을 파악하는 것이었다. 교회를 향하신 하나님의 목적은 모든 그리스도인에 대한 그분의 목적이기도 하다. 그리스도를 따르는 개인들로서 우리는 우리의 삶을 예배, 사역, 전도, 제자 훈련, 그리고 교제에 사용해야 한다. 교회에 속하는 것이 이것을 함께 할 수 있게 해 준다. 우리는 혼자가 아니다.

이 책을 읽으면서 당신이 교회에 대한 나의 열정을 느꼈기를 바란다. 나는 온 마음을 다해서 교회를 사랑한다. 이것은 가장 뛰어난 개념이다. 만일 우리가 예수님과 같아지려면 우리는 예수님처럼 교회를 사랑해야 하며 다른 사람들도 교회를 사랑하도록 가르쳐야 한다. "그리스도께서 교회를 사랑하시고 자신을 주심 같이 하라…누구든지 언제든지 제 육체를 미워하지 않고 오직 양육하여 보호하기를 그리스도께서 교회를 보양함과 같이 하나니 우리는 그의 몸의 지체임이니라"(엡 5:25, 29-30). 너무나 많은 그리스도인들이 교회를 사용은 하지만 사랑하지는 않는다.

하나님의 뜻을 분별할 수 있는 한도내에서 나는 나의 사역에 대해서 단 두 가지 열망밖에 가지고 있지 않다. 내 평생 동안 한 지역 교회의 담임 목사가 되는 것과 다른 목사들을 격려하는 것이다. 그리스도를 좇는 자들의 회중에게 목양을 하는 것은 내가 상상할 수 있는 가장 큰 책임이며, 가장 멋진 특권이요, 가장 높은 영예이다. 앞에서 나는 만일 내가 내 삶을 투자할 수 있는 더 전략적인 방법을 안다면 그것을 하겠다고 말한 바 있다. 나는 내 삶을 낭비할 의도가 없기 때문이다. 사람들을 그리스도에게, 그리고 그의 교회 가족에게 인도하는 것, 그들을 성숙한 제자로 키우고 개인적 사역을 위해서 힘을 키워 주고 준비시키는 것, 그리고 그들의 삶의 사명을 이룩하도록 내보내는 것은 지구상에서 가장 위대한 목적이다. 나는 바로 이것을 위해서 살고 이것을 위해 죽을 가치가 있다는 것에 대하여 조금도 의심하지 않는다.

자기 세대에서

다윗의 키문의 다른 절반은 처음 절반만큼 중대한 것이다. 그는 "자기 세대에서" 하나님의 목적을 섬겼다. 사실 우리는 우리 자신의 세대에서밖에는 하나님을 섬길 수가 없다. 사역은 항상 그 시대의 세대와 문화 속에서 이루어져야 한다. 우리는 우리 마음 속에 이상화시켜 놓은 과거 형태로가 아니라 현재 있는 그대로의 문화에서 사람들에게 사역해야 한다. 우리는 우리보다 앞서 살았던 위대한 그리스도인 지도자들의 지혜와 경험으로부터 도움을 받을 수는 있지만 그들과 똑같은 방식으로 설교하고 사역할 수는 없다. 그것은 우리가 그들과 같은 문화 속에 살고 있지 않기 때문이다.

다윗의 사역은 그들의 필요와 관련성이 있고 또 시대에 맞는 것이었다. 그는 하나님의 목적(영원하고 불변하는)을 자기 세대(시대적이고 변화하는)에서 섬겼다. 그는 영원한 것을 시간에 맞는 방법으로 섬겼다. 그는 전통적이었고 동시에 시대적이었으며, 성경적이고 동시에 삶과 연관성이 있었다.

진리를 타협하지 않으면서 시대적인 것은 새들백이 시작할 때부터 우리의 목표였다. 모든 새로운 시대와 함께 규칙은 조금씩 변한다. 만일 우리가 과거에 해 왔던 것을 항상 한다면 우리는 항상 우리가 있던 곳에 남아 있게 될 것이다. 과거는 우리의 뒤에 있다. 우리는 오늘을 위해 살고 내일을 준비할 수 있을 뿐이다. 우리는 이백 년 전 찰스 웨슬리가 노래로 만들었던 로우엘 메이슨(Lowell Mason)의 시의 내용처럼 살아야 한다.

내가 지킬 명령은 하나님께 영광을 돌림일세
영원불멸한 영혼을 구원하고 천국에 알맞게 만듦일세
현 세대를 섬기며 나의 소명을 이룸일세
오! 나의 온 힘 다해 내 주의 뜻 행하기 원하네!

성공을 측정하기

사역에서의 성공을 어떻게 측정하는가? 성공적인 전도에 대한 잘 알려진 정의는 '성령의 능력으로 복음을 전하고 그 결과는 하나님께 맡기는 것'이라고 말한다. 나는 이 말을 사용해서 성공적인 사역을 정의하고 싶다. 성공적 사역은 '하나님의 목적에 따라 성령님의 능력으로 교회를 세우고 하나님으로부터 결과를 기대하는 것'이다.

나는 새들백 이야기의 마지막 장이 어떻게 쓰이게 될지 모른다. 그러나 이것만은 확실하다. "[우리] 속에 착한 일을 시작하신 이가 그리스도 예수의 날까지 이루실 줄을 우리가 확신하노라"(빌 1:6). 하나님은 그가 시작하신 일은 무엇이든지 끝내신다. 그는 알파요 오메가이시며, 시작이요 끝이시다. 하나님은 새들백에서 그의 목적을 계속해서 이루어 나가실 것이며 목적이 이끄는 다른 모든 교회에서도 그렇게 하실 것이다.

예수님은 "너희 믿음대로 되라"(마 9:29)고 말씀하셨다. 나는 이것을 "믿음 요소"라고 부른다. 당신의 사역에 영향을 미치는 요소들 중에는 당신이 전혀 어떻게 조정할 수 없는 요소가 많이 있다. 당신의 배경, 국적, 나이, 재능 등등. 이것들은 하나님의 주권에 의해서 결정된 것이다. 그러나 당신이 조정할 수 있는 중요한 요소가 하나 있는데 그것은 당신이 얼마나 하나님을 믿기로 선택하는가이다!

수년 동안 성장하는 교회들에 대해서 연구해 오면서 나는 교단이나 지역을 막론하고 모든 성장하는 교회가 가지고 있는 하나의 위대한 공통 분모를 발견했다. 그것은 하나님을 믿고 신뢰하기를 두려워하지 않는 지도자이다. 성장하는 교회들은 그들의 교인들이 자랄 것을 기대하는 지도자들에 의해서 인도된다. 이들은 낙심될 때에도 하나님의 약속을 믿는 믿음의 사람들이다. 이것이 새들백교회에서 일어나는 모든 것 뒤에 숨어 있는 비밀이다. 우리는 하나님께서 커다란 기적들을 이루어 주실 것을 믿었으며 우리를 사용해 주실 것을 기대했다. 그의 은혜로 말미암아 믿음을 통해서 말이다. 그것은 우리의 선택이다. 그것은 또한 당신의 선택이기도 하다.

때로 교회의 상황은 인간의 관점에서 볼 때는 가망이 없는 것처럼 보일 때도 있다. 그러나 나는 에스겔의 경험이 증명하듯이(겔 37장) 뼈가 얼마나 말랐든 지간에 하나님은 그들 속에 새 생명을 불어넣으실 수 있다고 굳게 확신한다. 만일 우리가 성령님께서 우리에게 그의 목적에 대한 새로운 깨달음을 주시도록 맡기고 신뢰한다면 그 어떤 교회도 다시 소생할 수 있다. 이것이 바로 목적이 이끄는 교회인 것이다.

나의 소망은 이 책이 당신의 믿음을 강하게 만들고, 당신의 비전을 키워 주며, 그리스도와 그의 교회에 대한 당신의 사랑을 더 깊게 만들었기를 바란다.

나는 당신이 이 책을 당신의 교인들을 아끼는 다른 사람들에게도 빌려 주기를 바란다. 목적이 이끄는 교회가 되라는 도전을 받아들이라. 역사상 가장 위대한 교회들은 아직 세워지지 않았다. 당신은 그 과제를 맡을 용의가 있는가? 나는 하나님께서 당신의 세대에 그분의 목적을 성취하시기 위해 당신을 사용하시기를 기도한다. 당신의 삶을 사용할 수 있는 더 위대한 방법은 없다!

이 책에 쓰인 성경은 다음과 같습니다.

LB   Living Bible
Wheaton, IL : Tyndale House Publishers(1979)

NASB   New American Standard Bible
Anaheim, CA : Foundation Press (1973)

NCV   New Century Version
Dallas : Word Bibles (1991)

NRSV   New Revised Standard Version
Grand Rapids : Zondervan (1990)

Ph   New Testament in Modern English by J. B. Phillips
New York : Macmillan (1958)

TEV   Today's English Version
New York : American Bible Society (1992)

한글 성경의 경우 한글개역성경을 사용했으며, 별도의 경우엔 따로 밝혀 두었습니다.

목적이 이끄는 교회

1쇄 발행	1996년 11월 5일
개정판 1쇄 발행	2008년 10월 30일
개정판 9쇄 발행	2024년 10월 19일

지은이	릭 워렌
옮긴이	김현회 · 박경범
펴낸이	고종율

펴낸곳	주)도서출판 디모데〈파이디온선교회 출판 사역 기관〉
등록	2005년 6월 16일 제 319-2005-24호
주소	서울특별시 서초구 서초대로 141-25(방배동, 세일빌딩)
전화	마케팅실 070) 4018-4141
팩스	마케팅실 02) 6919-2381
홈페이지	www.timothybook.com

ISBN 978-89-388-1396-1 03230
© 1996 도서출판 디모데 All rights reserved.〈Printed in Korea〉

일평생 우리 마음에 새겨야 할 의미 있는 삶을 위한 목적 선언문

목적이 이끄는 삶

THE PURPOSE DRIVEN Life

삶의 의미와 목적을 찾아 떠나는 40일간의 여정

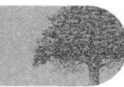

하나님은 우주를 만드시기 전부터 우리를 마음에 품으시고, 당신의 목적을 위해 우리를 계획하셨다. 이 책은 지금 이 순간 이 자리에 우리가 살아 있는 이유가 무엇이며, 우리를 향한 하나님의 뜻이 무엇인지를 깨닫도록 도와준다. 릭 워렌은 삶의 가장 중요한 질문인 '나는 왜 이 땅 위에 존재하는가?'에 대한 분명한 답을 보여준다.

릭 워렌 지음 | 고성삼 옮김 | 430쪽